全国地方高校学前教育专业学术协作
——学前教育专业基础课教材

U0681429

学前教育质量评价理论与实践

文　明　主编

XUEQIAN JIAOYU ZHILIANG PINGJIA
LILUN YU SHIJIAN

四川大学出版社

特约编辑:张宇琛
责任编辑:蒋姗姗
责任校对:周　艳
封面设计:墨创文化
责任印制:王　炜

图书在版编目(CIP)数据

学前教育质量评价理论与实践 / 文明主编. —成都:
四川大学出版社,2018.5
　　ISBN 978-7-5690-1797-7

　　Ⅰ.①学…　Ⅱ.①文…　Ⅲ.①学前教育-教育评估-
研究　Ⅳ.①G610

中国版本图书馆 CIP 数据核字(2018)第 096685 号

书　名	学前教育质量评价理论与实践
主　编	文　明
出　版	四川大学出版社
地　址	成都市一环路南一段 24 号 (610065)
发　行	四川大学出版社
书　号	ISBN 978-7-5690-1797-7
印　刷	四川盛图彩色印刷有限公司
成品尺寸	170 mm×240 mm
印　张	20.625
字　数	355 千字
版　次	2018 年 8 月第 1 版
印　次	2018 年 8 月第 1 次印刷
定　价	56.00 元

◆读者邮购本书,请与本社发行科联系。
　电话:(028)85408408/(028)85401670/
　(028)85408023　邮政编码:610065
◆本社图书如有印装质量问题,请
　寄回出版社调换。
◆网址:http://www.scupress.net

版权所有◆侵权必究

前言

QIANYAN

学前教育作为终身教育的起点，关系到每一个幼儿的习惯养成和人格塑造，关系到亿万家庭的希望，关系到国家的未来。诺贝尔经济学奖得主詹姆斯·赫克曼（James Heckman）研究发现，学前教育的投资回报高于其他阶段的教育投资。

党的十九大确立了"建设教育强国"的战略目标。优先发展教育事业是我国正在实施的重要国家战略。如果说基础教育是我国教育体系中的短板，那么，学前教育就是我国整个教育体系"短板"中的"短板"，理应被各级政府列为优先发展的民生工程。

2017 年，我国幼儿园在园儿童总数已超过 4600 万，学前教育规模居世界第一。随着学前教育的快速发展，学前教育质量日益受到世界各国的高度关注。欲提升质量，必先诊断现状，发现差距，进而明确努力方向，借鉴成功经验，采取改进措施。可以说，质量评价是质量提升的必要前提，加强学前教育质量评价是促进学前教育质量提升的重要手段和有效途径之一。

本书为陕西学前师范学院重点招标课题的结题成果。课题组历时五年，潜心研究，坚持理论与实践相结合、中国国情与国际经验相结合，坚持文化适宜性立场，高举"文化自信"的大旗，贯彻习近平新时代中国特色社会主义教育思想，认真吸收了中国优秀传统文化中的启蒙教育质量评价思想，最大限度地吸纳了国内外学前教育质量评价的理论成果与实践经验，融入了国内外学前教育质量评价领域的最新研究成果。本书涵盖教育质量评价的文献综述、理论基础、评价原理、法规依据、评价工具、国内实践和国际经验，结构新颖，内容丰富，有着鲜明的时代性、专业性、本土性、前沿性、启发性和实用性，令人耳目一新。

本书是"全国地方高校学前教育专业学术协作联盟"发起单位——陕西学前师范学院学前教育专业本科生"专业通识课"的指定教材，亦可供学前教育专业研究生、幼儿园管理者、幼儿教师、教研工作者、督导评估人员、教育行政管理干部和关心学前教育质量评价的社会人士阅读参考。

目录
MULU

导论

DAOLUN

一、 研究背景

进入 21 世纪以来，各国政府纷纷把发展学前教育作为国家战略，采取统一部署、立法保障、财政支持、瞄准重点、整体推进等举措促进其优先发展。随着世界各国学前教育的快速发展，学前教育质量日益受到各国的高度关注。为幼儿提供高质量的学前教育已成为各国政府的重要目标和社会公众的共同愿望，而加强学前教育质量评价则是促进学前教育质量提升的重要手段和有效途径之一。

《国家中长期教育改革和发展规划纲要（2010 － 2020)》提出，将"提高质量作为教育改革和发展的核心任务"。《国务院关于当前发展学前教育若干意见》明确要求："建立幼儿园保教质量评估监管体系。"2015 年 10 月，中共中央十八届五中全会将"提高教育质量"列为国家十三五时期各级各类教育发展的关键任务。随着《幼儿园教育指导纲要（试行）》（2001）、《关于幼儿教育改革与发展指导意见》(2003)、《国家中长期教育改革和发展规划纲要(2010 － 2020)》（2010）、《幼儿园教师专业标准（试行）》（2011）、《3 ～ 6 岁儿童学习与发展指南》（2012）、《幼儿园工作规程》（2016）等政策法规的陆续出台和第一、二、三期学前教育三年行动计划的相继实施，我国学前教育事业取得了前所未有的大发展。随着托幼机构数量的增加和入园率的提高，学前教育质量的提高和学前教育事业的"内涵式发展"已经成为各级政府、广大家长、社会各界普遍关注的重点问题。

2015 年 11 月，中国学前教育研究会第五次会员代表大会暨学术年会在福州召开，世界学前教育大会主席孔美琪博士强调，确保所有儿童都能获得优质的学前教育和照顾，是世界学前教育大会确定的 2030 年的工作目标。联合国儿童基金会代表花兰女士指出，儿童早期教育并不能满足于扩大覆盖面，还必须保证其质量，对质量的探索是联合国儿童基金会最重视的任务。学前教育质量说到底，是必须让最弱势的孩子受益，让他们能接受到同样优质的学前教育。

党的十九大报告明确指出，我国社会的主要矛盾已经转化为人民日益增长的美好生活需要和不平衡、不充分的发展之间的矛盾，当前，我国学前教育质量存在着显著的城乡差别、区域差距以及城乡之间、区域之间发展不平衡的问题。通过教育质量评价来促进学前教育均衡发展已是势在必行。

二、概念界定：何为"学前教育质量"

我国国家标准将质量界定为产品、过程或服务满足规定或潜在要求（或需求）的特征或特性总和。国际标准化组织 ISO 把"质量"定义为实体满足明确或隐含需要的能力的特性之总和。

可见，质量是实体满足主体某种需要的特性的总和。质量具有以下特征：第一，质量具有客观性，是实体的客观属性；第二，质量具有价值属性，是实体满足主体需要的特性；第三，质量具有统一性，是实体客观特性和主体需要的统一体。

正如莫斯和彭斯所述，"质量是一个价值负载的、动态的概念，具有社会和文化上的独特性，在任何社会，早期教育质量都是特定价值观、历史、政治经济环境、儿童观以及早期教育方案的产物"。因此，迄今为止，关于学前教育质量，尚无一个各国普遍认可的权威定义。

理论界、教育界普遍认为，良好的学前教育是促进幼儿个体终身发展、提升国民素质的重要战略举措。高质量的学前教育能促进儿童更好地发展，低质量的学前教育将导致儿童丧失健康快乐成长的机遇。1999 年，经济合作与发展组织（Organization for Economic Cooperation and Development， 简称 OECD）提出："对幼儿教育进行的投资，是各教育阶段中获益最多的投资。"

我国多数学者认为，学前教育质量是一个动态的、相对的概念。它受到社会政治背景、经济条件、文化传统、儿童观、时间、空间以及评价主体等因素的影响，并不存在孤立、客观、固定不变、形而上的"学前教育质量"概念。

从理论上讲，学前教育质量评价是指对照教育目标，针对由于教育行为而发生的变化所进行的价值判断。英国剑桥大学社会心理学家迈克尔·兰姆（Michael E. Lamb）认为，早期教育质量评价主要从结构性质量和过程性质量两个方面进行。结构性质量评价包括师幼比例、教师资质、教师稳定性、健康与安全的评价；过程性质量评价包括师幼互动和教育课程的评价。瑞典哥德堡大学的谢里丹教授则认为，幼儿教育质量评价应该从社会、儿童、教师和学习情境四个方面进行，这四个方面在教育质量中相互作用、相互依存。美国学者多纳贝蒂（Donabedian）则将早期教育机构质量划分为结构的、过程的、结果的三个方面。德国则是从取向质量、结构质量、过程质量和家庭关系质量四个方面进行评价。

许多国家的学前教育质量评价都是由多元主体共同参与实施的，呈现出多元化特征。比如，德国提出学前教育质量评价应包含研究者、园长、行政人员、教养员、保育员等多方的意见，在全国范围内进行问卷调查，收集大众的建议。德国幼儿园质量认证重点考察的四个方面中，权重最大的是过程质量，占40%；其次是结构质量，占30%；取向质量和家庭关系质量各占15%。我国的保教质量评价虽然重视条件质量和结果质量（静态因素，如硬件设施、班级规模、师幼比、师资学历等），但相对忽视了师幼互动、保育课程实施、一日生活常规、家园互动等动态因素。国际上普遍认为，与结构质量相比，过程质量对幼儿发展影响更大，师幼互动与幼儿的发展显著相关。和谐的师幼关系对儿童的认知能力和社会性发展具有促进作用。教师投入更多的时间参与孩子们的活动，积极回应孩子们的需要和兴趣，就会形成一种积极的师幼关系和良好、和谐的课堂环境，孩子会有更强的社会交往能力以及更少的情绪和行为问题。缺乏积极的师幼关系支持的孩子可能会缺少安全感，无法有效学习与健康成长。实际上，过程质量比结构质量的影响更大，应将过程质量作为评价的核心部分。幼儿教师的专业知识与技能直接影响着保育教育活动、师幼互动，最终影响着幼儿的发展结果。

幼儿园保教质量绝不仅仅是幼儿园自身的事，还迫切需要政府提供科学的规划、相关法律法规的引导、充足的财政资金及高效的质量监控体系等，只有这样，才能保障幼儿园保教质量的提升。

三、研究学前教育质量评价的重要意义

（一）学前教育质量评价的研究价值

《幼儿园教育指导纲要（试行）》明确提出："教育评价是幼儿园教育工作的重要组成部分，是了解教育的适宜性、有效性，调整和改进工作，促进每一个幼儿发展，提高教育质量的必要手段。"越来越多的学前教育工作者认为，幼儿园保教质量评价是保教活动的有机组成部分，是实施科学保教活动的重要前提和基础。没有幼儿园保教质量评价，就难以有效实现幼儿园教育质量内部监控，难以规范教师教育行为，保证幼儿园的教育质量。

托幼机构教育质量评价是区分和识别托幼机构教育质量优劣的重要方法之一，而制定科学合理的评价标准是开展学前教育质量评价的关键所在。虽然自20世纪80年代末开始，我国许多地方政府陆续制定颁布了各自的幼儿园教育质量评价标准（如示范园评估标准或分级分类验收标准），但大量研究表明，这些地方性评估标准信度、效度不高或未经检验，在评价的科学性、规范性、合理性、适用性等方面都存在明显不足。总体上看，我国当前学前教育质量评价领域缺乏科学合理的评价标准和评价工具，缺乏质量保障体系建设的法律保障；质量评价认证权利集中在政府主管部门，缺乏专业评估机构和人员；过于关注量化评价，忽视从不同主体收集有效评价信息，忽视发展性评价的功能定位；评价主体单一，习惯于外部评价、忽视内部自我评价；评价反馈滞后、评价促进发展的功能发挥不到位；质量评价监测的理论研究不充分等诸多现实问题。因此，加强学前教育质量评价标准理论与实践的研究十分重要，势在必行。

研究表明，学前教育质量与儿童的语言、认知、学习能力以及社会性发展结果显著相关，高质量的托幼教育对部分儿童的发展能够发挥一定的补偿性作用。OECD于2012年发布了重要的学前教育方面的报告——《强势开端Ⅲ》（Starting Strong Ⅲ），报告强调了高质量的学前教育对儿童综合能力发展的促进作用。

当前，我国学前教育质量的城乡差别、区域差别比较明显，迫切需要借助质量评价措施，落实十九大提出的"抓重点、补短板、强弱项"的方针，加快落后地区薄弱环节的学前教育发展与质量提升，以促成全国范围学前教育事业的均衡发展，加快解决学前教育发展中的"不充分不平衡"问题。

　　罗妹、李克建以我国东、中、西部 8 个省份 428 个幼儿园班级为样本，以浙江师范大学研究团队参考美国《幼儿学习环境评价量表（修订版）》（ECERS-R）、《班级评定计分系统》（CLASS）所研发的《中国托幼机构教育质量评价量表（第三试用版）》为班级教育质量观察评价工具，对我国东、中、西部城镇化程度不同的四类地区（城区—县城—乡镇中心—村）的幼儿园教育质量差距进行检视，结果发现：我国城乡学前教育质量差异显著，城镇化水平越高的地区，幼儿园教育质量越高，反之亦然。

　　长期以来，在城乡二元社会经济结构的影响下，我国学前教育发展水平呈现明显的城乡差异，农村儿童在教育初期就处于明显的不利地位。多项研究显示，城镇学前教育经费投入大大高于农村地区，农村学前教育经费严重匮乏，多数乡村幼儿园靠低廉收费艰难运转。城乡学前教育在师资水平上差距显著，与农村相比，城镇幼儿园教师数量配备更充足，学历和职称水平更高，编制更多，有更多教育培训机会，城镇教师收入水平是乡村教师的数倍，这使得农村学前教师队伍不稳定且质量堪忧。有学者对城乡幼儿园教育环境质量进行比较研究，发现城市幼儿园在物质环境、生活活动、课程设置、一日活动等方面的质量远高于农村幼儿园。

　　罗妹、李克建的研究还表明，城区幼儿园中，15.4% 的班级能够提供高质量的教育，大部分班级（70.0%）能够提供有质量的教育，14.6% 的班级处于低质量教育水平；县城幼儿园中，仅 5.2% 的班级能够提供高质量的教育，39.1% 的班级能够提供有质量的教育，超过半数的班级（55.7%）处于低质量教育水平；乡镇中心幼儿园中，没有班级能够达到高质量教育水平，仅 29.4% 的班级能够提供有质量的教育，大部分班级（70.6%）处于低质量教育水平；村幼儿园中，仅 15% 的班级教育质量达到合格水平，绝大多数班级（85%）无法提供有质量的教育。

　　城乡不同地区学前教育过程质量差距与城乡幼儿园的条件性要素（如月生均保教费、教师平均月收入、班级保教人员配备、生师比等）密切相关。从城区、县城、乡镇中心到村，幼儿园办园条件总体上呈下降趋势：月生均保教费逐级降低，教师平均月收入逐渐降低（乡村幼儿园更难招聘和留用有资质的幼儿教师），乡村幼儿园难以配齐两教一保，村幼儿园中一位教师全天带班、大班额、生师比超高的现象较为普遍，这些条件性要素质量的差距是导致城乡不同地区幼儿园教育过程质量差距的重要原因。

从城区、县城、乡镇中心到村，随着城镇化水平的降低，幼儿园教育质量呈梯度下降趋势，无论是总体质量，还是各个方面的质量均存在显著差距，其中城区的城镇化程度最高，其幼儿园教育质量总体上最好；村的城镇化程度最低，其幼儿园教育质量总体上最低；县城与乡镇中心的城镇化程度处于城区和村之间，其幼儿园教育质量也处于中间状态，在一些过程性质量指标（如课程计划与实施、集体教学、互动等）上的差异不显著。多元逐步回归分析结果表明：城镇化水平是幼儿园教育质量的有效预测变量，即城镇化程度越高，幼儿园教育过程质量越高；城镇化程度越低，幼儿园教育过程质量越低。我国的学前教育发展有赖于加快制定旨在建构和推进城乡一体化的政策体系。

（二）学前教育质量评价的目的与作用

美国学前教育专家米勒（Millar E.）提出，托幼机构质量评价的目的在于辨别其质量特征，使托幼机构发现自身发展中存在的问题，并不断更新教育理念和教育目标，从而提升教育质量水平。一方面建立早期教育机构自我评价的立法和监控体系可强化托幼机构在保障保教质量方面的责任与义务；另一方面，对学前教育质量的评价可以对托幼机构的发展起到直接的督导、促进作用。霍力岩在《学前教育评价》中认为，学前教育评价有助于保证学前教育目标的实现，在一定程度上保证学前教育改革顺利进行。刘霞认为，幼儿教育质量评价具有判断、导向、改进的功能，只有把握好质量评价功能，才能使教育质量评价与教育质量提升之间形成良性互动关系。

从理论上讲，学前教育质量评价具有导向功能、激励功能、促进功能和管理功能。其中，导向功能是指教育质量评价所依据的指标体系具有导向性，科学的评价指标体系能够引导幼儿园端正办园方向；激励功能是指评价可以使被评价者看见现阶段的成绩、问题和差距，激励其不断提高质量；促进功能是指通过教育质量评价的反馈作用，可促进学前教育相关规章制度的优化、完善，促进幼儿园管理和保育教育工作的持续改进和质量提升；管理功能是指教育质量评价可强化教育工作者的目标意识、质量意识、法规意识，促使幼儿园和幼儿教育工作者不断提升保教质量。

从实践上来看，学前教育质量评价是幼儿园教育工作的重要组成部分，是了解幼儿园教育的适宜性、有效性，调整和改进工作，促进每一个幼儿发展，提高学前教育质量的必要手段。学前教育质量的评价过程，是管理者、教师、家长各方共同参与、相互支持与合作的过程，同时也是教师运用专业知识审视教育实践，发现、分析、研究、解决问题的过程。

学前教育质量评价的出发点和落脚点是促进幼儿健康成长。教育评价有利于引导教师反思教育实践，及时调整自身的教育行为，从而促进幼儿教师的专业成长，强化幼儿园质量管理，最终促进幼儿身心的全面和谐发展。学前教育质量评价的首要功能，在于确立以幼儿发展为本的质量目标。

第一章

学前教育质量评价文献综述

第一节 国内学前教育质量评价研究综述

随着教育改革和发展的深入，我国一些省市先后颁布了幼儿园教育质量评价标准，关于学前教育质量评价的理论研究与实践操作备受幼教工作者的关注。学前教育质量评价作为衡量和提升学前教育质量的主要方式，越来越受到重视。学前教育质量评价始于以测验为主的教育测量，历经描述性评价、判断性评价及建构性评价，在新时期呈现出融合、多样的发展趋势。探究与分析学前教育质量评价的历史发展轨迹及未来发展趋势，能为我们有效地开展高质量的学前教育质量评价活动提供有意义的借鉴。

一、学前教育质量评价理论与方法的研究

（一）学前教育质量评价理论的相关研究

我国从 20 世纪 80 年代中后期开始进行学前教育质量评价方面的研究，如赵寄石（1988）在其研究中探讨制定我国幼儿园教育质量的评价体系，引发了人们对本土化幼儿园教育质量评价重要性的关注。白爱宝的《教育评价简介》介绍了教育评价的含义、类别、原则及方法等。冯晓霞在《多元智能理论与幼儿园教育评价改革——发展性教育评价的理念》中阐释了"多元智能理论与发

展性评价"的理念，总结了我国幼儿教育评价的发展历程，陈述了建构发展性教育评价的原则。彭俊英的《幼儿园教育评价主体的发展趋势》和《从〈纲要〉看幼儿园教育评价的发展方向》阐述了学前教育评价的渊源及发展趋势。张晖的《对幼儿游戏评价的思考》是从具体的领域出发探讨游戏评价理论的研究。刘晶波的《我国学前教育研究状况分析与评价（1996 — 2006）》，对我国学前教育研究取得的成果、存在的问题做了系统的分析和评价，丰富了我国学前教育评价理论与方法的研究。

（二）学前教育质量评价方法的相关研究

我国学者王坚红在其《学前教育评价的一般步骤》《如何确定评价指标体系》《怎样制定评价方案》《学前教育评价的基本方法》等论文中探讨了评价体系和方法的制定。随着我国基础教育改革的不断深化，在新教育理念的推动下，关于评价方法的研究呈现出多样化的趋势，如杨晓萍、柴赛飞的《成长记录袋评定法对我国学前教育评价的启示》和《质性评定方法对我国学前教育评价的启示》等文，涉及观察记录、记账、档案评价、卷宗评定、非正式评价、质性评定、定量评价、轶事记录、情景化评价、即时评价、模糊综合评判、作品评价等诸多评价方法，体现出我国在学前教育评价方法方面越来越科学、具体和深入，且关注到不同主体的具体情况，体现了学前教育质量的不断提升。

（三）学前教育质量的相关研究

对教育质量评估标准的研究，不可避免地涉及教育质量的本质内涵。陈玉琨在《关于高等教育质量本质的探讨》一文中认为，教育质量是教育机构在遵循客观规律与科学发展的自身逻辑基础上，在既定的社会条件下，培养的学生、创造的知识以及提供的服务，满足社会现实和长远需要的充分程度。王敏在《教育质量的内涵及衡量标准探析》一文中认为，教育质量是为教育满足个人和社会显现的和潜在的教育需要的能力特性。刘霞在《托幼机构教育质量评价概念辨析》一文中，从词源学和价值论的角度，指出托幼机构教育质量即托幼机构教育活动是否满足幼儿身心健康发展的需要及其满足的程度、教育质量须以学生的最终发展为目的。刘焱认为，学前教育质量的评价"是在一定的教育价值观的指导下，依据一定的标准和程序，对托幼机构的教育工作进行科学调查，做出价值判断的活动过程"，评价工作首先要弄清楚学前教育质量的标准。

随着研究的不断深化，对教育质量的研究呈现出多元化的趋势，目前引人关注的有"需要论质量观""适应论质量观""目标论质量观""产品论质量观"和"全面质量观"等不同视角的学说。"需要论质量观"认为，教育的质量由其所提供的产品和服务对社会和个人需求的满足程度而定。满足顾客需求并使顾客满意，是教育始终要追求的质量目标；"适应论质量观"强调，适应并满足需要就是质量；"目标论质量观"认为，教育质量实质上是"符合目的的质量"，能按照一定的目的、用途来培养人才，就是符合目的的；"产品论质量观"将教育视为一种特殊的社会生产活动，认为对教育质量的评价可基于对其产出产品质量的评价来进行；"全面质量观"整合了以上学说，认为要以全面的观点评价教育的整体质量，强调"三全原则"，即全面性、全程性和全员性（如图1-1），其真正目的在于促进一个组织改进和提高质量以获得可持续性发展。全过程指的是学校人才培养质量要贯穿于人才培养的整个过程；全面性是指教育质量不能只关注教学质量，还应包括与人才培养质量有关的所有工作质量，如学生管理、第二课堂、社会调查、实践能力的培养、创新精神的形成、校园文化的形成、实训环节等；全员性是指教师、学生、教学辅助人员、教学管理人员以及所有为教学服务的人员的工作质量都与学校教育质量息息相关，都要纳入质量管理，体现以人为本。

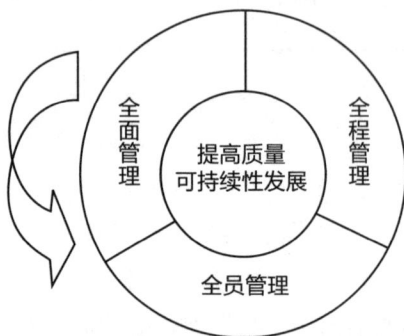

图1-1 全面质量观完整、互动的三全原则

二、幼儿发展评价的相关研究

幼儿发展评价作为幼儿园教育活动的重点环节，对幼儿园教育活动起着重要的导向作用。当前幼儿发展评价的研究呈现以下四点特征：

（一）定量研究与定性研究相结合，结果性评价与过程性评价相结合

在我国幼儿发展评价研究进程中，最初的幼儿发展评价是简单的定性描述，20世纪80年代引进泰勒的目标导向评价模式和西方的标准化测验之后，定量评价取代了定性评价，实证方法垄断了教育评价领域。近几年，在发展适宜性教育理念及多元智能理论的背景下，幼儿发展评价开始从关注定量评价回归定性评价，力图将两种评价方法有效结合。近年研究提到的幼儿发展评价方法主要有个案访谈观察记录、档案袋记录、轶事记录等，强调通过持续观察，形成对幼儿真实行为的原始记录，通过分析幼儿的学习过程和典型作品，取得真实可靠的评价信息，体现出过程取向与结果取向相结合的评价观，以保证对幼儿各方面的发展进行客观真实的描述性评价。

（二）重视操作性、情境化和一日活动的评价

关注幼儿解决问题的动态过程，强调对幼儿的观察、评价应该在真实自然的生活情境中进行，以便形成对幼儿有价值的评价结论。如彭俊英（2001）通过对南京市某园幼儿发展评价情况的调查研究，发现其存在以下问题：评价提供的信息有限，不能准确反映幼儿的发展；过程性评价薄弱以及实施发展性评价的具体策略不明晰。陈银亭的《朝阳区在幼儿园大班和学前班中开展幼儿发展水平评价》也是立足于一日活动，探讨情景化、生活化背景下幼儿发展水平的评价。

（三）重视探讨改革诉求、措施和策略

随着教育改革的推行和不断深化，研究者在学前教育质量评价方面的研究也注重与国际接轨，开展本土化质量评价方法的具体探索，以提出更好地满足教育改革诉求的具体有效的策略。如王坚红相继发表了《幼儿发展状况的观察与评估》和《关于幼儿发展评估的若干问题》两篇文章，厘清了幼儿发展评估相关的若干重要问题，并提出改革措施；白爱宝的《影响家长与教师对幼儿发展评价一致性的因素分析》和《家园合作开展幼儿发展评价的有效策略》指出幼儿发展评价过程中家长参与的重要性，并提出了具体策略；刘霞的《多元智能理论与幼儿发展评价改革》介绍了国外的多元智能理论，并提出了立足于幼儿本身的幼儿发展评价改革的思考；潘月娟的《儿童发展评价的新趋势——真实评价》关注了幼儿发展评价的客观性及真实性，强调儿童发展评价的儿童本

位观及科学性；姚伟等人的《幼儿探究性学习活动的发展性评价》探讨了分领域或分年龄段的幼儿发展评价及支持策略；王海英、周洁的《幼儿自我评价：问题与策略》及张树俊的《幼儿自我评价的缺陷与指导》等文章强调了幼儿参与评价的重要价值以及如何引导幼儿进行自我评价；孙玉沽的《浅析教师非正式评价对幼儿发展的影响》从教学一线教师的实践经验出发，聚焦教师对活动中幼儿行为的即时、非正式评价，探讨了评价对幼儿发展的影响作用。

（四）注重对指标体系建构的研究和探索

高美娇、王黎敏的《幼儿发展评价指标体系的构建与实施》围绕着幼儿的全面和谐发展这一中心，从评价内容、评价方法、实施程序、评价与教育整合策略这四个方面构建了幼儿发展评价指标体系。同时，他们也在《幼儿发展评价与教育整合的实践探索》中重点强调，评价本身就是一种教育活动，只有将评价与教育活动有机地结合起来，才能提高评价的效能，并指出要改变"为评价而评价"的现状，努力探索评价与教育的整合，进而对幼儿发展指标体系进行深入探讨，提出评价指标体系建构的依据、策略、途径和需要关注的问题。

三、教师质量评价的相关研究

教师是幼儿园教育工作的计划者、组织者和实施者，是保证幼儿园教育工作顺利进行的关键因素。因此，教师的专业化程度直接影响到幼儿教育的质量，教师需要通过评价，不断提升自身的教育、教学理念，改进教育、教学行为。这种以改进为目的的教师评价不仅能给教师一个证明工作业绩的评价结果，更能启迪教师运用专业知识反思自己的工作，不断地改进和提高自身专业素养。

（一）关注不同发展层面教师的专业需求

对于不同知识背景和专业能力的教师需要采用不同的评价标准和评价策略，将促进教师的专业发展作为评价的要点，运用评价帮助教师看清自己的发展道路。如王俊英与左亚丽的《观察了解幼儿工作及评价要点》和王俊英等人的《半日工作计划与评价要点》，力图通过制定幼儿教师工作评价标准，为教师自我改进和完善工作提供科学的、操作性强的评价工具。

（二）注重教师的反思性评价

幼儿教师学会反思性自我评价，养成良好的自我反思习惯是改善其教育行为的重要途径，也是其专业成长道路上不可缺少的重要过程。在日常教育工作中不断地纳入自我反思过程，及时发现自己工作中的成功之处和需要改进的方面，是不断提高教育效果和教育质量的关键因素之一。引导幼儿教师正确运用反思性评价策略，积极开展反思性评价是促进教师专业发展的有效途径。杨晓灵（2012）结合当前幼儿教师对反思性评价认识不足、评价内容单一、反思不够深入的问题提出了针对性策略。张润玲、王晓辉（2016）以有效教学双边行为的研究与实践为切入点，研究并制定出促进教师内动、以自律为前提的教师行为评价体系，强调发展性评价促进了师生共同成长，改善了教师教育行为，促进了幼儿学习。

（三）构建和探索以对话为基础的教师发展评价体系

现代教师评价观更倾向于把评价看作教师与外在评价者共同建构意义的过程，看作双方以诊断和改进教育教学实践、促进被评价个体发展为共同目的、相互对话与理解的过程。一方面，教师通过对话真诚地与外在评价者交流自己的经验与想法，从自身所处的具体背景出发自由地表达个人的意见。由此，整个评价过程将因为所有评价者对教师有了更加充分的理解而对教师的专业发展产生更大的意义。另一方面，教师通过对话进行反思和评价，外在评价者则表达自己的看法，双方分享彼此的意见和经验，继而通过对话互相回应、互相商讨、互相理解。因此，教师与外在评价者进行充分的对话与沟通，是促进教师发展与提高教育质量的关键所在。桑凤英与周立莉的《从环境评价入手，改善教师的教育行为》、杨燕燕的《对"家长评价教师制度"的思考》则分析了家长评价教师制度的负面作用及原因，并提出了改进建议。郭良菁的《上海市幼儿园教师专业发展自我评价体系研制简介——构建幼儿园教师专业标准的尝试》以及张婕与朱家雄的《从接受他评到自主参与评价——论幼儿园教师评价中教师角色的嬗变》同时指出，幼师历来只是"失语"的被评价者，但教师参与是实现评价根本价值的重要基础，故而须走向以理解对话为基础的幼儿园教师评价，应构建立足于幼儿教师本位发展的、具有人文关怀的教师工作评价制度及评价指标体系。

四、托幼机构质量评价的相关研究

（一）针对幼儿园硬件量化指标的研究

我国对托幼机构的评价在 20 世纪 80 年代中后期就已起步，主要是为托幼机构的分类定级而开展评价的，相关文章多针对托幼机构场所、环境、园所设施等硬件条件的评定，如王坚红与陈国强的《幼儿园环境评估》、朱家雄的《幼儿园环境的评价（上、下）》、刘焱的《游戏环境评价（上）——户外游戏场地评价》《游戏环境评价（下）》及《试论托幼机构教育质量评价的几个问题》、薛秋丰的《幼儿园环境质量评价》、张琼的《婴儿家庭与托幼所环境质量评价标准》、黄培红的《幼儿园家具的卫生评价》、刘霞的《托幼机构教育质量评价概念辨析》和《我国现行托幼机构教育质量评价工具研究》以及周欣的《托幼机构教育质量的内涵及其对儿童发展的影响》等都是对幼儿园硬件条件的分析评价。

（二）综合质量评价的研究

随着幼教事业的不断发展，不仅要对托幼办学资质进行审查，还更要对托幼机构教育质量做综合全面评价，更要反思托幼机构评价的科学性，以利于指导托幼机构提高教育质量。如张家芬在《怎样衡量幼儿园的质量》一文中探讨了幼儿园的质量标准，并强调要把幼儿的发展作为考核的主要内容；项宗萍的《从"六省市幼教机构教育评价研究"看我国幼教机构教育过程的问题与教育过程的评价取向》和刘丽湘的《当前我国幼儿园教育质量评价工作的误区及调整策略》也对此提出意见与策略。

（三）注重对教学活动与课程评价的研究

虞永平的《幼儿园教学活动的评价》、王俊英的《目标课程的教育活动评价》、吴积静与周洪飞的《幼儿园一日活动质量评价的探索》等文章探讨了教学活动评价。余碧君的《幼儿园教育课程的评价》、姜勇与刘霞的《当前我国幼儿园课程评价存在的问题与对策》、彭俊英的《对构建幼儿园课程评价方案的粗浅思考》等文章论述了幼儿园课程评价的价值、问题反思及解决策略。许卓娅的《用历史生态的眼光审视园本课程建设中的评价研究》讨论了幼儿园课程评价研究的新思路，即从生态学的视角出发，审思幼儿园课程评价在不同生态环境系统及互动过程中评价的多元化。张晖的《试论对幼儿园教材的价值审视》从教材评价的角度指出我国应建立幼儿园教材编写审定委员会，对幼儿园教材的编写、发行进行监管，以保证幼儿园课程的质量。

五、对国外及我国港台地区有关学术成果的译介与研究

我国学前教育质量研究起步较晚，故注重译介西方的先进教育理念和研究成果，注重西方及日韩等国学前教育研究对我国学前教育发展的经验和启示。

如树立以儿童发展为本的评价观，注重差异性评价；构建多样化与个性化相统一的评价内容；采用个体化的评价标准；倡导以观察和描述为基础的评价方法等。

（一）单纯译介性研究

最早有赵寄石与魏振高翻译的《测量学前教育的质量》（译自联合国教科文组织、儿童基金会合作计划《早期儿童教养丛书》之二《提高早期儿童教养质量和数量的急需措施》）以及《3～6岁儿童教育目标》（译自联合国儿童基金会1977年《日托中心教师手册》）。另外，王坚红翻译的《对学龄前儿童发展的评价》和编译的《美国幼儿园教师工作评价鉴定表》（美国纽约州立大学早期儿童研究中心制定），竺波翻译的《学前儿童创造性的非正式评价》(E. P. 托兰斯)，方力和汪潮译介的《四五岁儿童发展量表》(译自美国《幼儿的教育过程》)，都是对国外研究的翻译和介绍。

（二）介绍兼比较性研究

此类研究主要有霍力岩的《西方学前教育评价的发展历程及当代特点》、刘焱等人的《"托幼机构环境评价量表"述评》（其中所涉及的美国"托幼机构环境评价量表"旧版于1980年面世，新版于1998年面世）、刘焱的《美国NAEYC关于高质量幼儿教育机构的评价标准》、刘霞的《NAEYC幼儿活动室观察评价述评》和《托幼机构环境评价量表（修订版）述评》、彭俊英的《美国幼儿园课程内容与课程评价述评》、卢美贵的《英格兰5～7岁国定课程评量的内容与影响》、郭良菁的《德国研制〈儿童日托机构的教育质量：国家标准集〉的启示——兼论我国制定质量评价标准体系的若干问题》等。邱白莉的《中美高质量托幼机构评价标准之比较》介绍了美国高质量托幼机构认证标准，并与我国示范性幼儿园评估指标（以江苏、浙江、上海为例）比较，分析了两国托幼机构评价标准的异同。余碧君的《日本幼儿园的游戏评价》《对幼儿的理解与评价》、刘建永的《日本的日托中心及其质量评估》等文介绍了日本托幼机构的评价经验；蔡春美的《台北市幼儿园评鉴制度简介》介绍了我国台湾地区幼儿园评鉴制度的模式、发展历程及存在的问题；周欣的《四国和我国港台地区幼托机构过程性教育质量标准的分析和比较》比较和分析了英国、澳大利亚、美国、新西兰和我国的香港、台湾地区托幼机构学前教育质量的内涵、过程性教育质量标准与评价依据。

六、对国内学前教育质量评价研究的反思

幼儿发展评价方面存在的主要问题，一是幼儿发展评价的理论体系建构刚刚起步，拿来主义的成分较多，尚未形成中国特色的理论体系；二是幼儿发展评价多为理论探讨，实证研究较少，且研究多侧重于对幼儿智力、认知发展的评价，对幼儿情感、态度和社会性发展评价的研究较少，尤其缺少质性评价与量化评价相结合的研究。张文澜的《儿童同伴关系评估方法析评》介绍了儿童同伴关系的测量方法；傅宏介绍的《幼儿情绪性思维惯性评价量表》《幼儿社会适应能力状况评价量表》和《幼儿日常行为习惯评价量表》等量表重视应用，操作性较强，引人关注。

教师评价研究方面的不足体现在：对教师教育教学行为（尤其对师幼互动、教师与家长互动）质量评价的研究、对教学过程中教师对教育环境的创设与利用方面的评价研究相对匮乏。评价标准过于统一，忽视评价对象的丰富性、差异性和多样性；评价结果的运用过于简单，未能充分发挥评价的多重功能。周欣的《教师—儿童互动质量评定的行为指标初探》、李生兰的《家长开放日活动评价的初步研究》都体现出教师、儿童、家长参与评价的重要性及开拓性。虽然农村留守儿童发展问题日益受到重视，但针对婴儿、特殊儿童发展评价的研究文献依然较少。

第二节　国内幼儿园等级评定标准研究综述

《国家中长期教育改革和发展规划纲要（2010－2020年）》（以下简称《纲要》）指出："提高质量"是"二十字"工作方针强调的重点问题。《纲要》明确提出要"树立科学的质量观，把促进人的全面发展、适应社会需要作为衡量教育质量的根本标准""制定教育质量国家标准，建立健全教育质量保障体系"；关注幼儿园等级评价标准、开展评估体系的研究成为各国幼教事业改革与发展的热点之一。我国幼托机构等级评价是从20世纪80年代末兴起，由上海、浙江等一线城市开始制定实施，后逐步在全国普及展开。

幼儿园等级评估是根据一定的幼儿教育目标和教育理念，在系统收集幼儿园相关信息和资料的基础上，运用科学方法对幼儿园教育活动、教学过程及其结果进行价值判断的过程，也称为幼儿园（评估）验收。幼儿园评级标准与评

估体系，是幼托机构自我评价、对照改进的标准，是社会对幼托机构进行评价和判断的参考，是家长为幼儿选择幼儿园的风向标。北京市明确规定《北京市托幼园所分级分类验收标准及细则》是"评价托幼园所质量的标准和依据，也是托幼园所进行自我评价、自我监督、自我提高的指导性文件"。幼儿园评级标准不仅能够衡量一所幼儿园办园水平的高低，而且能够对整个幼儿教育的实践与未来发展起到较强的导向作用。

一、我国幼儿园等级评价标准的制定与使用情况

我国学前教育事业采取统一领导、地方负责、分级管理的体制，由于各地经济社会发展水平不同，幼儿园分级分类验收标准也不相同，各地教育行政部门颁布的幼儿园验收（评估）标准是在实践中普遍使用和参照当地的学前教育质量而制定的标准。

目前，我国的幼儿园分为公办、民办、私立、合作等几种类型，各地区的教育行政部门分别制定具体的验收标准和细则对其进行明确的分级分类评价和管理。根据《中国教师新百科·幼儿教育卷》给出的定义："幼儿园分级分类验收标准是中国各级政府对托幼机构教育质量进行评价的重要工具。分级分类验收标准中的'级'主要反映园所环境、设备和保教人员的学历结构等客观条件；'类'主要反映园所的管理、教育和保健水平等主观因素。"为了便于检查验收和幼儿园的自我评价，验收标准将各类指标逐级分解并量化。如北京分为三级，各级又分有三类；上海分为示范园、一级园、二级园和其他园；重庆分为四级；成都分为三级，其中一级又分一、二等；杭州分为特、甲、乙、丙、丁五级；广州分为省一级、市一级、区一级和未评级；太原分为五星级、四星级、三星级、二星级和一星级；等等。幼儿园办园标准和评估体系不应仅作为一种行政管理工具而存在，更要鼓励学术界通过加强研究，构建和完善一整套适合我国实际情况的幼儿园办园标准和评估指标体系，这对于促进我国幼教机构质量提升具有重要的理论价值和实践意义。目前，虽然部分省市颁布了省级学前教育发展的评价标准，但还没有形成一套全国统一的、面向所有幼儿园（包括公办、民办等各级各类幼儿园）的质量评价标准。

1985 年发布的《中共中央关于教育体制改革的决定》指出，基础教育由地方负责，实行分级管理，并且提出了对教育要进行评价的问题。1986 年全国人

大六届四次会议通过的《关于第七个五年计划的报告》指出："要加强教育事业的管理，逐步建立系统的教育评价和监督制度。"1993 年颁布的《中国教育改革和发展纲要》中明确规定："建立各级各类教育的质量标准和评估体系。各地教育部门要把检查评估学校教育质量作为一项经常性的任务。"1989 年《幼儿园工作规程（试行）》和《幼儿园管理条例》颁布，《幼儿园工作规程（试行）》明确规定："各省、自治区、直辖市教育行政部门，可根据《规程》对不同地区、不同类别的幼儿园分别提出不同要求，分期、分批地，有步骤地组织实施。"

根据上述文件精神，各地教育行政部门大多在 20 世纪 80 年代末开始了第一轮幼儿园验收（评估）标准的颁布和实施。例如，1989 年，北京市人民政府文教办公室、北京市教育局、北京市卫生局联合颁布了《北京市托幼园所分级分类验收标准及细则（试行）》；1993 年，广东省教育厅颁布了《广东省幼儿园等级评定基本标准（试行）》。此后，各地多次修订其验收（评估）标准。例如，北京市先后于 1994 年、2000 年两次修订 1989 年制定的《北京市托幼园所分级分类验收标准及细则（试行）》；2001 年广东省制定并实施了《广东省幼儿园等级评估方案》；2003 年上海市出台了《上海市教育委员会关于进一步规范本市托幼园所办学等级评估办法的意见》和《上海市托幼园所办学等级标准》；湖南省于 2003 年修订颁布了《湖南省示范性幼儿园标准》；2007 年江苏省出台了《江苏省优质幼儿园评估实施方案》；2008 年浙江省出台了《浙江省幼儿园等级评定办法（试行）》和《浙江省幼儿园等级评定标准（试行）》；2014 年，陕西省教育厅正式发布了《陕西省示范幼儿园评估标准（修订稿）》。

二、对幼儿园等级评价标准的研究

随着各地幼儿园验收（评估）标准的使用，各地幼儿园的教育质量标准日益受到学前教育理论界和实践工作者的重视，学前教育理论界开始了对这些质量标准的研究，但迄今为止，尚未形成一套全国统一的权威性的幼儿园等级评价标准。随着学前教育事业的发展，我们有必要对现行的幼儿园教育质量标准进行深入、系统的研究。

（一）对学前教育制度与政策的研究

黄小莲和陈妍琳（2014）指出，学前教育的起点公平是我国制定学前教育政策的出发点和归宿，他们的研究针对的是目前幼儿园的等级评估现象，通过对290名不同等级幼儿园教师和家长满意度的调查发现，幼儿园教师和家长对于不同等级幼儿园的满意度存在显著差异：幼儿园等级越高，教师和家长的满意度越高。家长们普遍认为，在不同等级的幼儿园，幼儿五大领域的发展存在显著差异。在教育公平视域下，幼儿园评估制度的重心应该从重视等级评定转向积极促进学前教育资源的均衡配置。第一，在制度导向上淡化幼儿园分级，鼓励就近入园，保证幼儿受教育的起点公平；第二，在制度设计上应从单一的等级示范园评估走向鼓励多元的特色园建设；第三，在制度安排上应通过评估促进财政转移支付政策以帮助弱势幼儿园和弱势群体；第四，在制度实施中应实现幼儿园教师培训机会均等，以保证幼儿教育过程的公平。

幼儿园等级评估应当以提升自身教育质量为内在动机，但是，幼儿教育的收费标准是根据教育成本核算而制定，各地根据相应的政策制定幼儿园的收费标准。如南京市《幼儿园办园标准和评估细则》指出，评估结果将"为幼儿园分类收费提供依据"。也就是说，幼儿园收费标准是根据幼儿园的等级确定。幼儿园等级越高，收费就越高。经济利益的驱动成了幼儿园参与等级评估的重要动因。我国幼儿园评估通常是由上级行政部门组织、各幼儿园参与的，缺乏相应的督导监管机构。当前，我国教育督导部门的工作大多只针对中小学，基于学前教育特点的针对性评估督导制度还远未常态化、规范化。

（二）关于等级评价内容的研究

刘丽湘（2006）对北京、上海、广东、福建、江西、山西等地的六份验收（评估）标准进行分析后指出，各地质量标准存在以幼儿的绝对发展水平为标志衡量教师的教育水平与幼儿园的教育质量，注重条件、结果性质量评价，而忽视过程性质量评价等问题。此外，验收标准还存在内容结构不合理、评价指标笼统、难以操作等问题。

刘霞（2010）的研究侧重于托幼机构教育质量的概念及构成。她认为，托幼机构教育质量是托幼机构教育活动是否满足幼儿身心健康发展的需要及其满足幼儿身心健康发展需要的程度。托幼机构教育质量标准通常分为素质标准、职责标准、效率标准、效果标准四种类型，包括条件质量、过程质量和结果质量三个方面。其中，条件质量包括人员条件、物质条件、园所管理；过程质量包括师幼交往、教师对环境的创设和利用、教师与家长交流；结果质量指幼儿身心各方面的发展。刘霞指出，我国幼儿园等级标准应把握幼儿园教育质量的内涵，"以幼儿的发展为本"，满足幼儿身心健康发展的需要；应构建科学的质量体系，包括教学资源质量、教学实践质量和教学成果质量三个维度；应突出教育质量的关键要素，如班级师幼比例、教师资格及培训、师幼互动、课程等。

1994年，南京市教育局幼教处修订了《南京市幼儿园办园标准》，新标准根据南京地区的实际概况，着重在保教工作及幼儿园人、财、物的管理等方面做了较大修改，并增加了幼儿发展评估标准的测量内容，采用定量定性相结合的办法进行评估。1998年4月，广东省提出了《绿色幼儿园评估标准》，主要从行政管理、环境建设、宣传教育、资料管理、加分五个方面对广东省幼儿园的环境创设进行评估。

刘焱认为，托幼机构教育质量评价是在一定的教育价值观的指导下，依据一定的标准与程序，对托幼机构的教育工作进行科学调查，做出价值判断的活动过程。这种评价活动，基本采取一种差距评价模式，即在一定的教育价值观的指导下，制定出一套评价标准。这种评价标准反映了人们对理想的或高质量的托幼机构教育工作模式比较一致的看法，同时，可以以这套标准为依据去考察各个园所的工作，衡量或判断它们符合或偏离这套标准的程度。托幼机构教育质量的评价标准通常包括从业人员素质标准、工作人员职责标准、效率标准、效果标准等具体内容。

（三）关于等级评价主体的研究

有研究者认为，当人作为督导评估的客体时，主客体的关系是一种人与人的关系。现代教育评估理论认为，人具有能动性，不应完全处于被动接受评估的地位，应重视和发挥被评估的人在评估中的主体作用。只有当被评估者主动地参与评估，评估的结果才能转化为促进被评估者发展的内在动力。虽然自评是鼓励被评估者即幼儿园作为评估的主体主动参与幼儿园评估过程，但关键问题并非幼儿园是否参与了评估，而是幼儿园如何作为主体参与自评。目前的幼儿园自评由幼儿园参照评估标准给自己打出分数，但评估的过程中是由幼儿园独立地对照评估标准，根据自己的理解给各方面工作打出分数。在此过程中，并非所有的幼儿园教师和工作人员都能参与自评，自评分数只是个别负责人自己意见的反映，而评估团成员则无一人参与。另一方面，评估组织一般是以上级行政部门为主，人员结构单一、评估主体单一，专业化程度不够，评估方法往往缺乏科学性。《幼儿园教育指导纲要（试行）》明确要求幼儿园要加强同社区、家庭的联系，因此，幼儿园评估应该将幼儿、家长、社区、社会纳入评估主体，这样才能使得评估结论更全面、更客观。

杜小凤（2015）从儿童的视角出发，开展了一项关于幼儿园教育质量评价的研究。通过编制供儿童使用的幼儿园教育质量评估工具，对成都市区内的一、二、三级及无等级的共13所幼儿园的126名大班儿童进行访谈，发现儿童在一日生活各环节中对入园、游戏、离园环节的评价较高，而对如厕、午睡环节的评价最低；儿童对人际交往整体上评价较高，但存在个别差异；儿童对幼儿园环境中的操场、活动室评价较高，而对盥洗室评价最低；儿童对幼儿园的整体评价较高。研究指出，充足的室内外游戏，积极的同伴互动与师幼互动，以及漂亮、舒适、有序的环境能给儿童带来积极的情绪体验，从而使儿童对幼儿园教育质量做出积极的评价。可见，应当让儿童真正成为幼儿园教育质量评价的主体，将积极的师幼互动作为幼儿教师选用与考核的标准，让游戏成为儿童生活的主导，进而全面提升幼儿园的教育质量。

（四）关于幼儿园评价指标体系的研究

梁李华结合多年的实践经验，对我国幼儿园等级评价体系的演变进行了梳理，指出目前存在多元化评价进程缓慢、评价方式流于表面、各地指标体系不统一、不均衡等问题，并提出了改进对策和建议。

2007年4月，江苏省教育厅颁布了《江苏省优质幼儿园评估实施方案及评估标准》，对江苏省优质幼儿园的工作目标及评估标准提出了明确要求。江苏省教育厅制定的《省级优质幼儿园评估标准》是一个发展性评估指标体系，分保教队伍、办园条件、安全卫生、保教水平和管理绩效五个方面，评估标准突出了优质幼儿园的基础发展性、主体骨干性和区域可比性。

王丽娟（2015）在深入研究某省幼儿园保教质量评估标准文本后指出，G省现有幼儿园分级评估标准的重点是幼儿园环境、活动室面积、园所环境、师资学历、绿化面积等，对过程性质量（如师幼行为、课程实施、教师培训、家园共育、社区服务等）内容的关注度不高，没有具体体现幼儿发展的观测指标，重视教育教学，只关注教师数量、资质，而忽视对教师专业发展和待遇保障的考察，忽视了游戏活动和生活活动的教育价值。建议通过反思和改革，建构一套政府主导、社会参与、理念先进、切合实际、行之有效，以促进幼儿身心和谐发展为目的、促进幼儿园提高保教质量，能适用于不同类别幼儿园的统一的学前教育质量评价标准体系。

（五）针对评估结果的研究

有研究者针对评估结果的信度指出，评价由各地学前教育行政管理部门主导，评估时间短（多为一天或半天），多简单采取观察、检查和听取汇报的方式，往往缺乏资深专家和研究人员的参与，缺乏评价理论与方法的指导，在评价标准的可行性、评价组织实施的严密性和评价结果的科学性、权威性方面都有待提高。验收标准的制定一般基于专家和实践工作者的意见与经验，缺乏研究成果的支撑。一些地方的分级分类验收标准简单套用《幼儿园工作规程》中的教育原则作为评价幼儿园教育工作的标准，导致出现评价标准过于抽象、笼统，评价过程易生歧义，评价的信度、效度和客观公正性难以保障等问题。王丽萍（2016）的研究指出当前存在着评估结果运用不良的问题，如"评估结果不执行"和"评估结果功利化"等，并提出了相应的改进策略：执行定性与定量相结合的评估方法，拉长评估周期，实现评估常态化。有研究者指出，教育督导评估的主要功能包括鉴定、激励、导向和调控，督导评估不仅要鉴定幼儿园是否能够通过某种等级评估，还应该起到激励、导向的作用。目前，在幼儿园等级评估工作中，鉴定幼儿园是否能够达到某种等级成为评估的主要功能。

总之，幼儿园等级评估标准应始终体现当前幼儿教育的主流价值观，主要围绕教师、设施、课程、儿童四个基本教育要素，建构能够真实反映幼儿园教育质量的指标体系，包括结构性指标与过程性指标，并合理确定各指标的权重。

第三节 国外学前教育质量评价标准研究综述

20世纪中期以来，随着全球经济、文化、教育的快速发展，国际社会日益关注教育公平和质量问题。良好的学前教育能够为适龄儿童提供一个健康的成长环境，弥补家庭教育可能存在的不足。在巨大的社会需求面前，各级各类学前教育机构大量涌现，教育质量参差不齐，学前教育质量的评价标准便成为各界共同关注的焦点。随着儿童研究的日益深化，国际社会已达成共识——儿童早期的学习和发展不仅对其自身具有重大的影响，而且对社会的发展意义深远。

Peisner-Feinberg 认为，早期儿童教育和保育的质量对不同家庭背景的幼儿都有重要的影响，尤其是对那些处境不利的儿童影响更大。可见，增加获取优质教育的机会是促进公平的有效方式。因此，各国政府纷纷关注学前教育及其质量的提高，并不断加大投资力度，学前教育研究领域也随之掀起了一场质量研究运动，尤其以美国为主的发达资本主义国家，为确保学前教育的高质量，陆续出台了一系列法律法规、政策文件，并积极研制早期儿童教育和保育机构评估、认证标准。

基于政府应当承担保障学前教育最低质量和促进学前教育质量持续提升的两大责任，很多西方国家的学前教育政策分为两大部分：一是注册许可制度，为开设学前教育机构制定必须达到的标准，确保学前教育机构的最低质量，这种许可制度可以分为国家级的和省级（州级）的；二是激励支持政策，通过质量监测、督学督导、财政投入、教师培训、加强学前教育质量评价标准研究、建立监测数据库和共享优质资源库等政策，引导和支持托幼机构保教质量的提升。具体评价标准与制度因各国文化差异也呈现出不同的特点。

一、美国学前教育质量评价标准的相关研究

美国在评价一个教育机构的教育质量时通常采用"认证"的方式，这就是教育质量评价中的"认证"制度。美国的"认证"制度起源于南北战争之后，体现着美国特有的文化特色，即追求理想、自我动机、持续改进和非官方等。如"全美幼教协会"（National Association for the Education of Young Children，简称NAEYC）于 1984 年颁布的《高质量托幼评价标准》。为了保障儿童早期教育中日常体验的质量和促进儿童的积极成长与发展，NAEYC 于 1984 年颁布了《幼儿程序标准与认证准则》，此项标准于 2006 年修订。鄢超云等人研究指出，美国在对学前教育质量进行评价时，不是由各级教育行政部门来规划、实施，而是由非官方的"全美幼教协会"来具体实施；美国的"认证"分为三个阶段：自我评价、实地评价和追踪评价。刘昊等人关于美国的学前教育质量评价与促进系统的研究表明，以州政府为主体的学前教育质量评价与促进系统，是美国保障和提升学前教育质量的重要举措，其目的在于通过一系列专业评价和财政激励措施，促进幼教机构提升教育质量。

美国是一个地方分权制国家，学前教育由州政府或地方政府管辖，因而没

有全国统一的行政管理规定。但近年来，为了整体提高早期儿童教育和保育服务质量，联邦政府和一些州政府纷纷出台了一系列政策法规，并制定了学前教育机构质量评估标准。如印第安纳州政府于 2000 年开始资助研究并实施了一项由全州早期教育机构自愿参加的机构质量评估体系——Path to Quality（简称 PTQ）。密歇根州教育厅于 2005 年颁布了《3～4 岁学前质量标准》（Early Childhood Standards of Quality for Prekindergarten），界定了优质的 3～4 岁学前教育机构的标准等。田纳西州建立的"星级质量项目"（Star Quality Child Care Program）的评估内容涵盖了教师专业发展、主管任职资格、家长参与度、资格认证表现、课程与教学、员工津贴、师幼比与班级规模七个方面。

自愿参与评估的学前教育机构达到标准后会获得一定的资助，其机构的知名度也有所提高，从而获得更好的生存和发展机会。美国学前教育机构的评价工作由非政府机构执行，通常由具有专业知识技能的专业评价机构即第三方评价机构中的专业人员担任设计和实施，他们在经过认真系统的研究后制定出评价标准并进行实施。"全美幼教协会"下设的早期儿童教育机构评价委员会是美国最权威的全国性早期教育评价专业组织。该组织在大量科学研究结果的基础上制定了高质量学前教育机构评价标准，结束了美国各州幼儿教育机构质量标准不一致的窘境，为幼儿教育机构质量整体水平的提高发挥了引领作用，其宗旨是让儿童终身受益。

二、瑞典、英国、芬兰、德国学前教育质量评价标准的相关研究

国际组织在评价某国的学前教育质量的好怪和政府承担的责任是否尽责时，主要是根据政府对学前教育事业的导向性政策健全与否，以及该导向是否符合当前学前教育的普遍价值来判断的。近十年来，瑞典和英国被评为政策导向质量最高的两个国家。我国学者庞丽娟、王红蕾等人分别对《英国学前教育指导纲要》等英国政府出台的学前教育指导意见的不同方面进行了深入研究，阐明了英国政府在学前教育领域的重要举措及其影响。周兢等人对"金砖四国"学前教育体系及其质量评价制度进行了比较研究，发现各国受到政治体制、保教系统的传统以及管理体制等因素的影响而表现出各自的特色。这些国际比较研究的结论对于我国建立和完善学前教育质量评价制度具有一定的参考价值。

此外，越来越多的国家开始关注托幼机构质量与学前课程质量评价标准。瑞典、英国、芬兰等国颁布了统一的学前教育课程，如瑞典《国家课程》、英国《基础阶段课程指导（3～5岁）》、芬兰《幼儿教育和保育国家课程指导》等。德国 2002 年从儿童在托幼机构生活和体验的视角出发，制定并出台了《儿童日托机构的教育质量：国家标准集》，其内容包括五个层级、20 个质量领域、1364 条具体的质量标准，其目标是促进幼儿的学习与发展。第一个层级分为"空间创设"和"一日流程"两个质量评价领域；第二个层级分为"饮食和营养""睡觉和休息""健康与身体照料""安全"四个质量评价领域，涉及儿童在园生活的常规；第三个层级聚焦于儿童保教活动质量评价，涉及"语言""认知""运动""情感和社会性""艺术""角色游戏""自然""搭建构型""残疾儿童的适应""跨文化学习"十个质量评价领域；第四个层级指托幼机构与家庭合作，分为"问候与告别""与家庭合作""过渡期适应"三个质量评价领域；第五个层级聚焦于托幼机构的领导和管理工作，设有"领导和管理"一个质量评价领域。

三、澳大利亚、新西兰、新加坡学前教育质量评价标准的相关研究

从学前教育质量评价实践来看，澳大利亚是全世界第一个建立了国家层面的学前教育质量标准并将其纳入法律体系的国家。该国于 2012 年 1 月 1 日颁布了《早期儿童教育和保育国家质量框架》（National Quality Framework for Early Childhood Education and Care），该框架包括四部分内容：立法体系、质量标准、评估活动、评估机构。其中，《早期儿童教育和保育国家质量标准》被称作质量监控体系的核心，其内容包括教育方案与实践、健康与安全、园舍环境、人员安排、师幼关系、与家庭社区的合作、机构管理七个一级指标。每个一级指标又包含二级指标和三级指标，并附有详细解释和说明。《国家质量标准》适用于澳大利亚所有的托幼机构，兼有园所资质认定和保育质量监测评价功能。根据早期儿童保育和教育质量管理局的评估，托幼机构的质量被划分为未达标、可运营、达标、高质量、优秀五个等级。

新西兰通过发布实施《学前教育评估框架和资源》（Framework and Resources for Early Childhood Education Reviews，2002）和《学前教育评价指标》

（Evaluation Indicators for Education Reviews in Early Childhood Services，2004），构建了较完整的学前教育质量评价体系。《学前教育评估框架和资源》规定评价内容包括教育质量、政府关注的具体领域、其他评价重点和遵守规章情况四个维度，包括健康、贡献、探究、交流、归属感五个一级指标，每个一级指标包含若干个详细、具体、可操作的二级指标和三级指标，以作为质量评价的依据。

新加坡于 2011 年 1 月实行了《新加坡学前教育评审框架》（Singapore Preschool Accreditation Framework），该框架的质量评价内容涉及三个维度：结构性质量、过程性质量和结果性质量，每个维度下分别包含三个领域。其中，结构性质量包括领导与行政、教职工管理和教育资源；过程性质量涵盖课程、健康与安全、教学法；结果性质量包括儿童的全面发展、儿童的福祉、乐于学习，它们共同形成一个完整的评审框架。为确保评审框架得到有效实施，政府还研制了《质量评价量表》（Quality Rating Scale，简称 QRS），作为幼儿园保教质量外部评估和自我评估的工具与参考标准。

四、对国外学前教育质量评价标准研究现状的反思

我们通过对以往研究的梳理可以发现，首先，各国十分重视学前教育质量评价标准的研制，其研究者来源广泛，均为熟悉学前教育工作的专业人士。这些国家的教育质量标准的研制过程科学、细致，汇集各方面人士的智慧，很多以科研成果的形式问世。如美国高质量托幼机构认证标准的研究过程中，有许多会员、幼儿家长和关心幼儿的各界人士参与；德国是通过"全国儿童日托机构系统质量研究"的专项课题来研发标准，该课题由联邦家庭、老人、妇女、少年儿童工作部发起。德国在研制《儿童日托机构的教育质量：国家标准集》时，第一步是查阅与托幼机构质量问题有关的文献，包括专业讨论、科研论文、书籍和研究报告等，利用各种文献资源，掌握已有的研究成果；第二步是在国内最大的专业杂志上进行问卷调查，在全国范围发动早期教育专业人员报告他们认为最重要的标准，形成最初的质量标准；第三步是把最初的质量标准交由独立的专业委员会进行评价，给予反馈并修改，之后再次交给专业委员会审议；第四步是交给课题组进行最后评价。德国的标准集制定总共历时四年，过程相当复杂，充分发挥了社会各方面的力量，考虑并吸取了各个利益相关方的意见。经过数次审核，标准集的科学性和有效性得到不断提高。

其次，欧美国家在制定托幼机构的质量评价标准时，优先采用自下而上的视角，毕竟儿童是受托幼机构质量影响的核心人群，其他各方的视角最终都是为了儿童的健康发展。在此基础上，与幼儿成长有直接关系的其他人物——家长和教师的感受也被考虑在内，之后再吸纳政策制定者和社区民意代表的意见。

再次，各国学前教育质量评价各有特色。美国学前教育质量评价标准与工具量表比较丰富，选择多样，更关注学前教育的过程性质量；德国学前教育国家标准集的研制过程规范，科学性较强；芬兰的学前质量评价方式多元化，有记录儿童成长和发展的成长档案袋，有了解家长的满意度、问题和建议的调查问卷，还有教师自评和教育局的官方评估；澳大利亚高度重视学前教育评价，不仅为学前教育评价立法，还成立了儿童教育与保育质量监督局。

当前我国的学前教育评价中存在以下误区：注重条件性、结果性质量，忽视过程性质量评价；以幼儿绝对发展水平为标志衡量教师的教育水平与幼儿园的教育质量；幼儿园分级分类标准的内容结构不合理；评价指标笼统、难以操作；评价中只重视管理、物质及人员的配备，忽视效能发挥；重视量化评价不重视与质化评价相结合；评价主体单一化；对验收评价信度缺乏监控。各国学前教育质量评价较重视学前教育质量评价标准的研制，评价内容指标细致、可操作性强、评价方式科学、过程规范等做法和经验值得我国借鉴。

第四节　学前教育质量评价指标的类型、反思与新趋势

一、学前教育质量评价指标类型

各国常见的教育质量评价有认证评价、分等评价和审核评价三种主要类型，它们在保证和提高教育质量方面各有所长。认证评价充当着教育质量"守门员"的角色，即保证教育质量的最低标准；分等评价是认证评价的升级版，旨在区分优劣，促进公平竞争；审核评价则通常采用学校自评和校外专家进校考察相结合的方法，通过审视学校内部质量保证体系来评价教育质量。

我国2010年颁布的《国家中长期教育改革和发展规划纲要（2010—2020年）》明确提出"加强学前教育管理，规范办园行为，制定学前教育办园标准，建立幼儿园准入制度，完善幼儿园收费管理办法。严格执行幼儿教师资格标准"。探讨

学前教育质量评价指标体系，对保障和提升学前教育质量具有重大的现实意义。

目前，对学前教育质量的探讨主要针对学前保教机构尤其是幼儿园，很多研究直接以"幼儿园质量"或"托幼机构质量"为题，主要关注教育质量，只不过不同的研究者对教育的理解不尽一致。我国托幼机构的形式有托儿所、幼儿园、学前班、儿童乐园、玩具图书馆、流动幼儿园、游戏小组、季节活动站、家庭托儿中心、亲子活动中心、早教中心等。各类学前机构为幼儿创设共同游戏、学习、生活的环境，使幼儿积累集体生活的直接经验，学习与人交往和共同生活的技能，这对幼儿的学习、发展与健康人格养成都有着重要的奠基作用。

格里塞和马尔克（Grisay, A. & L. Mahlck, 1996）从教育的"投入—过程—产出"视角，提出教育质量包括三个维度：为教育所提供的资源的质量；教育实践过程的质量；教育成果的质量。美国学者多纳贝蒂（Donabedian, A., 1980）认为托幼机构质量包括结构性质量、过程性质量和结果性质量，提出了广为人知的教育质量评价的 SPO（Structure-Process-Outcome）模型。

结构性质量指标侧重于考察学前机构中师幼比、班级人数、教师专业素质、物质环境和设施设备等。过程性质量指标是指与教育过程密切相关的、与儿童的学习活动关系密切的动态变量，侧重于考察学前机构中的师幼互动、课程、学习环境、健康与安全、家长参与等因素。教育过程是决定教育质量的主要因素。教育的结构性质量因素往往是通过师幼互动、环境创设与利用等过程性的质量才能对幼儿的学习与发展产生影响。过程性质量对儿童发展的影响往往比结构性质量对教育质量的影响更直接、更显著，理应成为观测、评价托幼机构质量的重点。过程性质量的核心是教师的教育理念和教育行为所体现出的职业素养、职业态度和教育行为，它直接影响着幼儿的发展水平和托幼机构的教育质量。结果性质量是指幼儿园教育对促进儿童发展的真实效果，主要考察在园儿童的身心发展水平。托幼机构保教质量最终体现在促进儿童身心和谐、全面发展和个性化发展方面。结构性质量、过程性质量和结果性质量三者之间相互联系和相互作用，共同对幼儿园保教质量产生影响。结构性质量是幼儿园保教质量的物质基础和支撑条件，过程性质量是保教质量的直接体现，结果性质量是保教质量的价值体现。

遵循这样的思路，许多研究者对影响学前教育质量的各个因素（课程、教师、教学、环境等）进行了更为细致的分解和讨论。有研究者认为，"在园本课程建设过程中，课程管理制约着课程建设的质量""幼儿教师作为幼儿教育的实施者，其关于教育质量评价的观念与学前教育质量有着密切的联系"。刘焱教授团队基于大量数据分析，认为"教师学历、师幼比、在班幼儿人数和收费标准是影响幼儿园教育环境质量的主要结构变量；师幼比和在班幼儿人数对幼儿园教育环境总体质量、物质环境质量、人际互动质量有影响，但这种影响受到教师学历因素的中介作用；收费标准仅对物质环境质量有影响，但收费标准的提高并不必然导致物质环境质量的显著改善；生活活动与课程的质量仅受到教师学历的影响，未见师幼比和在班幼儿人数的作用；结构变量在不同地区和办园体制的幼儿园之间分布不平衡，导致不同地区和办园体制的幼儿园在教育环境质量上出现较大差异"。还有研究者讨论了过程性质量与结果性质量的关系，以及幼儿园教育质量与幼儿园教育成本之间的关系等问题。

二、学前教育质量评价指标反思

（一）评价内容反思

要不要把儿童发展的结果作为幼儿园质量评价的指标，这是一个颇有争议的理论问题。我们认为，托幼机构的核心使命在于促进幼儿快乐健康成长和全面、个性化发展，一旦脱离了对儿童发展结果的考察，托幼机构保教质量的评价就会成为"空中楼阁"，就容易使托幼机构的教育背离其初心和使命，导致评价结果失去应有的公信力和说服力。必须看到，我们当前的评价工具和技术还难以明确地测定儿童发展的结果在多大程度上源自幼儿园教育，又在多大程度上得益于家庭教育和社区环境的影响。因此，仅靠儿童发展结果对托幼机构教育质量进行评价，或者将儿童发展的结果等同于托幼机构教育质量都是不妥当的。在幼儿园保教质量评价方面，越来越多的业界人士认为，过程性质量比结构性质量更能影响儿童发展的实际结果，加强对过程性质量的评价确有必要。

（二）评价方法与手段反思

郭良菁教授认为，鉴于不同类型的质量评价指向不同的目的，评价标准的覆盖领域、要求高低、评价主体、评价结果的公布范围等，都不能一概而论。准入许可性的"注册登记评价"具有强制性，应实现对所有托幼机构的"全覆盖"；

优质认证性评价（如"分级分类评价"或"优质园评价"）应自愿报名,不可确定"优质园"的数量目标。注册登记的准入评价标准中,主要对办园条件、内部管理制度进行规范；优质认证性评价则应聚焦保教过程质量,"儿童发展状况"作为"结果性质量"指标应纳入质量监测评价中来。准入许可性评价需由政府部门做评价主体,优质认证性评价更适于由专业组织来承担；优质认证性评价要向社会公布准入许可性详细评价信息,公开单个机构的评价结果,以维护家长在选择托幼机构时的知情权。

三、学前教育质量评价的新趋势

（一）学前教育质量评价目标日益趋同、评价主体日趋多元化

随着学前教育事业的发展,各国学前教育质量评价的目标日益趋同于促进儿童成长；学前教育质量评价的核心指标日趋清晰,评价主体日趋多元化。例如,《全球评估量表指导手册——幼儿教育与教育机构评估》（第3版,2011）主张构建家庭—学校—社会三类主体的交互评价体系,要求"园所与家庭双向评价"和"园所与社区互动评价"的有机结合。新西兰主张教育机构质量自评和他评要动态均衡。香港强调开展三类不同主体的评价：自评——园所、教师与家长等自评；他评——香港行政组织的评估；外评——香港以外的幼儿教育学者的评估。经过多年的实践探索,国际学术界达成的共识是学前教育质量的评价主体不应仅局限于教育行政部门,而要积极引进第三方评价主体,以弥补单一评价主体的视野局限、观测盲点以及信息不对称等缺陷。

（二）托幼机构教育质量评价研究备受关注

学前教育是终身教育的基石,其教育性质是保教结合。关注学前教育质量已成为当代幼儿教育发展的重要趋势。许多国家纷纷制定了全国统一的托幼机构教育质量认定和评估标准,如1994年"全美幼教协会"（NAEYC）制定的《高质量的托幼机构教育的认证标准》和Halnsl Clifford的托幼机构环境评价量表（Early childhood Environment Rating Scale,简称ECERS）。美国幼儿教育协会认为,高质量的幼教机构应该"能满足所有参与幼教机构的幼儿及成人（包括家长,工作人员及管理人员）的身体、社会性、情感和认知的需要,促进他们在这些方面的发展,使幼儿成为一名健康、聪明和有贡献的社会成员"。

我国自 20 世纪 80 年代以来，许多省市先后制定和颁布了托幼机构教育的分级分类标准，如 1989 年北京市颁布了《北京市托幼园所分级分类验收标准及细则（试行草案）》；1993 年广东省颁布了《广东省学前教育机构等级评定基本标准（试行）》；1995 年上海市颁布了《上海市学前教育机构分等定级评分标准》等。项宗萍、廖贻等在 1995 年的《六省市幼教机构教育评价研究》中对这些地区托幼机构的教育质量进行了专门的调研评价。聚焦托幼机构教育质量的研究成果逐年增多，成果价值与研究水平稳步提高，有效促进了我国学前教育质量的整体提升。

（三）日益重视学前教育过程性质量评价

学前教育事业已经迎来了大发展的新时代，人民群众对公平享受高质量的学前教育服务有着强烈的需求。在这种背景下，建立一套科学、合理的教育质量评价标准体系，开发符合国情的可操作的监测评价工具，是开展有效评价、促进学前教育质量提高的关键。当前，发达国家的学前教育质量评价标准侧重于过程性质量评价，优化我国学前教育过程性质量评价标准和工具的研发势在必行。

四、国际经验对我国学前教育质量评价的启示

（一）制定适合我国国情的学前教育质量国家标准体系

在学前教育事业快速发展的时代背景下，构建符合我国国情的国家标准体系是提高学前教育质量的重要保障。

（二）鼓励开展多元化的评价研究

重视评价主体多元化是当代学前教育界质量评价的新趋势。教育行政部门、幼教专家和学前教育机构在进行学前教育质量评价时应当坚持以提高学前教育质量为共同目标，充分沟通交流、协调合作，认真听取社区和幼儿家长的意见，及时发布幼儿教育质量评价结果，帮助家长了解各幼儿园所的发展状况，为孩子选择合适的园所提供参考。

（三）加强评价指导，提升评价质量

我国《幼儿园教育指导纲要（试行）》强调了评价的发展性、协作性、标准多元性等原则，这些原则是发挥评价作用、保障评价质量的重要依据。

（四）开发严谨、科学的本土评价工具

观察测量是评价学前教育机构过程性质量的最常用手段。刘焱、潘月娟等参照美国《幼儿学习环境评量表（修订版）》（ECERS-R）编制出《幼儿园教育环境质量评价量表》，开创了我国本土探索编制评价标准之先河。我国应当整合各方资源，积极开发具有科学性、本土性的学前教育机构质量评价工具，努力提高评价工具的科学化水平。

（五）倡导自我评价、预评价和再评价相结合，充分发挥评价的促进作用

我国自开展学前教育机构分级分类验收工作以来，在评价的实施步骤上，主要采用自评与实地验收相结合的方式。自评既能促使学前教育组织部门进行自我反思、自我修正，又可为实地验收提供详尽的数据资料，以便验收人员根据自评材料进行实地考察验证。依据"元评价"理论开展对学前教育质量工作的再评价，必将有助于矫正偏差、深化信息共享、规范评价流程和提升评价成果，有助于形成更加客观、公正、管用的评价结论。

第五节　幼儿园保教质量评价指标体系及其内涵分析

现代保育观认为，幼儿园保育是融入教育的保育，除了对幼儿安全和身体发育的照顾，还包含为幼儿精神、情感、智力等方面发展所提供的教育活动。幼儿园不仅要保证幼儿身体的健康、促进其生长发育，还要提供安全、健康的物质生活环境和宽松、愉悦、和谐的人际心理环境，帮助幼儿养成良好的行为习惯和积极的生活态度与生活方式，从而促进幼儿身心和谐、全面发展。幼儿园保教质量取决于一系列要素，根据我国教育部 2012 年颁发的《3～6岁儿童学习与发展指南》框架结构和教育理念，可将幼儿园保教质量评价监测指标体系设置为三个一级指标、16 个二级指标，具体包括教育经费、园舍场地、设施设备、人员配置、园务管理五个结构性指标；师幼互动、课程、学习环境、卫生保健与安全、幼儿发展的观察与记录、家园共育六个过程性指标和身心健康与动作、认知与探究、语言与交流、社会性与情感、美感与表现五个结果性指标，如表 1-1 所示：

表 1-1　幼儿园保教质量评价监测指标体系的结构

一级指标	二级指标	三级指标
1. 结构性指标	（1）教育经费	①生均经费 ②经费稳定性、合法性 ③经费增长 ④有无不合理收费
	（2）园舍场地	①生均面积 ②基本用房 ③绿化覆盖率
	（3）设施设备	①生活设施 ②保健设备 ③教育设施 ④办公设备
	（4）人员配置	①人员资格 ②班级规模 ③人员比例 ④人员培训
	（5）园务管理	①组织机构 ②规章制度 ③园务计划
2. 过程性指标	（1）课程	①课程理念 ②课程目标 ③课程内容 ④课程组织与实施 ⑤课程评价
	（2）师幼互动	①互动的发起 ②互动的反馈 ③互动的内容 ④互动的过程
	（3）学习环境	①环境的整体布局 ②活动区角的设置 ③材料的投放 ④幼儿的参与
	（4）卫生保健与安全	①安全工作 ②健康检查 ③日常护理 ④营养膳食 ⑤疾病防治
	（5）幼儿发展的观察与记录	①观察与记录制度 ②观察与记录资料
	（6）家园共育	①育儿指导 ②家长参与
3. 结果性指标	（1）身心健康与动作	①身心状况 ②动作发展
	（2）认知与探究	①数学认知 ②科学探究
	（3）语言与交流	①倾听与表达 ②阅读与书写准备
	（4）社会性与情感	①人际交往 ②社会适应 ③生活习惯与生活能力
	（5）美感与表现	①感受与欣赏 ②表现与创造

一、结构性指标

教育条件是幼儿园教育质量的坚实保障，它为幼儿园教育活动提供了必要的条件和支持，高质量的教育条件能创造出高质量的幼儿园教育环境。随着社会的发展，人们对教育条件的要求也越来越高，政府对教育条件的投资力度也越来越大，符合国家标准的不同性质的幼儿园越来越多。本指标体系中，教育条件具体包括教育经费、园舍场地、设备设施、人员配置、园务管理等。

（一）教育经费

教育经费，在教育经济学中被称为教育投资或教育投入、人力资本等，即投入发展各级各类教育事业的人力、物力、财力的总和。幼儿园教育经费是指投入不同性质幼儿园的人力、物力、财力的总和。幼儿园是教育经费使用的主体，在使用的过程中必须确保教育经费的合理利用。第一，不同性质的幼儿园应明确自身的产权归属和办园经费来源；第二，幼儿园教育经费来源必须稳定、合法。我国《教育法》中规定："国家建立以财政拨款为主，其他多种渠道筹措教育经费为辅的体制，逐步增加对教育的投入，保证国家举办的学校教育经费的稳定来源。"幼儿教育作为学校教育的起始部分，拥有稳定的教育经费来源对办学的发展至关重要；第三，根据当地经济发展状况，幼儿生均教育经费应符合政策要求；第四，随着经济社会的发展，幼儿园教育经费应该保持稳定或逐年增长。应杜绝不合理收费现象的发生。

（二）园舍场地

园舍场地作为幼儿园环境的一部分，是幼儿健康成长的首要条件之一。《幼儿园工作规程》中明确指出：创设与教育相适应的良好环境，为幼儿提供活动和表现能力的机会与条件。幼儿园肩负着教育孩子的使命，是否拥有合格的园舍场地是孩子们健康成长的前提。首先，生均占地面积要达标，不同等级的幼儿园占地面积要符合国家规定的标准；其次，在面积达标的基础上，园区绿化覆盖率要达标，良好的绿化可以给孩子们带来新鲜的空气；第三，孩子们在幼儿园接受教育，安全的园舍建筑和场地是保证孩子安全的首要条件；第四，在美化、绿化幼儿园的同时，要结合幼儿园自身的特点，这样才能更好地为教育孩子服务。家长在选择幼儿园时，通常会要求园舍场地美观、宽敞，园内装饰、绿化要有特色，要适应幼儿安全快乐生活和学习的需要。

（三）设施设备

《幼儿园工作规程》中明确指出：幼儿园要实行保育与教育相结合的原则。而生活设施是幼儿园能否顺利实施保育的基本条件，也是幼儿饮食安全的前提条件。第一，幼儿园厨房设备要符合安全卫生要求，健康的膳食离不开安全卫生的厨房设备；第二，厨房空间充足。不同性质的幼儿园所容纳的幼儿人数也不同，如果厨房空间狭小，可能导致幼儿的膳食得不到保障；第三，制作幼儿午餐的设备齐全；第四，教师、保育员营养师、学生、家长等对生活设施感到满意。幼儿园保健设备主要包括保健资料柜、体检设备、消毒设备、非处方药品等。

教育设施和办公设备是幼儿园设施设备中的重要组成部分，是促进幼儿身心和谐发展的必要物质条件。教育设施主要包括：每个班级有符合卫生要求的流水洗手设备、空气消毒设备、防暑保暖设备、钢琴和必要的电化教育设备、数量适宜的玩具柜、图书柜和各类玩具、图书等。在符合《国家教育委员会幼儿园教玩具配备目录》配备要求的同时，还可根据当地的特色来添加教育设施。办公设备是教师安心教育幼儿的前提，也是现代教育教师必备的工具，主要包括教师的办公室和办公家具等；幼儿园有充足的教育图书资料、电话、计算机、打印机等。

（四）人员配置

幼儿园工作人员包括园长、教师、保育员、医务人员等。在人员配置方面，首先，所有工作人员任职资格必须符合国家规定的要求。园长应具备幼儿师范学校（包括职业学校幼儿教育专业）及以上学历，还应有一定的教育工作经验和管理能力，并获得幼儿园园长岗位培训合格证书。教师必须具有《教师资格条例》规定的幼儿园教师资格。保育员应具备初中及以上学历，并受过幼儿保育职业培训。医师应按国家有关规定和程序取得医师资格。医士和护士应当具备中等卫生学校学历，或取得卫生行政部门的资格认可。保健员应当具备高中学历，并受过幼儿保健职业培训；其次，所有工作人员与幼儿比例符合要求，如专任教师：每班配2人；保育员：每班配1人，寄宿制幼儿园每班配2人；第三，班级规模符合要求，如小班 25 人、中班 30 人、大班 35 人，混合班 30 人；第四，按规定对所有工作人员进行培训，如教师参加园本培训、校级培训、市级科研培训等。

（五）园务管理

幼儿园管理离不开规章制度的保障。幼儿园作为园内事务的管理主体，需要推进幼儿园保教规章制度的建设与完善，内设机构应精简合理；应明确界定园内所有工作人员的岗位职责及其考核要求、激励措施；不同类型的幼儿园应基本形成适合自身实际的规章制度体系。从家长视角看，幼儿园的规章制度应该以促进幼儿健康安全保障和学习发展为目标，应该有规范的幼儿接送制度、健康检查制度、家园联系制度，应该保障工作人员的工作热情等。

幼儿园档案管理室是幼儿园教育教学及其他工作的资料保存存放的地方，档案是教师教学不可缺少的好帮手。随着幼儿园对档案管理的日益重视，幼儿园一般都有专人负责管理档案。档案一般包括教师岗位职责考核和教师健康状况档案，学生学籍和保健档案，学生发展状况评价及教师根据评价结果调整教育策略的档案等。家长认为幼儿园档案管理应包括家长能定期收到自己的孩子在园里表现的信息；家长能定期提供幼儿发展状况的信息；幼儿园定期有要求家长配合教育的建议；幼儿园向家长提供评价幼儿发展状况的标准等。

二、过程性指标

教育质量的基础是教育过程。教育过程是教育质量的关键影响因素，没有高质量的教育过程就没有优质的教育结果。从某种意义上讲，教育过程直接关系到每个幼儿的学习体验，关系到幼儿的发展效果，因此，我们在评价时更应予以关注。

幼儿教育过程包括教育计划、教育活动和卫生保健等具体内容。过程性质量评价指标主要包括课程、师幼互动、学习环境、卫生保健与安全、幼儿发展的观察与记录、家园共育等。

（一）课程

计划是提高教育效率的有效手段。幼儿园要根据《幼儿园教育指导纲要》的要求及各年龄幼儿的身心特点制订明确、具体、可操作的课程计划。课程目标要符合幼儿的实际，要遵循幼儿的身心特点，激发幼儿的兴趣。根据《幼儿园工作规程》，幼儿园教育应当做到德、智、体、美的互相渗透、有机融合，积极为幼儿提供健康、丰富的一日生活课程和游戏活动，定期开展适合幼儿的社会实践教育活动，使幼儿感受到在园生活、游戏的乐趣，实现快乐成长。

不同的利益相关者对幼儿园课程质量的诉求不同。幼儿园课程质量涉及的利益相关者有家长、幼儿、教师、社会等。面对如此多的主体需要，应当选择一个核心主体，围绕该核心主体尽可能兼顾各个方面的声音和意见，以彰显质量内涵的广度。幼儿作为幼儿园课程的直接参与和体验者理应成为核心主体。Cathy Nutbrown(2002)提出，儿童的权利是课程的核心、本质，可以作为评价学习过程质量和有效性的标准。在很多欧洲和欧洲以外的国家（如澳大利亚），儿童权利已成为早期教育课程发展的主要关注点。幼儿园课程质量的高低应当取决于儿童权利能否充分实现，在教育中儿童的核心权利应是其身心发展需要得到满足的权利。

关于幼儿园课程质量评价具体指标的研究有：王坚红在《学前教育评价》的课程独特性评价中提出了多个指标项目，如表1-2所示。虞平等在《幼儿园课程评价》中提出，幼儿园课程方案理念的评价内容有四个方面：正确性、清晰度、一致性及综合贯通；幼儿园课程方案结构的评价包括课程方案目标部分、课程方案内容部分、课程方案的评价方案部分及活动计划评价。赵丽在《基于保教质量评估的幼儿园课程评价指标体系研究》中指出课程方案评价的内容有两项：方案制定依据和方案内容结构；课程实施评价的内容涉及四个方面：生活活动、教学活动、游戏活动、区域活动，每个方面又包括若干指标。

表1-2　课程独特性评价的维度及其指标项目

评价维度	指标项目
时间安排	每天各类活动占用时间，每周各类活动占用时间，每次各类活动占用时间，各过渡环节占用时间
教师情况	素质与专业训练程度，教育概念，教育态度，教育效果
组织形式与教育方式	分组方式，教育方式，辅导方式，个别教育方式，内容组织方式
师生关系与互动	交往性质，交往方向，交往频率，交往效率
教材内容与方法	各类教材数量，教材内容难度，教学方法原则，内容与方法的相宜度
家长参与情况	参与意识与态度，参与程度（时间、形式、作用），与教师、幼儿园的关系，交流频率与反馈效果

（二）师幼互动

幼儿园师幼互动质量主要表现为幼儿教师用语言或非语言的交流为儿童智力、情感、社会性等方面的发展提供有效帮助，具体可从"互动环境""语言互动"和"非语言互动"三方面进行观察、评价。互动环境指有利于儿童学习、活动和交流的物理与心理环境；语言互动是指教师与儿童间、儿童相互间的语言交流；非语言互动，即教师与儿童间、儿童相互间通过表情、动作、肢体等方式进行的交流。如果将互动质量简化为高、中、低三个层次，高质量的互动是指以幼儿为中心，从每个儿童的不同需求出发，提供个性化的方案，营造儿童的"最近发展区"，让儿童得到最大发展空间的互动。具体表现为：教师能有效调动每个儿童的积极性，对不同发展阶段的儿童提出不同的要求，在教学过程中可以根据儿童的反应随时进行调整，并通过语言、非语言等多种方式帮助儿童思考；中等质量的互动则表现为有较多平等自由的互动，但教师尚未能利用这些互动帮助儿童进一步思考探索，具体表现为教师对儿童和蔼可亲，关心儿童的舒适度和愉悦感。教师在教学过程中经常提问，儿童有机会参与讨论。但当儿童遇到困难时，不会通过启发性的引导提供帮助；低质量的互动则是完全以教师为中心，沟通极少，儿童没有自由表达的机会，表现为教师常常忽视儿童日常生活中的需求，如擦鼻涕、系鞋带等，惯用大声训斥、责备的方式来维持秩序，儿童没有自由表达的机会。

师幼互动是指在幼儿园一日生活各环节中教师与幼儿之间以师生接触为基础的双向人际交流。它是幼儿教育过程得以实现的充要条件。教师在和幼儿互动的过程中，首先，在与幼儿说话时，视线高度要与幼儿保持一致，并且要友好、微笑地与幼儿谈话。其次，教师在和幼儿互动时，要正面积极地指导幼儿提高技巧。另外，班级中应该常有愉快的交谈声和自然的笑声。教师和幼儿良好的互动会对家庭形成积极的影响，幼儿会在家常常提到园内教师，并且幼儿有时要求父母的说话方式要和教师保持一致。另外，幼儿在家遇到困难时总想询问教师；遇到节日，幼儿总想向教师表示祝贺。

（三）学习环境

学习环境创设直接关系到幼儿园教育的过程性质量，要求环境的整体布局符合儿童的心理特点，各种活动区角的设置趋向合理，要有玩水玩沙设施、种植饲养区（角），要有各类教具、玩具、学具和适合不同年龄幼儿活动的器械，材料的投放需要充足、适时，有利于激发幼儿参与活动的兴趣，让他们感受到舒适、安全、愉快。

（四）卫生保健与安全

《幼儿园教育指导纲要（试行）》明确指出：幼儿园必须把保护幼儿的生命和促进幼儿的健康放在工作的首位。由此可见，安全防病和健康检查是幼儿园的重要工作之一。在安全防病方面，幼儿园应定期或不定期地进行安全防护演习；幼儿安全事故发生率低于 0.5%；幼儿免疫接种率达 100%；发生传染病后幼儿园应严格实施消毒隔离。幼儿在幼儿园养成了安全保护的意识，在家里也会有这样的意识，有些幼儿在家就可能会提醒父母进行安全防护。健康检查方面，不仅要检查幼儿，也要对幼儿园内的工作人员进行健康检查。同时，幼儿体检结果要及时反馈给家长；幼儿园有晨检和全日观察记录，并有分析与对策，当幼儿园无法找出其中的原因时，可以寻求家长的帮助，共同找出问题。

幼儿时期是幼儿身体迅速生长发育的重要时期，健康的营养是促进幼儿正常发育的物质保证。因此，做好学龄前儿童的营养膳食是每个幼儿园的重要职责。幼儿园应公布营养平衡的幼儿代量食谱，并每周更换；养成良好的饮食习惯对幼儿发展来说至关重要，教师应循序渐进地培养他们；幼儿园应为贫血和营养不良的幼儿提供特殊膳食；幼儿园的食物应达到法定的营养膳食要求。家长对幼儿在幼儿园的营养膳食也很重视，一所合格的幼儿园，应使家长对幼儿园公布的幼儿代量食谱感到满意；幼儿园内幼儿没有食物中毒事件发生；幼儿较喜欢吃幼儿园里的食品；幼儿没有贫血、营养不良等症状。

（五）幼儿发展的观察与记录

幼儿发展的观察与记录属于教育评价范畴，具体是指在系统、科学和全面地搜集、整理和分析幼儿教育信息的基础上，对教育的价值做出判断，目的在于促进教育质量的提高。为了提高幼儿园保教质量，教师需对每一个幼儿的发展状况进行记录，针对孩子的不同情况，留下自己反思和改进保教工作的轨迹，并定期邀请家长评价幼儿园工作。家长也需对此进行评价，幼儿园可以给家长提供可操作的幼儿发展状况评价标准；家长在评价幼儿发展状况的过程中，把结果反馈给幼儿园，幼儿园根据最终的评价结果，制定出家园共同教育幼儿的方案；针对幼儿的发展情况，定期修订幼儿发展状况评价标准。

（六）家园共育

家长是幼儿园的重要合作伙伴，在教育幼儿的过程中，家园联系非常重要，而且十分必要。在家园联系的过程中，幼儿园需注意以下几点：成立家长委员会；定期召开家长会，并定期向家长汇报幼儿的发展状况；在家长会上汇集家长对幼儿园教育工作的意见，并组织其与幼儿园进行沟通，达成共识。家长在与幼儿园联系时有多种联系方式，如参加家长会。另外，家长积极主动地作为志愿者参加教育工作，每学期至少对幼儿园的工作情况进行一次评价。

三、结果性指标

《幼儿园工作规程》中指出幼儿园的任务：实行保育与教育相结合的原则，对幼儿实施德、智、体、美诸方面全面发展的教育，促进其身心和谐发展。对幼儿教育效果也可以从这四个方面进行评价。幼儿发展评价指标主要包括：身体发育、体能发展、认知发展、心理健康与个性发展、安全及自我保护意识、交往能力、行为习惯、自我保护能力等。

（一）身心健康与动作

幼儿的运动技能可以从幼儿身体发育、运动兴趣、大动作、精细动作等方面来评价。教师认为幼儿身高、体重、血色素、胸围等数值合格，身体发育就正常；家长认为，幼儿无龋齿，开学初不生病，站立正常，坐姿正确，则身体发育较正常。教师在培养幼儿的运动兴趣时，要让幼儿愉快地参加体育活动，在运动之前做好安全防护准备工作；当运动一段时间后，如果幼儿感到发热，要学会适当地脱减衣服。幼儿在家时，要能够和父母一起锻炼身体或者主动叫父母一起锻炼身体，父母较忙时能自己独立锻炼身体。幼儿的走、跑、跳、投掷、攀登、平衡等大动作是控制身体运动的，对不同年龄段的幼儿大动作的要求也有所不同。幼儿的精细动作主要指手的运动，如画、剪、穿珠子、折纸等，幼儿年龄越大，精细动作技能越强。

（二）认知与探究

认知是幼儿发展的重点领域。认知的发展是幼儿入小学后承担学习任务的必备基础。教师可通过观察教育活动和自由活动中幼儿的语言行为、对幼儿个别访谈、查看幼儿成长档案等方式，从语言领域、科学领域（科学、数学）、艺术领域来观察、检测和评判幼儿认知的发展水平。随着幼儿的学习与成长，他们对上下、前后、左右等空间概念，对白天、黑夜、上午、下午、今天、明天等时间概念，对大小、多少、轻重、圆形、三角形、正方形、长方形等数量与几何概念都有一定的认知。幼儿的思考探究能力主要表现为好奇心强、喜欢提问，有积极探究的欲望，喜欢用手、眼、耳分别去触摸、观察、倾听和感知周围的事物与现象，乐于探究数、量、形、时、空的差别与变化，能与同伴、老师或父母交流自己的想法，能动手制作简单的手工作品，能辨认、搜寻自己感兴趣的物品和信息，有初步的数的概念，能回答简单的数学问题。

（三）语言与交流

幼儿期是人类语言学习的最佳时期。语言是交流和表达思想的工具，是未来学习的必备基础。评价幼儿的语言能力主要检测其倾听能力和表达能力。倾听能力方面，要能听懂普通话，喜欢听人讲故事并理解故事情节，别人说话时能安静倾听，不随便插嘴。观察评价中，幼儿应能听清对方的要求和指令，并用适当的行为来回应。观察评价幼儿表达能力时，要看其是否能用普通话与人交谈，用简单的词汇和连贯的语言清楚地表达自己的感受、想法和要求；是否能朗诵儿歌、讲述自己经历的事、看图讲故事、回答别人的问题；在家里能否主动把幼儿园的事告诉父母亲，能否与年长的邻居、亲戚交谈等。

（四）社会性与情感

社会性与情感主要评价幼儿的人际交往、社会适应、生活习惯与生活能力以及幼儿的心理健康与个性发展情况，具体可通过观察教育活动和自由活动中幼儿的语言行为，对个别幼儿访谈来收集评价信息和评价依据。养成良好的人际交往习惯是幼儿适应集体生活、构建和谐人际关系和实现个性健康发展的需要。生活自理能力的培养能促进幼儿独立性和自信心的增强。评价时要重点观察幼儿在集体生活中是否情绪安定、愉快，是否乐意与同伴一起玩，并与同伴分享自己的玩具材料，对陌生人是否大方、友善，是否能主动和老师、小朋友、家长打招呼、问好，是否愿意结交新朋友，是否适应幼儿园的环境和集体生活，是否有良好的卫生习惯，不随地吐痰，不乱扔垃圾，按秩序喝水、就餐、用厕，乐意维护环境整洁，过马路时严格遵守交通规则，是否有基本的生活自理能力，是否能在幼儿园和家庭主动做力所能及的事情，是否主动喝水、定时大便、自主选择食物，是否不挑食、不乱吃零食，是否会自己脱穿鞋子、袜子和衣服裤子，是否会铺床叠被、取放玩具、图书，是否会扫地、擦桌椅等；在身体不适时是否知道向成人寻求帮助，懂得冷热要加减衣服，户外活动前知道检查衣着、知道饭前便后洗手等；当与同伴发生矛盾时是否能自主协商或找老师帮助来解决；是否对同伴表现出接纳、亲近情感，对自己表现出自尊、自信，不说谎话，做事专心。至于幼儿卫生习惯，可从幼儿洗漱、饮食、收拾整理、保持整洁等方面表现来评价。

（五）美感与表现

美感与表现重点观察、评价幼儿的审美感知和表达表现能力。它要求幼儿随着年龄的增长，要逐步学会在同伴或成人面前自然大方地说话、交流、背诵、讲故事、唱歌、跳舞、演奏乐器。观察幼儿是否能通过绘画、剪纸、泥塑等手工制作等来表现自己的想象力；是否能用自己喜欢的方式进行艺术表现活动；是否乐意运用多种工具材料表现美和创造美；是否有初步的音乐节奏感、旋律感；是否能学唱自己喜欢的歌曲，临摹自己喜欢的图画；在画画的过程中，是否能通过搭配颜色和线条、构图的变化来表达表现不同的美感和情趣。

第二章

学前教育质量评价的理论基础

第一节 习近平新时代中国特色社会主义教育思想

党的十九大最重要的划时代里程碑式贡献之一，就是确立了习近平新时代中国特色社会主义思想在全党全国一切工作中的指导地位。习近平新时代中国特色社会主义思想，是对马克思列宁主义、毛泽东思想、邓小平理论、"三个代表"重要思想、科学发展观的继承和发展，是马克思主义中国化的最新成果，是党和人民实践经验和集体智慧的结晶，是我们党在新的历史起点上科学认识和正确把握我国社会发展阶段性特征的结晶，是在决胜全面建设小康社会、开启全面建设社会主义现代化国家新征程上把实践创新和理论创新有机结合的产物，是中国特色社会主义理论体系的重要组成部分，是全党全国人民为实现中华民族伟大复兴而奋斗的行动指南。

习近平新时代中国特色社会主义思想开辟了马克思主义新境界、开辟了中国特色社会主义新境界、开辟了治国理政新境界、开辟了管党治党新境界。毫无疑问，未来的学前教育政策法规、教师专业标准要求、幼儿发展评价标准都必须在习近平新时代中国特色社会主义思想指导下进行调整、充实和改革创新。

习近平新时代中国特色社会主义思想主题鲜明、内容丰富、博大精深，涵盖改革发展稳定、内政外交国防、治党治国治军各个方面，是一个系统完整的科学理论体系，其内涵博大精深，需要我们认真研究消化、归纳总结，并自觉将其用于指导学前教育改革发展、质量提高与质量评价实践上。

习近平新时代中国特色社会主义教育思想是习近平新时代中国特色社会主义思想的重要组成部分，包含着习近平总书记关于教育事业改革发展的一系列新思想、新理念、新战略，是我们制定和完善教育质量评价标准必须遵循的重要依据，是推动教育改革发展、建设教育强国的行动指南。每一个教育工作者必须在实践中认真贯彻落实习近平新时代中国特色社会主义思想，自觉用新时代中国特色社会主义思想武装头脑，指导学前教育事业改革发展，指导学前教育政策法规和质量评价标准的修订完善等重大行动。

一、关于教育事业发展与改革

（一）始终把教育摆在优先发展的战略地位

习近平总书记高度重视教育，一直将教育放在优先发展的战略位置上，认为"教育兴则国家兴""教育强则国家强"；要求优先发展教育事业；强调实现中华民族伟大复兴，教育的地位和作用不可忽视。习近平总书记于2013年9月在"联合国'教育第一'全球倡议行动一周年纪念"活动上致辞时指出："中国将坚定实施科教兴国战略，始终把教育摆在优先发展的战略地位。"

习近平总书记在2014年教师节前夕与北京师范大学师生代表座谈时指出："教育是提高人民综合素质、促进人的全面发展的重要途径，是民族振兴、社会进步的重要基石，是对中华民族伟大复兴具有决定性意义的事业。"

习近平总书记指出，教育公平是社会公平的重要基础，要不断促进教育发展成果更多更公平惠及全体人民，以教育公平促进社会公平正义。强调把教育摆在优先发展的战略地位是促进教育公平、改善民生的需要。

党的十九大做出了中国特色社会主义进入了新时代、我国社会主要矛盾已经转化为人民日益增长的美好生活需要和不平衡不充分的发展之间的矛盾的重大政治论断，提出要突出"抓重点、补短板、强弱项"，强调要着力解决好发展不平衡不充分问题，更好推动人的全面发展、社会全面进步。

人生百年，立于幼学。习近平总书记特别关注"幼有所育，学有所教"。

研究表明，幼儿的身心发展有其自身的顺序和最佳时机规律，一旦错过最佳时期就很难弥补。对学前教育，特别是对农村贫困地区学前教育的投资，其回报率远高于对其他任何学段、任何发达地区教育的投资。当前，基础教育是整个教育体系中的短板和弱项，而学前教育，特别是西部地区和农村贫困地区的学前教育又属于短板中的短板，弱项中的弱项，必须予以财政资金投入和政策倾斜扶持，确保其健康发展。

（二）深化教育体制机制改革

改革创新是教育发展的动力源泉。习近平总书记深刻指出，全面深化改革是关系党和国家事业发展全局的重大战略部署，要"继续大力推动教育改革发展，使我国教育越办越好、越办越强"。他要求深化教育体制机制改革，为发展具有中国特色、世界水平的现代教育提供制度支撑。系统推进育人方式、办学模式、管理体制、保障机制改革，使各级各类教育更加符合教育规律，更加符合人才成长规律，更能促进人的全面发展。

教育改革要坚持文化自信。习近平总书记在视察北京八一学校时指出："我们的教育改革要坚持文化自信，好的经验要坚持，不足的要补齐。"要发展社会主义先进文化，不忘本来、吸收外来、面向未来，更好构筑中国精神、中国价值、中国力量，为人民提供精神指引。深入挖掘中华优秀传统文化蕴含的思想观念、人文精神、道德规范，结合时代要求继承创新，让中华文化展现出永久魅力和时代风采。教育改革要坚持正确的发展理念。党的十八届五中全会提出的创新、协调、绿色、开放、共享五大发展理念，为今后一个时期我国教育改革发展指明了方向。我国教育改革发展已进入中国特色社会主义新时代。与世界先进水平相比，与中央要求、社会需求和百姓期待更好的教育相比，与全面建成小康社会和实现"两个一百年"奋斗目标的要求相比，我国教育改革发展还有差距，还不能完全适应人的全面发展和经济社会发展的需要，现代教育公共服务体系、现代教育治理体系、现代教育保障体系还不够健全，一些深层次体制机制障碍需要重点破解，一些人民群众关心的热点难点问题还需要加快解决，地方推进改革的内在动力和活力还需进一步激发。

（三）让每个孩子都能享有公平而有质量的教育

当前我国基础教育要重点解决的问题是公平和质量。习近平总书记指出，教育公平是社会公平的重要基础，要不断促进教育发展成果更多更公平惠及全体人民，以教育公平促进社会公平正义。

习近平总书记说，革命老区、贫困地区要脱贫致富，从根本上还是要把教育抓好，不能让孩子输在起跑线上。他指示国家的资金要向教育倾斜、向基础教育倾斜、向革命老区基础教育倾斜，并强调教育要均衡发展。

习近平总书记要求抓住人民最关心、最直接、最现实的利益问题，要求推动城乡义务教育一体化发展，高度重视农村义务教育，办好学前教育，构建终身学习体系，加快建设学习型社会，大力提高国民素质，以教育扶贫来扶智，从根本上斩断贫困的代际传递，努力让每个孩子都享有公平而有质量的教育。

十九大报告提出，中国特色社会主义进入新时代，我国社会主要矛盾已经转化为人民日益增长的美好生活需要和不平衡不充分的发展之间的矛盾。今后教育发展的任务就是进一步促进教育均衡发展，解决好不平衡不充分的问题，满足人民日益增长的、享受更公平更高质量教育的需求。深入贯彻习近平新时代中国特色社会主义思想，紧紧围绕统筹推进"五位一体"总体布局和协调推进"四个全面"战略布局，牢固树立和贯彻落实新发展理念，坚持教育为人民服务、为中国共产党治国理政服务、为巩固和发展中国特色社会主义制度服务、为改革开放和社会主义现代化建设服务，全面贯彻党的教育方针，落实立德树人根本任务，深化教育综合改革，发展素质教育，推进教育公平，不断在幼有所育、学有所教上取得新进展，培养德智体美全面发展的社会主义建设者和接班人，为实现"两个一百年"奋斗目标、实现中华民族伟大复兴的中国梦奠定坚实基础。

（四）发展具有中国特色、世界水平的现代教育

以习近平同志为核心的党中央高度重视教育工作，深刻阐明了新时期教育改革发展的一系列重大理论和实践问题，强调教育是对中华民族伟大复兴具有决定性意义的事业，要发展具有中国特色、世界水平的现代教育。

习近平总书记十分关心我国基础教育的发展。他在北京八一学校座谈时说，基础教育是提高民族素质的奠基工程，要遵循青少年成长的特点和规律，扎实做好基础的文章。基础教育要树立强烈的人才观，大力推进素质教育，鼓励学校办出特色，鼓励教师教出风格。习近平总书记提出，基础教育是立德树人的事业，旗帜鲜明地加强思想政治教育、品德教育，让社会主义核心价值观的种子在少年儿童心中生根发芽，把国家、人民、民族装在心中，养成健康、乐观、向上的品格。

习近平总书记强调，基础教育是全社会的事业，需要学校、家庭、社会密切配合，学校要负主体责任，对学生负责，对学生家庭负责。建设教育强国是中华民族伟大复兴的基础工程，必须把教育事业放在优先位置，深化教育改革，加快教育现代化，办好人民满意的教育。要全面贯彻党的教育方针，落实立德树人根本任务，发展素质教育，推进教育公平，培养德智体美全面发展的社会主义建设者和接班人。

（五）重视优秀文化传承，强调文化自信

习近平总书记高度重视优秀文化的传承。我国有独特的历史、独特的文化、独特的国情，决定了我国必须走自己的教育发展道路，扎实办好中国特色社会主义教育。他强调要弘扬中华民族尊师重教的优良传统，要扎根中国、融通中外、立足时代、面向未来，坚定不移走自己的路，只有扎根中国才能更好地走向世界。

（六）加快构建以社会主义核心价值观为引领的大中小幼一体化德育体系

社会主义核心价值观是当代中国精神的集中体现，凝结着全体人民共同的价值追求。要围绕立德树人根本任务，加快构建以社会主义核心价值观为引领的大中小幼一体化德育体系，增强德育工作的亲和力、针对性和实效性。要注重培养支撑学生终身发展、适应时代要求的关键能力，强化学生认知能力、合作能力、创新能力和职业能力。要建立促进学生身心健康、全面发展的长效机制，全面加强德育、智育、体育、美育和劳育。要以培养担当民族复兴大任的时代新人为着眼点，强化教育引导、实践养成、制度保障，发挥社会主义核心价值观对国民教育、精神文明创建、精神文化产品创作、生产传播的引领作用，把社会主义核心价值观融入社会发展各方面，转化为人们的情感认同和行为习惯。培育和践行社会主义核心价值观要从家庭做起，从娃娃抓起。必须多谋民生之利、多解民生之忧，在发展中补齐民生短板、促进社会公平正义，在幼有所育、学有所教上不断取得新进展，不断促进人的全面发展，实现全体人民共同富裕。坚持推动构建人类命运共同体。坚持正确义利观，构筑尊崇自然、绿色发展的生态体系，始终做世界和平的建设者、全球发展的贡献者、国际秩序的维护者。

二、关于人才与教育使命

（一）人才是最宝贵的第一资源

习近平总书记指出，"致天下之治者在人才。人才是衡量一个国家综合国力的重要指标，没有一支宏大的高素质人才队伍，全面建成小康社会的奋斗目标和中华民族伟大复兴的中国梦就难以顺利实现"。他强调人才必须有理想、要爱国、能创新、敢担当，要激励各类人才大力弘扬爱国主义精神，为中华民

族伟大复兴的中国梦尽心竭力、建功立业。

习近平总书记指出："要秉持人才是第一资源的理念，兼收并蓄，吸取国际先进经验"，培养更多、更高素质的人才；"千秋基业，人才为先。实现中华民族伟大复兴，人才越多越好，本事越大越好。我国是一个人力资源大国，也是一个智力资源大国，我国13亿多人大脑中蕴藏的智慧资源是最可宝贵的"。

（二）人才质量的提高归根结底靠教育

党的十八大以来，习近平总书记高度重视人才和人才工作。就如何识才、爱才、育才、用才、敬才，以及人才体制机制改革等话题，提出了一系列新思想、新观点、新论断、新要求，构成了习近平新时代中国特色社会主义思想的"人才篇"。深入学习总书记人才思想，将为统一推进"五位一体"总体布局、协调推进"四个全面"战略布局、决胜全面小康、实现中华民族伟大复兴的中国梦汇聚强大的人才智慧和力量。

习近平总书记认为，21世纪的竞争，归根结底依然是人才的竞争，"创新驱动实质上是人才驱动"，人才质量的提高归根结底靠教育。相较于国际高水准，中国在人才培养上的质量和速度还远远不够。实现中华民族伟大复兴的中国梦，必须依靠一大批高质量的人才。他指出："当前我国比历史上任何一个时期都更接近实现中华民族伟大复兴的宏伟目标，也比历史上任何时期都更加渴求人才"，"要树立强烈的人才意识，寻觅人才求贤若渴，发现人才如获至宝，举荐人才不拘一格，使用人才各尽其能"，强调人才是最宝贵的资源。

（三）人才必须学会担当、善于学习

"有多大担当才能干多大事业，尽多大责任才能有多大成就。加强学习的根本目的是增强工作本领、提高解决实际问题的水平。"习近平总书记强调，解决本领恐慌"唯一途径就是加强学习"，"只有加强学习，才能增强工作的科学性、预见性、主动性"，"我们的国家要上进，我们的民族要上进，就必须大兴学习之风，坚持学习、学习、再学习"。他主张对人才要鼓励成功、宽容失败，要营造尊重人才、见贤思齐的社会氛围，形成人人渴望成才、人人可以成才的社会风尚，完善好人才发现、培养、使用的体制机制，既善用人之长又善避人之短，既给人才提供尽可能好的机会与平台，更给人才提供思想引领和精神关怀，团结和凝聚人才，让全社会人才涌流，让各类人才的聪明才智充分释放，充分发挥人才对各项事业的支撑引领作用。

（四）教育的本质与时代使命

习近平总书记强调，教育的本质就是通过传授知识、提高品德、启迪智慧，培养促进社会发展的人才。教育是提高每个人的生命质量、提升生命价值的重要途径。在经济全球化背景下，无论是坚持和平，还是战胜贫困、改善环境，都要依靠教育培养有远大志向、能为人类造福的人才。因此，教育应该尊重生命、人类尊严、权利平等、社会正义、文化多样性和国际团结，为可持续的未来承担共同责任。习近平总书记提出了"人类命运共同体"的主张，论述了教育在为未来社会培养人才，促进人类和平与发展中的作用。他指出，教育应该顺此大势，通过更加密切的互动交流，促进对人类各种知识和文化的认知，对各民族现实奋斗和未来愿景的体认，以促进各国学生相互了解、树立世界眼光、激发创新灵感，确立为人类和平与发展贡献智慧和力量的远大志向。

（五）教育的根本任务是立德树人

习近平总书记多次强调立德树人是教育的根本任务。立德树人是中华民族的优秀文化传统。中华民族在漫长的历史发展过程中，构建了一套成熟的道德价值体系，形成了丰富的个人伦理、家庭伦理、国家伦理以及宇宙伦理的道德规范体系和道德教育理论。我们党继承和发扬了中华民族崇德的传统，坚持把立德树人作为教育的根本任务。

必须加强学生的道德教育。学生正面临着复杂环境的挑战，如果不能树立正确的世界观、人生观、价值观，很难肩负起中华民族伟大复兴的重任。

（六）社会主义核心价值观教育从少年儿童抓起

坚持立德树人，就要把社会主义核心价值观融入学校教育全过程。

习近平总书记要求社会主义核心价值观教育从少年儿童抓起，并且提出，在少年儿童中培育和践行社会主义核心价值观，要适应少年儿童的年龄和特点，主要是要做到记住要求、心有榜样、从小做起、接受帮助。习近平总书记要求把社会主义核心价值观教育贯穿教育全过程，要全面加强学校的德育、智育、体育和美育工作，坚持文化知识学习与思想品德修养的统一、理论学习与社会实践的统一、全面发展与个性发展的统一。

要加强中华优秀传统文化教育。习近平总书记多次强调中华优秀传统文化是涵养社会主义核心价值观的重要源泉，要认真汲取中华优秀传统文化的思想精华和道德精华。他说："中华民族在几千年历史中创造和延续的中华优秀传统文化，是中华民族的根和魂。"要把我国历史文化和国情教育摆在青少年教育的突出位置，引导青少年学生增强民族文化自信，坚持社会主义道路自信。

三、关于教师发展与评价实践

（一）教师是"最伟大、最神圣的职业之一"

教育大计，教师为本。习近平总书记高度重视教师队伍的建设。2014 年教师节前夕习近平总书记在与北京师范大学师生座谈会上的讲话集中反映了他对教师的观点。他首先论述了教师的作用。他说："教师是人类历史上最古老的职业之一，也是最伟大、最神圣的职业之一。"教师之所以重要，就在于教师的工作是塑造灵魂、塑造生命、塑造人的工作。

（二）发扬尊师重教的优良传统

2013 年的教师节，习近平总书记向全国 1400 万教师致信慰问，勉励广大教师"自觉增强立德树人、教书育人的荣誉感和责任感，学为人师，行为世范，做学生健康成长的指导者和引路人"。

百年大计，教育为本。教师是立教之本、兴教之源，承担着让每个孩子健康成长、办好人民满意教育的重任。希望全国广大教师牢固树立中国特色社会主义理想信念，带头践行社会主义核心价值观，自觉增强立德树人、教书育人的荣誉感和责任感，学为人师，行为世范，做学生健康成长的指导者和引路人；牢固树立终身学习理念，加强学习，拓宽视野，更新知识，不断提高业务能力和教育教学质量，努力成为业务精湛、学生喜爱的高素质教师；牢固树立改革创新意识，踊跃投身教育创新实践，为发展具有中国特色、世界水平的现代教育做出贡献。

"德高为师，身正为范"，孔子能被尊为圣贤，正是因为他自己的言行高尚。"教书育人"，在书本之外，教师"育人"的责任更重，是为"师道"。

（三）"好老师"的"四有"标准

习近平总书记提出了"好老师"的四条标准：要有理想信念，要有道德情操，要有扎实学识，要有仁爱之心。这为教师的培养和专业成长指明了方向。习近平总书记在第二十九个教师节的慰问信中提出，希望广大教师"为发展具有中国特色、世界水平的现代教育做出贡献"。

（四）建设高素质的教师队伍

要加强师德师风建设，培养高素质教师队伍，倡导全社会尊师重教。要主动适应信息时代对教育变革的挑战和要求，加快推进信息技术与教育教学的深度融合。

各级党委和政府要把加强教师队伍建设作为教育事业发展最重要的基础工作来抓，提升教师素质，改善教师待遇，关心教师健康，维护教师权益，充分信任、紧紧依靠广大教师，支持优秀人才长期从教、终身从教。全社会要大力弘扬尊师重教的良好风尚，使教师成为最受社会尊重的职业。教师是人类历史上最古老、最伟大、最神圣的职业之一。习近平总书记主持的中央全面深化改革领导小组 2015 年 4 月 1 日第十一次会议审议通过的《乡村教师支持计划（2015 — 2020 年）》发布了提高思想政治素质和师德水平、提升能力素质和拓展补充渠道、提高生活待遇、职称评聘倾斜、推动城镇优秀教师向乡村学校流动等重大政策安排。2018 年 1 月 20 日，中共中央、国务院颁布《关于全面深化新时代教师队伍建设改革的意见》，明确提出"兴国必先强师"，要求全面加强师德师风建设，大力振兴教师教育，不断提升教师专业素质能力，强调"不断提高地位待遇，真正让教师成为令人羡慕的职业"。该意见体现了习近平新时代中国特色社会主义教育思想，令人备受鼓舞。

（五）推进人才体制机制改革

习近平总书记指出，"要着力完善人才发展机制，用好用活人才，建立更为灵活的人才管理机制，打通人才流动、使用、发挥作用中的体制机制障碍"，要加快构建具有全球竞争力的人才制度体系，着力破除体制机制障碍，向用人主体放权，为人才松绑，让人才创新创造活力充分迸发，使各方面人才各得其所、尽展其长；要坚持竞争激励和崇尚合作相结合，促进人才资源合理有序流动，探索建立人才"绿卡"，加快形成具有国际竞争力的人才制度优势。中国特色社会主义事业的人才需求，不仅要有数量，更要重质量。习近平总书记强调让人才有获得感，就是要完善激励措施，提供人才成长空间，搭建事业平台，在政治上充分信任、工作上大胆使用、生活上真诚关心、待遇上及时保障，"多为他们办实事、做好事、解难事"。

四、关于儿童发展及其评价

（一）少年儿童从小就要立志向、有梦想、爱学习、爱劳动、爱祖国，德智体美全面发展

"少年强则国强，少年智则国智，少年进步则国进步。"习近平总书记在2013年"六一"国际儿童节的讲话中，要求少年儿童从小就要立志向、有梦想、爱学习、爱劳动、爱祖国，德智体美全面发展，长大后做对祖国建设有用的人才。

要求儿童"扣好人生的第一粒扣子"，要从了解中国开始。2014年5月30日，习近平总书记在海淀区民族小学参加队日活动时，对孩子们说，"中国梦要靠你们来实现，'两个一百年'要靠你们接力奋斗"，"确立为人类和平与发展贡献智慧和力量的远大志向"。

（二）以社会主义核心价值观为引领

习近平总书记强调"德育"首先是"社会主义核心价值观"的培育，要求"把社会主义核心价值观贯穿于办学育人全过程，用社会主义核心价值观引领知识教育、引领师德建设，加强中华优秀传统文化和革命文化、社会主义先进文化教育，加强党史、国史、改革开放史、社会主义发展史教育，引导广大师生做社会主义核心价值观的坚定信仰者、积极传播者、模范践行者"。

（三）加强爱国主义、集体主义、社会主义教育

引导人们树立正确的历史观、民族观、国家观、文化观。深入实施公民道德建设工程，推进社会公德、职业道德、家庭美德、个人品德建设，激励人们向上向善、孝老爱亲，忠于祖国、忠于人民。加强和改进思想政治工作，深化群众性精神文明创建活动。弘扬科学精神，普及科学知识，开展移风易俗、弘扬时代新风行动，抵制腐朽落后文化侵蚀。推进诚信建设和志愿服务制度化，强化社会责任意识、规则意识、奉献意识。

总之，习近平新时代中国特色社会主义教育思想是一个引领我国教育改革与发展方向、与时俱进的科学理论体系，是中国特色学前教育质量评价体系建设的灵魂和指南，必须在顶层设计时高度重视，在评价实践中贯彻落实。

第二节 学前教育质量评价的哲学基础

一、现代主义视角下的学前教育质量观

现代主义是伴随着工业革命和工业化的推进而产生的，它与启蒙运动密不可分，其哲学基础是逻辑实证主义，核心理念是"科学"与"理性"。现代主义主张世界是可知的和有序的，个体是稳定的主体，认为凭借理性和科学方法，人们就可找到可靠的、价值中立的真理，并揭示客观、真实的世界。现代主义哲学乐于追求秩序和确定性，试图超越地域、文化和特定的历史经验，寻求普遍的理性规范、人性和绝对真理。

现代主义哲学观和认识论认为，质量是通过制定细则、标准来保证产品符合要求；质量建构的核心，在于假定存在一种质量实体或质量本质，是可知、客观和确定的特性，可以被发现、被描述；质量具有确定性、稳定性和标准性。质量标准一旦确立，就不受文化和地域的限制，是价值中立的。现代主义哲学观在学前教育质量评价领域表现为追求建立一种适用于全世界、能够指导和评价任何教育行为的学前教育模式和评价标准，它难免会催生或强化漠视个性差异，否认文化差异性、多样性的僵化的学前教育质量理论与实践。

二、后现代主义视角下的学前教育质量观

现代主义追求世界的可知性和一致性，不能理解与包容人类的多样性、复杂性和偶然性。随着社会的发展，现代主义的理念日益受到人们的质疑，后现代主义应运而生。后现代主义着力于对现代主义的批判和解构，认为世界是复杂多样的。它承认甚至欢迎不确定性、复杂性、多样性、非线性、主观性、多重视角和特定时空，倡导要珍视而非消解社会和个体的多样性。在后现代主义看来，没有绝对的知识，也没有绝对的真理在那里等待我们去发现；没有外在的客观实在，也没有不被历史和社会影响的统一认识。而我们对世界的认识实际上是一种社会建构的过程，我们所有人都积极参与这一过程，致力于与他人沟通、联系，寻求意义与价值。社会建构就是社会参与的过程，除非我们亲自参与其中，否则知识将不存在。因此，知识及其建构总是存在于特定情景之中，且与价值相关。

后现代主义认为，质量是一个相对的、动态的、社会建构的概念，不能脱离背景而存在，它具有主观性且以价值观为基础，受到特定社会历史文化和经济条件的制约，人们无法追求一种普遍适用、永恒不变的质量标准。因此，应当让利益相关者通过平等的交流、对话和论辩，去寻求"质量"内涵与价值的共识。

后现代主义反对教育机构将儿童看成依赖的、柔弱的、孤立的未成年人，认为儿童不是等待填充的容器，而是自发地与外界互动、拥有自己的想法和观念，能够建构和生成知识、意义，充满潜力的能动的独立个体。他们明确反对以统一的、数字化的方式评判儿童教育的成效和质量。他们关注处于不同情境中的教育机构，反对构建唯一的质量评判标准，反对用测量工具和手段去证明托幼机构质量的"好"或"差"，强调应当在特定时间、特定地点中理解和评价学前教育的质量，认为"好幼儿园"的评价标准是利益相关各方充分协商对话的产物。

从各国学前教育质量标准体系的演进过程中，可以看到"质量评价"的观测点正在由最初单纯量化描述教师和幼儿的外显行为、侧重幼儿学业成绩，逐步转变为更加关注师幼互动、教育情景和儿童体验，更加关注个体差异、提倡多元。这些变化体现了"质量"内涵的开放性和包容性，融入了后现代主义哲学观和教育观的基本理念。

冈尼拉·达尔伯格等编写的《超越早期教育保育质量》一书基于斯德哥尔摩的教育实验，提出"超越质量话语，走出意义生成话语"的命题，呼吁反思"质量"名义下的幼教机构。

后现代主义起源于西方发达国家现代化进程中的危机应对，其批判的主要对象是科学与理性的权威，关注后现代主义这种教育观、哲学观的"舶来品"，有利于我们开阔视野，但我国学前教育基础薄弱，历史欠账多，属于教育体系短板——基础教育的"短板"，尚处于补偿性快速发展时期。当前存在的问题主要有教育管理"行政化"色彩较浓，幼儿教师社会地位低，专业素质整体不高，城乡之间、区域之间学前教育质量差异显著等，构建一套适合我国国情的学前教育质量评价标准体系是十分必要的。

三、构建学前教育质量评价标准的必要性、可行性

我们认为，在同一国情、同一法律体制、同一文化背景下和相似社会经济发展水平的范围内，构建相对一致的质量评价标准，是保证公平、促进同行间交流

共享、建构共同的职责目标和建立行业秩序的重要保障，对于学前教育事业健康发展是必要的。因此，建立我国学前教育质量标准体系的必要性和意义不言而喻。

西方国家教育质量运动源于四方面的要求：一是伦理的要求。受到教育民主化运动、教育公平理念的影响，学生、家长、社会公众都在追求更高质量的教育。提供高质量的教育成为所有教育工作者与教育管理者义不容辞的职责；二是专业的要求。教育工作者必须不断实现专业成长，才能回应社会的期望，满足学生的需求，从而提高教育质量；三是竞争的要求。教育机构的生存竞争压力迫使其不得不努力提高教育质量，提高家长和学生的满意度；四是政治的要求。教育机构的服务质量是否满足了政府的期待和社会公众的需求，迫切需要有一套可靠的质量标准来进行评价、检验。

上述四方面要求无疑同样存在于我国学前教育领域中。建立质量标准体系是一个动态调整—适应的过程，不存在永恒不变的质量标准。我们应当借鉴国外成功经验，准确把握其理论基础和社会历史文化背景，结合我国国情，考虑区域差异、城乡差异，建构起"本土化"的质量评价标准体系，鼓励托幼机构多元化和分类管理，以质量评价促进各类托幼机构持续、健康发展。

总之，尽快建立和完善一套理念先进、切合国情实际、切实可行的学前教育质量评价标准体系，对于促进我国学前教育质量的提升，保障学前教育的公平，是十分必要和有益的。各国学前教育质量评价实践也已经证明，学前教育质量评价标准体系的构建有其深刻的现实需求和充分的理论与实践基础，因而是必要的、可行的。

第三节　发展适宜性幼儿教育理论

一、发展适宜性幼儿教育理论的内涵与实施原则

发展适宜性幼儿教育理论是美国高质量幼儿园评价标准制定的主要理论依据和基础。"全美幼教协会"（NAEYC）于1987年颁布了《适宜0～8岁儿童发展的教育实践》（Developmentally Appropriate Practice, DAP）的声明，首次明确阐述了有关"发展适宜性教育实践"的基本观点和实施方式等。

发展适宜性幼儿教育，是指"与儿童发展相适宜的教育"。DAP是一种理论框架、一种教育哲学。发展适宜性幼儿教育理论强调，教育要适合幼儿的年龄特点（年龄适宜性）、个体差异（个体适宜性）、社会及文化背景（文化适

宜性），不能期望让儿童去适应社会或教育的要求。任何好的幼儿教育必须既面向全体又能满足每个儿童的需要，必须与每个儿童的发展相适宜。研究表明，以儿童为中心的教育环境，更能够促进认知、健康、社会情感等方面的发展，因而对教育结果有积极影响。

（一）发展适宜性幼儿教育理论的内涵

（1）年龄发展适宜性。它强调教育要与儿童的年龄特点相适应。关于人类发展的研究表明，在出生后的最初九年中，存在一个普遍的、可以预测的生长和变化的顺序。这些可以预知的变化出现在发展的所有方面，包括身体、情感、社会性和认知。

（2）个体发展适宜性。它强调教育要与每个儿童的个体特点相适应。每个儿童在成长与发展的速度、需要、兴趣及学习的形式上具有不同于他人的特点。因此，要调整幼儿教育环境，以适应儿童在身体、语言、能力、兴趣和需要方面的个体差异。教师要为每个幼儿提供时间、机会和资源，要支持每个儿童形成积极的自我认同感，创造与儿童互动的机会，积极促进每位幼儿在他们已有的基础上获得最佳的发展。但要注意，个体发展适宜性不等于降低对儿童的期望。

（3）文化发展适宜性。它强调教育要与每个儿童所处的文化背景相适应。文化是儿童和家庭的生活方式的总和，文化事项具体包括价值观、信仰、语言、思维方式、衣着外表和行为特征。文化背景在幼儿学习与发展过程中所具有的重要作用日益受到学前教育界的重视。作为一个家庭和社区的成员，儿童在成长过程中通过成年人的教育引导和周围人群言行的潜在影响，习得所在文化中的各种观念和规则。每个儿童都是带着自己的文化背景进入幼儿园的。某些幼儿的文化背景是不同于教师或不同于班级主流文化的，DAP强调要面向全体儿童，反对任何偏向。因此，为消除任何导致个体的不公平待遇的观念、态度和情感，托幼机构应该反对文化偏见，避免成见和思维定势，关注并尊重儿童之间存在的文化差异，积极建立相互尊重、相互分享和相互理解的教育环境。

（二）发展适宜性幼儿教育理论的实施原则

（1）适宜性原则。适宜性指的是教师在制定教育目标，确定教育内容，创设教育环境，实施教育过程等环节中，能充分考虑幼儿的年龄特点、学习特点、发展水平和情感需要，运用最适合幼儿特点的课程开展教育活动。只有适宜的才是最好的。

（2）渗透性原则。渗透的含义有二：一是教学活动要渗透到幼儿的一日生活中自然进行，保育为主，保教结合；二是课程内容之间相互渗透，无论是五大领域课程还是主题课程，其内容、目标都应当相互渗透，相互融合。

（3）参与性原则。它体现在教育活动设计中，要注重通过多种途径、多种策略来提高幼儿的参与度，在参与过程中获得积极的体验，实现身心发展。还要善于整合家长资源、社会资源、同伴资源，参与到幼儿教育实践当中，发挥其积极作用。

（4）发展性原则。它强调幼儿教育的核心使命和最终目标是促进儿童全面和谐发展，既要丰富知识，又要提高能力，还要改善情感态度，培养良好的行为习惯和健康人格。

二、发展适宜性幼儿教育理论的核心要素

（一）课程

发展适宜性幼儿教育的课程目标，是发展儿童的自我价值感和自信心，信任和尊重别人的能力，有效的社会交往技能、交流能力和对社会环境的理解、问题解决能力以及对周围世界的好奇心和培养对学习的兴趣等。换言之，DAP课程的作用在于促进儿童在自我意识、情感健康、社会化、交流、认知及感知运动能力六方面的发展。

DAP所倡导的课程具有四大特点：一，发展适宜性课程应该是综合的，儿童的学习和发展也是综合的，任何一个刺激某一方面发展和学习的活动必将影响到其他方面，发展适宜性课程应该兼顾儿童身体的、情感的、认知的、社会的等领域的全面发展；二，发展适宜性课程应该建立在教师对儿童充分观察和了解的基础上；三，发展适宜性课程应该是一个互动学习的过程，教师为儿童准备学习环境，指导和帮助儿童在与成人、同伴和材料的互动中学习；四，发展适宜性课程应该是具体的、真实的，与儿童日常生活关联的。

（二）教师

教师是制约学前教育质量的关键要素。教师必须运用自己的专业知识来满足社会和父母对儿童发展的期望，必须具备良好的教育态度和能力，创造性地为儿童提供适宜的学习环境，必须充分发挥在与儿童交往、照料儿童、减缓压力、促进儿童创造力发展、指导问题解决、维护儿童权利等方面的主导作用。

发展适宜性幼儿教育理论强调教师必须是可信赖的，必须具备儿童发展专业知识和观察儿童、与儿童互动的能力；具备制订教学计划、组织教育活动的能力；具备与家长、与领导沟通和与同事合作的能力。观察是幼儿教育和教育评价的基础，是教师最重要的基本功，是检验幼儿教师职业能力的试金石。

三、发展适宜性幼儿教育视角下的幼儿园质量评价

评价是对教育理念和评价标准的具体运用，是学前教育工作的重要组成部分，是观察、记录和说明儿童行为及其方式的过程，涉及儿童发展的各个方面。评价能帮助教师更有针对性地计划、实施与发展相适宜的幼儿教育。评价的核心是观察，教师对儿童的评价必须建立在观察的基础上。评价的价值在于促进每个幼儿在所有领域的发展。

全美幼教协会在制定高质量幼儿园认证标准时，遵循"教育要与儿童的年龄相适宜"的核心理念，对年龄段作了划分，并分别对不同的年龄段进行具体描述。根据"幼儿教育要与儿童的个体差异相适宜"的理念，全美幼教协会强调要根据幼儿的家庭背景、语言差异、文化差异和兴趣需要，予以区别对待，隐含了"文化适宜性"主张。从历史逻辑和认识进化的视角分析，发展适宜性最终必然体现在年龄适宜性、个体适宜性和文化适宜性三个方面。例如，在全美幼教协会制定的高质量幼儿园认证标准中，"关系"标准要求教师了解幼儿的家庭背景和个体兴趣、需要；"课程"标准要求教师根据幼儿的个体差异进行个别的教学和课程开发，并在课程中回应幼儿的个性化需要和兴趣。

依据评价标准实施发展性评价时，要坚持持续性、策略性和有意性相结合的原则，要鼓励家长参与评价，要将评价结果转化为调整课程和教学，以更好地满足幼儿发展的需要，促进教育质量提高。要制订一套收集和运用评价信息的工作计划，并把评价计划和课程设计结合起来。评价手段和方法要与幼儿的年龄、经验相适应，要在自然而非人为环境中收集幼儿的代表性表现或成果，教师要依据标准对幼儿发展情况的观察结果给予正确的评价。

四、发展适宜性幼儿教育的评价工具

发展适宜性教育的评价工具分为四类：一是发展测验量表，用它评价幼儿在自我意识、情感健康、社会性、交流、认知和感知运动能力六个领域的行为和能

力；二是幼儿的观察记录，要求保证信息的准确性、专业性和记录的真实性；三是档案袋，是对一段时间以来幼儿作品的收集，他们反映了幼儿在所有方面的发展情况；四是测验工具，涉及多种发展领域，选择时要考虑测验时间的长度、测验工具的使用难度、测验工具的信效度等。

五、发展适宜性幼儿教育理论的启示

（1）在我国学前教育中，应当重视不同地区、不同民族、不同家庭背景儿童的文化差异，尽可能为他们提供均等化的、公平的优质教育，以促进他们身心健康、快乐成长与个性发展。

（2）教师应牢固树立多重角色意识。DAP 强调教师需要同时充当儿童学习的指导者、参与者和合作者，而不是我国幼儿教师单一的"指导者"角色。在幼儿园课程设计中要重视对儿童创造力的培养，通过游戏与正规教育活动让儿童在快乐体验中获得知识、增长技能。

（3）对幼儿园教育要作多元化的评价。既要重视对幼儿园整体质量评价，又要重视班级活动评价，还要重视儿童个体发展的评价。对儿童的评价不仅要关注儿童认知发展水平，更要重视儿童个性、情感、态度、价值观等方面的评价。

（4）发展适宜性幼儿教育不是一种固定的僵化的模式，需要在实践中不断完善和发展。发展适宜性幼儿教育理论需要在本土化的消化吸收和合理取舍基础上进行理论再创新，使之符合中国特色社会主义学前教育事业发展的实际需要，切实做到"洋为中用"。

第四节　多元智力理论对学前儿童发展评价的启示

儿童发展评价是学前教育质量评价体系的重要内容，其重要性正在学前教育理论界和基层幼儿园日益受到重视。随着儿童发展评价研究成果的积累，多元智力理论受到我国学术界的普遍关注。

美国哈佛大学发展心理学家霍华德·加德纳（Howard Gardner）教授于1983 年提出多元智力理论，他认为：智力是由多种结构组成，具有动态性和发展性。加德纳在《智力的重构——21 世纪的多元智力》一书中提出："智力是一种文化环境中个体处理信息的生理和心理潜能，这种潜能可以被文化背景激活，

以解决实际问题或创造该文化所珍视的产品。"他认为，智力是多种能力的集合，主要包括言语—语言智力、音乐—节奏智力、逻辑—数理智力、视觉—空间智力、身体—动觉智力、交往—交流智力、自知—自省智力、自然观察和存在智力。每个人都拥有这八种智力，只是每种智力的组合和发挥程度不同，进而影响个体的智力表现。加德纳强调，"世界上没有两个人具有完全相同的智力组合，每个孩子都是潜在的天才儿童，只要教育得当，每个人的七八种潜能，都能得到相当高的发展水平。全面开发学生的潜能不仅是必要的，而且是可能的"。

根据加德纳的理论，智力是指"在某种社会和文化环境的价值标准下，个体用以解决自己遇到的真正难题或生产及创造出有效产品所需要的能力"，它具有多元性、差异性、开放性、社会文化性、实践性和创造性等显著特点。个体的智力差异源自其智力结构的差异，每个人的智力组成和表现都具有独特性，处于不同社会文化中的个体，其智力结构也不相同，比如中国人和西方人的思维方式和社交方式存在明显的差异。赵红霞指出，我国幼儿发展评价存在内容不全面、标准不统一、重定量、轻定性评价的问题。励琦主张，儿童发展评价应指向儿童生活的真实情景、关注儿童学习的动态过程。郑名、冯莉提出，儿童发展评价的方法和主体应该走向多元化、专业化。冯晓霞在《多元智能理论与幼儿园教育评价改革——发展性教育评价的理念》一文中介绍了多元智能理论、发展性评价的理念，回顾总结了我国儿童发展评价的实践探索，主张以多元智力理论指导发展性教育评价。多元智力理论在我国也受到普遍关注。

多元智力理论作为理解和解释个体智力发展异同的重要理论，对学前儿童发展评价具有重要的指导意义。它对我国幼儿发展评价的启示主要有以下五点。

一、幼儿发展评价要以促进儿童发展为目的

评价目的是评价观的核心和灵魂。儿童发展评价能否促进儿童的发展，很大程度上取决于评价主体所采取的教育评价观。现代教育评价强调评价的诊断和改进功能，主张通过评价发现问题、改进工作，创设"适合儿童的教育"，促进儿童全面发展。多元智力理论倡导树立正确的评价观，主张通过评价创设适宜每个儿童的教育，反对根据评价结果给儿童"贴标签"，反对在儿童发展评价实践中，将评价重点放在"鉴定儿童"上，反对无视儿童发展的个体差异去区分"好孩子""差孩子"，甚至划定"智障孩子"，并放弃对他们的教育。

二、幼儿发展评价要坚持评价主体、评价内容和评价方式的多元化

多元智力理论主张舍弃刻板单一的评价模式，强调评价主体多元化。在日益强调核心素养的今天，任何单一的评价者都已经不能完全准确地揭示出学生的智力结构和智力水平。多元智力理论认为，只有评价主体多元化，才能够从不同方面来反馈评价个体的智力水平，评价者应该包括教师、外部专家、幼儿自身、家长、同学甚至社区居民等，个体的自评通常可准确反映其"自知"的智力水平。

我国的教育评价方式通常以标准化考试或书面测试为主要手段，只是注重了八种智力中的言语—语言智力以及逻辑—数理智力，相对忽视了其他几种智力因素。多元智力理论提倡评价方式的多元化，我们应当改变以往单一的书面测试评价方式，注重运用多元化的观测方法、手段和工具，对儿童的言语、音乐、逻辑、视觉、身体、自知、交往、自然观察和存在八种智力的发展水平进行全面、客观、准确的评价，促进家长和教师更好地了解儿童，帮助他们全面发展。

三、幼儿发展评价要充分尊重儿童智力的差异性

多元智力理论表明，每个儿童都拥有多种智力，每个儿童都是聪明的儿童，儿童的差别在于智力组合方式和表现程度的不同，经过科学合理的教育培养，他们都能成为社会的有用之才。由于儿童的智力结构存在多元性、发展性和差异性，加之幼儿正处于智力的发展期，身体和大脑发育并不成熟，随着年龄的增长，幼儿的身体和大脑将获得快速发展。他们的注意力、兴趣和优势智力只能够在多场景观察和多元化评价中被"捕捉"，被公正评价。因此，教师和家长应坚持用发展的眼光看待儿童的成长，而不应该仅以某种机械的"标准"或单一的书面测试的结果，来评价儿童智力发展水平的高低优劣。

四、幼儿发展评价要重视学前儿童学习能力的评价

儿童学习风格的评价对于学前儿童的智力发展具有深远意义。当前，我国教育评价普遍强调儿童的学习结果，相对忽视了对儿童学习品格和学习能力的关注与培养。多元智力理论所衍生的多彩光谱方案提出了一项专门用来评价学前儿童活动风格的量表，以便了解学前儿童在活动室中的学习过程、学习风格（可细化为自信的学习、专注的学习、坚持的学习等），对其学习能力进行合理评价。

五、幼儿发展评价要在真实、自然的情境中评价儿童发展

儿童是充满活力、充满变化、充满潜力与可塑性的生命体，儿童在自我世界里与真实生活中的自然表现和典型事件应当作为儿童发展评价的重要内容和主要依据。潘月娟在《儿童发展评价的新趋势——真实评价》一文中，提出要采用多种方式在真实、自然的情景中收集有关儿童发展的信息，通过相互沟通、相互协商的方式对儿童的发展达成共识。真实性的评价是从与幼儿密切相关的生活中搜集材料，这种方式可以很自然地引发孩子的学习兴趣，促使孩子尽力展示自己的真实水平，从而达到了解幼儿真实发展水平的目的。幼儿的行为要素要放在特定背景下评价才能得到真正理解。

随着年龄的增长，儿童的智力结构必将发生变化。建立成长档案，有利于科学地纵向比较评价和进行有针对性的个性化教育。对幼儿成长档案评价法的应用，不能只局限于对幼儿手工、绘画作品的保留和随意的成长记录。幼儿教师应当始终"不忘初心，牢记使命"，对儿童成长档案进行系统整理归档和认真研究，促进幼儿智力的全面发展。

第五节　核心素养视角下的教育质量评价标准

在科技创新的推动下，21世纪的教育发生了革命性的巨变。目前，核心素养已成为一个引领各国教育改革的热词，以学生核心素养推动教育改革和课程改革已成为当前国际教育界的大趋势。

我们认为，学前教育是儿童核心素养发展的奠基阶段，在研究学前教育质量的评价标准时，务必高度重视儿童身心和人格发展的连续性和阶段性，认真吸收核心素养概念蕴含的理论启迪和各国的先行经验，深入探究核心素养视角下的教育质量评价标准问题。

一、核心素养概念的提出及其基本涵义

核心素养作为一种新的人才观、教育观，是在全球化、信息化与知识经济时代到来的背景下提出的。日益激烈的国际竞争要求各国未来的教育要致力于培养具有21世纪核心素养的公民。核心素养是学生在各学段的教育过程中逐步形成的，具有可学、可教的属性，是教育教学的"靶心"，更是检验教育教学

质量的标尺和试金石。

2003 年，美国北方中央教育实验室发布调查报告——《面向 21 世纪学习者的 21 世纪能力：数字时代的基本素养》，提出了数字化素养、创造思维、有效沟通和高效产出等 22 项"21 世纪技能"。2007 年修订了报告内容，强调每一个生活在 21 世纪的公民都要掌握三大技能：学习与创新技能（Learning and Innovation Skills），信息、媒介和技术技能（Information, Media, and Technology Skills），生活与职业技能（Life and Career Skills）。其中，学习与创新技能是 21 世纪核心素养的关键所在，它具体由批判性思维和问题解决能力、交流与协作能力和创新革新能力三个部分构成。信息、媒介和技术技能属于"数字化素养"，包含对信息的理解能力和对媒介、数字手段的运用能力，此乃 21 世纪所必需的基础技能。生活与职业技能强调适应时代巨变的主动性和自主能力，具体包括跨文化交际能力、业绩创造能力、职业竞争力、领导力和责任感（见表 2-1）。

表 2-1　"21 世纪核心素养"的技能类型和构成要素

技能类型	构成要素
学习与创新技能	批判性思维和问题解决能力
	交流与协作能力
	创新革新能力
信息、媒介和技术技能	对信息的理解能力
	对媒介、数字手段的运用能力
生活与职业技能	跨文化交际能力
	业绩创造能力
	职业竞争力
	领导力
	责任感

2006 年，欧盟通过了关于核心素养的建议案，提出核心素养包括母语交流、外语交流、数学素养与科技素养、信息素养、学会学习、社交和公民素养、主动与创新意识以及文化意识与表达八个领域。2013 年，联合国教科文组织确定了核心素养指标体系的七个领域：身体健康，社会情绪，文化艺术，文字沟通，学习方式与认知，数字与数学，科学与技术。

为应对未来的国际竞争，美国率先提出了面向21世纪的技能与学习框架。我国在广泛借鉴国际经验的基础上，于2015年正式启动了聚焦"21世纪核心素养"（21st Century Key Competency）的课程改革，这标志着核心素养理念在我国教育界的确立。从系统论角度看，与核心素养理论相适应的学习支持系统，由标准与评价（Standards and Assessments）、课程与指导（Curriculum and Instruction）、专业发展（Professional Development）和学习环境（Learning Environment）四个部分组成。从逻辑和实践来看，为了培养儿童的核心素养，幼儿园的评价标准、课程指导、专业发展和学习环境系统都应当创新与变革。

OECD心理学家、社会学家、经济学家、哲学家和教育家对核心素养的内涵与功能进行探索，达成的共识是："核心素养的功能是实现个体生活的成功和社会的健全。"

2016年9月，"中国学生发展核心素养"课题组在京发布研究成果，明确提出"中国学生发展核心素养"分为文化基础、自主发展、社会参与三个方面，综合表现为人文底蕴、科学精神、学会学习、健康生活、责任担当、实践创新六大素养，具体细化为国家认同等18个基本点。

北京师范大学刘恩山教授认为，"核心素养是一种跨学科素养，它强调各学科都可以发展的、对学生最有用的东西"。褚宏启教授提出，"核心素养是所有学生应具有的最关键、最必要的知识、能力与态度。要根据学生发展的连续性和阶段性特点，把核心素养细化为不同教育阶段的培养目标"。福建师范大学余文森教授强调，"核心素养的形成具有关键期的特点，错过了关键期就很难弥补"。

毫无疑问，教育质量评价是直接关系到学生核心素养教育成败的指挥棒。从各国推进核心素养教育的实践看，建构基于核心素养的幼儿园课程体系，开发适用的测评工具，开展聚焦核心素养的教育质量监测评价，建立以核心素养为导向的监测评价反馈体系，必将成为推进我国21世纪学生核心素养教育的重要抓手，也是提升学习者核心素养的有效途径和必由之路。

二、核心素养视角下的教育质量评价指标体系

核心素养作为教育目标，回答了21世纪的教育要培养什么样的人的问题。核心素养评价唯有贯彻到学前教育质量评价之中，核心素养教育才能得到落实。索桂芳主张，应当以核心素养为统领，整合、改造、优化现有评价，使现有的

各种评价都与核心素养评价接轨，将核心素养的理念、内涵、要求贯彻到现有评价之中，使教育质量评价不仅聚焦于核心素养的内涵，而且密切围绕核心素养的构成指标要素，这是顺理成章、切实可行的新趋势。教育工作者应根据学生发展的连续性和阶段性特点，将核心素养分解细化为不同教育阶段的教育目标，这是设立分阶段核心素养评价指标体系的学理基础。

多数学者认为，核心素养的评价指标不应该是"一刀切"和"一成不变"的，而应该是层层递进、螺旋式动态发展的。新加坡"核心素养发展目标体系"的内核层是品格与道德培养，第二层是社交和情感技能，最外层是面向全球化世界的关键能力，他们强调不同学段的学生应当有具体的、阶段性的素养发展要求与教育目标。

我国教育的总体目标是"培养德智体美全面发展的社会主义事业建设者和接班人"。在习近平新时代中国特色社会主义思想指引下，社会主义核心价值观必然成为我国公民核心素养的有机组成部分。2017年8月，中共中央颁布了《关于深化教育体制机制改革的意见》（以下简称《意见》），强调要全面贯彻党的教育方针，坚持社会主义办学方向，全面落实立德树人根本任务，构建以社会主义核心价值观为引领的大中小幼一体化德育体系，针对不同年龄段学生，科学定位德育目标，合理设计德育内容、途径、方法，使德育层层深入、有机衔接，推进社会主义核心价值观内化于心、外化于行。《意见》要求深入开展理想信念教育，引导学生坚定拥护中国共产党的领导，树立中国特色社会主义共同理想，增强中国特色社会主义道路自信、理论自信、制度自信、文化自信，强调注重培养学生终身学习发展、创新性思维、适应时代要求的关键能力。作为中国特色、中国方案的核心素养教育，我们主张将社会主义核心价值观教育贯穿到各学段，形成一条纵向的"德育链"，辅之以贯通家庭、学校、社会，融入各领域、各学科学习过程的横向"德育链"，共同巩固"立德树人"的教育宗旨。借鉴国外K-12的一贯制理念，开辟适应个性化需求的教育质量评价指标体系，将教育评价的范围拓展到考分之外的价值观、理想、习惯、兴趣爱好、技能、情商、人格等方面，引导学生学会做人—做中国人—做现代中国人，学会学习与创新，主动适应变化，与时代共同进步，通过各学段的教育，将社会主义核心价值观和核心素养融为一体，内化于学习者的心理—行为—态度—人格之中。

核心素养既有可教、可学的外显成分，又存在可感、可知的内隐要素，总体上可以在特定情境下表现出来。针对不同的评价内容，应采用适合的评价方法。

对核心素养外显成分的评价适合采用定量评价、结果评价和专项测试评价的方法。对内隐要素的评价则适合采用问卷调查、观察访谈记录、情境测试、角色扮演等方法进行定性评价、过程评价、日常观察评价。

天津师范大学张莹、冯虹从学生个体需要和社会需求角度出发，提出了基于核心素养框架的易于操作的教育质量评价指标体系（见表 2-2）。

表 2-2 基于核心素养的教育质量评价指标体系

领域	一级指标	二级指标
学科素养	学业成绩	1. 课堂表现评价
		2. 作业表现评价
		3. 测验
	知识应用	1. 实际问题解决能力
		2. 创新思维能力
		3. 知识建构能力
生存素养	工具使用	1. 信息获取能力
		2. 新技术习得与应用能力
		3. 语言与符号能力
	人际社交	1. 良好关系建立能力
		2. 团队意识与国际视野
		3. 情绪管理与冲突解决能力
精神素养	健康审美情趣	1. 审美意识
		2. 自然审美能力
		3. 多元审美能力
	情感、态度与价值观	1. 认识自我、感受安全
		2. 热爱生活、社会认同
		3. 情绪稳定、反应适度
		4. 人际和谐、接纳他人
		5. 适应环境、应对挫折

构建基于核心素养的教育质量评价指标体系的目标，是通过评价来加快教育质量标准建设，促进学生全面发展，提升核心素养教育质量。如表 2-2 所示，教育质量评价指标体系由学科素养、生存素养和精神素养三个领域的六个维度构成。"学业成绩"是学科素养的核心要素，是教育质量的直接体现。"知识

应用"和"工具使用"是检验教育质量的实践标尺，具有可验证性。"人际社交"衡量学生进入社会后学习、成长、发展的个人能力。"健康审美情趣"是对学生在生活中发现美、创造美的意识的评判。"情感、态度与价值观"是教育质量的综合体现，用于评价学生是否拥有正确的价值观、积极的人生态度、高尚的道德情操等良好的人格品质。

二级指标，即测评因子，是对一级指标的细化。"学业成绩"的测评因子包括课堂表现评价、作业表现评价和测验。"知识应用"的测评因子包括实际问题解决能力、创新思维能力和知识建构能力。实际问题解决能力就是学生运用科学知识和方法解决生存发展、生活工作等问题的能力。"工具使用"测评因子为信息获取能力、新技术习得与应用能力、语言与符号能力。语言与符号能力是指有效运用口头和书面语言传递信息，实现交际的能力以及识别数字符号、数学运算和其他数学能力。"人际社交"测评因子包括良好关系建立能力、团队意识与国际视野、情绪管理与冲突解决能力。"健康审美情趣"测评因子包括审美意识、自然审美能力、多元审美能力。"情感、态度与价值观"测评因子包括认识自我、感受安全，热爱生活、社会认同，情绪稳定、反应适度，人际和谐、接纳他人，适应环境、应对挫折。

开展核心素养教育，需要借鉴国际社会的先行经验，在深化教育质量评价改革的基础上，构建一套适合我国国情的学前教育质量评价的指标体系。

当然，核心素养的构成是复杂多样的，它具有显著的复杂性、内隐性、动态性、情境性和功能性，只有采用定量评价与定性评价、结果评价与过程评价、专项测试评价与日常观察评价相结合的多元评价方法，才能形成相对客观、真实、全面、准确的评价结论。

第六节 元评价理论：对教育质量评价的评价

一、教育质量元评价的内涵、必要性与现实意义

（一）教育质量元评价的内涵

教育质量元评价（Meta-evaluation）一般是指对评价技术的质量及其结论进行的评价，是为了判断、修正和提升教育质量评价，而按照一定的标准或原则对评价的各环节的公正性与合理性做出判断的过程。元评价作为对评价的评价，其

目的是对原评价者提出问题与质疑，查明评价中可能存在的偏差。元评价一般是在评价工作完成后，为了检查评价过程和结果，检验根据评价结果做出的决策和改进工作的效果，以便及时纠正评价工作的不足或为改进评价工作而进行的评价。

元评价理论的主要内容包括对评价理论基础、理论体系、方法体系和监控的评价，对评价方案、评价组织实施、评价过程、评价结果等评价活动各环节、各要素的评价。

元评价的方法主要有工具分析法、资质审验法、信度核验法、效度审验法、流程审验法等，其根本目的是确保评价的信度和效度。

（二）教育质量元评价的必要性

根据第四代评价理论，在一轮评价结束后，需对本轮评价进行反思，寻找评价中存在的问题。若时间允许，应该做好再次评价、再次协商、再次循环的安排，直至最大限度地消除分歧、达成共识。

库克和格鲁德（Cook & Gruder）认为：任何一个评估要经得起推敲，都必须经过元评价。元评价的必要性体现在：要判断、保障和提升教育质量，就要进行教育质量评价；要提升教育质量评价的科学性、合理性，就要研究教育质量元评价。教育质量元评价的科学研究，正在成为新时代影响教育质量及教育质量评价的重要因素，日益受到学术界的关注。

（三）教育质量元评价的现实意义

教育质量元评价的现实意义主要体现在以下三个方面：

一是有利于完善教育质量评价体系、规范评价工作。通过对评估方法、评估行为、评估结果的再评价，可以及时发现和修正不科学、不合理的评价内容和评价过程，促进评价体系的完善和评价工作的规范化，促进教育评价质量的持续提升，促进教育管理的科学化，从而提高评价对象决策科学化水平，促进其事业发展。

二是有利于深化教育综合改革。通过教育质量元评价，有利于深入督查、研究评价对象存在的问题和发展经验，有利于深化教育改革，促进教育事业的持续健康发展。

三是有利于教育目标的实现。教育质量元评价的目的是检查评价实施情况、实施效果，发现问题，通过对评价问题的深入研究，解决问题与不足，从而提高教育质量，最终促进教育目标的全面实现。

二、教育质量元评价的内容

教育质量元评价作为对质量评价的评价，主要聚焦于教育质量评价本身的问题。目前看来，其内容主要包括三方面。

（一）教育质量元评价的基本原理

教育质量元评价基本原理主要包括教育质量元评价的性质与依据；教育质量元评价的影响因素；教育质量元评价的使命与功能；教育质量元评价的原则与方法；教育质量元评价的流程与结论。

（二）教育质量元评价的发展

教育质量元评价发展研究主要包括外国教育质量元评价理论与实践的发展；中国教育质量元评价实践的发展；教育质量元评价发展的影响因素；国际教育质量元评价的发展趋势；教育质量元评价发展的基本规律。现代教育评价概念是由美国教育家泰勒于1929年首次提出的。元评价的概念与实践，最早起源于20世纪60年代的美国。当时美国教育界采用的教育评价方法陈旧、评价质量无保证、评价结果难以服众，这使教育评价者认识到，必须探求某种能够论证或检验已完成或正在实施的教育评价的理论和方法。于是，评估活动的质量开始得到学术界关注，定位于"对评价的评价"的元评价概念与实践便应运而生。元评价概念与实践的问世，使美国教育评价界经历了一场重大变革，有力促进了教育质量评价的规范与发展。

（三）教育质量元评价的标准

教育质量元评价标准是应用于评价对象的价值尺度，是实施元评价的核心依据。教育质量元评价标准的主要内容包括教育质量元评价标准的来源与特性；制定教育质量元评价标准的依据；教育质量元评价标准演变分析；教育质量元评价标准合理性的影响因素；教育质量元评价标准的研制方法。美国教育评估标准联合委员会（Joint Committee on Standards for Educational Evaluation，简称Joint Committee）的元评价标准主要有四个，即实用性、可行性、适用性和准确性。

（1）实用性标准，即探索评价是否能促进当前教育工作，该标准包括评价的鉴定，评价的信度和效度，评价的对象范围和评价的效果等。

（2）可行性标准，评价计划或方案必须是可操作的，这条标准包括评价的具体过程和步骤是否切实可行，评价的行政措施是否符合实际，评价的资金投入是否恰当等。

（3）适用性标准，指在整个评价过程中，被评价者的身心发展和自身权利必须受到保护。

（4）准确性标准，指评价的文字、数据和图表信息必须在技术、方法和工具上是充分恰当的，得出的结论是确切可信的。

评价的上述属性的达成度，决定了评价本身的科学价值。

美国学者沃森（Worthen,1974）曾总结归纳了良好评价所应当具备的基本特征，并建议以此来判断评价的质量。具体包括十个方面。

（1）概念明确。评价应能明确阐述评价的中心问题、目的、作用和一般方法。突出被评价对象的特性。评价应全面、详尽地描述被评价对象的特性。

（2）确认并表达合法评价报告接受者的观点。所有合法的评价报告接受者应具有发言权，并有机会审阅评价结果。

（3）对评价中涉及的政治性问题具有敏感性，并能处理好产生分歧的政治、人际和伦理问题。

（4）详细说明信息需求和来源。评价应当详细说明所需要信息及其来源。

（5）全面性。评价应收集所有重要变量和问题的信息，但无相互矛盾的数据。

（6）技术的充分性。评价的设计程序和所产生的信息应当满足效度、信度和客观性的科学准则。

（7）成本考虑。评价应考虑到成本因素。

（8）明确的标准。评价应明确列出判断被评价对象的标准。

（9）判断与建议。评价除了报告结果外，还应当提供判断和改进建议。

（10）面向评价报告接受者的报告。评价应适时地向已确认的评价报告接受者提供形式适当的评价信息。

当前，我国教育质量元评价的理论与实践尚处于初级阶段，教育质量元评价的标准问题值得学术界深入研究。

三、教育质量元评价的原则

教育质量元评价的原则是教育质量元评价理论的核心内容。我国学者冯惠敏认为，教育质量元评价应当力求做到：评估制度立法化，评估方式社会化，评估理论科学化，元评估要理论与实践相结合。牛亏环、丁念金著文提出，教育质量元评价应遵循五项原则。

（一）元评价制度立法化

对所有教育机构制定相应的评价制度，通过评价制度立法化，使元评价成为一种常态，以促进教育质量评价体制机制的不断完善。

（二）元评价方式社会化

教育质量评价的最终目的是促进教育质量提高，从而最终满足社会发展的需求，故应该在评价过程中倡导社会人士、专业机构参与，实现评价方式社会化，促进评价目的的全面实现。

（三）元评价标准专业化

专业化的评价标准，可为元评价的各种要素和环节提供参考，便于评价人员运用、调控各种要素，有序地完成任务，实现目标。评价理论一定要科学化，才能保障评价结果的正确性和准确性。

（四）元评价机构合法化

应建立公开、合法、客观公正的评价机构，树立评价机构的合法性、权威性，提升评估机构的公信力，同时要划清评价机构与评价对象之间的边界，避免利益关联，确保独立公正地实施再评价。

（五）元评价效果可持续发展

教育制度与教育内容是具备时代特征的，教育质量元评价要具备时代特征，符合时代要求，要适时、持续地调整评价策略方案，评价的效果要可持续发展，真正做到为大众和评价对象服务，促使教育质量不断提高，才能真正达到评价的目的。

四、教育质量元评价的实施

在教育质量评价中引入元评价技术，有利于评价目标的全面实现。西方国家教育质量的元评价较早作为一种质量监督机制，被管理机构应用于高等教育和职业教育领域。例如，荷兰的高等教育督导团虽然不直接对高等院校的教育质量进行评估，但会对荷兰大学协会和荷兰高等职业教育学院协会的教育质量评估行为、对高等院校教育质量管理、质量评价机制和质量评价结果进行再评价，并在这种"元评价"的基础上，形成并发布教育质量评价的年度评价报告。美国联邦教育部高等教育办公室设有鉴定机构评价处，负责有关教育质量鉴定机构的认证管理工作，定期审核与质量鉴定有关的评价标准、政策、程序等问题，行使高等教育质量评价的元评价职能。美国较早重视对元评价的理论研究和实践，现已形成一系列学前教育质量的元评价模式，值得深入研究和借鉴。

教育质量元评价的实施主体要涉及评价者、被评价者以及评价信息的使用者。

（一）实施程序

一般认为，对教育质量评价实施再评价的程序包括七个步骤：

（1）明确元评价的对象及内容；

（2）确定实施元评价的主体；

（3）元评价主体以协议形式，获得实施元评价的权利，确保实施元评价的合法性；

（4）选择或制定元评价的标准；

（5）对照评价方案设计与元评价标准，分析评价方案；

（6）对评价方案进行整体性的价值判断，得出结论；

（7）提出改进建议。

（二）实施准则

目前，教育质量元评价实施的基本准则包括：

（1）评价者的专业能力和资格水平；

（2）元评价的准则和观念依据；

（3）元评价技术的规范性；

（4）评价全过程的规范性。

（三）实施保障

对教育质量的元评价，需要内部和外部双重保障。内部保障是教育元评价质量保障的重要基础，主要措施包括评价机构、评价人员根据一定的评价标准，对评价过程中的重要环节和关键部分进行反思、审查、验证，以便及时发现评价行为的不足，对评价的可靠性、有效性、可信度进行再评价；外部保障通常由政府及其专设机构承担和实施，在教育质量评价过程中接受外部监督，有利于整个评价过程的公平、公正，对改善评价效果具有良好的支持作用。

当前，我国有必要引入多元评价主体，探索建立学前教育质量的元评价制度，逐步健全由政府、学校、家长、社会各方面共同参与的学前教育质量元评价机制，有序开展学前教育质量的元评价实践，稳步提高教育质量评价的效果和水平，从而最终促进和保障学前教育质量的持续提升。

第七节 第四代教育评价理论

一、第四代教育评价理论的主要观点

教育评价是以教育目标为依据，运用有效的评价技术和手段，对教育活动的过程和结果进行测定、分析、比较，并给予价值判断的过程。西方现代教育评价理论与实践经历了四个阶段：第一阶段建立在社会测量学实证范式基础上，强调事实测量，盛于19世纪末到20世纪30年代，主要标志是测量理论的形成和测量技术手段的大量应用；第二阶段以教学目标为价值判断的依据，侧重于"描述"，主要代表是20世纪30年代至50年代的泰勒模式；第三阶段服务于管理的过程控制，发展于20世纪50年代末到70年代末，"判断"是这个时期理论的特点，它主张评价者要根据一定的价值取向去评判教育；第四阶段主张尊重利益相关者的价值共建，以库巴和林肯出版的《第四代评价》专著为标志，强调"以人为本"，它兴于20世纪80年代的美国，倡导民主的评价方式，提出了以"回应—协商—共识"为主线的评价方法。

前三代教育评价理论虽然各有侧重，但都遵循实证主义范式，认为评价是对评价对象唯一的、客观的现实进行测量和判断，因而评价者应当保持客观的、价值中立的态度，才能掌握事物的真实状况。第四代教育评价理论则承认价值多元性，认为评价不是对事物客观现实的测量和判断，而是参与评价的各类利益主体进行沟通、协商，进而达成共识的过程。尽管前三代教育评价理论都力图克服前一代的缺陷，并使之更加符合时代对评价的新要求，但仍然存在一些严重缺陷。古贝（Egon G. Guba）和林肯（Yvonna S. Lincoln）深入考察了前三代教育评价理论后，指出它们存在三个共同缺点：一是前三代教育评价将评价对象及其他一切有关人员都排除在外，成为评价的"局外人"。这一错误做法容易导致评价者与评价对象之间关系的隔阂、紧张甚至对立，因而不利于评价工作的顺利进行，不利于评价作用的充分发挥；二是前三代教育评价总是将评价者的价值观当作唯一的标准，而无视评价涉及的其他利益相关者的价值观；三是前三代教育评价过分强调在评价中采用"科学方法"，过于依赖科学实证主义的观点和方法。在此基础上，古贝和林肯主要基于建构主义范式，提出了第四代教育评价理论。

古贝和林肯在《第四代评价》一书中，把新型评价界定为"以利益相关的主张、焦虑和争议作为共同焦点，以所需信息作为判断基础的一种评价形式，它主要运用建构主义调查范式的方法论"。第四代教育评价理论强调"共同建构"和"全面参与"，主张要在利益相关者参与的基础上，决定评价关注点和所需信息。第四代教育评价理论认为，评价的目的是建立评价者和利益相关者互动模式，在评价各方的相互作用下创建共同观念。评价的本质是一个协商机制，它不是评价者处于主导地位、评价对象处于被动状态的一元主导的单边格局，而是一种融合不同利益相关者的多元价值的协商过程。在教育评价活动中，评价者与被评价者都是活动的主体，都具有各自的尊严和价值观，二者是平等的合作伙伴，不存在一方凌驾于另一方之上的关系。他们主张在委托人、评价者、评价对象等不同利益相关者之间建立平等关系，最大限度地调动全员参与的积极性，通过利益相关者之间的持续协商、沟通，不断缩小分歧、达成共识，最终共同形成评价结果和建议。由于价值观和背景的差异，评价者与被评价者在评价标准、方法、结果应用等问题上会有不同的观点，甚至可能存在较大的分歧。评价者与被评价者之间应当在评价活动中运用不同观点展开对话、建构共识。教育评价本质上是评价者与被评价者不断协调教育价值观差异、逐步缩小对评价要素及结果的认知分歧的过程，教育评价的结果是双方的共同"建构物"，是交互作用的"产物"。只有这样的评价实践，才能有效地促进教育事业的发展。

第四代教育评价理论还强调，评价是一种连续的、反复的、永无止境的过程，评价结果只是暂时的，需要根据新情况和新信息，持续不断地反复进行评价，对现有评价结果不断进行更新。他们认为，教育评价活动是一项复杂的系统工程，涉及教育过程的各方面、各环节，任何一种教育评价方法都不是万能的。随着教育评价理论的发展，教学评价的方法和手段也在不断创新，逐步形成了定量评价与定性评价、静态评价与动态评价、形成性评价与总结性评价等多种评价模式。

可以说，第四代教育评价理论在本体论、认识论与方法论等哲学层面颠覆了前三代教育评价理论。第四代教育评价理论的突出贡献在于提出了与以往截然不同的全新评价理论范式，使教育评价理论的发展进入了新阶段，堪称教育评价理论领域的"范式革命"。这种范式的根本性转变符合我国教育现代化推进工程和建设教育强国的时代潮流，对我国的学前教育质量评价工作具有重大的理论启迪和实践指导意义。

二、第四代教育评价理论运用的基本要领

（一）正确处理评价实践中的基本关系

1. 评价主体与客体的关系

教育评价有主体与客体之分。传统的教育评价活动过分强调了教育行政部门在评价过程中的绝对领导地位。第四代教育评价理论强调的"共同建构""全面参与"和"平等协商、建构共识"，不仅确定了被评价对象在评价中的"主角"地位，也为消除评价主体与客体之间的隔阂、分歧，实现信息共享，充分调动评价对象寻找差距、明确改进目标和提升质量的积极性铺平了道路。

2. 内部评价与外部评价的关系

依据第四代教育评价理论，学前教育质量评价不再是刻板的"自评""他评"之主客体关系，而是"内部"与"外部"平等协商、积极互动、全面参与、共同构建、彼此依存的关系。托幼机构应建立常规的"保教质量内部评价制度"，动态监测自身运营管理和保育教育工作现状，明确自身的优势与不足、成绩与短板，形成全面真实的自评报告。"外部评价"的职责主要是审核、验证"自评报告"，在此基础上对园所保育工作进行有针对性的评价与指导，帮助其建立健全保教质量内部控制与保障体系。对于"内部评价"与"外部评价"结论的分歧，评价双方要在提高保教质量的共同目标指引下，通过反复沟通、协商和信息挖掘、共享，达成评价结论的共识，确保评价结论的科学性、公正性、准确性和评价反馈意见的针对性、有效性。

3. 定性评价与定量评价的关系

定性与定量是教育质量评价中的基本方法。定量评价的优点是逻辑严谨、内容客观，标准化、精确化程度较高，可操作性、可比性较强，但对师幼互动质量、儿童发展等复杂事象评价的适用性较弱。或者说，并非一切保教质量要素都适用定量评价方法。第四代教育评价理论重视定量评价与定性评价相结合，主张"定量"是为"定性"服务的，倡导"多元价值"，强调通过"反馈""沟通""协商"，融合利益相关各方的价值立场与意见主张。评价实践中，应合理使用定量与定性相结合的评价方法，充分发挥园所内部人员的主体作用，根据评价目标和评价类型，合理设置园所保教质量的观测点，全面收集整理和分析监测数据，力求达成更加科学可靠的评价结论。

4.终结性评价与发展性评价的关系

第四代教育评价理论主张，评价不是为了"证明"（prove），而是为了"改进"（improve），要通过评价来促进园所保教质量的提升。终结性评价旨在得出鉴定性结论，用于满足教育行政管理考核与奖惩的需要。尽管我国学前教育工作者都广泛地认同发展性评价，但它目前还不能完全取代各种以鉴定为目的的终结性评价。发展性评价更容易在发达地区实施。在托幼机构保教质量评价中，需要将终结性评价与发展性评价有机融合、合理运用。

（二）建立自我评价机制

第四代教育评价理论强调内部评价的重要性，主张构建有利于被评价者主动参与的机制。借鉴发达国家的经验，我国有必要加快构建托幼机构保教质量的自我评价机制。一是要强调评价的目的是"改进"而不是"证明"，即"以评促建"，使"持续提升教育质量、不断追求卓越"成为每个成员的信仰和追求，努力营造质量文化；二是加强评价指标体系内涵、评价方法的培训，提高内部人员制订评价计划、收集资料、分析资料、形成结论、撰写报告、提出改进建议、完成自我评价的能力，明确幼儿园提高办园质量的目标、方向、任务、差距与改进措施，鼓励全员参与内部评价，通过互评、分享、协商、沟通，达成提升保育质量的共识；三是要制定一整套严密的评价制度，明确评价的目的、周期、机构、步骤和实施细则，保障评价工作有章可循；四是要定期开展内部评价，使自我评价真正成为促进保教质量提高的有效工具。

（三）形成多方利益主体参与协商的评价机制

第四代教育评价理论的核心理念是"民主""协商"，要求评价双方不断缩小分歧，达成共识，走以评促建园这条所发展的必由之路。目前，我国学前教育质量的评价主体单一，需要构建多方利益相关者参与评价的制度和机制，建立幼儿园管理者、教职员与家长、教育管理部门、评价机构、外部专家之间的合作机制，在评价过程中充分听取各方意见和建议，使评价结论和反馈建议更加公正、全面、合理、可行，确保"以评促建"目标的实现。

（四）加强评价结果的反馈与应用

评价结果是教育质量改进的指南针和助推器，评价的现实意义主要在于评价结论反馈后引发的保育实践优化提升行动。评估对象应当根据评价报告制订整改行动计划，并落实整改目标措施和责任分工，重视跟踪与监督，形成"评价—整改计划—质量改进行动—质量提升—新的评价—新的整改计划—新的质量改进行动—新的质量提升"的良性循环，促进托幼机构保育质量的持续提升。

第八节　学前教育质量评价中的文化适宜性

一、学前教育质量评价标准必然存在文化差异

学前教育质量评价标准与文化情境有无关系，是否存在跨文化的学前教育质量评价标准，能否直接运用国外的托幼机构质量评价工具来测量和评价我国的幼儿园保教质量，这是一个重要的理论问题。

教育质量评价本质上属于价值评判范畴。由于世界各国的文化传统千差万别，不同的文化传统对其幼儿教育目标的定位自然存在差异，基于文化特质的学前教育质量价值判断必然因为文化传统的不同而不同。

不同文化的价值取向不同，必然导致对"好的教育实践"或"优质教育"的判定标准不同。因此，并不存在某种跨国界、跨文化的统一的学前教育质量评价标准。但各国优质学前教育依然存在一些共同特质。在发达国家的实践中，受到公众普遍认可的"优质学前教育"的特征主要包括三个方面：一是以幼儿个体的健康发展为首要目标，强调通过学前教育体验，引导幼儿亲近自然、认识自我、学会表达表现、启迪智慧，使之成为心智健全、人格独立的个体；二是帮助幼儿学会基本生活技能，初步养成良好的个人卫生习惯和语言交往能力，使之适应集体生活，完成与小学教育的顺利衔接，完成个体 "社会化"的初始过程；三是强调学前教育的公平包容原则，以幼儿健康发展为核心，保证所有阶层（特别是处境不利）家庭的幼儿学习与发展的权利。

就我国而言，高质量的学前教育实践在借鉴西方发达国家先进教育理念、教育模式的同时，始终坚持从我国国情出发，坚定文化自信，充分尊重本土文化传统和价值观，积极传承优秀传统文化，大力践行核心价值观。

文化特性对个体心理和行为的影响早已在心理科学中得到重视和研究，文化中心论视角对人的行为的理解与解释，提供了除精神分析、人本主义和行为主义之外的第四个解释维度，其学术地位犹如继三维空间之后的第四个维度——"时间"。华东师范大学李召存教授在完成"学前教育课程改革的文化适宜性研究"

课题之后指出，现代学前教育质量观具有明显的实证主义色彩和技术理性取向，忽视了质量的文化规定性，对处理学前教育的质量提升与教育公平的关系、对本土学前教育的特色发展会产生一定的负面影响。他建议在构建学前教育质量评价内容标准框架时，要充分考虑学前教育的文化特征，加强关于学前教育质量评价标准的文化适应性研究。

事实上，幼儿的心智和人格总是在特定文化背景中形成和发展起来的，文化特质对学前教育质量的评价必然具有广泛而深刻的影响。学前教育质量评价中，不少国家都表现了对学前教育质量之文化适宜性的高度重视。例如，澳大利亚联邦政府 2012 年正式实施的《学前教育与保育国家质量框架》中，评估标准第一条中就明确提到"课程决策充分考虑了儿童家庭、社区的背景和文化的差异性"，"每一名儿童的已有经验、文化和兴趣成为教育方案制定的基础"。

当前，我国学前教育发展存在着地区间、城乡间的不平衡。在促进学前教育质量提升和公平发展的过程中，更应加强对学前教育质量评价中文化适宜性和文化差异性的关注。我国目前各省市区自行制定的幼儿园质量评估标准大多没有经过严格、科学的信效度检验，过分强调硬件和管理因素，而对过程性教育要素的关注不够，评估的操作过程和结果运用等方面也缺乏科学性。因此，研发适合我国国情的托幼机构质量评价的科学标准及测量工具，是学前教育界的重要任务之一。

二、美国《幼儿学习环境评价量表（修订版）》的文化适宜性

儿童发展作为人类个体的自然成长过程，具有一定的普遍规律性，这正是幼儿园教育质量评价工具在一定程度上可以在跨文化情境中使用的基础；同时，儿童发展作为个体的社会化过程，必然受到文化特质的影响和制约，必然影响跨文化评价标准的适宜性和解释力。

美国《幼儿学习环境评价量表（修订版）》（以下简称 ECERS-R）是国际上运用较为广泛的托幼机构教育质量评价工具之一。为探索其在我国文化情境中的适宜性，我国研究者运用该量表对浙江省杭州市 16 所幼儿园的 105 个班级进行了观察评价。研究结果表明，在量表各项得分的等级分布结构和部分子量表的内部一致性上,ECERS-R 均存在一定程度的问题。造成这些问题的主要原因，除了中美经济社会发展水平的差异，还有基于美国文化情境研发的 ECERS-R 在

我国文化情境中适宜性的不足，以及中美两国在托幼机构保育教育模式上存在的显著差异。总体上，我国实行的是以教师为主导、以集体活动为主的保育教育模式，而美国采用的是以幼儿为中心、以自主游戏活动为主的保教模式。尽管我国的《幼儿园工作规程》（2016版）和《幼儿园教育指导纲要（试行）》都强调幼儿园应"以游戏为基本活动"，但仅要求"保证幼儿每天有适当的自主选择和自由活动时间"，而并非像ECERS-R所要求的"一天中大部分时间"幼儿都能进行自主游戏。ECERS-R在"自由游戏"和"团体时间"项目上，对高质量学前教育的定义是"以自由游戏为主的，团体时间仅占幼儿园一日活动时间的小部分"。而我国幼儿园以集体活动为主，幼儿个体的自由游戏时间有限，"满足特殊需求"的观测项在我国幼儿园保育实践中很难实行。我国幼儿园教育中长期存在的教师主导的、高结构的集体活动过多问题的背后，是人口众多导致各地幼儿园普遍存在"大班额"的现实。这一基本国情使得我们很难告别以集体教学活动为主的幼儿园教育模式，完全转变为"以自由游戏为主"的保教模式。因此，简单地照搬和套用ECERS-R来评价我国的托幼机构教育质量，难免会"水土不服"。

幼儿教育的过程本质上就是文化传承和幼儿个体"社会化"的过程，托幼机构的教育与其所处的文化是相互依存、密不可分的。不同教育（课程）模式的背后，必然存在主流的价值观和文化特质的差异。可见，中美文化情境的差异是导致ECERS-R在中国文化适宜性不强的根本原因。因此，我们不可以直接搬用外国的幼儿教育质量评价工具。我国学前教育质量评价的发展方向，应该是在本土化的科学实证研究基础上建构"中国文化适宜性"的评价指标体系。如果要对ECERS-R进行本土化修订，使其评价内容和标准适应中国的文化情境，就应该重点调整其价值导向，实现从个人主义向个人主义与集体主义相协调的转化。

三、跨文化研究对学前教育质量评价标准的启示

（一）要确立文化适宜性的学前教育质量观。

学前教育质量评价是一种涉及文化背景的价值判断过程。国际学前教育质量评价研究中虽然存在"普适论"与"相对论"两种文化立场之争，但多数人都赞成关注"普适性"与"相对性"的观点分歧。

普适论强调不同文化生态下高质量学前教育实践的共性特征，如幼儿教师的专业素质，对儿童健康、语言、良好习惯的培养等，但普适论也容易夸大某种社会文化下的学前教育质量评价标准的优越性、唯一性和普遍适用性。

学前教育质量评价的相对论者认为，社会文化因素对学前教育质量特征具有重要作用，高质量的学前教育评判标准是相对的，不同社会文化脉络中的人可能会有不同的理解，并不存在超越社会文化情境的绝对特性。好的教育实践的评判标准，必然涉及对托幼机构目的、幼儿的核心需求、教育目标和社会理想等做出价值判断，而这些判断的逻辑无不深受社会文化背景的制约和影响。因此，用无视文化背景的普适性标准去评判学前教育质量，是不适宜的。比如，在个人主义盛行的社会文化情景下，高质量的学前教育必定指能激发儿童的个性发展、探索欲、批判意识、求异思维和创新精神，而在集体主义的社会文化背景下，高质量的学前教育则会强调儿童去个性化、遵守规则、服从意识、求同思维、从众心理和团队意识。人类学家托宾（Tobin,J.）在考察了学前教育文化的多样性后指出，运用一套脱离社会历史文化情景的学前教育质量评价标准，其所付出的代价往往是用"普适性"质量观否定、甚至扼杀了那些原本适合本土情景的教育实践。另一方面，相对论虽然有利于维护高质量学前教育实践的多样性、合理性，有利于我们增强文化自信，但若走向极端，则容易在文化多元性的旗号下，维护落后、过时的学前教育质量观，甚至抵制学前教育的创新与发展。

当前，越来越多的研究者赞同确立文化适宜性的学前教育质量评价观，主张深刻理解和准确把握在具体社会文化生态下普适性评价标准的特定内涵，关注各方利益相关者对学前教育质量的诉求。他们认为，好的教育实践应该充分考虑到儿童所处的社会文化背景，教育质量评价标准设计应尊重社会文化的多样性和差异性，反对无视文化背景，以抽象的统一标准去评价学前教育质量和指导幼儿教育实践。这一立场已经在国际学前教育质量评价实践中得到体现。例如，全美幼教协会（NAEYC）1987年推广的《0～8岁儿童发展适宜性教育方案》只是强调"好的教育实践应是适宜于儿童年龄发展特征和个体发展差异的"，被认为"忽视了儿童发展的复杂社会文化背景"。于是，1997年的修订版充分吸纳了文化适宜性观点，提出了"适宜性的教育实践应是根据儿童的年龄特征和个体差异以及儿童生活的社会和文化背景，进行教育的设计和实施"。该组织2009年发布的第三次修订版进一步强调了文化适宜性的重要性，指出儿童所处的家庭、社会、教育环境和更广泛的社会背景中的各种因素会相互作用,深刻地影响着儿童的发展。因此,教育者应当重视这些社会文化背景对儿童学习与发展的影响机制,甄别自身文化经验的制约性和局限性,以文化多元的教育视角引导幼儿的发展与学习。

从文化适宜性的学前教育质量观审视当前我国学前教育质量评价,就要充分考虑不同地区社会经济发展水平和文化特征对学前教育实践的影响。例如,2011年教育部发布了《规范幼儿园保育教育工作,防止和纠正"小学化"现象的通知》,但在发达城市,很多家庭和社区本来就为儿童提供了丰富的阅读环境,那么幼儿园更多强调幼儿的自主游戏或许是适宜的,而在偏远农村地区,很多家庭都难以找到一本适合给孩子看的书,如果幼儿园再不创设良好的早期读写环境,甚至偏执地要求幼儿园的环境创设中不能出现汉字,认为只有这样才是落实了国家的"去小学化"政策要求,其结果必将人为地剥夺农村地区幼儿的早期读写机会。可见,好的教育实践的关键在于如何基于儿童所处的社会文化背景合理地设计幼儿的早期读写活动,促进幼儿学习与发展。值得注意的是,在发达地区可行的学前教育课程,未必适合那些处境不利的幼儿。即使在同一地区,对富裕家庭儿童可行的课程,未必适合那些贫困家庭的儿童。若是以统一标准评判所谓高质量的学前教育,实施无差别的幼儿园教育课程,不仅容易挫伤贫困家庭幼儿的自尊心,而且可能加剧教育的不公平。

试图用单一标准来评价不同文化背景下的学前教育质量,是不可取的,普适性的评价标准一定要考虑到文化适宜性。不能把学前教育质量评价的依据限定在单一的"普适性"标准上,而应该以此作为参照,在普适性和相对性之间寻求评价标准的对话与平衡,为学前教育质量的提升寻找到更具文化根基的对策。

我国学前教育的质量评价,应当整合教育全球化和本土创新活力双重动能,对国际流行的质量评价标准予以本土化调适,重视本土学前教育的成功实践,在质量评价实践过程中,不断优化和探索形成中国文化特色的评价标准。

(二)要尊重利益相关者的实践智慧和价值诉求。

学前教育质量评价是指挥棒,将引导着学前教育实践的发展方向。国际经验表明,在评价内容框架设计上,要尊重利益相关人群的实践智慧和利益诉求,这是观照文化特质、纠正文化适宜性偏差的有效途径。例如,"教师对幼儿充满关爱的照顾"是学前教育质量的一个重要的评价维度。但不同文化对何为"充满关爱的照顾"的理解是有差异的，有时候甚至会出现相反的评价结论——在一种文化中属于"对幼儿充满关爱的照顾"的教育行为，在另一种文化背景下可能被界定为"犯规的"教育行为。例如，幼儿园男教师光着上身给几个刚刚洗完澡的幼儿用毛巾擦拭身上的水。日本的幼儿园教师认为这是一种负责任的、适宜行为，但美国人会认为，幼儿园男教师对异性幼儿身体的触碰，包含着对幼儿性侵犯的可能性，应当避免。为防止幼儿性侵犯现象，美国学前教育机构奉行所谓的"不触碰"政策，甚至连幼儿如厕不熟练时，教师也不能帮幼儿擦拭私处。可见，幼儿园日常教育实践中的很多保育和教育行为的适宜性评价，往往是由其所处的社会文化背景及其主流评价取向所决定的。

四、展望：以文化适宜性评价促进学前教育质量提升

联合国教科文组织 2006 年在为《全球教育监测报告》所做背景报告《学前教育中的文化问题》一文中指出，一般来说，人类共有的诸如生存、幸福健康、自我实现等需求，是不可能用一种统一的方式去满足的，我们经常看到，在一种文化下令人满意的方式，在另一种文化下可能变得令人讨厌。

探讨文化适宜性学前教育质量评价标准，旨在促进我国学前教育质量的提升。一套科学合理、具备文化适宜性的质量评价标准应当是促进学前教育质量提升的有效手段。当前，我国学前教育质量的提升，除了控制班级规模、降低生师比、提高教师的专业素养、加大玩教具材料的投放等常规措施，还应充分重视全面深化改革的社会转型期教育文化重构的时代背景。教育质量的提升，涉及经费投入、条件改善，更离不开本土优秀传统文化的传承和文化适宜性前提下的学前教育理念的更新。提升学前教育质量的方向，应当是充分重视不同利益相关者对学前教育价值诉求之间的平衡，充分考虑区域发展差异对学前教育实践的影响。与文化资源丰富的发达地区相比，贫困地区学前教育质量提升的任务和重点是不同的。构建文化适宜性视角下的评价标准，就是要在评价内容、评价过程、评价结论运用中，观照具体社会文化生态的特定内涵和实现方式，尊重不同利益主体对学前教育质量的价值诉求，鼓励通过评价过程中的对话、反思来达成评价结论的共识，实现更广泛的社会文化心理认同，为学前教育质量的提升提供更具本土文化适宜性、更符合国情的理论指导和实践依据。

第九节　历史与传统视角下的幼儿发展评价

一、传统视角下幼儿发展评价用语——"好孩子"

（一）"好孩子"的定义和要素

数千年来，中国人对幼儿的评价标准都秉承"好孩子"的传统观念，这种评价取向是人们对后代教育的普遍追求。"好孩子"是依据社会普遍的价值标准而设定的行为规范，符合这一标准的孩子就是"好孩子"。虽然，在不同的历史时期，"好孩子"的标准不同，但整个传统视角下的"好孩子"概念是基本一致的。朱熹《小学书题》云："古者小学，教人以洒扫、应对、进退之节，爱亲、敬长、隆师、亲友之道。"《大学章句序》曰："人生八岁，则自王公以下，至于庶人之子弟，皆入小学，而教之以洒扫、应对、进退之节，礼、乐、射、御、书、数之文。"可见，古人是希望幼儿首先要修习具体的事情，在修习实践中增长能力和见识，从而达到道德境界的提升，最终实现"齐家治国平天下"的终极目标。这正是中国优秀传统文化对"好孩子"的最全面的阐释，引导着一代又一代青少年的成长。尽管时代在变迁，"好孩子"的规范要素却是基本不变的。

1.品德——"好孩子"标准的核心要素

（1）孝悌。子曰："入则孝，出则弟。"孝悌既是孔子对弟子的要求，也是我国千百年来的伦理道德规范，更是"好孩子"应当具备的品质。"孝"是指对父母恭顺，不违背父母的意愿，事事听从父母。"弟"（同"悌"）是指对兄弟姐妹友好。在封建时代，孝悌观念是维护家庭宗法制度和家长权威地位的核心观念。基于家庭的血缘关系，对幼儿进行孝悌观的道德教育，很容易被幼儿接受。从孝悌这种家庭伦理关系转移到其他的社会关系，使幼儿形成"老吾老以及人之老，幼吾幼以及人之幼"的伦理道德感，从而形成良好的道德品质。

（2）尚勤尚俭。"成由勤俭败由奢""由俭入奢易，由奢入俭难""谁知盘中餐，粒粒皆辛苦"——古人时刻以勤俭节约的美德律人律己，告诫幼儿要从小懂得劳动的艰辛和果实的不易，培养幼儿勤俭节约的生活习惯和适应艰苦环境条件的能力。古人认为，应从幼儿时期就培养人的道德品质，为长大后的人生奠定良好基础。生活节俭简朴，有利于养成儿童发愤图强、自立自强、戒奢戒躁的优秀品质。勤俭品性更是古代优秀官员应具备的核心素质，只有耐得住清贫，才能做好官、做清官。"天将降大任于斯人也，必先苦其心志，劳其筋骨"是对幼儿进行勤俭品行教育的同时，给予的有效引导和美好期许。

（3）向善向上。"勿以善小而不为，勿以恶小而为之。"古人主张教育幼儿"行小善戒小恶，积小善成大德"，考虑到幼儿认知与行为能力的局限性，便强调循循善诱，教导幼儿向善要从小善做起，向上要从点滴做起。"向善向上"是从古至今衡量"好孩子"的一条不变的教育标准。

（4）诚信。古人高度重视幼儿的诚信教育，认为人在幼儿期思想纯真无邪，没有欺骗等复杂的观念，一定要使其养成诚信的好习惯。曾子因为妻子哄骗小孩的一句话而杀了家里正在喂养的猪，就是为了教会自己的孩子诚信做人的道理。诚实守信一直是中华民族崇尚的核心道德品质，对维护社会和谐有着重要作用。

2. 文化知识技能——"好孩子"的必备要素

（1）识字。识字练习是幼儿智力的开端，也是"好孩子"的重要标志之一。古人认为幼儿长到三四岁时，需要对其进行识字启蒙训练。为了增强识字练习的趣味性，古人开创了多种方法，由简到繁，循序渐进地教会孩子识字。

（2）写字。写字作为智力教育的一项基本功，古人对汉字的审美追求是上升到书法高度的，主张从幼儿期起就开始练字，为巩固文字知识奠定基础。字迹工整、书法漂亮是"好孩子"必备的一项重要技能。古人关于写字，首先强调正确的握笔姿势和坐姿，学会正确的姿势后再沾墨练字。古人强调"字如其人"，认为练字是陶冶情操、锻炼意志、修身养性的有效手段。

（3）阅读。阅读是更高一级的智力教育，幼儿在经过识字和写字的训练之后就可以阅读了，许多品德教育和知识传承都要借助于阅读的手段来完成。蒙学教育中特别注重反复诵读，逐字挨点。我国蒙学教育通常规定每日的阅读量，并且对阅读后的背诵有着严格的要求，蒙师对蒙童首先要求死记硬背，在此基础上对课文的内涵加以解释，以期一段时间后学生的领悟和理解。

3. 知行合一——"好孩子"的关键要素

知者行之本，行者知之根。知行必须合一才能全面发展，才能真正成为对国家对社会有用的人才。树立正确的知行观，是"好孩子"的关键品质。古人注重对幼儿的全面教育，强调在道德品质养成基础上的知行统一，认为千里之行始于足下，主张人格培养应从幼儿开始，要让幼儿通过直接经验来了解生活的方方面面，在日常活动中逐步学会做事做人的规矩。

（二）"好孩子"的基石——家庭教育

家是中国文化最主要的基石。如钱穆所言，中国文化几乎全部都是在家的观念上筑起。所谓家国天下，家与国乃至天下，其范围虽有大小，其结构却显示出了连续的同构性。国的正当性本于家，"国"之"当家人"也就对应于家中的父母，谓之"民之父母"。在中国古代社会，家庭作为最基本的农业生产单位，以自给自足的生产方式满足自我需求，生产交换的范围狭小，以血缘为纽带的家庭关系十分稳固。家庭作为社会最基本的单位，承担着整齐家风、实现社会和谐有序、稳定平衡发展的重任，家庭的促社会化功能在家庭教育的实施过程中得以体现。国家自上而下推行的教化，通过家庭教育迅速推向民间社会。社会价值通过家庭教育得以更好地传播与阐释；而家庭教育则以社会价值为导向，不断修正其指导思想和内容。

1. 家庭教育特点

（1）重经伦教育。儒家思想在中国古代教育中是起指导作用的主流思想，儒家的经学典籍是家庭教育的主要教材。孔子以文、行、忠、信作为教育内容的分类标准，以"礼"作为思想核心，整理"六经"；朱熹整理儒家经典，著《四书章句集注》。家庭教育中伦常教育的强化使得孩童从小就自觉树立起"君君，臣臣，父父，子子"的伦理道德观念，谨守中庸的为人处事之道。通过学经学、育德，将孩童培养成为德才兼备的人才，并不断鼓励鞭策，培养孩子强烈的社会责任感与政治使命感，为将来进入社会的政治生活做准备。

（2）重道德教育。"弟子入则孝，出则弟，谨而信，泛爱众而亲仁，行有余力，则以学文。"从孔子的履行孝悌、忠信、仁爱之品的道德修养要求，到孟子的"父子有亲，君臣有义，朋友有信，夫妇有别，长幼有序"的五伦之道，再到宋明理学道德教化的高峰"存天理，灭人欲"，无不体现着以血缘关系为基础，以孝悌为核心，进而扩展到整个人际关系，构成了对外讲人道精神，对内求理想人格的伦理道德教育体系。

（3）重家长权威和社会价值。在谨守三纲五常的古代中国社会里，家长的地位可谓至高无上。宗法制以血缘关系为依托，成为家庭成员内部主从、尊卑的客观基础，家庭成员间贵贱亲疏的理论依据，给古代家庭教育贴上了等级制度的标签。遵守和服从这一文化秩序成为古代家庭教育的根本要求，子女几乎没有任何的话语权。中国古代的家长奉行的是家长对子女的绝对权威，子女如有不及之处，轻则痛斥责骂，重则鞭责痛打。明清时期的族规、家法把许多社会的和家庭的行为规范化、法律化，制定了生活覆盖面很广的条规，要求子弟、族人遵守，违者面责、罚款、棍责，以至处死。

（4）重环境的作用。古代家长往往积极营造良好的学习氛围，使孩子耳濡目染，促进家庭教育的效果。如颜之推就认为："人在少年，神情未定，所与类狎，熏渍陶染，言笑举动，无心于学，潜移暗化，自然似之……是以与善人居，如入芝兰之室，久而自芳也；与恶人居，如入鲍鱼之肆，久而自臭也。"与品行端正的人在一起，久而久之，自己也耳闻目染，形成良好的品德和行为习惯；反之，自己也会染上恶习，甚至走上邪路。

2. 家庭教育内容

（1）将齐家与治国相关联，形成了一整套以"家国一体"为基础的道德教育模式，将家庭教育与治国相联系，将家庭教育的目的提高到了治国的高度。古人将齐家视为治国的基础，将家与国统一起来，认为在家维护父父子子的家庭秩序与在国维护君君臣臣的政治秩序是一致的；强调人生在世，要以"立德"为本，而"立德"就是在家为"孝"，在国为"忠"，认为在家如果能尽孝，在国则必能尽忠。将孝悌与忠顺相联系，以血缘关系促等级秩序，以"齐家"作为"治国平天下"的重要环节。

（2）以修身为根本，将培养完美人格作为教育的重要目标。古代家庭教育非常重视子女人格的完善，故而注重教育子女如何做人。在进行家庭教育时强调品学兼求，但把人格的培养放在第一位。应该说这是我国传统家庭教育的一大优良传统。为了培养后代完美的人格，伦理道德教育便成为我国古代家庭教育的重要组成部分。

3. 家庭教育方法

（1）重视早期教育和环境的影响。强调"训子须从胎教始"，认为如果子女在幼小的时候忽略了教诲，一旦"习惯成自然"，便悔之晚矣。古人提出的早教有益这一思想，在当今社会已受到普遍的重视。古人还强调环境对人的发展有重要影响，对年幼的孩子来说更是如此。基于这种认识，在进行家庭教育时，要特别注重为孩子创设良好的受教育环境，众所周知的"孟母三迁"，就是一个典型事例。

（2）反对溺爱和偏爱。古人在这方面也有很多论述，他们提出要爱教结合，反对只爱不教，认为爱子重在严教，重在引导和约束孩子的行为，溺爱有百害而无一利。同时，还特别强调家长对待子女要一视同仁，反对偏爱子女。认为对子女施爱不均，必然会导致家庭不和睦，既害子女，又害家庭。

（3）注重言传身教。甚至认为"身教重于言教"。父母和子女长期生活在一起，父母的言行举止对子女起着直接的影响作用。子女幼时，多根据父母的言行影响逐渐形成自己的行为习惯及道德观念，所以作为教育者的父母长辈，首先必须修身正己，为子女后代做出榜样。

（三）"好孩子的养成"——蒙学

蒙，取《易·蒙卦》"匪我求童蒙，童蒙求我"之义。注云："童蒙之来求我，欲决所惑也。"童蒙，即初入学的儿童。蒙学系指旧时的初等教育，就其教育程度而言，相当于现在的幼儿园和小学。我国封建社会时期，国家只承办高等教育，初等教育多由民间自办，一般称为私塾、义塾、书馆、教馆、冬学、乡校、社学等。这些以进行读、写、算和道德启蒙为主的教育机构，统称为蒙学。中国古代非常重视蒙学阶段的教育，称之为"蒙养教育"。所谓"蒙养"，就是取"蒙以养正"之意，意思是用正确的教育启迪儿童的智慧和心灵，使儿童健康成长，为今后发展打下坚实的基础。古代蒙学的教育对象在年龄上并没有严格的限制，小至六七岁，大到十几岁，只要没有接受过教育，都可以进入私塾接受启蒙教育。这里的蒙学教育是相对于近代新教育而言的一种旧教育，是对中国古代私塾、社学、义学教育的总称。蒙学教育是对"好孩子"的终极锻造，它共有五个特点。

1. 顺应自然，愉快教育

蒙养教育强调必须采取顺应儿童性情，鼓舞儿童心志的教育原则与方法，使儿童在轻松愉快的状态下健康成长。遵循这一教学原则，王守仁论述并为儿童精心选择了"歌诗"的教学内容。他主张通过科学合理的课程内容安排，使儿童的天性得以尽情地表现出来。他认为"歌诗"的教育意义，不仅在于激发儿童的志向，还在于把儿童欢呼跳跃，喜欢歌唱、游戏的特性导向生动活泼的教学活动中来，解除他内心的郁闷，释放他多余的精力，从而起到调节儿童情绪情感的作用，使儿童在轻松、愉悦、欢快的情绪情感体验中接受知识教育。许多蒙师认为，教学的成败关键在于教师的引导，人生学问基础"全赖蒙师"。因此，他们强调，教学过程中必须遵循儿童的身心发展规律，并加以启发诱导，使儿童好学、乐学，欢欣愉悦。

2. 循序渐进，量力而行

与顺应自然、愉快教育的原则相适应，蒙学在教育过程中非常注重循序渐进、量力而行。所谓循序渐进是指按照学科内部的逻辑体系和学生认识活动的发展顺序组织教育与教学。要求教学内容应该"自浅以至于深，自近以至于远"；所谓量力性原则是指，必须适应儿童的接受能力以施教。比如王守仁就强调，"与人论学，亦须随人分限所及"，即考虑学习者的资质，在此基础上不断加深。许多杰出的蒙师都不强调儿童潜能的最大挖掘，而是主张"量其资察能二百字者，止可授以一百字""授书不在图多，但贵精熟"，他们认为，唯有如此，儿童学习起来才能"无厌苦之患，而有自得之美"。

3. 宽严有节，爱教结合

儿童乐嬉游而惮拘检的特性，决定了蒙养教育既不能严厉苛责，也不能一味放纵，而必须宽严有节，爱教结合，这是蒙养教育在实践基础上总结出的成功教学经验。蒙学在教育教学过程中制订了严格的学规学则，要求儿童遵守。但人们也认识到，如果一味约束苛责，则"以威示警，久用不止，则彼习以为常，以致耻心丧尽顽钝不唆矣"。因此，蒙学在对儿童严格要求的同时又注意引导、劝喻，即"爱养"，对学生进行多方鼓舞与表彰。有一番成绩，就给一番激励，使孩子意识到日有所进，月有所长，不至于自暴自弃、沮丧无为，而能在师长的关心爱护、激发鼓励下增长克服困难、不断进取的信心和勇气。

4. 熟读多练，及时巩固

蒙学机构在教学过程中长期奉行熟读多练、及时巩固的原则。蒙学教师根据儿童记忆力强的特点，注意引导学生对基础知识的熟读牢记。宋代理学家程颐说："勿谓小儿无记性，所历事皆不能忘。"朱熹也说，"读多自然晓"，"读书千遍，其义自见"，这与后来的呆读死记是有本质区别的。古人之所以强调背书，并不完全是因为书本内容有多么重要，而是把背诵当成巩固学习内容的教学方法，只有如此，才能精熟不忘。因此，熟读多练，及时巩固，一直是蒙学教育的重要原则。

5. 智德并进，养智举德

蒙学机构在教学过程中，始终坚持教学的教育性原则，把道德教育与文化知识的教学有机地结合在一起，比如，《三字经》是以识字为主的综合性字书，但是在内容的安排上，却加进了大量的道德知识，"香九龄，能温习，孝于亲，所当执。融四岁，能让梨，弟与长，宜先知"，就是寓道德教育于知识教学之中，使儿童在增长知识的同时，也使自身的道德水平获得提高。

二、历史视角下幼儿发展评价标准中的"变"与"不变"

（一）变与不变的实践分水岭：对时代的适应性

从实践演进来考察，幼儿发展评价标准的变与不变的分水岭在于对时代的适应性。封建时代、资本主义时代、社会主义初级阶段、中国特色社会主义新时代，都会有不同的具体标准要求。能够适应时代变化核心使命和根本要求的，就是该时代或时期推崇的"好孩子"标准。例如，党的十九大宣告我国已经进入中国特色社会主义新时代，"好孩子"不仅要立志向、有梦想、爱学习、爱劳动、爱祖国，德智体美全面发展，还应当确立为人类和平与发展贡献智慧和力量的远大志向，长大后努力做世界和平的建设者、全球发展的贡献者、国际秩序的维护者。

（二）变与不变的理论拐点：实用主义

20世纪20年代早期中国兴起杜威热。实用主义教育思想直接渗透到当时中国教育的宗旨、学制、课程等诸多领域，并形成实用主义教育思潮。早在1912年，蔡元培就提出"五育"之一的"实利主义教育"。虽然他没有采用"实用主义教育"的表达，但如追根溯源，"实利主义教育"的本源实则为"今日美洲之德杜威派，则纯持实利主义者也"。20世纪二三十年代中国教育学的著作明显地反映出受到杜威实用主义教育思想的影响。如孟宪承编著的《教育概论》（1933）在教育定义、教育目的论、课程论等理论阐述上基本认同并接受杜威的教育学说。杜威实用主义教育思想反对从外部强加教育目的，主张根据受教育者的身心特点和实际经验去培养和发展其个性。这些观念对中国学前教育理论与实践产生了深刻影响，一些教育工作者开始运用实用主义理论解决教育问题，并结合中国国情形成自己的学前教育理论。如陶行知的"生活教育理论"、张雪门的行为课程理论、陈鹤琴的"活教育"理论等均为突出代表。此外，胡适、蒋梦麟等一批杜威的真传弟子，都致力于实用主义教育思想在中国的传播和运用。在儿童的个性发展的看法上，胡适继承杜威"儿童本位"的思想，排斥对儿童加以束缚、不尊重其身心特点的教育模式。胡适将"独立"视为人格的最高理想，这是他儿童教育观的核心。蒋梦麟认为，"教育的真义，贵在教育儿童的本能"。他同样认为，儿童的本能就是"他底资本，只要利用得法，即能生利，教育不过是帮助他经营一下罢了"。新文化运动时期许多代表人物对儿童教育的观点也流露出杜威实用主义教育思想的痕迹，蔡元培主张"尚自然、展个性"的新教育。鲁迅倡导"幼者本位"的儿童教育观，他为树立新的儿童观呐喊道："孩子是可以敬服的，一切设施，都应该以孩子为本位。"叶圣陶要求父母们在实施家庭教育时，要依据孩子的气质、性格、兴趣、能力等个性特征的不同去了解孩子，了解他们的动机、愿望和需求。

（三）两种态势：变与不变

1. 变

中国传统蒙学最大的局限性在于将"好孩子"作为终极价值的追求，容易压抑幼儿的天性。传统蒙学在学前教育方面普遍具有成人化的特征，对幼儿行为规范和道德修养的规定占据核心位置，缺少对幼儿自身特征的尊重和关注，这也是中国传统文化的普遍共性。变，是蒙学适应时代要求和走向未来的必然诉求。

2. 不变

古代蒙学作为中国传统文化的重要组成部分之一，在中国古代社会的道德教化中发挥着重要作用。中国古代蒙学的伦理思想作为中国传统文化的有机组成部分，处处闪耀着中华传统思想文化的光辉，其中关于中华民族传统美德的倡导和歌颂，对于塑造中华民族的独特民族性格更是具有至关重要的作用。我们要继承和发扬中国古代蒙学伦理思想所反映的中华优秀传统文化精神，以更好地发挥其支撑整个社会的道德教化系统的基础性作用。

（四）归宿：传统与现代的融合

我们不仅要认真发掘我国古老文化的真精神，充分发扬其内在的精神活力，而且要认真反省我们自身文化存在的缺陷，排除其落后的和错误的部分。我们要确立文化上的自主地位，既不能完全复古，也不能全盘西化，而是要使我们自身的传统文化根基牢固。我们要坚持本民族固有传统文化的自主性，并且充分吸收其他民族的优秀思想文化滋养我们自身，只有这样我们才能对整个人类社会的文化发展与进步做出贡献。教育的根本目的是培养良好的行为习惯和健全的人格。我国古代的蒙学教育强调在儿童尚未有不良行为之前，就把良好行为习惯的标准传授给孩子。《弟子规》就是一本专门为帮助儿童确立良好的行为习惯而制定的蒙学教材，儿童熟记这些规范，使之在潜移默化中影响他成长过程中的行为。这种强化儿童行为规范、防范于未然的教育方式，值得在当代儿童教育中被传承下去。

第三章

学前教育质量评价原理

第一节 学前教育质量评价标准与指标体系

学前教育质量评价标准与指标体系研究有三大重点内容：评价标准的理论基础、评价指标的构成要素及指标体系的构建方法。

一、质量评价标准的理论基础

教育质量评价标准在提高教育质量的实践中起到导向、诊断、规范等作用，是连接教育质量评价理论和实践的桥梁与纽带。全美幼教协会（NAEYC）早期教育机构认证标准的理论基础主要是皮亚杰的认知发展理论、发展适宜性理论及建构主义理论。OECD教育委员会（1998）则以人力资本理论、全面质量管理理论作为学前教育质量评价体系构建的理论基础，使得该体系具有较好的跨文化解释力和国际通用性。OECD和联合国教科文组织等国际组织提出"系统化、整合型的政策途径"（a systemic and integrated approach to policy），主张各国政府通过采取多方参与的模式来保障和提升学前教育质量，将工作重点放在界定标准、构建协同系统和多途径促进学前教育质量提升上。

（一）学前教育质量评价标准的价值底蕴

不同学科对教育质量内涵的认识和理解各不相同。从教育学视角看，教育质量的核心是教育的内在质量，重点是教育教学和人才培养质量，最终体现在学生发展目标实现程度和人才培养质量水平上。

在价值哲学的视域里，教育质量是一种价值判断，属于关系范畴。换言之，教育质量本质上是对教育机构是否满足各主体的需要，以及满足程度如何所做出的价值判断。因此，教育质量的核心内涵即教育的客观特性与各相关价值主体需要的满足程度。教育只有实现促进社会与个体发展的目的，才能真正构成教育质量的价值底蕴。教育质量作为对教育的客观特性及其价值关系的体现，既要强调主体需要的满足，又应关注满足价值的恰当性。杜威认为，没有满足就没有价值，但要把一种满足转变成一种价值，还须满足一个前提条件——"善的后果"，只有满足需要切实带来"善的后果"才是价值。因此，教育质量的价值关系，不能只看教育活动对满足社会与个人特定需要的程度，还须充分考虑这种特定需要是否应该满足。

从经济学视角看，教育质量主要表现为经济效益观和价值增值观，强调主要依据投入、产出、生均教育成本、师生比等经济学指标来衡量和评价教育的效益和质量。经济效益观强调以教育资源的投入—产出绩效表现来衡量教育质量。同样的教育资源投入，产出的教育成果越多，或者同样的教育成果产出，占用的教育资源越少，则教育质量就越高。价值增值观主张以受教育者接受教育前后的知识、技能、行为和成就的"价值增值"作为衡量教育过程质量的主要标准。认为教育实现的价值增值越多、利益相关各方享受到的教育收益越多、实现的发展进步就越大，教育质量就越好。价值增值观是基于教育效果的质量观。

从管理学视角看，衡量教育质量高低以是否达到预先设定的教育目标为标准，依据预定教育目标的达成度来评价教育质量的高低。

（二）坚持学前教育质量要素的系统观

从表象看，学前教育质量似乎主要是由幼儿教师或幼儿园管理水平决定的，通过规范保教行为和业务指导虽然能够在一定程度上提高幼儿园保教质量，但要从根本上保证一个国家、地区或一个城市的学前教育质量，就必须树立学前教育质量的系统观。事实证明，人员配备、教师专业素质与薪酬福利水平、玩教具配备、学前教育政策法规、学前教育质量保障的体制机制等，都是制约学前教育质量的要素。高质量的学前教育，不仅取决于高质量的幼儿园管理者及教师的尽职尽责、全力以赴，还是家庭、政府和社会相关主体等多方协同的结果。

在国家和许多地方的行动计划、政策文件中，对学前教育质量问题的关注集中在教师队伍建设与规范保教工作以纠正"小学化"现象上，要解决质量问题必须按照系统思路，多方协同、综合施策，而不是"头痛医头、脚痛医脚"。目前，我国教育部虽已建立"学前教育管理信息系统"，但搜集的信息范围多属于"结构质量"要素，存在质量监管盲区，作用效果有限。学前教育质量监测部门应建立行政、教科研协调配合的工作机制，增强"评估考核体系"的导向与促进作用，建立健全保教业务指导体系与运行机制，主动向家长、公众和研究者提供有效的质量监测信息服务，发挥信息与数据的价值，以促进学前教育质量的持续提高。

二、OECD 成员国学前教育质量监测评价的实践启示

OECD 各国经验表明，数据的收集、监测和研究是提升学前教育质量的重要政策杠杆。通过对相关数据的收集和监测可以为政策的制定提供可靠依据，为家长提供多样化的选择信息，并有助于学前教育质量的监控、问责制的巩固和学前教育项目的改进。对数据的研究在解释学前教育项目的有效性、确定学前教育优先投资领域、促进教育改革和质量提升方面，都发挥着举足轻重的作用。

OECD 成员国收集的学前教育数据主要包括：儿童发展、员工、教师资质、服务质量、法律遵从、课程实施、家长满意度、教师供应和工作条件。主要采用参与式观察、调查、社会文化分析等方法对国家政策、大型方案、教育实践、儿童大脑发展（脑科学）等问题进行纵向、跨国的研究。

《强势开端III》根据国际趋势，为每个政策杠杆设计了一个"反思表"，指出了进行反思的具体内容。如对质量目标，应从具体性、时效性、关联性、可测查性等维度进行反思；对质量监管体系，要反思其是否包括结构性质量指标（生均空间、师幼比、教师资质等）和过程性质量指标（课程、师幼互动、家园合作等）的最低标准等；对数据的收集，应反思数据指标体系设计的科学性、数据的覆盖率和数据质量、与学校教育数据系统的一致性、数据使用的便利性等问题。"反思表"旨在促使成员国审视和反思本国正在实施的各项政策措施实际发挥的作用和效果，以便不断地完善和改进本国政策的科学性和实效性，而不是评判学前教育实践的好坏。

OECD 成员国学前教育质量监测实践给我国的主要启示有：政府应加快学前教育立法，通过法律保障幼儿教师的权益；要提高幼儿园教师社会地位与经济待

遇，出台幼儿教师行业最低工资标准，加大对民办园教师工资、养老和医疗保险等福利待遇的监管力度，通过改善幼儿园教师的生存状态，增强幼儿教师岗位对优秀人才的吸引力，从而提高幼儿园教师队伍的整体素质；要将民办园教师全员纳入国家培训体系，培训内容应切实考虑农村园和城镇民办园幼儿教师面临的师幼比过大、硬件设施落后等实际困难，有针对性地设计培训内容与形式，增强培训的实效性；要形成学术研究共同体，多开展扎根于实践、基于真实问题的大数据的研究，使研究不仅是诠释政策的实施和推行，还要引导政策，为教育政策的制定和完善提供支撑性证据；同时，政府在制定政策、推行实施政策时要基于学术研究，要让专家学者参与政策制定和第三方质量监测评价实践。

三、学前教育质量评价指标的构成要素

（一）结构性质量和过程性质量评价指标

周欣（2003）认为世界各国对托幼机构教育质量评定的内容和具体规定不可避免地受到本国文化和经济发展等因素的影响，但在其内涵和对托幼机构质量的评定标准的主要价值观方面却有着相当程度的共性。她认为，托幼机构教育质量应该包括结构性质量和过程性质量两个方面，其中结构性质量维度由师幼比和班级人数、教育行政管理、教师资格和所受训练三个方面构成；过程性质量维度由家长的参与、健康与安全、学习环境、课程、儿童—教师的互动五个方面构成。钱雨（2012）通过对世界学前教育质量监管体系的发展特点与趋势的分析，建议我国各地政府在自身已有的示范性幼儿园评估标准中除了应增加环境设置、师资水平等结构性要素，幼儿发展水平等产出性要素，更要增加对领导与文化、健康与安全、课程与教学、师幼互动质量、家庭与社区参与等过程性要素的关注。他认为评价标准的具体指标要重个性，更多地关注儿童与教师的情感、个性、创造和意义建构。

（二）评价指标的构成要素

刘焱（1998）提出，托幼机构质量应由从业人员素质标准、工作人员的职责标准、效率标准和效果标准四类标准构成。从业人员的素质标准是从业人员承担或完成托幼机构教育工作任务的条件，通常包括就业资格、专业经验等；工作人员的职责标准则是对工作人员履行所承担的任务的要求；效率标准则是以投入／产出的比例为依据评价托幼机构工作业绩的根据；效果标准主要指儿

童发展、为家长服务、儿童入学适应情况等。刘霞（2004）通过对托幼机构教育质量的概念进行深入分析，并对国外学者关于托幼机构教育质量的构成因素进行研究，从而得出托幼机构教育质量的结构主要由条件质量、过程质量、结果质量三类要素构成的结论。条件质量维度包括人员条件、物质条件、园所管理；过程质量维度包括师幼交往、教师对环境的创设与利用、教师与家长的交流；结果质量维度包括幼儿身心各方面的发展。

四、学前教育质量评价指标体系的构建方法

（一）基本理念

一是学前教育质量评价指标的确定，要充分考虑各利益相关者的愿望与价值诉求；二是学前教育质量评价的主要目的，不是区分幼儿教育机构优劣，而是诊断幼儿教育机构的质量现状、查找保育工作的问题与不足、提出有效的改进策略，以促进儿童更好地发展；三是在制定托幼机构的质量评价标准时，要结构严谨、过程规范、方法得当，以便构建科学的评价指标体系。

（二）基本流程

学前教育质量评价指标体系构建的流程主要包括初拟指标—指标的筛选和修订—权重的确立—试用与实地调查—完成体系构建。

（三）主要方法

学前教育质量评价指标体系构建的方法主要包括：初拟指标阶段运用文献分析法，筛选、修订和确定评价指标阶段运用质性的专家评判法和量化的问卷调查法，权重确定阶段运用 Matlab 矩阵分析法，指标体系试用、验证与完善阶段采用实地调查法和专题访谈法。

要建立全国性、统一的质量评价指标体系，就必须充分吸收、借鉴和运用相关理论与方法，结合我国具体实情，关照教育公平前提下的多主体参与与发展，兼顾过程质量与结果质量。学前教育质量评价的总体趋势是日益强调理论融合、视角互补和主体多元，避免质量评价结果的片面化和形式化。

第二节　幼儿园教师专业发展质量评价

2010 年首届联合国教科文组织世界学前教育大会从"筑建国家财富"的高

度看待学前教育，指出幼儿教师的专业素养和工作态度是决定学前教育质量的关键因素之一，而一个国家的幼教师资政策（包括培训和聘任制度、工资待遇、工作条件、激励制度等）往往决定着教师队伍的整体素质。学前教育是基础教育的基础，幼儿教师则是学前教育发展的核心要素之一，世界各国对幼儿教师质量及评价的关注达到前所未有的高度。通过教师评价提升幼儿教师质量和专业素养已成为国际共识。落实国家责任，从制度层面完善幼儿教师评价和管理是幼儿教师质量保障体系完善的关键要务和国际趋势。

一、幼儿教师的基本素养与评价

幼儿教师作为社会中的一个特殊群体，有其专业方面的特殊性：一方面，幼儿教师是作为教师群体中的一个小群体而存在，有教师的共性；另一方面，它的职业对象是幼儿，幼儿教师的工作必须遵循幼儿的年龄阶段特点和发展规律。因此，幼儿教师有其独有的特点。首先，幼儿教师作为专门职业具有明显的综合特性，无论是其内部素质结构、角色要求还是其广泛的外部联系，都具有复杂的多样性、弥散性等特点。其次，幼儿教师的专业活动具有价值多元性。在幼儿教师的专业活动中需要处理复杂的价值关系——教师个人与幼儿个体及群体；教师个体与同行个体及群体；教师与教育行政管理人员；教师与家长等。这种丰富而复杂的社会关系必然给幼儿园教师带来不同方面、不同层次的需求和期待。这些需求常常以幼儿教师的"职责""义务"或"职业良心"等形式出现，直接或间接地影响着幼儿教师的专业活动，同时也是推动该专业不断发展的基本动力。

2012 年教育部颁布出台的《幼儿园教师专业标准（试行）》是国家对合格幼儿园教师专业素质的基本要求，是引领幼师专业发展的基本遵循，是幼儿园教师专业发展质量评价的重要依据。其基本理念部分强调幼儿园教师要坚持"能力为重"，要在学前教育理论与保教实践相结合的基础上，突出保教工作的实践能力，坚持"实践—反思—再实践—再反思"循环递进，在研究幼儿发展规律的过程中，不断提高保教工作质量和自身的专业能力。

优秀的幼儿园教师首先体现在过硬的职业精神、职业道德和专业情意上，体现在对幼教事业的热爱、认同感、责任感、职业归属感、敬业精神，幼儿园教师专业标准认知与幼儿园教师角色认同，以及对幼儿的真挚爱心、浓厚兴趣、对保教工作的适应性、保教专业能力上；其次体现在保教职业技能上，如学前教育政策法规知识、儿童身心发育发展规律专业知识、儿童观察分析能力、师幼互动能力、指导能力、环境创设能力、玩教具和教育资源开发能力、班级管理能力、五大领域的主题活动开展、集体教学与个别指导能力、游戏与一日生活活动设计能力、才艺素养与传授能力、突发事件应对能力、安全保障能力、卫生与保健实操能力、家园互动能力等；最后体现在幼儿园教师的自我发展能力上，包括现代信息素养、新媒体应用能力、自主学习能力、教育教学研究能力、反思能力、开拓创新能力、人文素质和职业素养拓展能力等。

二、幼儿教师专业成长的评价要素

伊万尼奇（Iwanicki）认为，有效的教师评价包含三个要素：适当的评价目的、健全的评价标准、合理的评价方法与策略。评价目的回答"为什么要评价（why）"的问题，评价标准回答"评价什么（what）"的问题，评价方法和策略则是回答"怎样评价（how）"的问题。我国学者认为教师评价的基本要素主要包括四个方面：评价目的、评价标准、评价实施和评价结果。

评价目的指向促进教师的专业成长。教师评价目的是实施教师评价的前提，是教师评价在开展之前必须首先明确的问题。当前我国发展性教师评价的目的强调评价应促进教师的专业成长。促进教师专业成长的教师评价的目的不应是简单地判定谁是优秀的教师、谁是合格或达标的教师，而是要和教师一起分析自己工作中的成就、不足，提出改进计划，促进教师的成长和发展。幼儿园教师评价的目标定位于促进教师专业成长，包括两个方面的含义：促进教师积极地自我筹划和促进教师个体与他人的共同发展。

评价标准体现动态生成性。评价标准是人们在评价活动中应用于对象的价值尺度和界限。世界各国教师评价改革的发展经验表明，评价的标准体系只有为多元利益相关者所理解和认同，才能在实践中有效指导评价参与者的行为，不断趋向达成共识的目标。联合国教科文组织在《教育——财富蕴藏其中》中曾提到，任何"违背教师意愿或没有教师参与的教育改革从来没有成功过"。可见，在教师评价过程中，必须重视教师的充分参与，通过促进教师与其他评价参与者的对话与交流，更新其教育观念，改善其教育行为。幼儿园教师评价的评价标准应是评价参与者共同建构生成的内生性标准。

评价实施是充满建构性的对话过程。教师评价实施具体要回答的是如何进行教师评价的问题，教师评价实施需要根据不同的要求与目的，有目的地选择并确定教师评价的模式和方法，并注重随教育环境的变化做出合乎实际的调整与变通，只有这样，才能真正实现教师评价促进教师专业发展的目标。幼儿园教师评价的实施是一个充满建构性对话的过程，即是评价参与者在民主平等的关系中进行多形式的对话交流，达成理解共识的过程。

评价结果强调理解性阐释。教师评价结果是每一个评价参与者都很关注的问题，让每一个评价参与者全面了解评价结果，进而为教师提出发展意见，是教师评价的关键一环。教师评价结果包括评价结果的处理和反馈两个方面。评价结果的处理包括处理收集到的评价信息、做出价值判断、确定发展目标；评价结果的反馈包括写出评价报告、反馈评价信息、建立评价档案。幼儿园教师评价结果应重点关注教师在哪些地方需要改进，规划如何达成这种改进，激励教师实现对其保育教育行为的积极调控，促进教师专业水平的提升与发展。因此，幼儿园教师评价结果应该是一种理解性阐释，即是指评价结果能够对幼儿园教师的教学工作进行具体的说明和解释，同时能够结合教师的个人实际提出有针对性的发展建议。

三、幼儿教师专业成长评价体系及实施

（一）幼儿教师素质评价

教师专业素质结构包括以下几项基本内容：①专业知识。其具体指向有：学科知识、将学科知识转化为适当的教学活动所需的学科教学法知识、课堂管理与组织的一般教学法知识、课程知识、学习者的知识、教师个人的实践知识；②专业技能。其具体指向有：教学的设计与实施、课堂管理、与学生交流并对学生提出建议、评价学生的学习与行为、接受外来的建议并发展专业技能；③专业情意。其具体指向有对职业的认同感与责任感、信奉教师的道德准则、追求自我价值体现、深刻理解学生的发展和具有对学生的爱、致力于学生道德养成的示范与引导、对所有学生负责；④自我反思与改进。其具体指向有：关注自身的实践、设计与解决问题、寻求自我改进之道。

（二）幼儿教师工作评价

《幼儿园工作规程》（以下简称《规程》）指出，幼儿园教育应"创设与教育相适应的良好环境，合理组织各方面的教育内容，并渗透于一日生活各项活动中，充分发挥各种教育手段的相互作用"。为此，教师应在班级教育实践中认真领会《规程》精神，不断端正儿童教育观，通过科学合理地安排一日活动，注意教育内容手段的全面性与多样性，创设有益于发展的良好环境条件，在教育过程中处理好教师主导作用与幼儿主体地位的关系，注重一日活动中各方面教育因素的有机联系与渗透，优化一日活动的组织，将保教目标很好地融合在一日生活各项活动之中，发挥教育的整体效益，从而促进幼儿健康和谐发展。

（三）幼儿教师绩效评价

绩效式的评价是一种以目标为核心的评价，评价的重心指向教师工作的绩效，往往通过一定的量化指标来反映教师的工作成果及目标实现程度。教师绩效特指教师在工作场所中所做的，而不是教师所能够做的，它取决于教师的胜任力、教师在工作中的努力程度和教师在给定的时段内应用其胜任力的能力。和教师素质相比，两者之间就像智商和学习成绩，虽然有密切关系，但却是性质截然不同的两类评价。教师绩效评价是将教师既有工作表现与岗位要求进行比较，从而得出是否达到或在多大程度上达到工作要求的判断。进行绩效评价的一个基本的前提就是对教师工作成果的量化。

四、幼儿教师专业发展评价的要领

（一）以《幼儿园教师专业标准（试行）》为评价指南

为促进幼儿园教师的专业发展，建设高素质幼儿园教师队伍，教育部于2012年颁布了《幼儿园教师专业标准（试行）》，从专业理念与师德、专业知识、专业能力三个维度共14个领域规定了幼儿园教师应该达到的要求，幼儿园教师评价要以《幼儿园教师专业标准（试行）》为指导，促进幼儿教师的专业发展。

（二）明确幼儿园教师评价与专业化发展的方向

方向决定了方法和策略的选择，没有明确的评价与专业化成长的方向，就会出现思想的混乱和实践过程的盲目。经常可见的是在教研活动或教师的教育笔记中无问题的发现与呈现，更没有问题解决的行动研究，虽然教研活动搞了很多，教育笔记也写了很多，但是对教师的专业化成长促进不大，其主要原因就在于没有明确的幼儿教师评价与专业化发展的方向。

（三）以教师自评为主，培养教师自我反思与评价能力

《幼儿园教育指导纲要》中指出："幼儿园教育工作评价实行以教师自评为主，园长以及有关管理人员、其他教师和家长等参与评价的制度。"但是，在幼儿园教育评价的实践中，更多的是重视园长或专家的评议，很少有教师自己的声音，这种以他评为主的方式对于培养教师形成自我反思与评价的能力是极其不利的。由原来以他人评价为主到重视自评方法的运用，能够促进教师自己发现问题、改进工作，同时促进评价双方的沟通与理解，使被评价者更容易接受评价者的意见和建议，不致产生与评价者的对立情绪。在评价实践中，要充分发挥幼儿教师的主动性，多视角进行教师评价。要注重评价中幼儿教师的主动性，不可忽视教师的自评，教师自评是一个自我反省的过程，只有教师进行反思，才能深刻地认识到自己的优点和缺点，从而有扬长补短的方向，幼儿园要建立多角度的评价体系，充分发挥教师自评、同事互评、领导评价、家长评价、幼儿评价的共同作用，通过不同的视角来综合评价教师工作，得出更为客观的评价结果。

（四）制定专业发展规划，通过反思促进专业发展

《幼儿园教师专业标准（试行）》中明确指出幼儿教师要"制定专业发展规划，不断提高自身专业素质"。每一位幼儿园教师要制定符合自身情况的专业发展规划，而不是一概而论地进行培训等，这种方式能对幼儿园教师个体的发展起到积极的促进作用。教师在学期初要制定一个基于自身实际情况的专业发展规划表，在分析自身实际能力的基础上，提出自己希望达到的高度，并就幼儿园需要提供的支持给予初步的预测。

幼儿园要将教师的专业发展规划进行讨论，尽可能地为教师的发展规划方向提供实际的支持，并及时将发展情况反馈给幼儿园教师，与幼儿园教师就其发展情况进行分析，有针对性地帮助幼儿园教师解决遇到的实际困难。在支持幼儿园教师专业发展时，幼儿园要鼓励教师经常做反思，将反思结果与教研组进行交流，从而更好地促进其专业发展。

（五）重视评价方法的科学性、规范性

重视定性与定量评价方法的结合。幼儿教师的评价应伴随着整个教育过程自然地进行，并采取现场评议、案例纪实评价、教育经验评价等多种方法，将

日常教育评价与学期的教师成果评价相结合，这样才能保证幼儿教师的评价与专业化成长的全面性与经常性。

注重全面评价和分层次评价。根据多元智力理论，应充分挖掘教师的专业发展潜能，树立以评价促成长的观念，从教育信念、教育知识与能力等多方面了解教师的发展状况，对教师的专业化发展进行全面的分析与客观的评价。明确教师的成长阶段，了解教师的发展潜能，确立教师的发展方向，给予教师成长以适宜的评价方式，才能有效地促使教师在不同成长阶段中获得成长的快乐。

2012年2月，教育部发布的《幼儿园教师专业标准（试行）》是我国幼儿园教师培养、准入、培训、考核评价的重要依据，但在教育实践中，依然缺乏一套可操作性的评价指标和工具。2013年3月由广东高等教育出版社出版的唐圣权的《教师专业发展量表》填补了国内这一空白，该书量表结构清晰，包括说明部分、教师专业发展评价表、教师专业发展的数量化、教师专业发展常模及阶段划分、量表操作步骤等，提出了一整套系统的教师评价操作规程，为评价教师专业水平提供了一个专业化的度量工具，具有较强的可操作性。该书量表适用于幼儿园教师的专业发展水平（或程度）度量，可应用于教师个人自评专业发展水平，用于幼儿园和教育行政部门的教师"准入"控制和选拔工作，可为研究人员调查区域内教师专业发展状况提供有效数据。《教师专业发展量表》作为本土评价工具，具有借鉴价值。

（六）合理利用教师专业发展评价结果

利用档案袋评价法促进教师专业发展。教师专业成长档案袋是收集教师专业成长中的学习成就，展示教师在教学方面的进步、在专业研究领域取得的成果、在教师培训方面获得的提高，并将评价结果以及其他记录和资料进行整理和汇集。通过档案袋评价，幼儿园可以完整地了解教师的发展现状，掌握幼儿园教师的具体情况，更有针对性地对教师的发展进行指导，幼儿园教师也可以通过档案袋了解自己的发展现状，反思自己发展中遇到的问题，并进行及时的调整，及时查缺补漏，更加主动地促进自身发展。

幼儿园既可以利用档案袋来让教师评价幼儿，也可以利用档案袋来评价教师。有效地利用档案袋促进幼儿的发展，能够帮助教师更清楚地认识到档案袋的意义，从而使档案袋的作用得到更充分的发挥，也有利于促进教师自身的专业发展。

随着学前教育事业的发展，建立促进教师专业发展的教师评价机制显得日趋重要。教育部门、幼儿园要建立科学、合理的评价模式来促进幼儿教师的专业发展，为幼儿园教师评价的依据提供有力的指导与支持，促进学前教育朝着更加科学、健康的方向发展。

第三节 幼儿发展评价探索

在国外，儿童发展评价作为高质量托幼机构评价的重要组成部分，不仅是理解、支持儿童发展的重要工具，也是记录和评价教育效果、促进教师专业成长的有效手段。在国内，儿童发展评价作为托幼机构结果性教育质量的检测手段，日益受到关注。"全美幼教协会"（NAEYC）认为，儿童发展评价是一个观察、记录并用档案收集儿童的作品以及儿童完成作品的方法的过程，会影响幼儿教育的决策，不仅能为个体和群体设计教学，提供与父母交流的依据，还可以帮助识别有特殊需要的儿童。对于教师来说，儿童发展和学习评价可以提供兼具年龄适宜性和个体适宜性的课程和教学，是绝对必要的。Bagnato（2007）也认为儿童评价的重要性在于可以通过收集的信息让父母、照料者以及教师了解幼儿每日生活，以制订一个能够促进儿童积极发展的有意义的策略性的计划。高敬等（2017）对上海市 60 所幼儿园的调查显示，在幼儿发展评价实践中，存在评价指标和方法匮乏、评价主体教师所占比例不高，教师时间、精力有限，评价对象多等主要困难。

一、幼儿生理发展评价

（一）评价幼儿生理发展的意义及范畴

3～6 岁的幼儿处在学龄前期，与 0～3 岁婴幼儿相比，此阶段的幼儿生长发育速度减慢，但与成人相比，此期儿童仍然处于迅速生长发育之中，各系统的发育呈现不均衡的特点，脑及神经系统发育持续并逐渐成熟。

1. 评价幼儿生理发展的意义

《幼儿园工作规程》规定："幼儿园的任务是：实行保育与教育相结合的原则，对幼儿实施体、智、德、美全面发展的教育，促进其身心和谐发展。"《幼儿园教育指导纲要》明确要求："幼儿园必须把保护幼儿的生命和促进幼儿的健康放在首位。"对幼儿生理发展状况进行评价,对于贯彻落实《幼儿园工作规程》和《幼儿园教育指导纲要》有着重大现实意义。通过对幼儿生理发展的评价,教师、保育员和家长可对每个幼儿生长发育是否正常、体质强弱、自护力强弱以及动作水平高低形成客观判断,可为有效地开展保育工作、促进卫生保健、体育锻炼及健康教育提供保障,以实现幼儿身心的和谐发展。

2. 幼儿生理发展评价的范畴

幼儿的生理发展,首先体现在他们生长发育的形态指标和功能指标上。形态指标是反映其生长发育水平和速度的指标,最常用的指标包括身高、体重、胸围、头围等。功能指标是反映他们身体各系统、各器官生理功能的指标,如脉搏、血压、握力、肺活量等。活动是机体生理发展的必需要素,幼儿的动作发展状况影响着活动和生理发展。幼儿动作发展是身体发育的重要指标之一。幼儿的食欲、睡眠状况以及抵抗力、耐力等体质状况也体现了幼儿的生理发展状况。

(二)幼儿生长发育评价指标及参考值

幼儿期处于人体第一生长发育高峰之后,身高、体重的增长和机能发育都相对慢些,尤其是心血管的发育比运动系统发育要迟缓。幼儿期是精细动作发展的关键时期。幼儿的大脑神经细胞活力增强,思维和语言迅速发展,进入了人生的"智力化"时期。多数幼儿已经入园,过上了集体生活。随着幼儿活动范围的扩大,他们与外界的接触逐渐增多,此时的幼儿通过用语言、文字、游戏进行交往和学习,社会化程度也在逐步提高。他们常常富于想象,活泼好动,渴望与人交往,已经初步形成了自己的个性。

1. 生长发育的形态指标

(1)身高的测量方法。少年儿童身高的发育,准确地说是骨的纵向发育。常用身高计或固定于墙壁上的立尺或软尺为测量工具。测量时,让幼儿脱去鞋、袜、帽子和外面的衣服。立于木板台上,取立正姿势,两眼直视正前方,胸部稍挺,腹部微收,两臂自然下垂,脚跟靠拢,脚尖分开约60°,脚跟、臀部和两肩胛间几个点同时靠着立柱,头部保持正直位置。测量者手扶滑测板,使之轻轻向下滑动。测量者的眼睛要与滑测板在一个水平面上,直到板底与颅顶点恰相接触。身高记录以厘米为单位,小数点后保留一位。

(2)体重的测量方法。准备测量前应将秤平稳地置于地上,检查零点(每天下午测量前及测量中均应检查一次）。测量者应熟悉秤的读码及使用方法；被测者应事先排小便，脱去鞋、袜、帽子和外衣，若没有暖空调，测量后要扣除衣服重量（目测）。记录时体重要以公斤（千克）为单位，记录到0.01公斤（千克）。

（3）头围的测量方法。幼儿取立位、坐位或仰卧位，测量者立或坐于幼儿之前或后方，用左手拇指将软尺零点，固定于幼儿头部右侧齐眉弓上缘处。软尺从头部右侧经过枕骨粗隆最高处而回至零点，软尺在头两侧的水平要一致，紧贴头皮，长发者先将头发在软尺经过处向上下分开。读数以厘米为单位，记录至小数点后一位。

（4）胸围的测量方法。幼儿取立位，处于平静状态，两手自然下垂，两眼平视，两足分开与肩同宽，双肩放松。测量者面对幼儿，用左手拇指将软尺零点固定于幼儿胸前乳头下缘，右手拉软尺，使其绕经右侧后背两肩胛下角下缘，经左侧回至零点，注意前后左右对称。各处软尺轻轻接触皮肤，取平静呼吸时的胸围。以厘米为单位，记录到小数点后一位。

（5）幼儿体重、身高的评价。将测量得到的幼儿体重、身高对照"衡量数字"，分别对各项形态指标做出评价，以便客观地反映儿童发育状况。一般地说，儿童身高、体重数值在中位数±2个标准差范围以内均为正常，95%的儿童属于这个范围。对于评价数值偏高或偏低的儿童，不能轻易地将其标定为"发育异常"。例如，幼儿体重偏轻可能是营养不良、发育迟缓、消化吸收功能差、学习或锻炼时间长、物质与能量消耗过多等造成的。体重偏高则表明幼儿食物摄入过量、运动偏少、营养失衡等，应当据此提出相应的教育指导建议。

2. 生长发育的生理功能指标

生长发育功能指标是指身体各系统各器官在生理功能上可以测出的各种量度。常用的有视力、听力、血压、血色素和肝功能等。

（1）视力。学龄前儿童可用视力表测查视力。视力表悬挂高度应以1.0为标准和被测儿童的眼睛在一水平；视力表与被测儿童的距离为5米。检测时要有足够的光线，先遮住一侧眼睛，再交换测另一只眼睛。正常的是两眼的裸眼视力均在1.0以上。

（2）听力。听力的阈值在20分贝以下者，属于正常范围。

（3）血压。正常标准表如下表3-1。

表 3-1 学龄前期各年龄男、女血压重参考值（单位 :mmHg ）

年龄	男（平均值）		女（平均值）	
	收缩压	舒张压	收缩压	舒张压
3+	85	48	83	47
4+	87	50	85	49
5+	89	53	88	51
6+	91	53	90	53

（4）血色素。正常标准要 ≥ 11mmHg，即每 100 毫克血含血红蛋白 11 克以上者为正常。

（5）肝功能。GPT（谷丙转氨酶）的正常值因检查单位而异，一般以小于 100 单位为正常。

（三）幼儿的动作发展评价

1. 幼儿的动作

幼儿的动作发展在其成长过程中具有里程碑意义，并直接影响孩子其他方面的发展。幼儿的动作主要包括：走、跑、跳、平衡、拍球、画、剪、折、串珠子等。

走是幼儿大肌肉动作发展的一个重要方面，也是实现位移的基本技能。走不仅是幼儿其他大动作发展的基础，而且扩大了幼儿的探索空间。幼儿走的动作发展贯穿其整个学前时期。3 岁以后，幼儿走路时全身的紧张状况已经基本消除，但还不够协调和自然；四五岁以后，动作的协调性提高；5 ～ 6 岁后，能够自然、轻松地走路，并根据需要自如地控制走的节奏和方向。锻炼幼儿走的动作可以促进幼儿神经系统的发育。成人通过观察幼儿走路姿势可以及时了解幼儿的健康状况，如生病或体弱幼儿，走路时常常无精打采。良好的走路姿势不仅是人身体健康发展的一个标志，也是反映人的性格与精神状态的一个重要方面，比如，走路时低头或东张西望，摇摇晃晃或弯腰躬背常常被视为不良的习惯。在日常生活中，成人应多提供机会让幼儿进行走步锻炼，同时注意纠正幼儿的走路姿势。

跑是走的延伸，跑是由单脚支撑与腾空交替形成周期，比走的动作速度更快。完成跑的动作需要有足够的腿部力量（蹬地）、平衡能力（维持着地及腾空时的身体姿势）和动作的协调能力（躯干与四肢的协调），因此，跑的动作发展，反映了幼儿多种身体机能的增强。跑是幼儿最常见的动作之一，即使走路不够稳健的孩子，也会积极尝试跑。3岁前，孩子跑步时还左右摇晃，身体僵直，双臂紧绷；3～4岁的幼儿跑的动作开始平稳，但速度较慢，还不能快速跑或变向跑；5～6岁以后，幼儿跑步动作基本成熟，不但速度提高，而且能够自如地控制速度和方向。锻炼幼儿跑的动作有利于增强幼儿腿部肌肉力量，提高幼儿身体的平衡能力和身体动作的协调性，并为幼儿其他动作的发展奠定基础。跑步时幼儿的能量消耗上升，呼吸和血液循环加快，可以锻炼幼儿的心血管系统和呼吸系统，还有助于幼儿中枢神经系统功能的完善，增强幼儿的体质，提高幼儿对环境变化的反应能力。

跳是幼儿在走和跑的基础上发展起来的。跳的动作要求幼儿腾空身体，在空中保持身体平衡，并做好落地时的缓冲动作。与走和跑相比，跳的动作更难，需要更多的技能。幼儿2岁时出现跳的动作；但3岁后动作还不够协调；4岁以后，上下肢的配合逐渐协调，落地时能缓冲；5～6岁后，幼儿可以掌握各种跳跃动作的技能，动作的灵活性、协调性有了很大提高。本书中考查的是幼儿双脚向前跳的能力（立定跳远），它是幼儿跳跃动作的一种。立定跳远需要幼儿有较强的腿部肌肉力量（蹬地）、身体活动的协调能力和身体的平衡能力。有目的、有计划地锻炼幼儿的跳跃能力，可以提高幼儿大脑皮质运动中枢的发展水平和功能，促进身体动作的协调，使幼儿四肢骨骼的发育更加坚固，腿部肌肉更有弹性。

平衡是幼儿进行各种活动和保持身体姿势所必需的重要因素，是幼儿进行走、跑、跳等大肌肉运动的基础。在学前期，幼儿的平衡能力是逐渐发展的，其趋势是从保持一种身体姿势到做各种动作和采取各种姿势时都能保持稳定。幼儿平衡能力的发展有赖于大脑皮层功能的完善，兴奋和抑制过程平衡的完善，以及视觉、前庭器官的协调控制能力的发展。提高平衡能力可以促进幼儿神经系统功能的完善和各种动作技能的协调发展，为幼儿参与多种体育活动和掌握更为复杂的动作技能（如滑冰、骑三轮车等）奠定基础。锻炼幼儿的平衡能力，对其个性健康发展起到促进作用。为了保持身体平稳，需要幼儿勇敢、镇定、意志坚强。平衡感的获得有助于提高幼儿的自信心。

拍球是幼儿最喜欢的体育项目之一，是幼儿园体育锻炼的重要内容。掌握拍球技能，需要幼儿具备良好的手眼协调能力、反应能力以及较强的手指运动的灵活性。通过拍球游戏，可以满足幼儿的兴趣，提高幼儿参与体育活动的积极性；促进幼儿神经系统对肌肉的控制与调节、视觉与大肌肉动作的协调、左右手的相互配合与协调（左右手拍球），腿部动作与手的动作的配合与协调（运球）等方面能力的发展。在拍球活动中，幼儿可以体验力量与物体运动的关系，如用力过大，球会弹得很高或脱离人的控制，用力过小，球不会弹起来。此外，拍球活动还可培养幼儿的专注力、增强幼儿的自信心和成就感。

画的技能是幼儿小肌肉动作发展的重要指标。绘画是许多儿童喜爱的活动之一，1～2岁的孩子就会用笔在纸上涂鸦，3岁以后，随着幼儿神经系统的发育和手眼协调能力的发展，幼儿可以根据自己的兴趣或成人的要求画直线、曲线和图形。绘画是一种锻炼大脑的重要活动，可刺激幼儿神经系统的发育和成熟，促进幼儿手脑协调能力的发展和智力水平的提高。绘画时，需要幼儿的视觉、触觉等多种感知觉的参与，因此，它可以促进感觉器官的发育。完成精细动作还需要幼儿有较好的自我控制能力、耐力和良好的注意力品质，而绘画活动反过来又可以促进这几方面素质的提高。通过绘画，可以培养幼儿的审美情趣，陶冶幼儿的情操，调节幼儿情绪状态并促进其情绪稳定性的发展。幼儿在仿画直线、圆形和五角星的活动中，可以加深对几何图形的认识。

剪是以剪刀为工具而进行的小肌肉动作。与画一样，剪的动作也是手脑相互配合下的精细动作，因此，它对幼儿大脑和智力发展同样具有重要的作用。与其他小肌肉活动相比，剪的动作更为复杂。学会使用剪刀，需要进行大量的练习，幼儿一旦获得这种技能，则会对操作工具产生极大的兴趣。在对物质材料（如纸张、碎布等）的操作过程中，幼儿还能获得对物品的形状、厚薄、质地、大小等特性的认识。剪的动作需要幼儿视觉和触觉的参与，能有效地促进幼儿手眼协调能力和感知觉的发展。

折纸活动是以纸等物质材料为操作对象的手脑协同的精细运动。它对幼儿智力发展以及动作发展的意义，与绘画、使用剪刀相同。除此之外，折纸活动还对发展幼儿的想象力、模仿力、创造力等有促进作用。

串珠子也是一项精细运动，对促进幼儿手脑、手眼协调能力的发展等十分重要。另外，还可以帮助幼儿认识事物之间的对应关系（孔的大小与线绳的粗细）和空间关系（珠子的位置与线绳的方向），培养幼儿的注意力、坚持性、自我控制能力等良好个性品质。

许多测量工具、教科书中都使用"大肌肉和小肌肉动作"的概念。大肌肉动作也叫躯干动作。大肌肉动作主要表现为走、跑、跳以及手臂动作（投掷、接物）等。小肌肉动作也叫双手动作或精细动作，主要表现为日常活动中对物体抓、拿、绑、解、剪等动作，如幼儿穿脱鞋子、扣扣子、系鞋带、用餐具和剪刀、串珠、画画等。

2. 个体动作发展的顺序

个体动作的发展，表现出一定的顺序性：先天反射性动作的发生和发展—粗略动作的发展—精细动作的发展。先天反射性动作是个体最初的运动形式，从个体胎儿期开始出现，对个体的生存和发展具有重要的意义。如游泳反射、抓握反射、吮吸反射。这些反射动作与生俱来，对个体适应胎内生活及出生后获得营养、保护其自主性动作的发生发展都具有重要适应意义。个体在出生大约 4 个月后，出现了更高级的大脑皮层控制的初步的自主动作。根据所涉及的全身各部位的活动，可分为全身大肌肉活动的粗动作，如幼儿的站、行、跑和跳等；和主要凭借手部小肌肉活动的精细动作技能，如幼儿的抓、握、写字、绘画以及儿童的自理动作，包括穿衣、洗漱、进食等基本技能。

幼儿精细动作的发展，只有当控制协调能力达到一定水平后才能进行，精细动作需要视动整合和双手的协助。幼儿期是精细动作发展较快的时期。家长和幼儿园老师在这一阶段要有目的地培养儿童的自理动作，指导他们自己动手穿衣、穿鞋、洗脸、刷牙、绘画和写字，练习精细动作对孩子适应未来生活十分必要。出于对孩子的溺爱，剥夺孩子的练习机会，就会让孩子错过发展精细动作的最佳时期，影响其未来发展。

3. 自理动作的发展

掌握基本的生活自理能力是家庭和社会对幼儿提出的早期发展的重要任务之一，包括穿衣、洗漱、进食等基本技能，这些在成人看来很简单的动作行为，处于发展早期的儿童却要在付出极大的努力、达到一定的发展水平以后才能做到。各种生活自理动作技能的可能出现时间见表 3-2。

表 3-2　自理动作技能发展时间表

动作技能名称	获得时间（月）	动作技能名称	获得时间（月）
稳稳地拿住茶杯	21	独立进餐，几乎不洒食物	36
穿上衣和外套	24	从水罐中倒水	36
拿稳勺子不打翻	24	洗手洗脸并擦干	42

动作技能名称	获得时间（月）	动作技能名称	获得时间（月）
在帮助下穿衣服	32	独立穿衣服	43
穿鞋	36	系鞋带	43
解开能够着的扣子	36	扣纽扣	36
刷牙	48		

（资料来源：董奇，陶沙.《动作与心理发展》[M].北京：北京师范大学出版社,2002）

4. 握笔、绘画和书写动作的发展

无论是绘画还是书写，都必须以灵活运用手中的笔类工具为前提。2～6岁是儿童握笔技能迅速发展的阶段。儿童最早抓握笔的动作，包括整个手和手臂的运动，表现出"手掌向上的抓握动作"，用这种动作，儿童很难有效地进行绘画和书写。随着在绘画、书写中偶然性的尝试和在家长、老师的指导下进行不断的学习，儿童"手掌向上的抓握动作"逐渐被"手掌向下的动作"取代，拇指和其他四指开始在绘画和书写中起到越来越重要的作用。2～3岁儿童握笔靠近笔尖，主要依靠肩关节部位进行绘画和书写，然后逐渐发展为用肘部控制笔的运动，最后发展为用手指的活动来控制笔的运动。

一般而言，大多数儿童在15～20个月开始出现"涂鸦"，大约在2岁能够画出一系列的螺旋和圆圈。到了幼儿期，随着手部动作控制能力的发展和练习经验的增多，儿童的绘画动作开始放慢，手的动作也变得更加自然，绘画动作更为精确、复杂。

绘画能力的初步发展是书写技能的前奏，绘画的练习经验也有利于书写技能的获得。3岁左右的儿童开始具备书写字母和数字的能力。他们通常可以书写可辨认的数字和字母，但这些数字和字母笔画歪斜、间距不一、东倒西歪，并且字体很大。4～5岁的儿童书写的字母数字和汉字还是参差不齐，明显大于正常人书写的字体。6～7岁儿童表现出较高的书写水平。但是，也有一部分儿童即使到了二、三年级，仍然表现出书写困难。书写是一个感知—运动的复杂过程。有的孩子尽管在视觉能力和动作能力上都不存在障碍，但他们在学习写字、临摹图画时有较大的困难。总之，一定水平的视动整合能力是顺利书写的前提。

5. 幼儿大肌肉动作发展状况评价

对于幼儿的动作发展，按照年龄阶段提出动作要求并进行评价。

3～4岁动作要求：

（1）甩动双臂、手脚动作协调地走，不扶梯一步一阶地走；

（2）一个跟一个自然地跑，或手脚动作协调地向指定方向跑；

（3）双脚跳上跳下，连续向前跳；

（4）手膝着地向前、向后、向侧爬；

（5）互相滚接大皮球，向上向前抛物；

（6）单足立，走平衡木（25～35厘米）；

（7）滚球、拍球，使用大型运动玩具；

（8）做模仿操，按节拍做操。

4～5岁动作要求：

（1）能与伙伴一起整齐地走，听信号向指定方向走；

（2）听信号变速跑，变换方向跑；

（3）单脚跳，左右跳，原地纵跳触物；

（4）手脚协调地攀登，在攀登架上爬；

（5）投准相距二米的目标，互相抛接球；

（6）平衡地原地转圈，在平衡木上做简单的动作；

（7）用几种方法拍球，使用多种手头运动器具；

（8）动作准确做操，按音乐节奏做韵律操和器械操。

5～6岁动作要求：

（1）听信号变换方向走，按节拍变速走。

（2）快跑，距离为20～30米；跑走并替，距离为200～300米。

（3）助跑、屈膝跳。

（4）侧躺连续翻，正侧面钻和手脚协调地攀登。

（5）在行进中互相抛接球。

（6）用多种器具做平衡动作。

（7）练习运动器具的多种玩法，练习跳绳、推铁环等技能。

（8）能够与伙伴一起变队形做团体操。

这里把动作发展评价分为三级：

1级：能够灵活、熟练、协调、准确、稳当地完成动作要求；

2级：经提醒、帮助，能不熟练、不连贯地完成动作要求；

3级：只能部分、较差或不能完成。

根据评价结果，1级需要保持，2级需要提高，3级则需要加强。

二、幼儿体质和自我保护能力的评价

（一）关于幼儿体质状况的评价

1.观察幼儿的抵抗力状况

观察时机：气候多变的季节（春、秋季）；季节更替的时候；周围存在着传染源（流感、腮腺炎等）时。

观察目标：幼儿生病的频率；易感的程度。

观察形式和记录：运用随机观察的方法记录哪些幼儿常生病、哪些幼儿不常生病，也可以统计点名册上各个幼儿一个月或一个季度因生病没来园的次数和各个幼儿一个月或一个季度带药来园的天数。

向家长调查幼儿的抵抗力状况：可以围绕幼儿生病的频率、易感的程度，设计问卷发放给家长填写，以了解幼儿个体的抵抗力状况。

2.了解幼儿的耐力

观察时机：幼儿在进行需付出较大的体力活动，如一些体育活动项目、一些劳动内容时；幼儿参加时间较长的活动，如步行外出参观、郊游时。

观察目标：幼儿疲惫感的程度；气色、呼吸等生理指标的变化情况。

观察形式和记录：在活动中围绕观察目标随机观察。

3.评价幼儿的体质状况

综合所获取的有关信息，我们可以对幼儿的体质状况进行价值判断。一般说，体质好的孩子具有一定的抵抗力，较少生病，即使生病也较容易恢复。幼儿的耐力越好（当然是在合理的耐力阈值限定内）说明该幼儿的体质越好。倘若幼儿常生病，病期较长，容易受传染，容易疲惫，耐力差，就说明该幼儿体质不好。我们通过对幼儿体质的评价，能切实掌握幼儿的不同体质状况，能在疾病防治、膳食营养、体育锻炼以及日常保健等各个方面制订干预措施，给予体弱幼儿以特别的照顾，使他们的体质不断增强。

（二）幼儿自我保护能力的评价

自我保护能力，简称自护能力，即个体保护自己免受伤害的能力，包括生理上的伤害（如饥饿、寒冷、流血等）和心理上的伤害（如难过、怯懦等）。幼儿园的安全是幼儿园生存与发展的前提，幼儿的自护能力由自我保护意识、自我保护常识和技能组成，可从他们的言语表达和对具体事件的反应中观察检测出来。

观察时机：日常活动中需要自我照顾的时候，如进行体育活动或活动性游戏时衣服的减增、鞋带的松紧等；日常活动中有危险因素存在的时候，例如，玩体育器械时，美术活动中使用小刀、剪子时，下楼拥挤时等。

观察目标：幼儿有没有采取自我保护的措施（有无意识）；幼儿所采取的措施是否正确（是否具有相应的自我保护的常识和技能）等。

观察形式和记录：

（1）在活动中进行观察。

例如，体育活动或活动性游戏之前，观察幼儿在没有教师提醒的情况下，会不会检查自己的鞋带和鞋扣是否系牢、扣紧；如果天气炎热，衣着太多，会不会脱下一两件；活动完毕，休息一会儿后会不会把脱下的衣服穿上。

（2）谈话了解幼儿个体的自护力。

①与幼儿本人谈话。

幼儿园的安全教育内容十分广泛，有交通安全、饮食安全、用药安全、玩具安全、用电安全、用火安全、着装安全等。可以拟定一些有关自我保护意识、自我保护常识、自我保护技能的话题与幼儿谈话，例如，是否知道基本的报警电话及急救常识的话语。

②与家长交谈或拟订问卷。

孩子的自护力在家庭生活中往往能自然地流露出来，展示在家长眼前。我们可以拟定关于孩子在家里对容易烫伤自己的物品、对电器、对自己的饮食起居和自我照顾的具体态度及行为表现等方面的话题，也可以拟定家长带孩子外出游玩时行程、玩耍等方面的话题，还可以拟定"你觉得你的孩子会不会懂得保护自己？请举出两例加以说明"等自由回答，概括总体印象的话题。这些话题可以直接与家长交谈，也可以编制成问卷。

对于自护能力较差的幼儿，教师应注意对其主动自护地引导，增强其安全防护意识，向其传授自我保护的技能和方法，以提高幼儿对环境和集体生活的适应能力。

三、幼儿心理发展评价

随着国际社会对于学前教育的日益重视，国内外对学前儿童的心理发展的研究越来越多。欧美等发达国家的研究主要集中在幼儿心理的某一方面，例如，认知能力、社会性、情绪等。国内研究主要集中在学前儿童心理健康教育和心理干预等方面，针对学前儿童心理发展评价标准的研究甚少，尚无统一的评价标准。国内对于幼儿心理健康的评价大多是翻译国外现成的心理测验，主要是测查幼儿的情绪、智力、认知能力和社会性。我国自行编制的幼儿心理健康评价量表比较少，量表的信效度有待考证，尚未得到广泛应用。

国际儿童发展心理学的研究，对于婴幼儿心理健康的定义尚存在不少争议，主要原因在于儿童群体心理发展远未成熟，且存在普遍的个体差异。大部分学者特别强调0～3岁儿童是否能够在其生活的环境中逐渐形成体验、调节和表达情绪的能力、形成安全亲密的人际关系的能力，以及探索环境和学习的能力。例如，Charles Zeanah 和 Paula Doyle Zeanah 于 2000 年 10 月在 Head Start Infant Mental Health 会议上提出：幼儿心理健康指的是在物理环境、文化环境，以及人际关系中发展起来的儿童的社会能力和情绪状态。美国0～3岁儿童工作组（Zero To Three Task Force）则认为，幼儿心理健康是指幼儿情绪、社会性、行为健康，具体是指0～3岁儿童在家庭、社区和文化背景下，主动探索环境和学习，形成安全亲密的人际关系，情绪的体验、调节和表达这三方面持续发展的能力。这两个定义都是把儿童的心理健康等同于良好的情绪和社会性的发展。可见，以上观点都把儿童心理健康评价标准集中在以下几个方面：是否存在恰当的情绪体验，是否能够调节和控制情绪；能否与其父母或主要抚养人形成持续稳定的抚养关系和依恋关系；是否能够积极探索，主动学习以适应环境并处理当前遇到的问题；是否能形成关于自己能够改变周围环境的主观能动性的认知。

关于幼儿心理发展质量的官方评价大多包含在幼儿发展评价框架当中，很少有单另列出的官方评价。美国儿童心理学家 Janice J. Beaty 把幼儿发展的评价标准分为六个方面：情感发展，包括自尊和情绪情感；社会性发展，包括社会性游戏和亲社会行为；身体发展，包括大肌肉动作发展和小肌肉动作发展；认知发展；语言发展，包括口头语言和自发读写技能；创造性发展，包括美术音乐技能和表演游戏技能。英国政府出台的幼儿发展评价标准主要包括以下七个方面：交流和语言；生理发展；个人、社会和情绪情感发展；读写能力发展；数学；认知世界；艺术和设计表现力。其中个人、社会和情绪情感发展又包含自信和自知、人际交往以及控制情绪和行为三个二级指标。

综上所述，在评价儿童心理发展水平时，应重点考察儿童以下三个方面的发展。

（一）情绪情感反应

儿童能够自信地尝试新的活动，并且说出他为什么更喜欢某种活动。他能够在熟悉的群体中自信地发表意见，说出自己的想法，并且能够选择活动所需的材料，在他需要帮助或不需要帮助的时候能够主动表达想法。儿童能够评价自己和他人的情绪、行为及其后果，知道什么行为是不被接受的。他们作为集体的一员能够理解和遵守规则，在不同的情形下适时调整自己的行为，改变自己的固有模式。异常情况有：创伤性应激障碍，长时间难以从创伤事件的情绪体验中恢复过来，反应麻木或易于激怒，出现抑郁、焦虑等异常情绪表现，或情绪调节——适应不良，如因环境变化而烦躁不安、过于敏感或反应迟钝。

（二）行为表现

儿童在做简单和复杂动作时能表现出良好的肢体控制和协调性。能够以各种方式在安全空间内自信地移动；能够用力地拿起物品和玩具，能握笔写字，知道体育运动和健康饮食对于身体健康的重要性，并且能够说出保持健康和安全的方法；能够保持自己的基本卫生，满足个人需要，包括穿衣穿鞋和独立上厕所。异常行为包括：睡眠紊乱，如失眠或过度嗜睡；饮食异常，暴饮暴食或厌食、偏食、异食癖；其他异常行为，如自残、侵犯、暴力行为等。

（三）认知水平

儿童能够讨论过去和现在自己和其他家庭成员身上发生的事件。能够敏感地了解到其他孩子并不一定和自己喜欢同样的事情，并且能够理解自己和其他人在家庭、所处群体以及传统方面的相同点和不同点；能够掌握所处位置、物体、材料以及生物之间的相同点和不同点，能够说出他们所处环境的特征以及环境的变化，能够通过观察动物和植物解释新事物出现的原因，理解"变化"的含义；能够认识到科技产品被广泛应用到家和学校等各种场所，能够为特殊的目的选择使用合适的科技产品。异常情况包括注意力集中困难、注意力转移困难、活动过度、缺乏好奇心与想象力、语言发展障碍等。

四、幼儿社会化水平评价

幼儿的整体发展包括身体、认知、社会化三个方面。幼儿社会性是指个体与社会相互作用中,通过学习和内化社会文化,逐渐形成适应该社会的行为方式,表现该社会所期待的角色行为,发展自身社会性的过程,是个体从自然人转化为符合该社会要求的合格社会成员的过程。个体社会性发展贯穿人的一生。在人生的不同阶段,社会性发展的任务和内容不同。幼儿的社会性发展是指幼儿在与社会环境的相互作用下,了解与初步掌握社会规范,逐渐掌握社会生活技能,处理人际关系,发展自主性,逐渐适应社会生活的心理发展过程。社会化是幼儿发展的一个重要组成部分,幼儿社会性发展的研究已成为我国学前教育领域的热点课题。

幼儿社会性发展的评价内容主要包括自我认识、自我评价、自我调节(如主动性、独立性、自制力、坚持性等)、自尊心、自我价值感、成就感、好胜心、自信心、性别角色社会化等;情绪情感的发展,如一般情绪状态、情绪情感的表达与控制、同情心、好奇心、兴趣等;社会交往的发展,如交往态度、交往能力(合作、分享、互助、解决冲突等)、人际关系(亲子关系、同伴关系、幼儿与教师的关系)等;品德的发展,如道德认知、道德信念、道德情感、道德态度、道德行为等。

吴文菊以实践为基础,认为对幼儿社会性发展的评价应当采取多角度、多手段的方法,任何单一的评价方法都难以可信、可行。据此提出了多元化的幼儿社会性发展评价思路,强调以标准化的心理测验量表作为测评工具,科学地测查幼儿社会性发展。主张用问卷调查表和情境观察来评价幼儿社会性行为发生的真实状况;通过教师、家长的长期观察对幼儿特定认知、言行作客观评价;通过分析幼儿的各类手工作品和言语表达,评价幼儿社会性的发展变化。

研究表明,3岁以后,幼儿能够意识到自己的外部行为和内心活动,并形成对自我的某种看法,能够评价和支配自己的认识活动、情绪态度和动作行为,由此逐渐形成自尊心、自信心、坚持等性格特征,但由于幼儿年龄小,知识储备少,在探索中易受挫折,久而久之会产生惰性和畏难心理。因此,教师在选择活动目标时，一定要符合幼儿的生理、心理发展水平，在幼儿初次克服困难的过程中，教师可适当给予隐蔽性的帮助，使幼儿获得成功的体验，达到增强自信心和消除心理障碍的目的。在日常的教育活动中，对于幼儿的成功，需要做到及时抓住闪光点进行表扬和奖励，使幼儿在积极的心境下得到最大限度的自信心强化。

自我服务技能是幼儿社会化过程中所必须掌握的内容之一，它为个体在将来的独立生活打下基础。为有效地培养幼儿自我服务技能，首先要提出切合幼儿的身心发展水平的任务和一贯的要求，并根据这些任务和要求进行相应的经常性训练。最初提供的条件要保证孩子能够比较容易地完成任务，以后逐渐增加难度。

心理学、教育学的研究表明，情绪发展对幼儿社会化具有重要意义。积极的情绪对幼儿的社会化具有促进作用，消极的情绪会抑制幼儿的社会化发展，甚至影响幼儿心理健康水平。幼儿在社会化过程中，通过与父母、教师、同伴的互动，有着深刻的情绪体验，主要表现在日常生活中，如与父母、教师、同伴的交流，与同伴的游戏，经历了某些生活事件，或是在教学情境中听故事、看图画、欣赏音乐等。在这些活动中，幼儿主要的情绪体验有共鸣、投射和移入。

情绪的共鸣是由于主体与客体结构上的相同而产生的。他人的境遇、命运、情感状态与幼儿原有的经历和体验有相通之处，幼儿便会以他人的欢乐为欢乐，以他人的痛苦为痛苦，从而产生强烈的共鸣。投射心理的核心是指个体不是被动地接受外界的刺激，而是主动地、有选择地给外界的刺激赋予某种意义。幼儿以自我为中心的心理发展特点决定了他们自然会把自己的情感愿望投射到故事中。在不断的修正中，幼儿逐渐明白别人还有与自己不一样的看法和感受，并慢慢学会揣摩别人的表情，体会他人的心情，而这也正是一个去自我中心化的过程。幼儿的情绪具有外显性和易感染性，容易被打动。早期社会化影响个体情绪调节能力的发展。父母或教师对幼儿情绪行为的反应，以及他们之间情绪的相互作用，对幼儿的情绪及情绪调节有重要影响。幼儿的情绪调节能力及同伴交往能力与其父母的情绪调节能力密切相关，那些在同伴中情绪表现积极的幼儿，其父母的情绪表现也较积极。

乐群性指个体积极接近他人，参与他人的活动，想获得他人认同的倾向和被他人接受的程度。幼儿的乐群性在生活中一般表现为亲近、同情、关心、谅解、谦让、友善等。幼儿乐群性发展状况对其人际关系和成长都有重要影响。具有良好乐群品质的幼儿，更易于建立良好的人际关系，能更好地适应社会生活，从而较顺利地完成其社会化过程。

同伴关系即幼儿与同龄人共同活动，建立相互协作的关系。它是幼儿人际关系的重要基础，同伴交往是幼儿社会化的重要途径，社会性发展正是在人际互动的过程中实现的。幼儿同伴交往是幼儿在与他人共同生活、学习、游戏中所建立和谐人际关系、发展社会交往能力的重要过程。幼儿的社会交往能力虽然离不开成人的教育引导，但主要还是幼儿平日社会实践经验积累的结果。这种结果的产生过程是缓慢的，它主要通过与同伴交往的途径来实现。因此，幼儿同伴交往能力在于他们在共同学习、游戏中建立和谐人际关系的能力。它对幼儿心理发展有着特殊作用，对幼儿的社会化交往、个性与道德品质的形成，情感的发展，心理的健康以及学习能力的发展有着重要的影响。幼儿良好同伴关系的建立，不仅为其早期社会性发展，而且为其后继社会性发展提供了条件与基础。移情促进了幼儿亲社会行为的形成。亲社会行为是人们在共同生活中表现出来的谦让、互助、合作以及共享等有利于社会的行为，这是社会性发展的根本目标。

幼儿的人际冲突是伴随着幼儿的社会化必然要经历的事情。我们经常可以发现，许多幼儿一分钟前还是"敌人"，一分钟后又成了玩伴。这说明，幼儿间的冲突大多可以在没有成人干预的情况下自行解决。在玩耍中，幼儿的最大追求就是玩得开心或获得成功。为了满足这种愿望，幼儿可以马上发生冲突，也可以马上和好。心理学家认为：幼儿冲突的产生源于社会交往技能的缺乏，在解决冲突的过程中，幼儿加强了彼此间的了解，明确了对方的兴趣、爱好、立场和观点，逐步学会按照社会规范协调彼此之间的关系，学会如何说服别人，提高了他们解决社会问题、协调人际关系的能力，从而逐步建立起良好的同伴关系。可见，冲突不仅不会损害幼儿的同伴关系，相反在冲突及其解决过程中获得的经验能极大地促进幼儿社会交往技能的提高，加快幼儿的社会化进程。著名心理学家皮亚杰认为，儿童早期处于自我中心阶段，即只能从自己的角度看问题，冲突的产生与幼儿的自我中心化有关。在解决冲突的过程中，幼儿逐渐学会不仅从自己的角度和利益看问题，还要考虑同伴（对方）的需要。这为人际间的理解与合作奠定了基础，显示了其社会化的进程。成人在面对幼儿的同伴冲突时，切不可过于紧张，应当给予其时间和空间尝试自己解决，要充分相信幼儿的能力。

合作是指两个或两个以上的个体为共同目标而自愿地结合在一起，通过相互之间的配合和协调（包括言语和行为）而实现共同目标，最终个人利益也获得满足的一种社会交往活动。合作能力对人的一生起着极为重要的作用，是幼儿未来适应社会不可缺少的素质。因此，对幼儿合作意识和能力的培养尤为重要。合作不仅是一种行为表现，而且是认知、情感、技能和行为的综合体。其中，合作意识是指个体对共同行动及其行为规则的认知与情感，是合作行为产生的基本前提和重要基础，幼儿遇到困难往往求助老师而不知从同伴那里寻求帮助，同伴遇到困难时也没有意识去协助解决。有些幼儿虽然有良好的合作意识，但缺乏与他人进行沟通和协商的能力，这也说明应加强对幼儿合作意识和能力的培养。

总之，对幼儿社会性发展进行评价有利于教师针对幼儿社会性发展特征和幼儿实际制定幼儿社会性发展的具体目标，做到因材施教，有利于家园合作，共同促进幼儿社会性的健康发展。

五、幼儿发展评价操作要领

（一）强化教师对幼儿发展进行真实评价的主体意识和主动作为

教师是幼儿发展评价的重要主体。当前，世界儿童发展评价的方向和趋势是强调评价的真实性，提倡评价应当基于儿童的真实情境，认为发展只存在于真实的情境中，评价者要深入其境，借助体验来理解和解释幼儿行为表现及其背后隐含的意义，实现发展过程与评价过程的融合。

作为幼儿发展评价的主体，教师在一日活动情境中要自觉树立对幼儿发展进行真实评价的职责意识，坚持在日常活动与保教过程中采用自然的方法进行幼儿发展评价，避免干扰幼儿的学习过程，防止干预式评价导致幼儿心理不安，保证评价的信度和效度。

（二）通过专项培训提高教师的幼儿发展评价能力

教育行政管理部门可委托高校和科研机构的专家对幼儿园教师进行幼儿发展评价理念及实践的专项培训，以提升基层教师的评价理论与实践能力，加强对评价结果的反馈与利用。

（三）支持教师的幼儿发展评价工作与教师的专业发展

幼儿发展评价是幼儿园保教质量评价的重要组成部分，在追求幼儿园教育公平和保教质量提升的改革背景下，地方教育行政部门要将幼儿发展评价纳入重点工作事项，发挥主导作用，加强幼儿发展评价的政策设计，提供完整、规范、科学的评价指标、方案和评价工具，明确幼儿发展评价的要求。园长应当加强对幼儿发展评价的领导，对幼儿发展评价工作进行合理的规划、部署，安排专项培训，支持和指导本园教师在幼儿园日常教育活动中开展幼儿发展评价，通过幼儿发展评价的结果反馈、分享和反思，来改进教师的保育教育策略，从而促进教师的团队学习和专业成长。

第四节　幼儿园保教质量评价

胡惠闵等（2009）认为托幼机构质量评价的内容包括儿童发展的水平、教育工作的结构条件、管理（组织及其运转）、教育的过程和教育观念与指导思想。一个管理得好、组织运作高效的机构，通常可以保证所提供的教育过程的质量，它与结构条件比，与托幼机构的'输出'相关更高。王坚红（2012）援引哈佛大学的研究认为，与机构质量相关的因素包括早期经验与大脑结构的发育、早期人际关系质量、早期认知执行性功能、机构管理与课程质量。教育机构的管理与运行质量是保证儿童健康发展的重要因素。

王坚红（2012）主编的《学前教育评价》中的评价内容包含了学前儿童发展评价、课程评价、游戏评价、日常教育活动中的评价、特殊儿童教育评价、师资评价、学前教育机构评价和信息评价，管理质量属于学前教育机构评价的内容。胡惠闵、郭良菁（2009）编著的《幼儿园教育评价》中的评价内容包括幼儿发展评价、教师评价、课程评价、环境评价、保育评价和幼儿园质量评价，管理评价是幼儿园质量评价的内容之一。刘占兰等组织的十一省市幼儿园教育质量调查中，涉及幼儿园总体状况、班级状况、半日活动安排、幼儿活动、教师行为、师幼互动等十项调查。

幼儿园保教质量具体表现在环境创设、一日生活活动、集体教学活动、幼儿健康和安全教育、区域游戏活动、户外活动、师幼关系和家园互动等方面，可以开展专项评价，在此基础上形成整体评价结论。

一、幼儿园环境创设评价

（一）环境创设评价的理念

幼儿园环境创设评价的理念为：环境是幼儿学习与发展的主要载体之一，环境跟幼儿当前的生活、活动紧密相连，环境对幼儿是有价值的，应该体现出一定的教育功能。幼儿在环境创设中的角色不应仅局限于欣赏者，更应该成为环境创设的参与者、探索者。幼儿园的环境创设有了幼儿的主体参与和经验整合，有利于环境作为"第三位教师"作用的凸显，才能使幼儿成为环境真正意义上的主人。随着活动的不断深入，幼儿的兴趣、能力也会出现新的生长点，随之而来的应该是环境的改变——环境应动态发展。对幼儿而言，环境不仅是其活动的载体之一，也是陶冶艺术情操、提升艺术鉴赏力的主要通道。幼儿园的环境创设应给予幼儿美的享受与启发。环境创设的过程必然带有浓郁的地域色彩和文化色彩，体现其文化性。基于以上理念，对幼儿园环境创设，主要可从其教育性、主体性、动态性、艺术性、丰富性、功能性、文化性七个方面来进行评价。

（二）环境创设评价的内容

根据各区间的不同功能，将幼儿园的环境主要划分为主题墙、盥洗室、休息室、户外运动场地、户外展示区等功能区，其中盥洗室与休息室属于幼儿的生活区。

1. 主题墙的评价

对主题墙的评价包含五个指标。第一，主题墙应该具有教育性，这一特性主要体现于主题墙为幼儿展现并提升幼儿学习的轨迹与内容，扩展幼儿的思维。第二，主题墙应该体现主体性，即幼儿参与主题墙的创设，并有较多的机会参与主题墙的建设和探索。比如，小班幼儿可以和老师一起决定主题墙的主色调，中班幼儿可以和老师一起商量主题墙的内容，大班幼儿可以和老师一起设计主题墙的版式、布局、主要内容等。第三，主题墙应该成为一个动态的发展过程，即随着课程的进行，教师需要找寻幼儿新的兴趣点，与课程相连接，进一步扩展、补充主题墙的内容。教师应该细致观察、分析，充分挖掘，将其展现于环境中，促使其动态发展。第四，主题墙还应该蕴涵多种教育的可能性，体现丰富性。比如，材料除了各种各样的纸，还有木材、泥土、竹子等，给予幼儿不同的视觉与触觉感受。第五，主题墙应该体现出艺术性，给予幼儿美的享受与启发。在色调方面，主色调与其他色调应该和谐搭配，不可过暗或者过亮。

2. 生活区的评价

对盥洗室、休息室的评价主要基于两方面的考虑。首先，盥洗室与休息室主要的功用在于为幼儿提供生活、休息的场地，因此，环境创设中应体现的首要特性是其功能性，即确保幼儿在其中的生活活动能顺利、愉快地进行。因此，盥洗室的评价要求各功能区整洁整齐，标识清楚，且呈现方式符合幼儿的年龄特点。休息室的评价则要求色彩适宜、安静、光线合适，提供帮助幼儿放松的材料如柔和的音乐、柔软的毛绒玩具等，以体现其功能性。其次，盥洗室与休息室作为幼儿生活活动发生的主要场所，应支持幼儿生活自理能力的发展，体现出教育性。因此，盥洗室与休息室评价中要求通过图示图像符号激发幼儿独立自主生活的欲望，促使其生活自理能力的发展。生活活动发生于真实的生活场景，而真实的生活环境又恰好是幼儿良好社会性与个性养成的理想土壤。环境创设应鼓励幼儿在生活活动中发展合作、自主等品质。比如休息室里鼓励小班幼儿合作穿衣，中班幼儿独立穿衣，大班幼儿合作折被子、配对左右鞋的图示等，生活区的环境创设不仅要注重便利与美观，更应体现保教合一的原则，关注幼儿生活经验的增长。

3. 户外场地的评价

户外场地是幼儿练习大肌肉运动能力的主要场地。当幼儿走、跑、跳等运动发生时，运动场地应给予幼儿不同的触觉感受，满足幼儿不同活动的要求，不能仅局限于塑胶操场。所以，运动场地的评价涉及诸如沙地、保持原貌的草地、一定坡度的斜面等场地。这样的场地实际上更能激发幼儿运动的乐趣，更能带给幼儿真实而丰富的运动体验和感受。户外运动场地中的材料应该是多样的，能够满足幼儿各种大肌肉运动技能的发展，如发展平衡能力的跷跷板、发展钻的能力的火车隧道等。每一种材料都应该属于低结构且具有一定的难度梯度，既体现其年龄特点，又能兼顾不同幼儿的运动能力，既注重安全，又不失挑战，如不同大小、形状的沙包、用纸箱做成的具有难度分级的迷宫等。另外，材料应具备本园、本地特质，成为本园、本地文化的载体与传播通道，评价强调要结合本地特色，因地制宜开发富有地方特色的材料。对户外展示区评价主要关注其文化性，强调展示区应有本园、本地、本民族特色的图片、标识、实物等，让幼儿能了解地方的独特文化，萌发其集体归属感与文化自豪感。

二、幼儿园一日生活活动评价

《幼儿园教育指导纲要》（以下简称《纲要》）明确指出："幼儿园应为幼儿提供健康、丰富的生活和活动环境，满足他们多方面发展的需要，使他们在快乐的童年生活中获得有益于身心发展的经验。"这里强调的"生活"与"活动"，就是要求幼儿教育必须关注幼儿一日生活中的所有活动，具体包括十个环节，即入园、盥洗、进餐、喝水、如厕、午休、离园及集体教学活动、区域活动、户外游戏和自由玩耍。每个活动环节向另外一个活动环节转换时，存在若干个过渡环节，幼儿教师应高度重视其所内含的隐性教育价值。因为只有源自幼儿一日生活的每一个环节，才是教育过程中最自然、最本真、最贴近幼儿成长需要的教育内容。正如杜威所说的：教育即生活，教育即生长。

生活活动贯穿一日生活的始终，是幼儿园课程的重要组成部分。通过生活活动生成各类主题活动，渗透着健康、语言、科学、艺术、社会等各领域教育内容。在生活活动中，幼儿可以习得良好的生活习惯，生活自理能力和交往能力也能得到较好的发展。

幼儿的一日活动质量直接影响课程的实施和幼儿的发展，高质量的一日活动是幼儿园保教质量的基础。教师是一日活动的具体实施者。所以，一日活动质量评价主要应以教师自评为主，教师通过自评发现自己在一日活动中的经验和有待改进之处。园长要在教师自评的基础上组织教师间的互评，并进行具体的指导，以达到提高教师一日活动质量意识的目的。此外，幼儿园应该在评价的过程中引导家长积极参与，使家长了解幼儿的学习、生活情况，以达到家园共育的目的。

一日生活活动评价具体要聚焦以下七个方面。

（一）一日活动流程的设计科学合理

1.动静交替的活动环节

根据幼儿身心发展的特点，幼儿园活动设计的流程要注重动静交替进行。动静交替首先要体现在户外活动中。教师要能够根据天气情况和幼儿活动量，组织幼儿开展运动和静止的游戏，让幼儿身心得到适当的锻炼和休息。其次，动静交替也要表现在教育活动中，教师要根据教学内容进行切段，让幼儿在充分尝试、操作、激动过后，适当地休息、反思，调适情绪。既能顺利完成教学内容，使幼儿及时展现自己的学习成果并从中感受到学习的快乐，还有利于照顾个别差异,使每个幼儿都体验到成功的快乐。

2.灵活而有弹性的作息制度

传统的一日活动计划在学习内容、组织形式和时间安排上都有太多的限制,并且要求教师严格根据"周计划"和"逐日计划"预先定好的教学内容和各环节规定的时间引导幼儿参与活动,以保证既定目标的实现。因此,教师难以真正根据班级的实际和幼儿的兴趣选择教学内容、安排学习时间及开展自主活动,教师始终在固化地实施各个环节,失去了自主性,幼儿也始终在教师的指挥棒下被动活动,失去了自由。《纲要》指出,"一日生活时间安排应有相对的稳定性与灵活性""尽量减少不必要的集体行动和过渡环节,减少和消除消极等待现象"。为了促进幼儿生动活泼、自主有效地学习,目前,不少幼儿园改革了幼儿园一日活动计划的设置,摒弃了一日活动时间逐段安排制,在一日活动中只规定大的活动时段,如早操、午餐、午睡、离园,其余的小时段教师可以根据班内实际情况进行灵活调整,合理安排。

(二)生活活动内容与主题课程内容相互融合

生命是整体的,生活是整体的,幼儿的发展也是整体的。这就要求作为一种生命活动的幼儿教育也应该是整体的。幼儿一日生活的课程构建,要从幼儿整体发展的需求出发,科学、全面地统筹规划。从具体操作层面上看,就是要对幼儿教育的各要素进行多样化、多层次的整合。所以,优化幼儿一日生活,一方面是整合幼儿教育内容,另一方面也要通过对幼儿一日生活的各个环节、各种活动的合理组合,使教育渗透到一日生活中,建立幼儿一日生活多活动、多环节的有机联系,实现彼此的相互融合。我们应按照《纲要》提出的培养目标,对幼儿一日生活的多种活动和各个环节进行系统的整合,建立科学、合理的幼儿一日生活流程。同时,还要通过整合,使幼儿能够围绕同一个主题进行多方面的探索和体验。

(三)以游戏为基本活动

游戏越符合幼儿的心理特点、认知水平、活动能力,越能有效地满足幼儿的需要。《幼儿园工作规程》明确要求"以游戏为基本活动,寓教育于各项活动之中"。在幼儿园一日生活中必须有充分的时间让幼儿进行游戏,教师应根据幼儿的特点和兴趣创设游戏条件,并在游戏过程中给予适当的指导,使幼儿保持愉快的情绪,促进幼儿能力和个性的全面发展。例如,针对幼儿不自觉喝水或喝水量不足的情况，有些教师将喝水环节进行游戏化处理，组织小汽车要加油的游戏活动，让幼儿在愉快的情景中自觉喝水。

（四）尊重幼儿的主动性

生活活动是幼儿园保育任务的一项主要活动，传统的保育观多从保教人员的立场出发，习惯于向幼儿发出指令式、约束式、训斥式等的强制性要求。幼儿则被动地遵照幼儿园的既定规则，完成用餐、盥洗、喝水、睡眠等环节，幼儿的主动性难以得到充分的考虑。科学的保育观强调尊重儿童，即便在每天必不可少的生活环节，教师也应充分发挥幼儿的主动性，让幼儿成为生活的小主人。教师应注重为幼儿提供宽松的生活环境，尊重、了解不同年龄幼儿的特点和需要，以真诚的爱心、积极的鼓励，让幼儿主动参与到活动之中。如在用餐环节，鼓励幼儿协助教师做好餐前的准备工作，可以每天以小值日生的形式，让幼儿协助擦桌子、添饭、分发餐具；用餐完毕，鼓励幼儿将餐具放至指定位置，将各自的桌面收拾干净等。教师还可组织幼儿讨论生活活动程序或规则（如洗手的正确步骤等），并用幼儿能理解的图像加以表征。将图画贴在生活活动场所，以提醒幼儿主动按程序或规则操作，充分尊重幼儿的主体性。

在一日活动中，要给予幼儿充分的自由，让他们自由地选择材料、选择玩伴、选择玩法，教师的指导应是宽松的、随机的。但是自由宽松并不代表放任，教师要通过有针对性的指导，激发幼儿的活动兴趣，让他们在自主、自由、自愿的活动中体验成功。

（五）营造宽松民主的心理氛围

陶行知先生说："只有民主才能解放大多数人的创造力，而且使最大多数人之创造力发挥到最高峰。"因此，应在教学中创设良好的师生关系。有研究表明，幼儿只有在身心放松的状况下，其学习效果才会达到最好。为此，教师要努力与幼儿沟通，拉近师幼之间的心理距离，尊重幼儿的人格、幼儿的选择、幼儿的个性，关心每一位幼儿，而不在幼儿中人为地划分等级。在交往中，不仅要给予幼儿更多的言语表扬，而且要用微笑、点头、注视和爱抚进行鼓励，消除幼儿的心理障碍，给幼儿以心理上的安全感，使幼儿思维更加活跃，从而更主动地参与到学习活动中去。

（六）提供适宜有效的保教指导

幼儿园一日活动目标不是仅靠教师就能完成的，需要保教人员的共同协作、配合。教师主要负责一日各类活动的计划制订与组织实施，使幼儿一日活动安排合理，内容丰富，体验愉快。保育员应当是教师的助手，其主要责任是观察幼儿学习过程中的行为和需要，并及时地参与对幼儿的引导、支持，帮助幼儿解决困难。在一日生活中，保教人员是否能及时抓住各种有利时机对幼儿进行教育，帮助幼儿梳理已获得的零散的、片段的生活经验，并使之系统化、整体化，是幼儿园一日生活质量评价的重要内容之一。

（七）重视生活秩序常规的养成

在常规培养中，教师不能是严格的控制者，如果幼儿一有违反常规的行为便大声呵斥，过分强调常规，把大量的时间和精力都投放在对幼儿的常规提醒上，必会导致教师的精力消耗过大。因此，教师应更多地在共同的生活和活动中，以多种方式引导幼儿认识、体验并理解基本的行为规则，学习自律和尊重他人。在幼儿园一日生活中，教师应该随时针对活动中的问题，与幼儿讨论共同制定规则、提示规则，监督评比等，让规则的建立给人以行云流水式的感受，在一日活动中渗透教育要求，培养幼儿的良好生活习惯。具体评价指标参见表3-3。

表3-3　幼儿园一日生活活动质量评价表

一级指标	二级指标	三级指标	评价等级 A. 符合 B. 较符合 C. 不符合	备注
生活活动	1.场地的安排利用	不存在安全隐患		
		没有卫生问题		
		入园、离园、午睡等场地安全、方便幼儿活动，没有视觉盲点		
	2.生活用具配备及摆放	生活用具配备齐全、卫生、安全、有特色		
		生活用具整洁卫生，便于幼儿取放		
	3.各环节之间的整合和关联性	有整体教育意识，注重根据教育目标使各类生活活动灵活地有机联系和作用，而非孤立脱节，仅注重局部效应		
	4.执行生活作息制度	认真执行活动流程和环节，能根据幼儿需求灵活安排时间		
		一日流程和环境相对固定		
		保障各班活动质量，统一协调园内各班各项活动时间，不冲突，不影响		

一级指标	二级指标	三级指标	评价等级 A.符合 B.较符合 C.不符合			备注
生活活动	5.生活活动环节和流程的合理性	户内外活动相结合				
		动静交替				
		各环节衔接紧凑、转换自然				
		不存在幼儿被动等待现象				
	6.生活活动组织方式	关注并能灵活处理幼儿生成的活动				
		生活活动组织方式适合幼儿年龄,形式灵活多样,强调游戏性,幼儿愿意参与				
		能够根据季节、节气、节日等灵活设计活动形式				
	7.教师支持与互动	能照顾多数幼儿,并能关注个别幼儿需求和特殊儿童的需求				
		坚持正面教育,鼓励幼儿,无斥责、体罚和不公正对待幼儿的情况				
		为幼儿自主活动提供机会和条件,幼儿能按照意愿选择活动方式和伙伴等				
		对待幼儿的态度自然、亲切,有感情交流,能理解和尊重幼儿,并对幼儿有积极的引导				
		示范自然、常态,注重自己的言行举止				
		注重引导幼儿自主、自理,有机会积极探索和解决问题				
	8.常规、行为习惯及处理能力的培养	坚持要求,指导行为方法,幼儿基本形成良好习惯				
		常规、行为习惯等教育方式灵活多样,注重以游戏为主,不教条和刻板				
	9.幼儿状态	生活环节中幼儿有较多的自由交往机会				
		幼儿有机会发表意见和建议				
		幼儿情绪积极愉悦、自然放松,不紧张、压抑和焦虑				

三、幼儿园集体教学活动评价

幼儿园集体教学活动是存在于各级各类幼儿园中的一种常见的教育活动形式，是在相对固定的时间内、由教师面向全体幼儿开展的一种活动，对幼儿的学习与发展具有重要意义，对幼儿教师的职业理念与素养也有较高的要求。制定幼儿园集体教学活动评价标准的理念为：全面体现幼儿园集体教学活动设计与实施的各个方面，以评价标准来引领对集体教学活动规律和要领的科学、系统认识。

（一）集体教学活动的价值

集体教学活动注重体现教师的预设，反映教师在观察幼儿最近发展区的基础上对幼儿发展的把握，是教师按照一定的教学目标，依据一定的原则，选择教学内容、设计教学过程，面向全班幼儿实施教学过程的活动。

1. 突出程序设计

集体教学活动的程序设计是指教师设计教学过程中的时间流程与空间形态等，教师要合理科学地安排各组成部分的序列和各个环节所占的时间比例，突出重点、难点。在课堂的空间形态上，教师要对课堂上幼儿的座位安排、教师与幼儿之间的空间距离、幼儿与同伴之间的互动距离等都作逐一考虑、精心安排。要在深刻把握幼儿的年龄特点及各年龄段培养目标、幼儿发展的阶段目标的基础上认真做好活动预设。各环节的设计要体现层层递进、环环相扣，不断激发幼儿的自主思维，引导幼儿体验有效的学习。

2. 突出目标引领

集体教学活动必须有清晰的、可检测的、可达成的课堂教学目标，如具体解决什么问题？帮助幼儿积累什么经验？引发孩子进一步探索什么新问题？

3. 突出教师作用

在集体教学活动中，教师是一个智慧的课程实施者，在关注幼儿已有经验的基础上进行精心预设之后开始现场实践。在活动中，教师与幼儿之间有效的集体对话，积极的师幼互动，正确的提升引领显得至关重要。集体教学活动有助于教师对幼儿的发展做出评价，正是在这种集体解决相同问题的过程中，教师能通过幼儿之间的横向比较，迅速了解幼儿在某些方面的发展状态。教师在集体教学活动中的作用就像是一辆正在行驶中的汽车上的驾驶员，把握着活动发展的方向，决定着活动进行的速度，影响着活动开展的质量与效果。

（二）集体教学活动应有重点主题

尽管目前教师呈现的各类活动方案不再以学科的方式呈现，但真正有效、有价值的活动往往是聚焦某一领域，具体解决某个问题的主题教学活动。大拼盘、大杂烩只会让人感觉到热闹有余，效率却不高，除了难以把握重难点之外，还会增加幼儿的认知负担。集体教学活动一般都围绕主题目标，偏重某一领域，既体现主题要求，又考虑到教育内容的落实。教师要着力于设计和开展源自幼儿生活实际问题的、适合幼儿年龄特点的活动，实实在在地帮助幼儿积累某方面的经验。要努力将两者有机结合，凸显主题背景下集体教学活动的意义。

（三）集体教学活动应该是整合的、自然有效的

1. 让主题内容与学科内容有效整合

（1）注入式。在预设的主题活动中，教师要根据主题活动的内容与要求，注入相应的学科知识。幼儿在学科教育活动中获得的知识、技能、学习方法和态度能够解决幼儿在开展主题活动过程中碰到的实际问题，从而推动主题活动更好地开展。教师要运用扎实的、系统的学科教学知识，清晰地把握不同年龄段的幼儿身心发展特点、学习特点、学科教学本身的"序"，并能根据小中大不同的主题目标，将原有的学科内容嵌入主题活动之中，使主题活动与学科教学相互融洽，相得益彰。

（2）融合式。主题活动与学科教学整合的最高境界就是两者相互融合，不分彼此，相互推动，共同发展。主题开展过程中，当幼儿已有的知识经验已不能满足活动的需要时，教师可不断地引入新的学科知识，和预先设定的学科知识共同起作用。让幼儿在不断地发现问题、解决问题，又产生新问题的过程中获得发展。

2. 让显性目标与隐性目标有效整合

在实践中，每个活动所要达成的目标要表述清晰、重点突出，因此呈现时往往只有一到二个显性目标。但教师心中应该还有若干隐性目标。活动进行的过程中，幼儿积极的情感态度、良好的行为习惯、正确的处事方式等多方面的隐性目标都应在教师关注的范围之中。

3. 让不同的活动形式有效整合

对幼儿来说，最有价值的不是孤立的、某个领域的经验，而是要学会把这些经验融会贯通，形成整合的经验。教师应从主题入手，使各个领域的活动在主题活动里有序展开，主题活动越生动丰满，孩子的情感就越丰富。

4. 集体教学活动应该是有序递进、挑战适度

维果斯基的"最近发展区教学"理论所揭示的是一种有规律的教学，要求教师能在生活中、低结构活动中、个别化学习等过程中寻找并发现幼儿的最近发展区，并在此基础上设计、组织开展对幼儿有一定挑战的活动。

（1）有序递进。教学应该是有序递进的。不同的年龄阶段和学习领域都有各自发展的序。在以学科为中心的教学时期，教师对序的把握要更优于今天。以主题活动的形式开展各类活动，更符合幼儿的年龄特点和生活实际。它将幼儿的学习放置于一个具有更广泛、更有价值和意义的生活背景中进行，使课程内容被儿童同化，使其获得整合的发展。

（2）挑战有度。在制定活动目标、设置活动的挑战点时，应当首先考虑孩子的已有经验如何，可以接受怎样的挑战，要明白活动给孩子带来的发展价值到底是什么，这需要教师巧妙地把握"度"。目标的制定要遵循适切性原则，关注幼儿的最近发展区，力图让孩子在已有经验的基础上有所拓展和提升。

5. 集体教学活动应该促使孩子持续发展

优质的集体教学活动应该让孩子带着问题进课堂，又带着问题走出课堂。有经验的教师往往通过低结构活动及日常观察找到孩子的最近发展区，随后将之设计成一个集体教学活动，在集体教学活动中敏锐地捕捉到孩子新的生成点，引发、鼓励孩子进一步探索，支持幼儿进一步表达和表现。

教学是一门艺术，集体教学活动更是一线教师的基本功。只有不断学习、实践、反思，不断优化教学方式，才能实现良好的教育效果。具体评价指标见表3-4。

表3-4　幼儿园集体教学活动评价指标

一级指标	二级指标	三级指标		评价等级	备注
				A. 符合 B. 较符合 C. 不符合	
集体教学活动	1. 活动设计	（1）活动内容	选材来源于幼儿的兴趣或发展需求，或来源于幼儿的实际生活		
			教学内容符合幼儿的年龄特征与身心发展水平，且健康正确		
			教学内容围绕教育目标		
			内容有一定的综合性，能体现领域间的融合与渗透		

续表 3-4

一级指标	二级指标	三级指标		评价等级			备注
				A. 符合 B. 较符合 C. 不符合			
集体教学活动	1. 活动设计	（2）活动目标	目标准确，充分地挖掘了活动主题的教育价值，且符合幼儿的年龄特征				
			目标的表述清晰、具体、可操作，避免过于笼统、概括和抽象				
			目标之间层次清晰、联系紧密、重点突出				
			目标具有综合性、灵活性和开放性				
			教师有对学习目标和探究任务解释的能力				
			幼儿对学习目标的理解明晰				
		（3）环境与材料	创设与活动内容、目标相关的教育环境，提供必要的场地和活动材料				
			材料能满足幼儿探索、操作和交往等活动需要				
	2. 活动实施	（1）教学过程	导入策略简洁、适宜、有效				
			教学环节清晰，围绕目标层层递进，重点突出，时间合理				
			教学环节过渡自然，衔接紧密				
			教学过程中幼儿积极主动、参与度高				
			教学过程流畅，教师对幼儿的提问、引导、回应积极有效				
			情绪情感氛围和谐、自然，师幼互动交流良好				
			教师对幼儿情感、认知等需求敏感，有适当回应				
			教学结束环节能体现活动的开放性和延伸性				
		（2）教学方法	所采用的方法符合幼儿年龄特征，体现游戏化、活动化				
			教学方法灵活多样，能自然将多种方法有机结合				
		（3）教学管理	对幼儿的问题行为和突发事件的处理得当				
			为幼儿提供探索的机会，安排活动的时间合理有效				
		（4）教师素养	教育理念科学，教学思路清晰，教学基本功扎实				
			能够流畅地运用普通话进行教学，语言准确、生动、形象，富有感染力				
			教态自然大方，诚恳自信，感情饱满				

续表 3-4

一级指标	二级指标	三级指标		评价等级	备注
				A. 符合 B. 较符合 C. 不符合	
集体教学活动	3. 活动效果	（1）目标达成度	完成教学任务		
			能够做到下要保底，上不封顶		
		（2）幼儿状态	整个活动过程儿童自然、充实、专注		
			情绪情感平静愉悦，与同伴交往和谐融洽		
			积极参与思维探索活动或技能活动等		
			活动结束时，幼儿掌握了关键经验		
			幼儿有充分的机会感受、表达和创造		

四、幼儿健康和安全教育评价

现代保育观坚持保教融合原则。"保"是指"保育"，侧重于幼儿的身体养护与生活照顾。"教"是指"教育"，侧重于幼儿的心理机能与习惯的养成。高质量的幼儿园保育既重视对幼儿身体上的照顾和养育，也要关注幼儿精神、情感、智力等各方面的全面发展。《规程》中明确指出："幼儿园实行保育和教育相结合的原则。"《纲要》也指出幼儿园教育要"保教并重"，"必须把保护幼儿的生命和促进幼儿的健康放在工作的首位"。《国务院关于当前发展学前教育的若干意见》强调"坚持科学保教，保教结合，促进幼儿身心健康发展"。

由于幼儿的生长发育迅速但远未完善，可塑性强但缺乏知识经验，活动欲望强烈但自我保护意识薄弱，因而幼儿保育在幼儿园工作中显得尤为重要，保育的重要性也是学前教育特殊性的重要体现。幼儿园工作中的"保"和"教"相互渗透、相互融合。例如，保护幼儿的生命安全与健康，既属于保育工作范畴，又是幼儿健康领域的教育内容。因此，幼儿园应该坚持"保教并重"原则，保中有教，教中有保，即在幼儿的日常生活和保育工作中要渗透教育的因素，在教育的过程中注意保育因素，依据幼儿身心发展的特点来组织各种活动，以促进幼儿的身心和谐发展和健康成长。

幼儿身心健康不仅能提高幼儿期的生命质量，而且为其一生的发展奠定了基础。高质量的幼教机构应该坚持保教结合，将幼儿健康和安全融入一日生活的各个环节，为幼儿提供一个健康和安全的环境，有防止疾病和事故的措施，能够随时处理紧急情况，可以有效开展健康和安全教育，促进幼儿的身心和谐发展。

（一）保教人员

幼儿园参与保教工作的人员应包括幼儿教师、保育员、医务人员、食堂人员及部分参与安全工作的后勤人员。尤其是幼儿教师与保育员，在保教过程中要建立伙伴关系。教师要提高健康与安全教育的意识和技能，在教学过程中注重保育环节，如通过一日生活常规训练来实施教育，通过游戏等活动提高幼儿自我保健的能力。保育员也必须具备教育意识，认识到自己的工作是幼儿教育的重要组成部分。

（二）健康与安全教育内容

幼儿园的保育工作不应局限于打扫卫生和照顾幼儿的吃喝拉撒，而应该包括更广的内涵。良好的保育不仅要关注幼儿生活的安排和护理、身体的保健和养育，以及生长发育指标的达成，更应该关注如何提高幼儿的生活质量，包括提供健康的、安全的物质生活环境条件和创设宽松、和谐的人际心理环境，促进幼儿的身心和谐发展。评价指标聚焦于幼儿健康和安全教育的计划、实施与效果检验。注重对动态因素的评价，如对相关制度的落实、对教育环境的创设与利用、对保教人员的专业支持与培训等。

（三）管理制度与培训

首先，科学合理的健康与安全教育制度是顺利实施保教工作的保障。幼儿园应以管理制度来明确操作细则、规范保育行为，形成规范、科学、有序的制度体系，为高质量的幼儿园保教提供保障。幼儿园应建有健康检查、卫生消毒及卫生保健登记统计等各项卫生保健制度，以及各种应急措施预案，更注重制度的坚持和落实，如幼儿健康档案、晨检记录都应该有相应的过程性文字材料。其次，高质量的健康与安全教育工作需要幼儿园给予保教人员专业培训等方面的支持。保教人员是实施幼儿园保教工作的主体，他们的素质会直接影响健康与安全教育工作的质量和效果。

五、幼儿园区域游戏活动评价

幼儿园区域游戏活动质量评价指标体系是根据幼儿园区域游戏活动组织的基本流程，分为七项指标，分别是区域活动空间场地、时间安排，区域活动材料投放，区域活动设施安全与卫生，区域活动前的准备，游戏过程中的教师观察与指导，区域游戏后的讨论与分享，幼儿游戏表现。七项指标下的具体指标在突出环境与教师对幼儿游戏的支持性，体现幼儿园区域游戏活动的自由性和发展性，也兼顾了评价理念的概括性与教育实践所要求的操作性的统一。

（一）区域活动空间场地、时间安排

（1）区域设置、墙饰布置安排合理，内容适合幼儿年龄特点，并能吸引幼儿及家长参与物质准备和环境布置，鼓励幼儿自己寻找材料、参与设计主题，布置各个区域。充分合理利用空间，区角数量以4～6个为宜，内容丰富易于幼儿操作。

（2）区域设置考虑采光、用水等特殊需要，动静分开，避免干扰。区域之间有适当的间隔或标界，室内通道方便通行。

（3）有可以陈列、展示幼儿作品的开放式的玩具橱、玩具架，高度适合幼儿取放、观赏，资料分类置放。

（4）整体的游戏空间安排需要既符合幼儿的活动需要，又有提供教师观察幼儿游戏活动的空间的角度。

（5）游戏时间也是个很重要的指标。一般来说，低于半小时的游戏安排对幼儿的发展没有实质性的助益，因此，游戏时间应大于半小时且没有上限，上限可视幼儿园具体的日常作息与课程实施情况而定。

（二）区域活动材料投放

总体上，要为幼儿提供的游戏材料（有半成品、成品）充足，有层次、卫生、安全并将教育意图蕴含在材料中，并充分利用安全无毒的废旧物品、本地丰富的自然资源以及自身的优势创造体现本班的特点、特色的游戏材料。

（1）活动材料设计：材料能够物化教育目标，有益于激发幼儿的游戏兴趣，启发幼儿的思维。

（2）活动材料的投放：应丰富多样，具有层次性、操作性、有效性和趣味性；能够满足不同水平的幼儿的发展需要，并针对幼儿实际及时调整更换。

（3）活动材料的制作：充分利用废旧物品及乡土资源。

（4）活动材料摆放有序，便于幼儿取放。

（三）区域活动设施安全与卫生

（1）区域内设备及材料与室内空间大小相匹配。

（2）区域的性质与其所处的位置相匹配。

（3）区域内没有锐利、有毒、易破碎、易造成幼儿身体伤害的物品。

（四）区域活动前的准备

（1）无论是新创设的区域还是更新的材料，尤其是班上有新孩子的加入时，教师需有意识地选择更合适的方法引导幼儿逐渐熟悉所有活动区里的各种材料以及材料的功能。

（2）师幼共同建立规则，执行规则，规则包括操作材料的规则、与他人相处的规则、良好行为习惯的规则等。教师应将规则蕴含在环境中，生动形象地传达给幼儿，为每个幼儿创造展示自己优势的机会，充分肯定每个幼儿的进步与努力，营造宽松、民主、温暖、和谐的气氛，引导幼儿自己管理、处理活动中所发生的事情。

（3）教师应该尊重所有幼儿在游戏中对区域的选择，使用灵活多样的方法鼓励和尊重幼儿自主选择区域，必要的时候进行适当的引导。

（五）游戏过程中的教师观察与指导

1. 观察

游戏是幼儿的基本活动，是幼儿的生命。正如维果茨基所说的，游戏创造了儿童的最近发展区，教师应当把握好游戏过程中对儿童的观察，这是真正了解儿童的有效途径。区域活动的指导首先是观察。教师在活动中凭借观察来抓住反映幼儿某一活动发展水平的创造性表现，从而较准确地把握幼儿活动的动态和发展水平，在此基础上有目的地、灵活地投放或更换材料，并提供适时、适当的指导，从而提高区域活动的水平。教师应该有比较科学、方便使用的观察记录表。为了防止观察出现偏差，可采取两位教师同时分区负责的方法，尽可能地把指导工作做得细致实在。观察记录之后，运用儿童心理学、发展心理学的相关理论知识综合分析幼儿的发展状况，进一步提出合适的后续教育方案是观察的最终目的。观察中要注意点面结合，突出重点，特别要注意的是，观察过程中要尊重个体差异，确保幼儿实现个性化发展。

2. 教师指导

（1）能指导幼儿选择活动，使活动符合幼儿的兴趣，适合幼儿的现有水平，并能激发幼儿的新需要。

（2）能巡视、照顾全体幼儿的活动，及时发现幼儿情绪，倾听幼儿的想法与意见，用眼神、笑容、身体接触、动作等鼓励幼儿尝试各种玩法。

（3）能根据安排有重点地对不会游戏的儿童及时进行有针对性的指导，尊重幼儿的想法，游戏结束时，引导幼儿自评和互评。

（六）区域游戏后的讨论与分享

游戏之后为幼儿提供讨论、分享与交流的机会，目的在于帮助幼儿形成和提升经验，同时为教师提供反思与调整的机会。在此环节要注意以下几点。

（1）评价过程应由静态评价变为动态评价，贯穿活动的全过程。评价不仅仅是区域活动中某一环节的事，也不是静态的。它应该贯穿于活动的全过程，是动态的、是发展的、是适应幼儿的需要而随时出现的。

（2）评价情境应由人为的变为真实的，应在真实的区域活动情境中进行评价。评价是对真实表现的解释，而不是对设计活动的解释。在区域活动中，孩子们的行为表现是不确定的，我们不应事先为评价设计固定的内容，应让评价真正地指向幼儿在区域活动中生动的表现，细心去品味，做到"品与评"的结合。

（3）评价的主体应由单一化转向多元化，注意与幼儿的互动。区域活动中，教师、幼儿都是参与者，因此，评价时不能由教师唱独角戏，而应吸引幼儿主动参与，成为评价的主体之一。教师与幼儿互动，形成对拍球的关系。

（4）评价中注意其对活动的提升价值。评价不是简单的就事论事，它是集中问题、交流经验、整理总结的过程，因此，要注意评价对活动的提升价值。评价时，除了现象，更要分析现象后面的原因，通过分析提升活动质量，挖掘现象后面的价值。

（5）评价时要有重点。在某一次活动中，教师可能会发现很多问题或者未发现问题，这两种情况经常会造成评价时无法面面俱到、泛泛而谈，这样幼儿经常会听得云里雾里。因此评价时应该重点清晰，繁简结合，应该深入剖析重点问题。

（6）评价中要留有一定的空间。在区域活动中，幼儿通过对材料的操作可获得直接经验，但直接经验的获得往往需要耗费很多的时间和精力，需要间接经验来补充。况且借鉴他人的经验也能更好地帮助幼儿探索直接经验，而通过评价就可以让幼儿较简便地获得许多间接经验。

（七）幼儿游戏表现

对幼儿游戏表现的评价应该把握几个主要观测点，如自主性（幼儿是否自主选择区域活动内容，情绪愉快）、与材料互动（正确操作材料，探究玩法，获得经验)、坚持性(有始有终完成某项活动)、遇到困难尝试解决问题、是否遵守规则而不影响同伴的活动、活动结束能将材料放回原处、协助老师整理场地、乐于与同伴老师分享自己的游戏经验。教师在评价实施中要注意观察以下几点:

(1)幼儿能否按自己的意愿选择活动和玩伴,并能根据自己或伙伴的一致意见设定和变换游戏目的、规则,按自己的设想布置环境进行活动,并能创新玩法。

(2)幼儿能否正确使用玩具、材料、工具,又能否创造性地运用,做到爱护玩具、材料、工具并自行收拾整理。

(3)幼儿是否情绪愉快,对活动有浓厚兴趣、专注,幼儿之间关系友好,有积极的言语交流和合作,游戏结束时,会评价自己和他人的行为。

具体评价指标见表 3-5。

表 3-5　幼儿园区域游戏活动评价指标

一级指标	二级指标	三级指标	评价等级 A. 符合 B. 较符合 C. 不符合			备注
区域游戏活动	1. 区域活动空间场地、时间安排	活动区类型多样,涉及五大领域课程的整体性目标				
		活动区数量充足,基本满足全体幼儿的兴趣与需求				
		有明显的交通要道便于全班幼儿互动交往				
		无教师观察上的死角				
		幼儿进入区域后的游戏时间不低于半小时				
	2. 区域活动材料投放	材料与物品丰富多样,具有层次性、可操作性				
		材料具有对幼儿活动的暗示性,能物化教育目标				
		充分利用废旧物品及乡土资源				
		针对幼儿实际需求进行及时调整更换				
		材料摆放有序,便于幼儿取放				
	3. 区域活动设施安全与卫生	区域内设备及材料与室内空间大小相匹配				
		区域的性质与其所处的位置相匹配				
		区域内没有锐利、有毒、易破碎、易造成幼儿身体伤害的物品				
	4. 区域活动前的准备	引导幼儿熟悉所有活动区材料及功能				
		引导幼儿共同制定和理解活动区的基本行为规则				
		使用灵活多样的方法鼓励和尊重幼儿自主选择区域,必要的时候进行适当引导				

一级指标	二级指标	三级指标	评价等级 A. 符合 B. 较符合 C. 不符合			备注
区域游戏活动	5. 游戏过程中的教师观察与指导	教师有重点地观察幼儿的区域游戏，并能兼顾其他幼儿的游戏活动				
		在对幼儿观察的基础上进行介入和指导				
		引导幼儿专注、持续地活动，培养幼儿良好的活动习惯和心理品质				
		对儿童区域活动中的游戏表现能在当天及时记录、分析、反思和调整				
	6. 区域游戏后的讨论与分享	幼儿整理完游戏材料后设有讨论与分享环节				
		幼儿是讨论分享环节的主人，教师要多问几个"为什么"，不要急于将问题的答案或方法直接告诉幼儿				
		形式上忌教师"一言堂"、少面面俱到的总结概括，而以解决问题和分享经验为主要形式				
		讨论与分析的目的在于整理和提升幼儿的已有经验，并在同伴中乐于分享自己的经验				
	7. 幼儿游戏表现	幼儿能自主选择活动区域，情绪愉快地参与到所选活动中				
		幼儿能够独立或者与同伴共同努力探究，愿意运用多种方法尝试解决活动中遇到的问题，具有一定的坚持性				
		活动结束能自觉或在提醒下将材料正确归位，并乐于分享自己的游戏经验				

六、幼儿园户外活动评价

《纲要》明确要求：幼儿园必须要把保护幼儿的生命和促进幼儿的健康放在工作的首位。《纲要》强调了户外活动的重要性，指出户外活动是提高幼儿身体素质，促进动作协调发展的重要途径。户外活动是幼儿最喜爱的活动，幼儿园要积极开展适合幼儿的户外体育活动，充分利用日光、空气、水等自然因素，以及本地自然环境，有计划地锻炼幼儿的肌体，增强身体的适应和抵抗能力。在户外活动中，幼儿的双手、头脑等全身器官都得到了解放，有助于幼儿平衡能力、动作协调、灵敏度以及力量和耐力的发展。幼儿教师需要针对幼儿的年龄特点及实际情况，结合主题教育的内容、挖掘户外活动中潜在的教育功能，培养幼儿的探索兴趣和动手能力。幼儿园户外活动的评价涉及的内容包括户外活动的环境、场地、设施以及材料的投放，教师对幼儿的支持以及安全保护措施的渗透。

（一）户外活动应重视安全教育，增强幼儿的自我保护意识

在幼儿园的户外活动中，教师首先要关注幼儿的安全教育，重视户外活动中常规的建立，以及安全意识的渗透。在幼儿分散活动的时候，教师要向幼儿交代清楚户外活动的规则，根据幼儿的年龄特点制定各项安全事项。在活动的过程中，教师要注意检查幼儿的仪表，关注幼儿的运动负荷，把握幼儿的活动强度、运动密度、活动数量（练习次数及距离），引导幼儿适当地活动。活动时，教师应四处走动，及时纠正幼儿的危险动作，倾听幼儿的交谈和评价，及时发现幼儿的问题并进行安全意识的渗透，在引导幼儿满足兴趣需要的同时，实现对幼儿个性的培养。

（二）合理、有效地组织和实施户外活动

户外活动的组织与实施，考验着教师对开展户外活动环境的掌控能力，教师需要根据《纲要》及《指南》的具体要求和园所条件，结合本班幼儿的发展情况，科学合理地设定活动目标，选择活动内容，充分做好活动设施及材料准备，灵活机智地指导幼儿在户外游戏。

1. 创设安全、合理的户外活动环境

《指南》指出："开展丰富多彩、适合幼儿年龄特点的各种身体活动，如走、跑、跳、攀、爬等。"因此，开展户外区域体育活动应创设开放的体育环境，使幼儿与环境相互作用。在创设户外区域环境时，要考虑到发展幼儿多方面的运动能力，根据幼儿的兴趣和幼儿园的空间特点，充分挖掘幼儿园的资源，包括多功能运动场、体能测试区、攀爬区、平衡区、感觉区（卵石路、沙坑、戏水池）、车区、玩具区等。为了让幼儿有休整的空间，也可将户外长廊改造成幼儿运动休闲区，幼儿可以在长廊里翻绳、寻找小脚印、识别图形等，使幼儿的休息环境也具有趣味性、娱乐性、参与性。此外，幼儿在户外区域体育活动中虽然是自选游戏，同样也需要关注教师在幼儿发展中的作用，注重教师和幼儿的有效互动，争取在关心、观察、理解、尊重幼儿的基础上为其营造轻松的心理环境。

2. 科学投放玩具材料

教师除了为幼儿提供一些购置的玩具，如绳子、跳绳、球、橡皮筋等，还应因地制宜，变废为宝，亲自动手制作大量的体育玩具，不管是材料的数量还是种类，都应丰富多样，以满足幼儿不同的兴趣需求。同时，还应提供满足幼儿不同发展水平的材料，根据幼儿发展具有差异性的特点，在投放材料时应考虑材料的层次性，使每个幼儿都能获得成功的体验和发展。还应提供可引导幼儿不断创新的材料，随着幼儿的年龄变化，不断设计不同难度的游戏。要及时地调整玩具材料，满足幼儿不断发展的需要。

3. 确保户外活动的时间

在具体的一日生活安排中，教师应做好科学、合理的规划，确保幼儿在户外活动的时间和精力。可以结合不同季节制订与之相匹配适宜的户外活动作息表，根据幼儿园实际场地条件以及班额，统筹规划户外活动场地，合理安排幼儿的户外活动时间。

（三）户外活动应讲求科学化和趣味化

教师在开展户外活动时，除了一些经典的体育游戏外，也可根据自然环境的情况及幼儿身心发展的特点，在户外穿插一些运动量适宜的游戏项目，组织一些角色游戏、智力游戏等，开展一些科学的体育活动，从而提高幼儿的基本活动技能和运动技能，达到锻炼身体、增强体质的目的。教师在户外活动组织过程中应该遵循以下五个原则：

（1）循序渐进原则。要注重幼儿活动量的逐渐递增，避免活动量过大，或活动不当。

（2）常规性原则。即要注意保持户外活动的经常性、规律性，使之成为幼儿一日生活的必要组成部分。

（3）动静结合原则。即在活动过程中要注重动静交替，劳逸结合，有效地指导幼儿科学地活动，提高幼儿的身体素质。

（4）全面发展原则。即在活动的过程中，要注重幼儿身体的全面锻炼，上肢、下肢，全身各部分能得到恰当的锻炼和舒展。

（5）尊重个体差异原则。即在活动过程中要结合幼儿的最近发展区，有针对性地给予不同水平的幼儿以有效的指导和反馈，从而促进其进步。

（四）户外活动中应关注个体差异

在户外活动中，教师要及时关注幼儿的个体差异，通过细致的观察，掌握幼儿的活动及体能情况，理解幼儿独特的感受。此外需要强调，在活动过程中，教师扮演的角色既是幼儿活动的支持者，也是幼儿的游戏伙伴。面对发育较慢或者动作尚不协调的幼儿，教师要带领其一起活动，并及时给予适当的指导。

另外，教师也可以自然地加入游戏的队伍，以游戏者的身份参与到幼儿的活动中，以平行的角色给予幼儿支持。教师通过观察，基本掌握了每个幼儿的实际水平，可以有目的、有针对性地指导幼儿进行活动，让不同水平的幼儿都能有所选择，从而照顾到不同水平的孩子。同时，注意观察幼儿的活动情况，有针对性地反馈、调整幼儿的活动需要，根据个体差异进行随机教育，调动幼儿主动活动的积极性，从而较好地达到户外活动的效果。

（五）户外活动应尊重幼儿自主性

在幼儿园的户外活动中，教师可以有意识地组织一些游戏活动，并给幼儿创造一些自由活动的空间和时间。比如，每个幼儿园都有大型的玩具对幼儿开放，教师也可以组织不同班级或不同年龄的幼儿共同游戏，打破幼儿年龄、班级的界限，实现幼儿之间自然的接触和交流，让幼儿在活动中相互帮助，相互促进。教师在幼儿活动的过程中，要细心地观察幼儿的情感、态度变化，以及幼儿对游戏的积极性，保证幼儿的运动量，并实现循序渐进。同时，幼儿应该能够根据自己的兴趣爱好选择活动材料，自由活动，感受活动的快乐，并在趣味性的环境中与同伴交流和分享。

总之，户外活动是一种高度自主的活动，教师通过观察会发现不同幼儿在活动中的不同表现。针对不同的幼儿，教师需要采用不同的方法。《指南》强调，要"以欣赏的态度对待幼儿"。教师要重视释放幼儿的活动空间，给幼儿户外活动以充分的自由，为幼儿创造自由、愉快的活动环境，让幼儿在积极主动的活动中，实现综合素质的全面发展。幼儿园户外活动评价具体指标见表3-6。

表3-6　幼儿园户外活动评价指标

一级指标	二级指标	三级指标		评价等级 A.符合 B.较符合 C.不符合	备注
户外活动	1.户外活动设施情况	（1）户外活动设施安排	户外活动设施适合于幼儿		
			有开展各种体育游戏的设备，如平衡木、秋千、攀爬的设备等		
			有进行合作游戏的材料和设备，积木或其他自制材料		
			提供足够的体育器材和自制体育玩具，满足幼儿活动的需要		

一级指标	二级指标	三级指标		评价等级			备注
				A. 符合 B. 较符合 C. 不符合			
户外活动	1.户外活动设施情况	（2）户外活动设施安全	设备安置牢固				
			在攀爬、摇晃等器械下有毯子和橡胶粒等				
			摇晃设备的材料柔韧				
			摇晃设备与奔跑、骑车等设备分开				
			较高的设备有保护栏杆，以防幼儿从高处掉下来				
	2.户外活动的组织与实施	（1）目标内容	有体育活动计划，教育目标明确、具体，符合幼儿实际发展水平，并具有可操作性				
			根据教育目标选择活动内容，能兼顾相关领域，满足幼儿发展需要				
			活动形式的选择符合肢体均衡、协调发展的需要，并具有趣味性				
		（2）活动准备	根据活动内容和形式，选择适宜的活动场地				
			根据目标要求选择器械材料，玩具材料充足，满足不同幼儿的发展需要				
			教师活动前检查幼儿着装，促进幼儿增强自我保护意识，提醒幼儿脱衣、擦汗及活动后的整理工作（洗手、擦汗、适量饮水、适当休息、及时增衣）				
			适时对儿童进行安全教育，并做好场地、器械等方面的安全检查				
		（3）活动过程	精神饱满，能用简练的语言让幼儿明确活动内容和要求				
			示范动作准确有力，口令规范				
			灵活运用适当的组织形式与方法开展各项活动，活动过渡自然安全				
			保证幼儿的运动量，活动量循序渐进				
			能够把握幼儿的活动强度、运动密度、活动数量（练习次数及距离）				
			注意观察幼儿活动情况，有针对性地反馈、调整幼儿活动需要，根据个体差异进行随机教育，调动幼儿主动活动的积极性				
			引导幼儿遵守必要的活动常规，减少冲撞				
			注意培养幼儿友好合作的意识				
			能够根据季节变化安排活动内容，并关注幼儿身体健康				
			确保1小时或以上户外体育活动时间，集体与分散活动时间适度				

一级指标	二级指标	三级指标		评价等级	备注
				A. 符合 B. 较符合 C. 不符合	
户外活动	2.户外活动的组织与实施	（4）活动效果	幼儿能充分利用教师提供的运动器械和玩具材料主动参与活动，情绪愉快，对体育活动有浓厚兴趣		
			幼儿运动技能能达到同龄儿童的发展水平		
			幼儿能利用环境进行自主运动和锻炼		

七、师幼关系质量评价

（一）师幼关系质量的重要意义

师幼关系质量反映了幼儿教师的专业成长。国外对师幼关系质量的评价多采用以教师为信息源的师生关系量表，它具有良好的信效度，但需避免教师评价时的主观性。研究表明，教师的个人特征对评价结果有显著影响：如自我效能感低、高抑郁感的教师倾向于报告出更多富于冲突性的师幼关系。因此，有必要从幼儿的视角来评价师幼关系质量，但幼儿对师幼关系的评价会受幼儿认识水平和表达能力的影响。

作为处于师幼关系之外的观察者的评价较为客观，但作为局外人，观察者难以准确洞悉师幼关系中的隐蔽部分。单一评价信息来源的方法和工具虽然也能在一定程度上评价师幼关系质量，但均有其局限性。因此，为了科学评价师幼关系的质量，应拓宽评价信息的来源，实现不同信息来源之间的交叉互证。

师幼互动、师幼关系直接影响着幼儿的身心发展和学前教育的质量，师幼关系与儿童的社会性情感发展、入学准备乃至今后的学业成功等密切相关。对于师幼互动的关注有助于唤醒教师的反思意识。我国学者韩春红（2016）通过对近十来年国际学前教育质量前沿进展和发展方向进行研究发现：师幼互动质量已成为国际学前教育质量研究的核心；研发和应用科学的师幼互动评估工具是当前学前教育质量研究的重要内容。南京师范大学教育科学研究院研究小组提出，应尝试从师幼关系角度来考量幼儿教师的专业发展，研究幼儿教师专业发展的评价标准。从师幼关系角度看，幼儿教师实现专业发展的有效途径包括关注教学活动中的幼儿，精心设计和实施幼儿保教活动，根据幼儿的兴趣和需要设计符合幼儿特征的保教活动方案，为保教活动创设适宜的环境条件；关注日常生活中的幼儿，有效组织幼儿进行游戏和区域活动，尊重幼儿的个体差异，乐于与幼儿开展良性互动，重视对幼儿进行个别关爱和教育；尊重各评价主体的地位，充分发挥各评价主体的作用，重视对幼儿发展的评价，注重发挥家长、同事、幼儿的评价作用，以掌握和运用科学的幼儿成长评价方法来促进幼儿教师自身的专业成长。

真实可靠的研究结果应当以科学的研究方法和工具为前提，因此，开发师幼关系质量的评价方法与工具对于提高师幼关系质量具有重要的理论价值和显著的现实意义。

我国学者研究发现，幼儿教师每天都要面对幼儿的独占、争抢、攻击、告状、干扰、破坏和冲突行为，4～5岁幼儿普遍存在告状行为，幼儿告状与幼儿的情绪情感密切相关，也与幼儿语言发展能力、道德判断力、道德评价能力、规则意识等发展密切相关，且易受周围环境如场地、空间等的影响。告状行为虽小，但若处理不当，也会影响幼儿间、师幼间的关系。北京师范大学朱佳慧以评价信息的来源为分类依据，对国外已有的师幼关系质量评价方法和工具进行了梳理，值得我们关注。

（二）师幼关系的类型

师幼关系的内容丰富多样，可以依据不同角度的互动方式进行归纳和分类。从互动特点看，师幼关系可分为"教师中心式""幼儿中心式"和"知识中心式"。我国学者将师生互动划分为"师个互动""师组互动"和"师班互动"三种类型，并提出了三种师生互动行为属性，即"控制—服从型""控制—反控制型""相互磋商型"。基于实践观察，可将师幼互动关系划分为"严厉型""民主型""开放学习型"和"灌输型"四种类型。

（三）师幼关系的影响因素

幼儿方面的影响因素包括性格特点、气质类型、性别和个体能力（如自理能力、理解能力、言语能力等）。幼儿的性格和语言能力会影响到师幼关系的质量，性格外向但语言能力较差的幼儿容易与教师发生冲突，师幼关系可能会不和谐。性格内向但语言发展较好的幼儿易与教师产生依恋关系，过于害羞的幼儿很难与教师建立亲密的关系，他们很少主动地发起互动行为，但是他们可能会获得更多由教师发起的互动。生活自理能力较差的幼儿也能更多地获得由教师发起的互动。

教师方面影响师幼关系质量的因素包括价值观和教育观念、教师期望、学历、自我反思意识和能力等。研究表明，坚持"儿童中心"观的教师比坚持"教师中心"观的教师与幼儿展开互动的频率更高、时间更长，教师敏感性较强，对幼儿行为的反馈更为及时，师幼关系也比较亲密。教师的爱岗敬业精神和自我反思能力也会影响其师幼的互动质量，优秀的幼儿教师会积极主动地与幼儿建立和谐的师幼关系。班额大小、师幼比例、幼儿园环境等因素也会影响师幼互动和师幼关系质量。班级规模越小，师生间越可能形成亲密的依赖关系。当班级人数较多、班容量较大时，教师只好以组织集体活动或小组活动为主，这将直接影响师幼互动的频率。

（四）师幼关系质量的评价方法

1. 以教师为信息来源的评价方法

以教师为信息来源来评价师幼关系质量时，可采用师生关系量表问卷调查法和访谈法。

（1）问卷法。Pianta 等（1992）在师生互动研究的基础上编制了师生关系量表（Student-Teacher Relationship Scale，简称 STRS），这是师幼关系质量的标准化评价工具，它以教师作为评价者，广泛地应用于美国的一些大规模研究中。该量表是由 28 个项目组成的五级评分量表（从"1 完全不符合"到"5 完全符合"），包括亲密（11 个项目）、冲突（12 个项目）、依赖（5 个项目）三个分量表。其中，亲密是对师幼关系中的温暖、喜爱和开放式交流的评价，冲突是评价互动的消极、不和谐以及师幼间缺乏和谐的程度，依赖是对儿童的占有欲、粘人、过度依赖行为的评价。经研究检验，该量表具有较高的信效度。国内学者张晓对该量表进行修订和信效度检验，结果证明，该量表具有良好的信效度。

（2）访谈法。Pianta 等（1999）设计了以教师作为评价者的"教师关系访谈提纲"（Teacher Relationship Interview，简称 TRI）。访谈时，教师首先要用三个形容词来描述自己与儿童之间的关系（访谈者会提供一些形容词供教师选择）。然后，教师要尽可能具体地描述各种与教师角色相关的典型情形下自己与儿童互动的实例。最后，提出一些描述师生互动中情感的标准化问题。研究表明，教师关系访谈是评价师生关系质量的有效工具。

2. 以幼儿为信息来源的评价方法

以幼儿为信息来源来评价师幼关系质量的研究出现较晚，目前还处于初级阶段，但越来越受到重视。具体包括自我报告法、测验法、绘画投射法等。

（1）自我报告法。

①幼儿对校园感觉的量表。Valeski 和 Stipek（2001）聚焦于幼儿对教师关心的感知，利用自我系统理论形成了"幼儿对校园感觉的量表"（Young Children's Feelings About School，简称 FAS）。该量表有三个分量表，要求孩子们说出他们对教师的看法和感觉。

②幼儿对教师支持的评价量表。Mantzicopoulos 和 Neuharth-Pritchett（2003）基于 Lynch 的早期师幼关系的研究和幼儿自我报告的形式，开发了"幼儿对教师支持的评价量表"（Young Children's Appraisals of Teacher Support，简称 Y-CATS）。该量表包括温暖／支持、授予幼儿自主权、消极／冲突三个维度。其中，温暖／支持反映幼儿是否感到被照顾和重视；授予幼儿自主权，是指教师激励幼儿追求自己的选择和兴趣的行为；消极／冲突指幼儿感到教师的批评和指责。

③幼儿的家庭和朋友量表。Murray 等（2008）聚焦于教师为幼儿提供的社会性支持，采用"我的家庭和朋友量表"（My Family and Friends-Child，简称 MFF-C）（Reid，Landesman，Treder& Jaccard，1989）的改编版来测量幼儿对师幼关系的看法。改编后的量表中每个问题都由两个部分组成：第一部分要求幼儿确认或否定教师提供的支持（如"当你穿鞋和衣服需要帮助的时候，你会向老师寻求帮助吗"），儿童只需回答"是"或"否"；第二个部分是评估幼儿对这种支持的满意度（如"如果你去让教师帮你穿鞋或衣服，他／她会帮助吗"），儿童的回答从"一点也不"到"完全"共分为四个等级。这些幼儿自我报告的评价工具，有助于我们掌握幼儿对师幼关系的认识，但这些工具与教师评价的工具之间仍缺乏较高的一致性，且还受儿童年龄的影响，所以，使用时需慎重。

（2）电脑测验法。师幼互动电脑测试（Kindergartner-Teacher Interaction Computer test，简称 KLIC）（Van Dijk et al.,2006）是通过两步反应程序来让幼儿对师幼互动的画面进行评估。这些画面代表了测验的 12 个项目，反映了与教师情感上的亲密程度、教师的支持方式（如"教师一直在倾听我说话"）、冲突（如"教师经常生气"）、依赖与独立（如"教师帮助我"）。电脑对每个项目都会呈现两幅相应的画面，幼儿先选择自己与教师最匹配的图片，再通过选择小圆或大圆来表明这幅画代表的程度。该测试有较高的信度，但效度较低，仍需完善。

（3）绘画投射法。Harrison 等（2007）聚焦于关系的情感方面，借鉴 Fury 的儿童—家庭绘画工具，形成了"教师—儿童绘画法"来间接测量幼儿对师幼关系的看法。研究者首先询问幼儿是否愿意画一幅他和老师在园里的画，并给幼儿提供一张 A4 纸和一套 12 色的签字笔。幼儿完成绘画任务时不能提问，研究者没有提供任何指导语，只是在必要时提醒幼儿画中要有老师。绘画完成后，幼儿要说明画中的人、物体或事件。研究者从八个维度来评价幼儿绘画中师幼关系的质量：有活力或创造力、骄傲或快乐、脆弱、情感距离或隔离、紧张或愤怒、角色颠倒、荒诞或变异和整体上病态。研究验证了绘画中的师幼关系质量与教师报告的师幼关系质量显著相关，表明绘画是低年龄幼儿内心真实感受的一种有效表达方式，幼儿绘画可作为评估师幼关系的有效方式。

3. 以观察者为信息来源的评价方法

Howes 等对 Waters 和 Deane 编制的 Q 分类依恋量表（1985）进行改编来评价师幼关系中幼儿的情感安全性、依赖性和教师社会调解。改编后的量表去除了那些只适用于亲子关系但不适用于师幼关系的九个项目（如"当妈妈在晚上睡觉时将他放在床上，他常常会哭或反抗"）。因此，最终的教师 Q 分类依恋量表则由 81 个描述师幼关系积极或消极行为的问题组成，这些问题被归纳为九个项目。评价实施时，研究者不仅要通过观察自由活动中的师幼互动来评价教师对幼儿活动的参与度，还要通过观察教师调解幼儿同伴的互动过程将教师的社会调解分为积极调解和消极调解。经检验，该量表具有较好的信度。

八、家园互动质量评价研究综述

家园互动，是指幼儿园和家庭（社区）都把自己当作促进儿童发展的主体，双方积极主动地相互了解、相互配合、相互支持，通过幼儿园与家庭的双向互动，共同促进幼儿的身心发展。家园互动中的各个主体存在协作关系，在互动的过程中，既有教育，又有沟通和反馈。这种多角度的互动形成一种教育合力，在促进幼儿发展的同时，使幼儿园和家庭也从中得到教育和进步，在多方互动中实现共赢。只有幼儿园与家长之间互相合作，积极互动，发挥各自的优势，共同充当幼儿教育的主体，才能帮助幼儿更好地整合从两个环境中获得的知识和经验，从而提升幼儿教育的成效，达到促进幼儿全面健康发展的最终目的。

20 世纪中期以来，国际学前教育研究领域逐渐出现了"以家庭为中心"的趋势，越来越强调家园互动、合作共育。"以家庭为中心"理念的核心在于，将家长参与当作儿童教育和社会化过程中不可或缺、不可分割的部分，幼儿教育机构将家长和儿童视为工作对象。

（一）国外家园互动研究现状

苏联著名教育家苏霍姆林斯基说过，"良好的学校教育要建立在良好的家庭道德教育基础上，没有家庭教育的学校教育和没有学校教育的家庭教育，都不可能完成培养人这样一个极其细微的任务"。20世纪中期以来，美国的研究主要集中在以下三方面。

1. 家园互动类型的研究

美国学者戴维斯（Daivs）按目的的不同把家校合作分为四种类型：为了解决目前教育中存在的问题（如约见家长、成立临时咨询委员会等）；鼓励家长参与子女教育（如亲子活动日、开放日等）；利用社区资源来丰富学校教育（如参观博物馆、开辟校外教育基地等）；吸收家长参与教育决策（如家长咨询委员会、家长—教师协会等）。Gatwick将家园互动按家长参与程度的不同分为三个层次：低层次的家长参与，即允许家长参与到一些对教师的专业权威和决策权力不构成挑战的幼儿园活动中来，倾向于使家庭与幼儿园保持一定的距离，使家长得到孩子在园内情况的第二手资料；中等层次的家长参与，即家长走进幼儿园的环境中，幼儿园提供给家长自己做判断、选择的机会，以参观访问者或志愿者的身份帮助学校；高层次的家长参与，即幼儿园教师和家长共同发挥幼儿教育的主体作用，为幼儿的发展共同决策。

2. 家园互动效果的研究

美国明尼苏达州的"Early Head Start"计划和EASE计划（早日获得教育成功计划）对学前儿童家庭所做的实验性研究发现，家长参与孩子的识字技能和读书相关活动，可以明显提高学前儿童的阅读语言技能。Sheldon和Epstein的研究发现，学校与家庭之间的有效联系、学校与家长适当的沟通策略与合作行为，可以显著提高和保持学生的出勤率。Domina（2005）通过分析全国性大型数据库的数据得出结论，家长参与子女的教育活动，可以预防学生发生不良行为问题。大量研究结果显示，家长的积极参与、家庭与幼儿园的及时互动与良好合作，对儿童的学业和行为表现都具有积极影响。

3. 家园互动实践模式的研究

20 世纪 60 年代，源自美国密西西比自由学习的"起步教育"是一项由联邦政府资助的综合性学前教育与社会服务方案。该方案要求父母参与及实施家庭教育，并要求家长在子女受教育的过程中拥有一定的发言权。Douglas Powell（1998）阐述了以家庭为中心的儿童早期教育运动，"许多早期儿童教育机构正朝着以家庭为中心的方向转变，这是一个很有代表性的发展方向"。他以起步教育为例，分析了早期儿童教育机构从以儿童为中心向以家庭为中心的转变过程。霍普金斯大学以 Joyce Epstein 教授为首的家校合作研究团队自 20 世纪 70 年代末开始就从事家校合作的研究，并提出了著名的爱普斯坦模式。她基于自己的研究创建了"美国合作伙伴学校联盟"（National Network of Partnership Schools），为学校、学区和州领导开发和执行合作伙伴计划提供详尽的专业指导。他在研究成果——2011 年出版的名为"学校，家庭与社区伙伴关系"的行动手册中，列出了儿童早期教育中的六种合作参与类型，分别是当好家长、相互交流、志愿服务、在家学习、决策和与社区合作。她还详细叙述了不同参与类型的预期结果、合作的实施方法、相关培训的组织以及合作参与的评估方式。

（二）国内家园互动研究现状

我国著名的幼儿教育家陈鹤琴先生曾经提到："幼儿教育是一种复杂的事情，不是家庭一方面能单独胜任的，也不是幼儿园一方面可以单独胜任的，必定要两方面结合方能取得充分的功效。"幼儿园与家庭作为幼儿发展过程中接触的两个主要环境，有着各自的优势和不可替代的作用。

1. 家园互动的政策导向

近年来，我国政府大力发展学前教育，制定并实施了一系列有力的政策与措施，多次提出加强家园互动、合作共育的要求。《纲要》对家园共育提出了相应的要求："家庭是幼儿园重要的合作伙伴，应本着尊重、平等、合作的原则，争取家长的理解、支持和主动参与，并积极支持、帮助家长提高教育能力。"《规程》中明确指出，"幼儿园应主动与幼儿家庭配合，帮助家长建设良好的家庭教育环境，向家长宣传科学保育、教育幼儿的知识，共同担负教育幼儿的任务"，并具体提出："应建立幼儿园与家长联系的制度。幼儿园可采取多种形式，指导家长正确了解幼儿园保育。"

2. 家园互动的比较研究

研究者通过中外家园互动实践方式的比较研究，为国内幼儿园的家园互动提供借鉴。李生兰在《幼儿园与家庭、社区合作共育的研究》中通过介绍世界各国将学前教育融入家庭和社区的教育方案和实践经验，从家园互动的方案设计、沟通渠道、实践途径等方面为国内幼儿园家园互动提出启发性的建议。同时，李生兰探索了家园互动、合作共育的本土化实施策略，提供了大量活动案例，具有一定的理论创新价值和实践指导意义。由于我国在社会文化背景、政治经济状况等方面与欧美国家存在较大差异，在研究和实践中不能完全照搬国外的经验，对其先进理念和成功经验，应该结合我国国情，有选择地借鉴。同时要考虑到我国学前教育中的城乡差异、地域差异、公办私立幼儿园差异等，努力探索适合本土社会现状的家园互动、合作共育方式。

3. 家园互动的内容、方式和影响因素研究

游达和沈丽丽从家园互动的有效性方面入手进行研究，提出提高家园互动的有效性需要家长和老师之间建立平等合作的观念，教师需要改变居高临下的姿态，让家长也认识到自己在幼儿教育中的重要角色。吴远芳通过对中山市48所幼儿园的教师和家长进行问卷调查和统计分析，发现了对家园互动情况和互动效果有重要影响的各种因素。家庭背景和家长的人口学特征会影响家长在互动中的参与度和积极性，幼儿园等级和互动活动的具体组织情况会影响家长和教师对互动效果的满意度。他们在此基础上从家园互动活动设计、沟通方式和教育资源等方面提出了建议。林永红针对家园互动中的家长开放日这一活动形式进行分析，认为目前的开放日存在以下问题：第一，开放日的目的重在宣传、展示，而非交流、探讨；第二，活动具有单向指令性，家长只是被动服从；第三，活动过程具有片面性、随意性。

4. 网络环境下家园互动新渠道的探索

部分研究者结合信息技术迅速发展的背景，提出应该更好地运用网络平台加强家园互动，更有效地利用家长资源，提高家园互动的便捷性和及时性。也有研究者通过对家园网络互动平台的观察研究，发现其不足，并提出一些改进意见。例如，李生兰通过对一部分示范幼儿园网站中的"家园互动"栏目进行观察和统计，分析了该栏目在网站上的位置、栏目发布的信息内容、发布形式、发布时间等方面存在的问题，对幼儿园有效利用网络互动渠道提出了可行性建

议。常俊英以社会资本理论、系统生态理论为支撑，建立了基于网络互动平台的家园共育模型，并在一所幼儿园通过实验，综合分析模型的实际应用效果，分别从家庭和幼儿园两个角度进行了系统评估。结果发现，依据模型建立的网络交互平台能够很好地综合家庭和幼儿园双方的资源，发挥各自的教育优势，较好地协调双方的有效时间，形成家园共育协作平台。冀新花、徐光涛以幼儿园教师使用网络家园互动平台的影响因素为对象，依据技术接受模型理论，构建了幼儿教师家园互动平台接受模型，探讨分析影响幼儿园教师使用家园互动平台的内外因素及其作用机制，为家园互动平台在幼儿园的有效应用提供有益的理论支持与建议。单胤斐从服务设计的角度出发，通过分析家园互动中的需求层次，将幼儿家园互动体验分为感觉需求、交互需求、情感需求、社会需求和自我需求，进而按照交互设计的原则设计出具有实用性的家园交互应用系统，为提升家园互动服务体验提出建议。

5. 家园互动存在的问题及对策研究

左瑞勇从生态教学观视角出发，指出当前幼儿教育和家园互动中对于家长资源的开发与利用往往比较重视家长的配合程度、利用程度和临时性考虑，而忽略了家长的参与程度、家长资源开发的可能性和长远考虑。邓丽霞、何红漫通过访谈和问卷调查对家园互动进行了现状研究，对于我国幼儿园普遍存在的家园互动问题总结如下：幼儿园是主导者，家长是被动接受者，互动合作平等成分较少；幼儿园一方对于家长需求的了解较少，互动缺乏针对性；家长对于幼儿在园接受的教育没有全面的认识和了解，互动时缺乏系统性；互动缺乏及时性。

（三）家园互动研究的现实意义与前瞻

自 20 世纪中期以后，学前教育领域的趋势是："以家庭为中心"的保育与教育理念已深入人心。这一理念正在对我国的学前教育研究与实践产生越来越深刻的影响。《国家中长期教育改革和发展规划纲要（2010—2020 年）》颁布后，政府采取一系列举措推动了学前教育的迅速发展。随着移动通信技术的普及，越来越多的研究对网络平台在家园互动中的作用、价值和局限性进行了探讨。未来的家园互动研究，可在以下几个方面努力。

1. 跨学科理论视角的整合与研究方法的多样化

在家园互动领域现有的国内研究中，实践层面的经验介绍远远多于理论层面的整理和探讨，导致该领域的研究较为零散，缺乏系统性。在未来的研究中，需要进一步对家园互动的概念、内涵、层次和分类进行深入的梳理，对该领域的不同观点和理论取向加以整合，建立一个系统化、多维度的理论体系，为实践探索提供坚实的理论基础。

目前国内外家园互动领域研究中较为常见的理论模型包括布朗芬布伦纳的生态理论模型，将影响儿童发展的多层背景描述为微系统、中间系统和外系统和宏系统几个相互作用的部分；以及教育学家加德纳提出的多元智能理论，强调教育者必须加强幼儿园和社区、家庭之间的联系，为儿童创建一个开放、支持的环境，才能促进儿童多元智能的全面发展。心理学家阿克曼和米奴钦等人先后提出家庭系统理论，将家庭看作一个具有边界、规则和层级的整体系统，不仅关注儿童，也更加关注家庭运作的方式对每个家庭成员的影响。家园互动作为一种人际互动过程，可进行社会学和传播学分析。在家园互动的组织管理和政策保障方面，还可以进行管理学视角的分析。未来的研究需要将这些不同学科的视角加以整合，以实现跨学科交叉融合创新和突破，从而更好地指导实践。由于家园互动过程的复杂性和动态性，需要将量化研究与质性研究相结合，用观察研究、调查研究、实验研究和理论研究等方法相互补充，以拓展未来研究的深度和广度。

2. 建立适合国情的家园互动评价体系

目前，我国主要是运用自评问卷，从家园互动的活动设计、家长参与情况、活动反响等方面对家园互动的过程和效果进行评价，缺乏统一的评价标准，难以保证信效度。国外的学前教育质量评价标准中，都将幼儿园与家庭、社区的合作作为一个重要的评价要素，已开发出一些较为成熟的测量工具。但由于我国社会经济文化的特殊性，不能照搬国外的评价标准，也不能用单一的标准和评价工具来要求具有地域、经济差异的幼儿园。因此，在未来的研究中需要努力开发出适合我国国情，且能兼顾差异的评价体系和教育的内容、方法。

3. 理论与实践有机结合、共同发展

国内现有的家园互动研究成果可分为两类，一类来自科研工作者的理论探讨、实证调研，另一类来自幼儿园教育工作者的实践经验总结。前者有一定的理论基础和假设前提，但由于科研工作者缺乏幼儿园一线工作经验，其研究结论可能存在缺乏代表性和推广价值的缺陷。后者的实践经验来自幼儿园长期的实际工作，往往真实具体，但较为零散，缺乏对经验材料的理论加工和提炼，难以形成系统性的知识。未来的研究应加强理论与实践的有机结合，用系统的理论知识指导实践，用大量的实践来检验理论，让二者相互支撑，共同发展。

第五节　不同主体视野中的"好幼儿园"标准之比较

一、不同主体的评价视角差异

从表面看，教育质量似乎只涉及"教育者"与"受教育者"两个主体，而实际上，影响或支配着教育质量的还有国家、教育管理者、教育机构、教育研究者、家长与社会公众等多个主体。各教育主体对教育的期待与诉求不可能完全相同，当各方的教育价值诉求不一致时，教育质量评价就必须考虑不同主体视角下的不同评价逻辑与评价结论。

总体上讲，多元化的评价主体和评价视角有助于确保评价结论的全面与公正。丽莲·凯茨认为，学前教育机构教育质量评价应从五个维度出发（见图3-1）：①由上至下的视角，评价主体是国家教育行政机构和专家；②由下自上的视角，评价主体是幼儿；③外部—内部视角，评价主体是家庭；④内部视角，评价主体是机构内的实践教育者；⑤外部视角，评价主体是社区和社会。《纲要》指出："评价过程是各方共同参与、相互支持与合作的过程。"幼儿园作为教育的一个小系统，是与该园的幼儿、家长、教师、社区人员及管理人员等紧密联系在一起的。

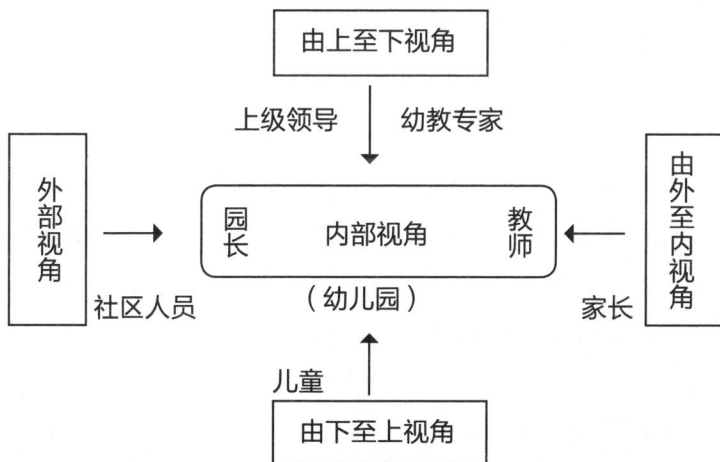

图 3-1 五种视角及相应评价主体

教育是现代社会的一项重要公共事业，国家作为公共事业的代表，其对教育事业的价值诉求通常体现在教育方针和目标的颁布、教育法规政策的制定、教育质量标准的研制、教材和教育教学内容的审定、先进教育理念与教学方法的传播，以及教育行为、教育改革发展成效的检查督导等方面。

国家的教育质量观往往内含着国家的教育理想和教育意志。各级各类教育机构和全体教育工作者都需要严格遵守教育法律法规，自觉满足国家对教育质量的要求。国家或政府的教育质量观强调立德树人，强调人的核心素养的提升和人的全面发展，而社会公众、家长和受教育者则更多地看重教育在提高知识技能、改善生活品质等方面的功利价值。公民个体的教育质量观由其生活经验和实际生存状况决定，教育机构作为教育事业的职能主体，是国家或政府、社会公众、家长和广大师生共同关注的焦点，必须忠诚执行国家教育法规和方针政策，努力实现国家教育理想，并满足社会公众、家长和广大师生的期待与要求。

随着我国学前教育事业的发展和托幼机构数量规模的不断扩大，"入园难"问题已经基本得到解决，人们关注的焦点开始转向托幼机构的教育质量。那么，"好幼儿园"的标准如何界定呢？

近四十年来，世界各国加强了对托幼机构质量评价工具的研究，试图制定各种质量标准用于幼儿园保教质量的评价，但文化的差异性导致教育价值目标追求的多样性，不同文化背景下对"好幼儿园"的标准有着不同的界定。由于不同主体的利益、愿望和需要不同，他们所认同的"好幼儿园"的内涵便各有特色。换言之，不同主体视角下的"好幼儿园"的评价标准，必然带有其利益目标和价值诉求的烙印。

二、不同主体"好幼儿园"标准之区别

在幼儿园质量评价过程中，至少存在五类不同的评价主体：政府主管官员、幼教专家、幼儿教师、幼儿家长和幼儿。他们既各不相同，又与评价过程、评价结果密切相关，是幼儿园质量评价主体中的典型代表。五类主体视野中的评价标准存在以下显著特征。

（一）政府主管官员

主管学前教育事业的各级政府官员是国家和政府意志的代表者、法定职权的行使者、公共资源的配置者、托幼机构的管理者，其首要职责是全面贯彻执

行国家对学前教育事业的规划部署、政策法规和改革发展的各项具体要求，其法定义务是通过整合与运用公共教育资源，满足社会公众对学前教育发展的期待与要求，实现国家制定的学前教育事业改革与发展目标。在实践中，政府主管官员及其所属的教育行政管理部门是幼儿园评价的主导者，其评价结论不仅具有决定托幼机构生存的权威性，而且关系到托幼机构所能获得的资质、荣誉与财政资金补贴。

政府主管官员视角下的"好幼儿园"标准，多以幼教专家的专项研究成果为基础，一定程度上考虑社会各界的利益诉求，通常体现为幼儿园的分级分类标准，如"示范园""一级园""普通园"等。由于这种"标准"必须便于行政管理、减少行政工作量和避免行政问责，难免留下某些"长官意志"或"行政化"痕迹。例如，为了避免幼儿园和教育行政管理部门对"校车"安全事故的管理责任追究，某些地方政府的幼儿园评级标准中规定"幼儿园原则上不得使用车辆（包括自行配备和租用）接送幼儿"，那些配备有"校车"的幼儿园虽然为幼儿提供了接送服务，节省了家长接送孩子的时间付出，但在评级考核时却要被扣分。未配备"校车"的幼儿园不仅减少了资源投入和幼儿的接送服务，而且还可以在验收评估时多得分，或不扣分。

（二）幼教专家

幼教专家通常重视评价标准的理论基础，关注评价指标的学理基础、全面性、逻辑性、科学性，能站在专业的立场和理论的高度，对各类幼儿园保持质量影响因素进行全面剖析和审视，其"好幼儿园"标准显得比较客观、理性、公正和全面，更加关注"好幼儿园"标准的应然状态。幼教专家拥有最前沿、最系统、最全面的学前教育专业知识，他们的评价标准坚守价值中立，能较好地避免利害关系的干扰，因而对幼儿园发展有着理论启迪和实践引领功能。除幼教专家外，政府主管官员、幼儿教师、幼儿家长和幼儿等主体的"好幼儿园"标准，多少会隐含"我所需要的幼儿园"的价值判断和功利倾向。

（三）幼儿教师

幼儿教师作为教育者，更多地关注幼儿园本身能够为孩子提供的物质环境和精神环境。他们在幼儿园评价中，往往更加务实，倾向于从切身利益出发，形成自己的"好幼儿园"评判标准。他们更多关注的是园所资质、硬件装备、工作环境、课程资源积累、园长魅力、团队素质、人际关系、内部管理、薪酬福利、生活条件、休假待遇、培训与晋升机会等。他们认同的"好幼儿园"标准往往直观体现在办园资质、领导能力、管理水平、饮食卫生条件、同事素质、课程资源、工作环境、设施设备、荣誉声望、家长满意度和对兄弟园所的示范辐射作用等方面。

（四）幼儿家长

幼儿家长作为学前教育服务的"购买者"和幼儿的监护人，期盼孩子安全、快乐、健康，不断成长、进步。无论家长视角的评价是否被官方纳入幼儿园评价的主体范围，但绝大多数幼儿家长依然会对可供选择的幼儿园做出自己的独立评价，必然会根据自己评价的结果来决定孩子入园目标的选择。正因为幼儿家长的评价直接影响着孩子入园目标的取舍，影响到幼儿园的声望高低和招生竞争力强弱，他们理应成为幼儿园教育质量评价的重要主体之一。家长站在"消费者"的立场，最在乎幼儿教师的责任心和爱心，最关心孩子在幼儿园里的体验、感受和收获，最关注幼儿园提供的饮食，幼儿园的内部管理，幼儿教师的学历与素质，幼儿园的环境、硬件设备、医疗保健，孩子的满意程度与进步表现，家园联系与互动，最容易发现幼儿园保育工作中的问题与不足。幼儿家长习惯于将自己的需求和孩子获得的成长与进步作为评价标准。他们认为，"好幼儿园"应该能够使自己的孩子享受健康快乐的童年生活，养成良好的生活与学习习惯，学会生活技能，学会社交礼仪，获得全面发展，为幸福的人生奠定可靠基础。

（五）幼儿

幼儿是学前教育的目标对象，是承载和展示幼儿园教育质量的主体，是验证幼儿园教育质量的关键。学前儿童由于年龄小、认知水平低，还处在具体形象思维阶段，对很多事情还不能做出独立、理性的价值判断。他们一切行动的出发点就是自己的兴趣和需要，其评价标准比较单纯，他们习惯于凭借生活中的具体事件和感受体验来理解"好幼儿园"，符合自己的兴趣和需要的他们就喜欢，让他们自由游戏、开心快乐、真心喜欢的，就是"好幼儿园"。

虽然幼儿的身心发展尚未成熟，在生活与学习上都需要依赖成人，渴望在幼儿园获得快乐的情绪体验，渴望得到老师们的关爱、指导和帮助，但他们依然渴望在安全温暖的环境中探索未知世界、享受幸福童年。在幼儿眼中，"好幼儿园"就是一个拥有妈妈一样的关爱自己的好老师、拥有熟悉可爱的小伙伴、拥有丰富多彩的一日生活体验、随时可以自由游戏、充满爱的幼儿园。因为有爱，孩子才会开心、快乐，才会喜欢幼儿园。幼儿最关注的是教师对自己的态度，他们最喜欢的就是有着关爱自己的老师和亲密伙伴的幼儿园。

三、不同主体"好幼儿园"标准不同的原因

（一）不同主体对"好幼儿园"的关注焦点不同

幼教专家作为专门从事幼儿教育的研究主体，对幼儿教育有着全面系统的理论知识，其幼儿教育的理论水平是最高的，对"好幼儿园"的评价是比较理智、抽象和全面的。他们眼中的"好幼儿园"本质上就是一个理想中的"好幼儿园"，它基于现实，又高于现实。

幼儿教师是专门从事幼儿教育的实践主体，是连接保育教育活动与幼儿的桥梁，作为幼儿教育的实践主体，他们在幼儿教育理论知识上虽不如幼教专家，但是对幼儿教育实践方面的感受更深刻，经验更丰富，直接关系到幼儿的成长与发展，他们关于"好幼儿园"的评价往往更现实、更具象。

幼儿家长大多并没有受过专门的幼儿教育知识方面的训练，他们作为学前教育服务的"消费者"，自然最关注幼儿园教育质量的好坏，并对其有着独立的评价与判断。家长自身的需要能否得到满足是其评价幼儿园的最重要指标。

（二）不同主体的社会角色不同

幼教专家、幼儿教师、幼儿家长和幼儿分别属于不同的社会角色，他们需要履行与自己的地位和身份相一致的角色行为，社会公众对他们的角色行为有一定的期待。由于社会角色的不同，他们在评价一件事物时，总会从自己所承担的社会角色出发，因此他们的观察视角、关注重点和对评价标准的认识必然会有差异。幼教专家的社会角色导致他们的幼儿园评价标准虽全面系统，但是抽象且侧重于应然状态。幼儿教师作为一种社会职业，在对幼儿园做出评价时，既要考虑社会的要求，又要考虑家长的需要，同时还要关注幼儿的发展。因此他们的评价标准既理性、又具体，具有浓厚的"应然与实然相结合"特征。幼儿家长承担着父母的角色，他们以血缘为纽带，与幼儿有着特殊的亲密关系，这使幼儿家长在对幼儿园做出判断时更强调从幼儿的利益出发，但他们的认识和诉求，往往都并非正确合理，容易陷入急功近利和溺爱的误区。例如，许多家长要求幼儿园开设各种各样的特色班，目的是让孩子学到更多的知识，让孩子不输在起跑线上，不愿自己的孩子受挫折、受委屈，这实际上包含着对孩子

的溺爱，不利于幼儿独立性和健康人格的培养。幼儿是学前教育的直接对象，是积极建构的主体，幼儿的社会角色决定了他们不同于成人，有着自己独特的生活，他们的生活是感性而单纯的，他们有权利享受自己快乐的童年生活。好的幼儿园应该是能让他们开心、快乐地享受童年的幼儿园。因此，研究者越来越关注幼儿视角中的"好幼儿园"。

（三）不同主体对幼儿园的价值需求不同

价值是客体满足主体需要的程度。作为客体的幼儿园，其结构是复杂的，功能是多样的，而作为主体的人们，需求也是复杂多样的。对于同样的幼儿园，不同的主体有不同的价值需求，他们必然从自己的需求出发来评判幼儿园的价值。

幼教专家与幼儿园之间更多的是一种研究与被研究、指导与被指导的关系，通常没有直接的利益关系，幼教专家怀有一种对理想幼儿园的追求，他们对幼儿园的评价更客观、理性。幼儿教师因为与幼儿园有着直接的利益关系，他们一方面要求幼儿园能为自己的工作提供便利，希望建立幼儿良好的一日生活常规，另一方面又期望孩子能够获得良好的发展，他们对"好幼儿园"的追求是一种理论与实践的融合。幼儿家长作为幼儿园保教服务的"消费者"，希望幼儿园为自己的孩子提供良好的发展环境，希望孩子快乐成长、全面健康地发展，如李根（2017）调查发现，家长对好幼儿园的条件要求从高到低排在前三位的是师资水平、环境设施和幼儿接受教育后的发展水平，所占比例分别为 28%、25%、17%；排在第四位的是家园合作，所占比例为 11%；最后才是课程教学和保育，分别占 10%、9%。幼儿作为未发育成熟的个体和幼儿教育的直接对象，他们的价值需求非常单纯，就是希望自己能够在幼儿园开心、快乐地生活，自由地游戏，得到老师的关爱和同伴的接纳，他们的评价标准强调在园生活的情感体验。

四、理性对待不同主体的"好幼儿园"标准

幼儿园的教育质量观应是"全面的质量观"。综合已有研究和国际标准组织ISO9000：2000 对于质量的界定（质量即产品、体系或过程的一组固有特性满足顾客和其他方相关要求的能力），可以认为，幼儿园教育质量是指幼儿园教育或服务满足幼儿、家庭、社会等利益相关者明确和潜在需求的特性和能力的总和。与此相应，幼儿园教育质量评价则是指评价主体综合判断幼儿园教育或服务满足幼儿、家庭、社会等利益相关者需求的程度。

由于不同主体的价值取向、角色地位、文化水平不同，他们对幼儿园的要求不同，对"好幼儿园"的认识也就不同，他们的不同看法作为一种客观的存在，并无绝对的正确与错误之分。我们在现实中应该公平、公正地对待不同主体的"好幼儿园"标准，认真考虑他们的合理诉求，在制定幼儿园评价标准时要避免违背科学原则，避免顾此失彼。在兼顾各方评价意见和坚持专业引领方面，全美幼教协会（NAEYC）的"标准本位"评价模式值得我们借鉴。全美幼教协会作为全美影响最大的民间幼儿教育组织，其早期教育质量认证体系因操作规范、标准完善，深得学界信赖。一方面，参与质量认证需要经过"参与及初步学习""申请及自评""认证候选单位"和"认证达标"等阶段。另一方面，认证标准涵盖了幼儿、教师、家庭／社区和管理者等利益相关者，他们的标准体系包括关系、课程、教学、儿童评价、健康、教师、家庭、社区关系、物理环境和行政管理十个方面，可谓较为全面地考察了早期教育机构的质量。

（一）超越已有"好幼儿园"标准的局限

诸多研究表明，我国已有的托幼机构分级分类验收标准存在很多缺陷。首先，评价标准的制定主体一元化，一般基于专家和实践工作者的意见与经验或管理上的需要。对于什么是幼儿园教育的真正"质量"，哪些教育行为是适宜的，哪些教育行为是不适宜的，还没有展开过充分的讨论。其次，在评价标准的内容上，评价指标抽象笼统，缺乏可操作性。往往是直接套用《规程》中的教育原则作为评价幼儿园教育工作的标准，没有把教育原则转化为可观察的教育行为，或可评价的职责标准。再次，评价标准的操作上存在评价主体一元化，主要由政府行政人员担任，评价的价值标准也较为单一。

（二）"好幼儿园"标准的制定，要以多主体参与和共同对话为基础

重视不同主体对幼儿园的价值诉求有利于促进托幼机构教育质量的提高。全面质量管理强调客户至上，将质量视为客户满意的关键，强调提高质量的最终目的是确保客户的满意度。我们提出不同主体的"好幼儿园"标准的比较，关注其中的区别，主张行政官员、幼教专家、幼儿教师、幼儿家长及幼儿等各方在评价过程中充分对话、共同协商。希望以此促进同行们对幼儿教育质量理论认识的反思，助推我国托幼机构质量评价标准的不断完善和成熟。

迄今为止，我国的学前教育质量标准体系的构建主要由各省市的教育行政部门与专家团队及少数一线园长、幼儿教师共同完成，制定主体比较单一，缺乏广泛的国际视野、理论依据和实践基础。综上所述，由于四类不同的主体对幼儿园教育质量各有不同的理解和评判标准，在制定好幼儿园标准时我们应当充分考虑不同主体的意见。

幼儿教育的最终目的是促进幼儿健康快乐成长，培育幼儿的良好习惯与健全人格。尽管幼儿的评价标准相对单纯，但作为幼儿园教育的直接对象、全程参与者和受益方，从逻辑和学理上讲，包括幼教专家在内的成人世界，都不应该忽视幼儿自身的感受与评价，更不应该出现与幼儿评价相悖的"好幼儿园"评价标准和评价结论。我们主张，不能满足大多数孩子的需求、不能得到孩子普遍认可的幼儿园，肯定不应该被评定为"好幼儿园"。

（三）评价标准要更加重视过程性因素

我国的评价标准普遍侧重于结构性指标，而对过程性指标关注较少。但研究表明，以教师行为为核心的保教过程才是体现托幼机构教育质量的核心因素。美国的高质量托幼机构认证标准以及"托幼机构环境评价量表"都使用了大量的过程性指标，且非常具体。我们在制定评价标准时，应当减少那些易于评估和检查的显性的硬件指标的比例，增加对幼儿发展有重大影响的隐形的过程性指标的比例。即便是易于操作的硬件指标，也要避免一刀切的评价倾向，使评价内容更具包容性和灵活性。正如教育学家所看到的，贫困本身完全可能成为一种有价值的"教育资源"，在现实生活中，幼儿的开心、满意、学习收获与幼儿园设施设备的货币价值或许并没有直接、必然的联系，那些奢华昂贵的设施设备、先进的仪器未必能给孩子带来开心和快乐，而那些因地制宜、废物利用的玩具、设施虽然经济投入不多、价值不大，却能让孩子玩得如痴如醉。因此，过于夸大幼儿园资金投入的评价指标不仅对贫困地区不公平，也容易脱离国情实际和背离教育科学原理。

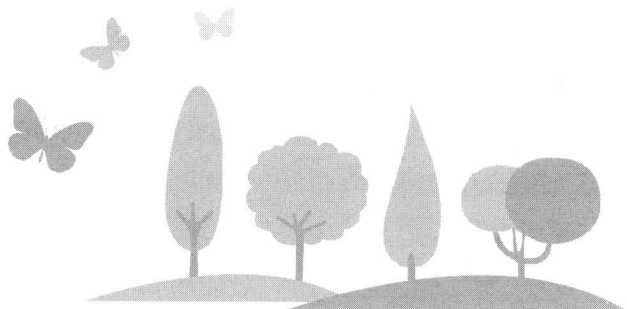

第四章
学前教育质量评价的法规依据

第一节 《3～6岁儿童学习与发展指南》

一、《3～6岁儿童学习与发展指南》的意义

研制、实施《3～6岁儿童学习与发展指南》（以下简称《指南》），是贯彻国家《教育改革与发展规划纲要》和落实国务院《关于当前发展学前教育的若干意见》的重要举措。2012年10月，教育部正式发布了《指南》，为学前儿童在健康、语言、社会、科学、艺术五大领域的学习与发展设定了"阶梯状"的成长指南，其意义体现在以下两方面。

（一）《指南》是我国学前教育实践的行动纲领

OECD对发达国家学前教育政策的调研表明：由政府制定实施学前儿童学习与发展指南，对有效转变教育观念，指导教师和家长，提高托幼机构保教质量有着重要的促进作用。

《指南》并未采用"标准"字样，而是用了"指南"一词，其主旨是强调文件的"指引""导向"作用，避免落入一味纠缠于评判幼儿"是否达到标准"的认识误区，为教师和家长掌握幼儿的身心发展水平和特点提供了可靠的依据和指导。《指南》的颁发实施，标志着我国学前教育法规制度进一步完善，管理更加科学、规范，对推动学前教育质量提升具有重大的现实意义，堪称我国学前教育发展史上的一个重要里程碑。

《指南》全面、系统地明确了3～6岁每个年龄段的幼儿在各学习与发展领域的合理发展期望和目标，也对实现这些目标的具体方法和途径提出了具体的、可操作的教育建议。正确领会和理解《指南》的理念和要求，掌握3～6岁幼儿的身心发展特点和行为表现，是每一个学前教育工作者必备的专业素养。《指南》的出台对全面提高广大幼儿园教师的专业素质和教育实践能力具有重要指导意义。

《指南》是学前教育的指导性文件，它从体、智、德、美等方面对儿童教育的实施进行了指导，强调要以"为幼儿后继学习和终身发展奠定良好素质基础为目标，以促进幼儿体、智、德、美各方面的协调发展为核心……让幼儿度过快乐而有意义的童年"，充分体现了"以幼儿发展为本"的目标导向。

《指南》从健康、语言、社会、科学、艺术五个关键领域详细阐述了儿童的发展与学习，将每个领域幼儿学习与发展最基本、最重要的内容划分为若干方面，每个方面又分别包含"学习与发展目标"和"教育建议"。基于对儿童发展水平的合理期望，《指南》共设置了32个目标，阐明了各年龄段的典型表现与应知应会事项，其目标分别由3～4岁、4～5岁、5～6岁三个不同年龄段组成，堪称儿童学习与发展的"航标"。《指南》针对学前教育存在的共性问题、困惑和误区，列出了87条教育建议，为有效促进幼儿学习与发展提供了可操作的教育途径与方法，对纠正学前教育实践中的认识误区和行动偏差，具有很强的针对性、指导性、实用性和操作性。

（二）《指南》彰显了科学的幼教理念

《指南》从健康、语言、社会、科学、艺术五个领域较为细致地描述了幼儿的学习与发展，并提出了具有极强实操性的教育建议。《指南》强调了"关注幼儿学习与发展的整体性""尊重幼儿发展的个体差异""理解幼儿的学习方式和特点""重视幼儿的学习品质"等基本原则。这些原则都是"尊重儿童"个体价值的理性表达。

《指南》作为学前教育工作者的行动纲领，彰显了以下五点科学的幼教理念。

1. 幼儿是积极主动的学习者

儿童的发展，表现为认知结构的建构，本身就是一个学习的过程。学习既受发展制约，又推动发展，发展既是学习的基础，又是学习的过程与结果。学习和发展都是主体的变化过程。学习与发展的关系密切，是幼儿成长的必由之路和共同目标，两者难以截然分开。儿童的发展是一个通过学习逐步累积的渐变的过程，而不是一个静态的终极结果。《指南》聚焦于引导学习与发展的实践过程，强调促进幼儿学习与发展，必须积极为幼儿创造机会和条件，注重激发和保护幼儿的求知欲和学习兴趣，调动幼儿学习的积极性和主动性，鼓励、支持和引导幼儿去主动探究和学习。

2. 珍惜童年生活的独特价值

学前教育具有启蒙性、奠基性、特殊性。正如《指南》所言，是"以为幼儿后继学习和终身发展奠定良好素质基础为目标，以促进幼儿体、智、德、美各方面的协调发展为核心……让幼儿度过快乐而有意义的童年"，这里所蕴含的正是"珍惜童年生活的独特价值"的科学理念与人文关怀。要充分认识生活和游戏对幼儿成长的教育价值，把握蕴含其中的教育契机，让幼儿在一日生活中，在与同伴和成人的交往中感知体验、分享合作、享受快乐。

3. 尊重幼儿的学习特点和学习方式

《指南》在"实施要求"中明确指出："幼儿的学习是以直接经验为基础，在游戏和日常生活中进行的。要珍视游戏和生活的独特价值，创设丰富的教育环境，合理安排一日生活，最大限度地支持和满足幼儿通过直接感知、实际操作和亲身体验获取经验的需要，严禁拔苗助长式的超前教育和强化训练。"这实际上是要求幼儿教育要体现幼儿独特的年龄特点，要求教师有意识地采取适合幼儿的学习与教育方式，从根本上杜绝幼儿教育的"小学化"倾向。

《指南》强调，学习品质是"幼儿在活动过程中表现出的积极态度和良好行为倾向"，是"终身学习与发展所必需的宝贵品质"。学习品质是指儿童学习的倾向、态度、行为习惯、方法、活动方式等与学习密切相关的基本素质，是在幼儿期开始形成与发展，并对儿童的学习具有重要影响的基本素质，具体表现为好奇心、学习兴趣、积极主动、认真专注、不怕困难、敢于探究和尝试、乐于想象和创造等。学习品质是在健康、语言、社会、科学、艺术等各领域的具体学习活动中呈现，并渗透在各领域之中。不存在脱离具体学习领域的抽象的学习品质。

学习品质主要包括兴趣、好奇心、意志、专注、想象力、创造力等。具有良好学习品质的幼儿更容易形成不畏困难敢于挑战的勇气、勤奋好学的兴趣习惯和乐于创造的热情。这些品质都有助于幼儿今后的全面发展，为其实现健康幸福的人生夯实基础。

幼儿阶段的"学习方式"不是做功课，而是各种探索未知的思考与行动。《指南》提出，"儿童的发展是一个整体，要注重领域之间、目标之间的相互渗透和整合。促进幼儿身心全面协调发展，而不应片面追求某一个或几方面的发展"。以此强调幼儿园课程整合的重要价值，指明了幼儿园课程的发展方向。

4. 尊重幼儿发展的个体差异

幼儿的学习方式和发展速度各有不同，在各领域发展水平上存在明显的个体差异，教师和家长不应期望孩子在统一的时间达到相同的发展水平，应充分尊重幼儿的个体差异，允许他们按照各自的速度、进程和方式，到达《指南》所描述的发展"阶梯"，而不可用一把"尺子"衡量和评判所有幼儿。

《指南》指出，"要充分理解和尊重幼儿发展进程中的个别差异，切忌用一把尺子衡量所有幼儿"。对教师而言，不仅要重视每个儿童的阶段性特征，而且要充分尊重不同儿童在发展进程中的个体差异。每一个儿童都是由独一无二的先天遗传基因和独一无二的家庭环境相互作用、共同"塑造"出来的独立个体，其身心特征和发展水平必然会与众不同，在五大领域的具体表现必然存在各种差异。承认差异，尊重差异，才能更好地促进幼儿的个性化发展和全面发展。漠视差异、强求用统一"标准"去塑造儿童和评价儿童，都是违背《指南》精神的，也是不科学的。

5. 重视家园共育

家庭教育对于儿童的成长至关重要，是学前教育的重要组成部分。家长与幼儿园教师在儿童教育的问题上更是息息相关，需要为了儿童成长通力合作。家园共育有着极高的价值，其"使幼儿在园获得的学习经验能够在家庭中得到延续、巩固和发展"，也使"幼儿在家庭获得的经验能够在幼儿园的学习中得到应用"。

《指南》强调要重视家庭教育对幼儿终身学习和发展的重要影响，倡导建立良好的亲子关系，创设平等、温馨的家庭环境，注重家长对孩子言传身教和潜移默化的影响。只有家长和幼儿园共同努力，才能有效地促进幼儿身心健康成长，否则就会事倍功半。

《指南》解答了在儿童学习与发展中的常见共性问题，有利于帮助家长与幼儿教师科学育儿水平的提升，有利于促进家长与幼儿教师在儿童学习与发展的问题上的统一认识、深度合作，从而增强"家园共育"的效果。

二、 实施《指南》的要领

（一）正确理解《指南》的目标

目标体现《指南》的理念和五大领域的核心价值，是指引教育价值实现的航标。正如数学认知目标1——"初步感知生活中数学的有用和有趣"所述，着眼于对幼儿数学兴趣的培养，关注生活中的数学，要比教会幼儿算数学题重要得多。

要关注幼儿学习与发展的整体性。《指南》的各领域、所有的目标、各年龄段典型表现以及教育建议都相互联系，从而构成一个整体。要融合在一日生活中的各领域，综合、多管齐下地实施《指南》。目标是分领域描述的，但其实现却需要各领域综合地进行。

（二）倡导适应幼儿特点的教育方式

幼儿是通过日复一日的学习"积累"，逐步达到下一阶段的发展目标的。这一发展过程是一个连续的量变积累转化成质变的过程，不同阶段之间需要较长时间的量变积累。幼儿的发展是渐变的、不可压缩的量变过程，不要人为地将不符合他们年龄特征和身心发展规律的东西强加给儿童。教师必须耐心地为幼儿创造一种可以让幼儿从量变到质变的适宜环境，否则他们便得不到真正的发展，即使发展了也会是畸形的。《指南》要求教师关注和指导儿童如何学习，而不是评价和测验儿童学到了什么。要充分发挥生活常规、直接经验和游戏的教育功能。

（三）正确理解"各年龄段典型表现"。

《指南》目标下的"各年龄段典型表现"选择了某年龄阶段幼儿在目标方面比较常见的、易被观察到的、比较重要和具有关键意义的若干表现，在一定程度上反映了该年龄段幼儿群体的发展趋势、发展水平、发展速度或行为特点。如果发现幼儿在某方面的发展与《指南》的描述有差距，就要认真分析其原因，采取有效措施去指导和帮助幼儿发展，这是观察评价幼儿的依据。"典型表现"不是同一年龄段的每一个幼儿都必然表现出的特点。"各年龄段典型表现"是作为教师与家长观察和评价幼儿在目标领域发展水平的"参照"，但若幼儿的行为特点或能力表现与《指南》的描述不一致，也不可简单、轻率地评判幼儿的发展水平。而需要深入细致地观察其表现，了解其个性化的特点与综合表现，尊重其发展进程的个体差异。

《指南》不是"量表"，不是测验幼儿的工具。《指南》目标与"各年龄段典型表现"的关系不同于通常"量表""标准"与监测指标的关系。目标不是"标准"，而是方向指引。"各年龄段典型表现"不是衡量标尺，不是目标的分解或细化，是期望和参照。虽然《指南》能帮助教师和家长对幼儿的学习与发展状况做出某种评价，但不宜将它用作幼儿的评价工具。《指南》高度重视幼儿的自尊、自信，要避免"测试"、评价和排序对孩子成长的负面影响。

三、 在实践《指南》中提高学前教育质量

《指南》科学地回答了3～6岁儿童"应该知道什么、能做什么""应该学习什么（学习内容）、怎样学习（学习方式）"，以及教师与家长"应该提供怎样的帮助与指导"等根本性问题，还从五个领域指明了全面提高学前教育质量的有效途径。

（一）促进儿童身心健康发展

尊重儿童生理发展规律，促进儿童身心健康发展，对于提升学前教育质量具有重要的意义。健康是儿童学习、成长、发展的基础，《指南》从儿童生活能力、习惯和身体健康三方面提出了儿童教育的健康目标，并针对不同年龄段的儿童提出了科学、可行的教育建议。在学前教育实践中，教师、家长在教育孩子方面容易出现以成人为中心、脱离儿童阶段性特点的各种"拔苗助长"现象，这种违背规律的教育，结果可能是适得其反。

《指南》在健康领域的教育建议有"提醒幼儿要保持正确的站、坐、走姿势""成人和幼儿一起谈论自己高兴或生气的事，鼓励幼儿与人分享自己的情绪""发现幼儿不高兴时，主动询问情况，帮助他们化解消极情绪""让幼儿保持有规律的生活，养成良好的作息习惯""帮助幼儿了解食物的营养价值，引导他们不偏食不挑食、少吃或不吃不利于健康的食品；多喝白开水，少喝饮料""提醒幼儿保护五官""指导幼儿学习和掌握生活自理的基本方法""鼓励幼儿做力所能及的事情，对幼儿的尝试与努力给予肯定，不因做不好或做得慢而包办代替""结合活动内容对幼儿进行安全教育，注重在活动中培养幼儿的自我保护能力""结合生活实际对幼儿进行安全教育""帮助幼儿了解周围环境中不安全的事物，不做危险的事""教给幼儿简单的自救和求救的方法""幼儿园应定期进行火灾、地震等自然灾害的逃生演习"，等等。要求我们在日常

生活中渗透健康指导，围绕幼儿学习与发展开展必要的健康教育活动，为孩子提供一个安全、卫生、有利于生长发育的生活环境，全面照顾好他们的生活。原卫生部颁发的《托儿所幼儿园卫生保健工作规范》等相关文件对幼儿园的设施设备、用具用品、玩教具、食品等方面的卫生与安全，对一日生活安排、膳食、卫生与消毒、伤害预防等方面的具体要求都做了明确规定。

提供一个和谐温暖、轻松愉快的学习生活环境，让幼儿感受到幼儿园中的温暖和教师的尊重、理解、接纳、关爱、帮助，可以使幼儿产生安全感和对成人的信赖感，有利于幼儿的心理健康。

（二）提高儿童语言学习能力

幼儿阶段是孩子学习语言的关键期，《指南》从倾听、表达、阅读、书写等方面对儿童的语言学习提出了教育建议。在语言教学过程中，要创设宽松、自由的学习环境，注重在游戏中提高幼儿的语言表达和语言交际能力。幼儿教师不只是语言的教授者，更要当好幼儿学习语言的指导者、参与者和陪伴者，学会做幼儿的"听众"，学会接受、欣赏、鼓励幼儿天真无邪的语言，鼓励他们大胆想象、大胆表达，早日掌握基本的语言表达和交际的能力，为加快"社会化"奠定良好的语言基础。

（三）注重培养儿童社会意识

幼儿社会教育的主要目标，是培养幼儿的"社会性"，使他们了解社会规范，建立社会情感，具备基本的社会认知能力，为他们逐步融入社会打好基础。《指南》对儿童的社会意识教育主要体现为心理结构维度与社会关系维度两个方面，前者主要是强调培养幼儿的社会情感态度、认知能力以及基本的社会技能，偏重于关注幼儿的成长，后者则主要是指幼儿与自身、幼儿与他人、幼儿与集体、幼儿与社会的关系。据此，教师要自觉通过自身的示范引领作用，指导和帮助幼儿克服"自我中心"，建立和谐、愉快、积极的师幼关系、同伴关系、亲子关系，教会孩子们懂礼貌、守纪律、尽义务，学会自律、互助、谦让，学会沟通协商，学会交流思想与情感，学会与小伙伴化解冲突、协商合作，在游戏中学会角色扮演，提高对不同社会情景和生活环境的适应力。

（四）激发儿童的科学探究兴趣

好奇天性是培养幼儿探究能力的基础。激发幼儿的自主探究兴趣，满足幼儿的好奇天性，对培养他们的创造性思维、积累科学知识具有重要作用。《指南》

中提到了幼儿"能够通过观察、对比，发现某些事物前后的变化……运用一定的方法来验证自己的猜测"，这就要求幼儿教师、家长能够尊重幼儿的认知发展规律，掌握幼儿的兴趣与想法，引导他们在已有认知的基础上不断探究新事物、积累新经验。教师要根据幼儿的年龄段确立探究的目标，支持和帮助幼儿发展探究能力，满足探索的欲望。

（五）引导儿童感受与欣赏艺术美

《指南》指出："艺术是儿童感受美、表现美以及创造美的重要形式之一，也是儿童对情感态度和周围世界表达自己看法的一种方式。"幼儿的艺术表现能力、欣赏能力、创造能力大多是在游戏、观赏、模仿和美工制作活动中得到积累和发展的。

第二节　新《幼儿园工作规程》

一、新《幼儿园工作规程》发布实施的背景与特点

进入 21 世纪以来，我国学前教育事业得到快速发展，但由于学前教育未纳入义务教育体系等政策原因，我国学前教育历史欠账较多，总体上仍属于基础教育和整个教育体系中最薄弱的环节，主要表现为法规政策不健全、财政投入不足、优质资源短缺、教师队伍整体素质较低、城乡和区域发展严重不平衡等，最终突出表现为"入园难、入园贵"。随着连续三期"学前教育三年行动计划"的实施，各类幼儿园数量规模大幅度增加，而"承办者资格不合法""办园条件不达标""收费标准缺少统一规划""办园质量难保证""专业师资队伍匮乏""公办园入园难、民办园入园贵"，以及高质量普惠型幼儿园数量过少，无法满足公众需求等一系列问题却依然存在，引人关注。新《幼儿园工作规程》正是在这样的背景下出台的。

经 2015 年 12 月 14 日第 48 次部长办公会议审议通过，我国决定自 2016 年3 月 1 日起，施行新的《幼儿园工作规程》（以下简称新《规程》）。新《规程》是为加强幼儿园的科学管理，规范办园行为，提高保育和教育质量，促进幼儿身心健康，依据《中华人民共和国教育法》等法律法规而制定的。它必将为提高我国幼儿园的规范化、专业化管理水平，为促进各级各类幼儿园的健康发展发挥重要作用。

新《规程》的特点：一是在幼儿安全、幼儿身心健康、家园共育和幼儿园管理规范化等方面提高了标准，增加了相关要求，提出了具体规定。二是十分注重与近年来颁布的《幼儿园教育指导纲要（试行）》《3～6岁儿童学习与发展指南》《托儿所幼儿园卫生保健管理办法》等重要文件，以及《未成年人保护法》《中小学幼儿园安全管理办法》和新颁布的《反家庭暴力法》等法律法规的呼应与衔接，修改了相关表述，将多处笼统、模糊的要求具体化。如将有关幼儿园规模原有"不宜过大"的提法明确为"一般不超过360人"；原有"餐间隔时间不得少于3个半小时"改为"正餐间隔时间为3.5～4小时"，不仅明确了两餐是指正餐，时间间隔也更合理。又如，将幼儿园"工作人员"改为"教职工"，"医务人员"改为"卫生保健人员"，"体格检查"表述为"健康检查"，与《幼儿园教职工配置标准》《托儿所幼儿园卫生保健管理办法》等文件保持一致。

二、新《规程》的理念与重点内容
（一）凸显了幼儿园行为的规范化

新《规程》中细化和完善的制度主要包括：晨检、午检制度，传染病预防和管理制度，幼儿用药安全和食品安全制度，信息管理与公开制度，教研制度等。新增的幼儿用药安全制度包括建立患病幼儿用药委托交接制度，未经监护人委托或者同意，幼儿园不得给幼儿用药；幼儿园应当妥善管理药品保证幼儿用药安全等。新《规程》增加了信息管理与公开制度，接受广大家长和社会的监督。为了促进教师的专业成长，新《规程》要求幼儿园"建立教研制度，研究解决保教工作中的实际问题"，引导教师在研究中不断提高保教能力。细化和完善相关制度，能使幼儿园的内部管理更加缜密，更好地规范保教行为，强化公开透明的社会监督，不断提升办园质量和水平。

针对幼儿园教育活动在实施中被窄化理解、等同于集体教学和以往的上课等一些问题和偏差，新《规程》规定"幼儿园应当为幼儿提供丰富多样的教育活动"，扩展了教育活动的概念，突出了教育活动的丰富性、灵活性和多样性。原有《规程》强调幼儿园日常生活组织的"一致性"原则，导致了如集体排队如厕、排队喝水等忽视幼儿正当生理需求满足的不合理现象，本次修订后新《规程》删除了"一致性"，明确了生活照料应以幼儿为本和按需安排的人文关怀。

（二）提升了幼儿园的定位

新《规程》将幼儿园定位从原有表述"是基础教育的有机组成部分"修改为"是基础教育的重要组成部分"，进一步提升了幼儿园教育在基础教育中的地位。

（三）强化了幼儿园的安全管理

新《规程》专门新增"幼儿园的安全"一章，意在强化安全管理责任，建立完善的安全保障制度体系，规定幼儿园的园舍应符合国家和地方的建设标准，以及相关安全、卫生规范，要求定期检查维护，保障安全。强调幼儿园不得设置在污染区和危险区，不得使用危房。明确要求幼儿园要建立健全门卫、房屋、设备、消防、交通、食品、药物、幼儿接送交接、活动组织和幼儿就寝值守等安全防护和检查制度，建立安全责任制和应急预案。新《规程》规定，在紧急情况下优先保护幼儿的人身安全是每一位幼儿园教职工的责任。要求教职工必须具有高度的安全责任意识和防险救护能力，幼儿园要把安全教育融入一日生活，定期组织开展多种形式的安全教育和事故预防演练。还要求幼儿园结合幼儿年龄特点和接受能力开展反家庭暴力教育，发现幼儿遭受或者疑似遭受家庭暴力的，应当依法及时向公安机关报案。规定幼儿园应当投保校方责任险。全方位扎牢了幼儿园安全的制度篱笆。

（四）关注了幼儿的身心健康

在幼儿园保育和教育的主要目标中，新《规程》增加了"促进心理健康"的要求，扩展了旧版《规程》的健康范畴。在第四章"幼儿园的卫生保健"中增加了"幼儿园应当关注幼儿心理健康，注重满足幼儿的发展需要，保持幼儿积极的情绪状态，让幼儿感受到尊重和接纳"。在第五章"幼儿园的环境创设"中提出了创设良好的精神环境的新要求，强调"幼儿园应当营造尊重、接纳和关爱的氛围，建立良好的同伴和师生关系"，照应了童年的快乐生活、后继学习与终身发展。

（五）凸显了幼儿的主体地位

新《规程》凸显了幼儿的主体地位，倡导尊重幼儿的学习方式与特点，实施幼儿发展适宜性教育。将旧版中的"根据幼儿园特点，绿化、美化园地"改成了"根据幼儿活动的需要绿化、美化园地"；将原有的"有条件的幼儿园可单独设音乐室、游戏室、体育活动室和家长接待室等"改为"有条件的幼儿园应当优先扩大幼儿游戏和活动空间"，充分体现了对幼儿主体地位的尊重。新

《规程》还强调幼儿的直接感知、实际操作和亲身体验，新增了"幼儿园不得提前教授小学教育内容，不得开展任何违背幼儿身心发展规律的活动"。新《规程》第二十九条强调"幼儿园应当根据幼儿的年龄特点指导游戏，鼓励和支持幼儿根据自身兴趣、需要和经验水平，自主选择游戏内容、游戏材料和伙伴，使幼儿在游戏过程中获得积极的情绪情感，促进幼儿能力和个性的全面发展"。规定要尊重幼儿的游戏权利，保证其游戏条件。新增了要在环境创设中保障幼儿游戏条件的具体要求。

（六）倡导差异化、个性化保育

新《规程》将原有的"注意根据幼儿个体差异"改为"充分尊重幼儿的个体差异"，阐明"为每个幼儿提供充分参与的机会，满足幼儿多方面发展的需要"。要求"为在园残疾儿童提供更多的帮助和指导"，体现出倡导差异化、个性化保育的理念，旨在促进每一个幼儿的健康发展。

（七）提高了幼儿园园长和教职工的任职资格和职责要求

新《规程》普遍提高幼教人员任职资格和工作职责的要求。如要求园长的学历从幼师（中专）提高到大专以上，要求园长的工作经验从"一定的教育工作经验"具体到"三年以上幼儿园工作经历"。对园长工作职责要求规范自身行为，按规定用人，负责开展幼儿园的教育研究，关心教职工身心健康等。对幼儿园的教职工，新增了"具有良好品德"的要求，将"身体健康"改为"身心健康"，明确规定"教职工患传染病期间暂停在幼儿园的工作。有犯罪、吸毒记录和精神病史者不得在幼儿园工作"，为全面提高幼儿园师资的专业素质提供了制度保障。

新《规程》要求幼儿园教职工必须具有安全意识，掌握基本急救常识和防范、避险、逃生、自救的基本方法，在紧急情况下应当优先保护幼儿的人身安全。

第三节 《幼儿园教育指导纲要（试行）》

2001 年 7 月 2 日，教育部颁发了《幼儿园教育指导纲要（试行）》（以下简称《纲要》）。《纲要》是遵循我国宪法和教育基本法的精神，根据党的教育方针而制定的对全国幼儿园教育进行宏观管理和指导的法规文件。它与其他有关幼教的教育行政法规一起，构成一个受共同原则指导的、具有内在协调一致性的、层次不同的学前教育法规体系，共同推进我国学前教育的科学化、法制化，保障学前教育事业发展的正确方向。

一、《纲要》的性质与基本理念

（一）《纲要》的性质

《纲要》立足于我国幼儿教育改革的实际，借鉴和吸收了世界幼儿教育科研的众多优秀理论成果，体现了国家意志，以法规的形式汇集了贯彻《规程》以来的教育观念、方法、措施、经验等，为新世纪我国学前教育事业的发展奠定了可靠基础。

《纲要》遵循儿童发展规律和教育规律，阐明了幼儿园教育的基本理念、基本原理、基本规律，提出了我国幼儿园教育的基本内容、目标和实践的基本规范与要求，适用于我国城乡的各类幼儿园，是幼儿园教育改革的指南，是全国幼儿园教育必须遵循的纲领性法规。

（二）《纲要》的基本理念

《纲要》的基本理念集中在总则中，渗透在《纲要》的各部分。《纲要》体现了终身教育、发展适宜性教育、开放教育、合作教育和生态教育理念，主张将社会、文化、环境等因素与幼儿教育密切结合，主张在教育目的性与幼儿发展可能性之间谋求平衡，主张促进教师与幼儿相互作用、共同成长，主张幼儿教育贴近儿童生活、充分尊重幼儿的权利，尊重每个幼儿的个性、能力结构与学习特点，尊重幼儿身心发展规律，尊重教育规律及其教育过程中人的因素，等等。《纲要》中的现代教育理念，体现了高质量的幼儿教育、幼儿身心健康、全面发展的科学含义，主要包括以下五点。

1. 终身教育的理念

终身教育思想渗透在《纲要》全文中，是《纲要》包含的基本指导思想。联合国教科文组织提出的终身教育、终身学习概念，深化了我们对学前教育地位和作用的认识。《纲要》提出："幼儿园教育是基础教育的重要组成部分，是我国学校教育和终身教育的奠基阶段"，它要为"幼儿一生的发展打好基础"。因此，高质量的学前教育，是终身教育的需要，更是个人和社会长远发展的需要。

每个学生的潜能开发、个性发展、终身学习习惯的养成和能力的培养是21世纪学前教育的根本任务。除了读书、写字和算术，儿童还必须学会做人、学会做事、学会学习，学会与他人和谐相处，奠定一生持续发展的良好基础。终身教育理念揭示了学前教育的使命定位和核心价值追求。《纲要》各领域的目标、内容和要求以及组织和实施、评价等内容，都把培养幼儿终身学习的基础和动力置于首位。终身教育理念追求儿童的全面、健康、可持续发展，要求幼儿园教育成为每个幼儿终身学习的奠基阶段。强调通过"引发、支持幼儿与周围环境之间积极的相互作用"来学习知识和技能，着眼于培养儿童积极主动的态度、强烈的学习兴趣、初步的合作意识、规则意识、乐群性和责任感等核心素质，以此实现学前教育的高质量。

2. "以幼儿发展为本"的教育理念

《纲要》彰显了"以幼儿发展为本"的教育理念，强调幼儿园要努力为幼儿创设一个丰富多样、多功能、多层次、具有选择自由度的环境，让每个幼儿有机会接触符合自身特点的环境，用自身特有的方式同化和吸纳外界，促进自身发展。《纲要》总则围绕"以幼儿发展为本"，明确指出要"共同为幼儿的发展创造良好的条件""满足他们多方面发展的需要，使他们在快乐的童年生活中获得有益于身心发展的经验""尊重幼儿的人格和权利，尊重幼儿身心发展的规律和学习特点……促进每个幼儿富有个性的发展"。建构区活动是幼儿根据自己的水平、兴趣和需要来选择材料进行个别性或小组性的操作活动。建构区的创设一方面通过投放各种色彩鲜明、富于变化的材料吸引幼儿，激发幼儿对建构的兴趣；另一方面又可以让幼儿在玩的过程中培养一定的能力，学会一定的技能，促使不同能力水平的孩子都能得到发展。

对各领域的目标表述都落脚于儿童的"体验""感受""喜欢""乐意"上，强调良好习惯的培养，强调合作、参与、探索，强调"幼儿每天有适当的自主选择和自由活动时间"，这些详细规定充分体现了"以幼儿发展为本"的教育理念。《纲要》凸显了"以人为本"的思想，自始至终都倡导尊重幼儿、保障幼儿权利、促进幼儿全面和谐发展。《纲要》的其他部分同样融入了"以幼儿发展为本"的教育理念，指导着实施、评价等各环节，它强调要尊重幼儿的个体差异，"促进每个幼儿在不同水平上的发展"。强调以游戏为基本活动，重视幼儿的兴趣、需要，要求"保证幼儿每天有适当的自主选择和自由活动时间"，让幼儿拥有现实的快乐生活，要求幼儿园成为幼儿喜欢的环境。《纲要》关于各领域的指导要点，更是明确了维护幼儿权利、促进幼儿成长的具体规定，譬如"要充分尊重幼儿生长发育的规律，严禁以任何名义进行有损幼儿健康的比赛、表演或训练""要避免仅仅重视表现技能或艺术活动的结果，而忽视幼儿在活动过程中的情感体验和态度的倾向""应支持幼儿富有个性和创造性的表达，克服过分强调技能技巧和标准化要求的偏向"等，这些规定旨在保障幼儿的受教育权、游戏权和发展权。

《纲要》强调，教师要成为幼儿学习活动的支持者、合作者、引导者，要"善于发现儿童感兴趣的事物、游戏和偶发事件中的隐含的教育价值，把握时机、积极引导。关注幼儿在活动中的表现与反应，敏感地觉察他们的需要，及时以适当的方式应答，形成合作探究式的师幼互动"。

在关注幼儿、强调"以幼儿发展为本"的同时，《纲要》主张让幼儿、教师、家长在教育中共同发展、共同成长，对教师、对家长、对学前教育中所有人表现出同样的尊重和关注。《纲要》强调教师的权利，强调教师在教育中的创造性、主动性，强调教师与幼儿的共同成长，阐明"教育活动的组织与实施过程是教师创造性地开展工作的过程""幼儿园教师集体是宝贵的教育资源""管理人员、教师、幼儿及家长均是幼儿园教育评价工作的参与者"。

3. 幼儿园课程的生活化

幼儿心理和生理发展水平决定了他们需要依赖直接生活经验和兴趣来形成对周围世界的认知。源自生活的幼儿园课程迎合了儿童的兴趣、特点，体现了学习活动中儿童的主体地位。幼儿园课程内容的生活化对幼儿具有极大的吸引力。

《纲要》中频繁出现"生活"一词，彰显了幼儿园课程生活化的教育理念。《纲要》第二部分"教育内容与要求"中与"生活"有关的条款有十多处，例如，教育要使幼儿学习生活，建立科学的生活常规，"培养幼儿良好的饮食、睡眠、盥洗、排泄等生活习惯""培养幼儿对生活中常见的简单标记和文字符号的兴趣""体验与教师、同伴共同生活的乐趣"，以及"教育要利用生活""密切结合幼儿的生活进行安全、营养和保健教育""在共同生活和活动中，以多种方式引导幼儿认识、体验并理解基本的社会行为规则，学习自律和尊重他人""幼儿社会态度和社会情感的培养应渗透在多种活动和一日生活的各个环节中""科学教育应密切联系幼儿的实际生活进行"。作为幼儿教育的目标，强调儿童要适应生活，"在集体生活中情绪安定""有基本的生活自理能力""遵守日常生活中基本的社会行为规则""学习用简单的数学方法解决生活和游戏中某些简单的问题"。可见，《纲要》高度重视幼儿生活，强调以幼儿生活作为学习内容，让幼儿在生活常规中学习，为适应未来生活而学习，突出了教育内容的生活化。

4. 幼儿园课程的综合化

《纲要》强调，"幼儿园的教育内容是全面的、启蒙性的，可以相对划分为健康、语言、社会、科学、艺术五个领域，也可做其他不同的划分。各领域的内容相互渗透、从不同的角度促进幼儿情感、态度、能力、知识、技能等方面的发展"。《纲要》阐明"教育活动的组织应充分考虑幼儿学习的特点和认知规律，各领域的内容要有机联系，互相渗透，注重综合性、趣味性、活动性，寓教育于生活、游戏之中"，以此强调幼儿园课程的综合化。

《纲要》对教育内容"综合性"的规定，是对儿童在教育活动中主体地位的关注和尊重。

5. 幼儿教育必须面向未来

《纲要》顺应世界学前教育发展的趋势与方向，充分吸收了现代教育科学研究的成果，主张尊重幼儿身心发展规律、尊重教育规律和人才成长规律。例如，《纲要》重视幼儿的兴趣、情感、态度，重视以幼儿为主体的探索性学习，把情感作为幼儿认知发展的推动力，强调从生活和游戏中感受事物的数量关系并体验到数学的重要和有趣，倡导从生活或媒体中幼儿熟悉的科技成果入手，培养他们对科学的兴趣，重视幼儿认知的情感化和情感的认知化。

《纲要》吸收了建构主义和现代认知心理学的最新研究成果，强调知识的建构性、过程性，视知识为动态变化的、幼儿主动建构的过程，针对不同领域知识的性质，提出幼儿学习知识的不同方式和教师应有的指导方式。

《纲要》强调幼儿园教育的生活性，这符合教育回归儿童的生活，密切地贴近儿童生活和世界教育发展趋势。《纲要》要求"引导幼儿实际感受祖国文化的丰富与优秀，感受家乡的变化和发展，激发幼儿爱家乡、爱祖国的情感"。

《纲要》顺应了"学科融合"的大趋势，提出各领域的教育内容要相互渗透，强调幼儿教育的综合性、趣味性、活动性，主张实施综合的、统整的学习，寓教于生活、游戏之中。《纲要》主张幼儿园"与家庭、社区密切合作，与小学相互衔接，综合利用各种教育资源""充分利用自然环境和社区的教育资源，扩展幼儿生活和学习的空间。幼儿园同时应为社区的早期教育提供服务"等开放教育、合作教育和协同育人的新理念，体现了世界教育发展的新趋势，儿童适应未来社会的核心素养。

二、《纲要》的结构与主要内容

从结构来看，《纲要》由四个部分组成，即总则、教育内容与要求、组织与实施、教育评价，总则的精神贯穿全文。

（一）总则

1. 逻辑结构

（1）制定《纲要》的原因、目的。

（2）幼儿园教育的性质、任务。

（3）幼儿园教育的外部原则。

（4）幼儿园教育的特点。

（5）幼儿园教育的内部原则。

2. 内容解读

第一条说明了制定《纲要》的依据、原因、目的。强调《中华人民共和国教育法》《幼儿园管理条例》和《规程》等一系列教育法规是制定《纲要》的直接依据。可见，《纲要》是《规程》的下位文件，《规程》比《纲要》更加宏观，《纲要》是《规程》关于"幼儿园教育"的具体化，其宗旨是指导幼儿园深入实施素质教育。

第二条说明了我国幼儿园教育的性质和根本任务：即幼儿园教育是"基础教育的重要组成部分，是我国学校教育和终身教育的奠基阶段"，其根本任务则是"为幼儿一生的发展打好基础"。强调"对幼儿实施体、智、德、美全面发展的教育，促进其身心和谐发展"。

第三条规定了我国幼儿园教育的外部原则，强调幼儿园必须适应社会的变化，充分地利用外部资源，与家庭、社区等密切合作，共享教育资源。

第四条指明了幼儿园教育不同于小学的特点，强调了幼儿园是通过创设健康、丰富的生活与活动环境来促进幼儿学习的，而幼儿是通过在环境中与他人共同生活来获得经验的。

第五条规定了幼儿园教育必须遵循的基本规则，如尊重幼儿的人格和权利，尊重幼儿身心发展的规律和学习特点，以游戏为基本活动，保教并重，关注个别差异等，要求"促进每个幼儿富有个性的发展"。

（二）教育内容与要求

在《纲要》的第二部分教育内容与要求中，将幼儿学习的范畴按学习领域相对划分为广大教师所熟悉的健康、语言、社会、科学和艺术五个领域，并同时强调了"各领域的内容相互渗透，从不同的角度促进幼儿情感、态度、能力、知识、技能等方面的发展"。

1. 教育内容

按学习领域划分幼儿园教育内容的主要理由有三：第一，这是比较成熟的、科学的分类。这一分类方法可追溯到 19 世纪，当时就已经开始按不同知识的性质来划分学科了。一百多年来，这种划分已经非常成熟，而且被学校教育认可，并一直影响着今天学校教育的科目名称。当然，幼儿园的领域不同于学校教育的学科，每个领域都比学科宽广得多。第二，它们有利于教师按知识的性质来选择相应的教法和理解幼儿的学习。由于各领域知识的性质有较大的不同，因此，幼儿学习这些知识时的方法也会不一样，这就决定了教师教的方法必须随之而改变。按知识性质进行分类的方法有利于指导教师根据教育内容的变化而更恰当地对应。第三，这些领域的名称为我国幼儿园教师所熟悉，这样有利于广大教师接受《纲要》，找到感觉，特别是师资水平比较差的地区。

除按知识领域分类之外，幼儿园教育内容还可以有其他不同的分类方法，以何种维度划分并不是《纲要》的实质和核心所在。如果不把关注点放在钻研《纲要》全文的理念和精神上，不去探索《纲要》所倡导的以幼儿发展为本的教育，而只是关心其内容划分为几块，甚至将各领域与小学的各门学科一一对应，用小学化的分科教学方式去实施的话，那就与《纲要》的精神完全背道而驰了。应当看到，教育内容的分类与教育的理念或实施形态之间并没有必然的联系，教育内容只是学习的范畴而已。

2. 对要求的解析

《纲要》在对每一领域进行阐述时，均包含"目标""内容与要求"和"指导要点"三部分。各部分功能各有侧重。

"目标"部分主要表明该领域重点追求什么，它主要的价值取向何在。所有领域的目标既比较集中地体现了该领域特有的价值，也共同体现了《纲要》的基本精神。在目标表述上较多地使用了"体验""感受""喜欢""乐意"等词汇，突出了情感、兴趣、个性等方面的价值取向，着眼于培养终身学习的基础和动力。如"健康"的目标，在将幼儿身体健康放在首位的同时，也强调幼儿"情绪安定、愉快"，而且将"喜欢参加体育活动"放在了动作要求之前，并在"指导要点"中明确地指出要把"培养幼儿对体育活动的兴趣"作为"幼儿园体育的重要目标"，这不仅仅是因为只有幼儿喜欢参加体育活动，才可能发展其体质和动作，还因为这一兴趣和愉快体验将推动他们今后积极地参与体育活动，这样有利于他们一生的健康和幸福的生活。

"内容与要求"部分则在说明为实现教育目标，教师应该做什么、应该怎样做，与此同时，将该领域教育的内容自然地负载其中。《纲要》遵循基础教育课程改革的精神，强调幼儿的主动学习，改革教学方式，希望教师不要把关注点过分集中在具体知识或技能的教学上，不要仅仅以固定的知识点为目标来设计教学活动，而是着力于组织适合幼儿的活动，创造适宜的教育环境，在幼儿的实际生活中发现教学赖以展开的资源，通过作用于幼儿的活动来对幼儿产生实质性的影响，让他们获得体验、获得一定的知识和技能。因此，《纲要》在每个领域中都没有单列出一个知识点或技能要求的细目，而是从活动的角度附带提出知识或技能要求。比如在"语言"的"内容与要求"中，要求教师"创造一个自由、宽松的语言交往环境……""鼓励幼儿大胆、清楚地表达自己的想法和感受……""引导幼儿接触优秀的儿童文学作品……""利用……引发幼儿对书籍阅读和书写的兴趣……"如果教师真正按这样的要求去做了，其关注的重心的确放在创设这样的环境和开展这样的活动上了，那么，这一过程同时也就成为幼儿掌握语言的过程，其听、说、读、讲所需词汇和技能的学习也就自然寓于其中了。实际上，没有知识和技能支撑的活动是不存在的，只不过这里视知识为一个过程，而不是一大堆脱离幼儿的、仅仅要他们记住的东西。当然，这一变化可能会使习惯于按具体知识内容来考虑教学的教师因"看不到"内容而不知所措，各地在贯彻《纲要》时是可以根据各地的情况列出领域的一些具体学习内容来供教师作抓手，但是，一定要注意的是，这样做的目的不是引导教师继续以知识为中心去组织教学，而是有利于帮助教师更新知识观、教学观，在努力反思过去的教学、重视幼儿活动的基础上，继续改革幼儿园的教学模式。

"指导要点"主要的功能有二：一是点明该领域的教和学的特点。因为各领域的知识性质不同，幼儿的学习方式也会随之变化，教师必须根据这些特点来设计教学，以提高教与学的效果。比如社会领域中许多约定俗成的知识与科学领域中的物理知识、数理逻辑知识的性质是不同的，它们属于社会性知识，或者说属于广义知识观中的陈述性知识一类，如社会文化、共同的规则等。这就等于告诉教师，这类知识可以通过语言传授的方式来教，用接受学习的方式来学（当然，要让教与学有意义，还需若干必要的条件）。社会领域的学习具有潜移默化的特点，这就提醒教师，教学的主要形式绝不是轰轰烈烈的一两次大活动，而要高度重视良好人际环境的创设，重视教师的言行举止，重视幼儿平常生活的点点滴滴等；而科学领域的知识大多属于程序性知识，这类知识是不能直接地通过教而让幼儿获得的，它需要幼儿自身与物体、与外部世界直接地相互作用，通过活动而自我建构。因此，教师的教应当是间接的，如创设相适应的环境、提供必要的活动条件和其他支持手段等。在这两种学习中，接受学习方式和直接体验、动手操作的方式的比例显然应有所不同，教师如果能够有意识地灵活转换的话，教学就会更科学更有效，更适合幼儿的学习特点；二是点明该领域特别应当注意的有普遍性的问题。比如，在"健康"领域中，较严重地存在不顾幼儿身体发育特点而滥施训练、比赛的现象，因此在"指导要点"中明文加以禁止；又如在艺术领域中，因为过分强调技能训练而忽视幼儿的情感体验、遏制幼儿创造性的现象比较普遍，因此就有针对性地提出了相应的注意点；再比如在"语言"领域中，过去太强调语言是社会约定俗成的符号系统的一面，而过分地使用了传授的方法或训练方式来教给幼儿词汇或话语，忽视了语言的获得是一个高度个性化的过程，是需要儿童在实际运用中通过积极的自我建构来获得的。为此，《纲要》在"语言"的"指导要点"中特别指出，要创设一个能使幼儿想说、敢说、喜欢说、有机会说并能得到积极应答的环境，要提供促进幼儿语言发展的条件，让幼儿在交流中、在实际运用过程中去获得和发展自己的语言。

（三）组织与实施

《纲要》第三部分是组织与实施，其十一个条目中贯穿着尊重幼儿的权利，尊重教师的创造，尊重幼儿在学习特点、发展水平、个性特征等方面的差异，尊重幼儿身心发展的客观规律，尊重教育教学的客观规律等理念与观点，突出了幼儿园教育组织实施中的教育性、互动性、开放性、针对性、灵活性等原则。

这部分具体包括幼儿园教育组织与实施的根本原则，幼儿园教育活动的意义，教育活动的组织与实施的基本原则，组织与实施中各方面的原则，教育活动的目标、内容、形式、环境、一日生活、衔接问题，和教师在活动的组织与实施中的角色和作用。

（四）教育评价

该部分对幼儿园教育评价的功能、主体、实施原则、主要内容和幼儿园发展评价的原则等方面做出了明确规定。

三、《纲要》对学前教育评价工作的要求

（一）幼儿园工作评价的原则与要求

《纲要》第四部分聚焦幼儿园教育评价工作，阐明了幼儿园教育工作评价与幼儿发展评价的具体原则和注意事项，提出了评价的发展性原则、合作性原则、标准多元性原则，以及多角度、多主体、多方法、重视过程、重视差异、重视质性研究等评价观，强调评价的目的是促进幼儿发展、促进教师反思性成长和学前教育质量的提高，反对将评价用于筛选、排序、给孩子贴标签，以免伤害孩子们的自尊心和自信心，给他们的成长蒙上心理阴影。可见，《纲要》为幼儿园开展幼儿园教育和幼儿发展评价提供了科学指南。

在学前教育评价实践中，评价的模式、内容和方法往往以成人的意志为主宰，忽略幼儿的主体性，评价结果容易流于形式化，忽视评价结果的反馈、运用与评价促进发展功能的实现。《纲要》指出，幼儿园教育评价的功能是"了解教育适宜性、有效性，调整和改进工作，促进每一个幼儿发展，提高教育质量"。教育评价要从幼儿的立场出发，通过观察幼儿的语言和非语言表征，理解和评判他们的表现，但绝不是为了在幼儿中选优劣、贴标签，评价中要多关注幼儿的长处、特质和潜能，为每个幼儿提供交流互动机会，促使其身心健康和全面发展，此乃教育评价的终极目标。

（二）幼儿发展评价的基本方法与原则

1. 坚持价值多元化原则

幼儿发展评价的内容是多元的，要尝试多种方法、多角度、全面地评价幼儿发展。评价中，除了关注幼儿在各学习领域中知识技能表现，更要重视幼儿良好习惯、学习兴趣、意志品质、健康心理的养成；不仅要掌握每个幼儿身心智能的发育发展、兴趣爱好、个性特点，还要了解他们在某一领域的发展现状和趋势、潜力。成长档案是幼儿评价的常用有效工具，可以将每个孩子的发展全面具体地记录保存。在实际工作中，有必要多种方法并用，可从观察法、轶事记录拓展到定期抽样、专项抽样、行为检核法、个别谈话法。要融会贯通、

合理运用各种评价方法，以便相互补充、相互印证，更加全面、准确、真实地评判幼儿的发展状况。多角度的评价方式能从多方面反映幼儿的学习状况、学习特色、发展变化等，能兼顾到群体需要和个体差异，进行个别教育，真正把握孩子的需求，给予其适宜的指导，从而促进他们的全面发展。

2. 坚持幼儿主体性原则

要根据加德纳的多元智能理论，看到每个儿童的独特智能结构与智能发展倾向，平等地对待各种不同智能结构和智能倾向的孩子，相信人人都能出彩、人人都能成才。要以观察、评价幼儿多元智能发展的现状、优点和潜力作为个性化教育的依据，合理确定适宜的教育内容和教育方法，使评价真正成为促进幼儿发展的有效手段。

要引导、支持、帮助幼儿与教师共同创设多功能、多层次的学习与生活环境。教师要尊重幼儿、欣赏幼儿、相信幼儿，让幼儿自由、自主地与环境实现积极有效的互动。要经常以观察者、合作者、支持者、鼓励者的身份适时适当地介入指导，并通过多元评价方式，提高幼儿各领域的学习效果，促进幼儿全面发展。

3. 重视对幼儿发展历程的动态评价

幼儿评价要聚焦于幼儿各领域学习的变化与发展的动态过程，进而要了解和分析幼儿发展的过去、现状与不同年龄段的成长趋势，做出纵向的分析评价，幼儿评价应重点观察和记录每一名幼儿在各自原有基础上所实现的发展与进步，并依据幼儿成长档案，采取有针对性、适宜性的教育措施，指导和促进每个幼儿的个性化健康发展。

4. 聚焦幼儿真实生活中的表现评价

幼儿教育的目的不只是传授知识，更要提高幼儿解决问题的能力。幼儿发展评价应关注幼儿真实生活的表现，了解幼儿通过观察、思考、假设、选择、推理等心理活动解决问题的过程观察与评价，要关注、评价幼儿一日生活中的兴趣、爱好、注意力和意志力的典型表现，分析幼儿的动机、习惯、情感、创造力的发展，进而有针对性地调整教育策略。

5. 提高教师的评价意识和评价能力

对幼儿发展的评价意识和评价能力是教师专业能力的重要组成部分之一，它主要体现在对幼儿外显行为的精准观察、分析、评价上，体现在与幼儿的有效互动和教育行为的不断调适上，最终体现在对幼儿全面健康发展的实际促进作用上。收集信息资料是基础，分析评价是手段，促进发展才是目标。教师必须把握幼儿身心发展特点，明确目的，提高评价质量。

幼儿发展评价不是最终目的，只是手段。根据评价结果，及时反馈、调整教育策略，创设环境，提供材料，并给予适宜的支持，正确地引导幼儿发展，才是评价的目的所在。

总之，《纲要》蕴含着科学的教育观、儿童观、发展观，对幼儿园教育质量的标准、对教师的专业能力提出了新要求。学习贯彻《纲要》精神和要求，必将有助于全面提高教师专业素质，有利于形成开放办园、合作办园新局面，有助于整合各方资源共建保育环境、促进幼儿健康快乐成长和全面和谐发展。

第四节 《幼儿园管理条例》

一、《幼儿园管理条例》概述

1989 年，原国家教育委员会颁发了《幼儿园管理条例》（中华人民共和国教育委员会令第 4 号，以下简称《条例》）。《条例》是我国目前唯一的一部学前教育行政法规，分为总则、举办幼儿园的基本条件和审批程序、幼儿园的保育和教育工作、幼儿园的行政事务、奖励与处罚、附则六章内容。《条例》的颁布对加强、规范幼儿园的管理、促进幼儿教育事业的发展起到了重要作用。

二、《条例》的主要内容

（一）以法规的形式确定了幼儿园的性质、任务及行政管理体制

《条例》第二条规定，幼儿园的性质是"招收 3 周岁以上学龄前儿童，对其进行保育和教育"的机构；幼儿园的任务是通过保育和教育"促进幼儿在体、智、德、美诸方面和谐发展"（第三条）。幼儿园办园主体多元化，除地方各级政府外，"鼓励和支持企业事业单位、社会团体、居民委员会、村民委员会和公民举办幼儿园或捐资助园"（第五条）。"幼儿园的管理实行地方负责、分级管理和各有关部门分工负责的原则。国家教育委员会主管全国的幼儿园管理工作；地方各级人民政府的教育行政部门，主管本行政区内的幼儿园管理工作"（第六条）。

（二）规范了幼儿园办园的程序和基本条件

《条例》第二章（第七～十二条）对举办幼儿园的基本条件和审批程序进

行了规定。对幼儿园设置区域、园舍和设施、工作人员、经费做了基本要求。幼儿园必须设置在安全区域内；幼儿园园舍和设施必须符合国家的卫生标准和安全标准，满足保育和教育需要；包括园长、教师、医务等幼儿园工作人员必须具有相应的学历要求，并取得职业资格；幼儿园主办者必须具有进行保育、教育和相应改、扩建幼儿园的经费来源。

我国实施幼儿园登记注册制度。"未经登记注册，任何单位和个人不得举办幼儿园"（第十一条）。城市幼儿园和农村幼儿园的举办、停办分别由相应政府机构登记注册。

（三）确立了幼儿园开展"保育和教育"工作的基本要求

幼儿园的基本任务是保育和教育。如何开展保育和教育工作？《条例》第三章对幼儿园的保育和教育工作提出了明确要求，共九条内容。其中最重要的有以下三点：

1. 确立了幼儿教育的目标是促进幼儿全面而个性的发展

"幼儿园应当贯彻保育与教育相结合的原则，创设与幼儿的教育和发展相适应的和谐环境，引导幼儿个性的健康发展。幼儿园应当保障幼儿的身体健康，培养幼儿的良好生活、卫生习惯；促进幼儿的智力发展；培养幼儿热爱祖国的情感及良好的品德行为。"（第十三条）该条明确指出幼儿教育的目标是要促进幼儿全面而个性的发展。幼儿教育要杜绝一切以单纯的"知识"学习为目标的"小学化"现象。

2. 明确要求"幼儿园应当以游戏为基本活动形式"

《条例》指明了游戏对于幼儿的价值，并明确提出："幼儿园应当以游戏为基本活动形式。幼儿园可以根据本园的实际，安排和选择教育内容与方法，但不得进行违背幼儿教育规律，有损于幼儿身心健康的活动。"（第十六条）

"以游戏为基本活动形式"是幼儿园不同于其他阶段教育的典型表现。幼儿最喜欢游戏，游戏是幼儿的生命，是幼儿的主要活动；幼儿通过游戏学习获得成长；幼儿园的各项活动只有寓于游戏之中，才能取得最佳教育效果，才能促进幼儿在体力、智力、语言等方面的和谐个性发展。幼儿园要充分理解幼儿游戏活动的价值，丰富幼儿游戏活动的经验，创设幼儿游戏的空间，提供幼儿游戏的材料，安排幼儿游戏的时间，对游戏活动进行评价和指导，真正促进幼儿的发展。

3. 突出强调了幼儿安全问题

《条例》指出，幼儿园首先要保障幼儿的安全。幼儿园应当建立相应的卫生保健制度和安全防护制度，以及相应的安全应急处理机制。《条例》第十七条指出："严禁体罚和变相体罚幼儿。"作为幼教工作者，要时刻牢记幼儿永远是法律保护的对象。不论是采用暴力手段，对幼儿的身体进行惩罚或者击打，使幼儿的身体受到某种程度的伤害的"体罚"，还是采用非人道的方式强迫幼儿做出某些行为，使幼儿在身体上或心理上感到痛苦的"变相体罚"都是明令禁止的。任何时候，幼教工作者都要尊重幼儿的人格，不得歧视、虐待幼儿，不得实施体罚、变相体罚，不得侵犯幼儿的合法权利。

（四）制定了幼儿园行政管理的基本内容框架

《条例》第四章确定了幼儿园的基本行政事务。对幼儿园分级管理、分工负责的管理体制进行了明确规定。各级教育行政部门的主要任务是"负责监督、评估和指导幼儿园的保育、教育工作，组织培训幼儿园的师资，审定、考核幼儿园教师的资格，并协助卫生行政部门检查和指导幼儿园的卫生保健工作，会同建设行政部门制定幼儿园园舍、设施的标准"（第二十二条）。

幼儿园的领导体制是园长负责制。"幼儿园园长负责幼儿园的工作"（第二十三条），幼儿园的工作人员由园长或举办者聘任。幼儿园可以根据政府规定收费标准收取保教费和教育费，杜绝不合理收费项目，要合理使用各项经费。幼儿园园舍和设施受到保护，"任何单位和个人，不得侵占和破坏幼儿园园舍和设施，不得在幼儿园周围设置有危险、有污染或影响幼儿园采光的建筑和设施，不得干扰幼儿园正常的工作秩序"（第二十五条）。

（五）明确了幼儿园基本的奖罚规定

为了规范办园行为，激励高质量办园，《条例》第五章提出了对幼儿园（责任人员）进行奖励、处罚、处分的基本情况。

第五节 《学前教育督导评估暂行办法》

一、《学前教育督导评估暂行办法》出台的背景与意义

学前教育是人生的起始教育，对幼儿身心健康、习惯养成和智力发展具有重要意义。学前教育是国民教育的重要组成部分，是一项重要的社会公益事业，

是关系千家万户的民生工程。但是，长期以来，由于财政投入过低，我国学前教育资源特别是公办学前教育资源严重不足，长期束缚着学前教育发展的脚步。加之近年来生育高峰的出现，直接引发幼儿园入园需求呈井喷状态，学前教育资源不足问题集中显现，发展学前教育的现实需求日益凸显。因此，加快学前教育发展是国家教育改革和发展的重大战略工程。

2010年7月，全国教育工作会议提出："学前教育在各级各类教育中是一个十分薄弱的环节，人民群众意见较多。要推动全国城乡学前教育普遍发展。抓紧解决群众反映强烈的'入园难'问题。"

《国家教育改革与发展规划纲要（2010—2020年）》实施以来，学前教育发展的步伐之快，力度之大，前所未有。从中央到地方，从沿海到内地，从东部到西部，"学前教育"已成为各地教育改革发展中的新亮点。

《国家教育改革与发展规划纲要（2010—2020年）》第一次将学前教育单列一章进行专门部署，提出了到2020年基本普及学前教育的宏伟目标。2010年11月21日，国务院下发《关于当前发展学前教育的若干意见》（以下简称"国十条"），为积极发展学前教育、着力解决"入园难"问题，明确了前进的方向和实施路径。"国十条"和《国务院关于进一步加大财政教育投入的意见》明确了学前教育财政投入政策，突出强调"两个提高"和"两个倾斜"，"两个提高"，即在财政的"大盘子"里面，教育支出所占的比例要明显提高；在教育经费的"盘子"里面，财政性学前教育经费的比例要明显提高；"两个倾斜"，即明确了新增财力要向教育倾斜，新增教育经费要向学前教育倾斜。

2010年12月1日召开的全国学前教育工作电视电话会议，对深入贯彻落实教育规划纲要和"国十条"进行了专门部署。2010年底，国家教育体制改革试点全面启动，加快学前教育发展被列为十大试点任务之首。

"十二五"期间，中央财政安排了500亿元，重点支持中西部地区和东部困难地区发展学前教育，首次在国家层面实施学前教育一系列重大项目，支持实施学前教育四大类七个重点项目。各地坚持政府主导、社会参与，加大政府对学前教育的经费投入，多种形式扩大学前教育资源，特别是普惠性学前教育资源。通过政策支持、税收优惠、购买服务等方式，鼓励企业、慈善组织、社会团体等举办公益性、普惠性幼儿园，并根据国家要求，结合本地实际，合理确定生师比，核定公办幼儿园教职工编制，逐步配齐幼儿园教职工。借"国十条"

的东风，全国 31 个省（市、自治区）相继以县为单位编制实施学前教育三年行动计划，全面推进学前教育的改革与发展。2011 年 9 月，各地纷纷启动学前教育三年行动计划，学前教育事业发展由此跨进快车道。2012 年 2 月，教育部发布《学前教育督导评估暂行办法》，旨在督导国家关于学前教育的重大政策部署的落实情况，促进各地学前教育持续健康发展。

教育督导是保障教育法律法规和方针政策落实的重要机制，我国教育督导制度恢复重建于 1986 年。2012 年 2 月 22 日，教育部颁布的《学前教育督导评估暂行办法》旨在为全国学前教育事业发展注入动力、保驾护航，它标志着我国学前教育督导评估体系建设进入了新阶段，对各级政府加大投入、对园所规范管理和健康发展都具有重要的指导意义。

二、学前教育督导评估的对象与内容

学前教育督导评估的对象是地方政府。地方政府是发展学前教育和解决"入园难"问题的责任主体。为了督促地方政府认真履行发展学前教育的职责，全面落实学前教育三年行动计划，有效缓解"入园难"问题，满足适龄儿童入园需求，推进学前教育事业加快发展，教育部在深入调研和广泛征求意见的基础上，研究制定了《学前教育督导评估暂行办法》，建立了学前教育的督导评估制度和工作机制，决定从 2012 年开始在全国普遍开展学前教育的督导评估工作，并要求地方各省（市、区）政府结合本地实际，制订实施方案。

《学前教育督导评估暂行办法》提出的学前教育督导评估指标体系共有六个一级指标及 22 个二级指标，总体体现了督政与督学相结合，并以督政为主的导向，主要对政府职责、经费投入、园所建设、队伍建设、规范管理和发展水平六个方面进行评估，重点开展对各地实施学前教育三年行动计划的情况进行督导评估。

政府职责方面，主要评估落实政府责任和部门职责，具体要求地方政府重视并切实加强对发展学前教育的领导；成立学前教育工作领导小组或建立联席会议制度，加强对学前教育的统筹协调；健全教育部门主管、有关部门分工负责的管理体制和工作机制；制定切实可行的学前教育发展规划和三年行动计划，其目标明确，措施具体，突出针对性、可操作性。建立督促检查、考核奖惩和问责机制。加强对学前教育的督导检查，将学前教育发展纳入各级政府领导目标责任制，对在学前教育工作中做出突出贡献的单位和个人给予表彰和奖励。

经费投入方面，主要评估加大学前教育经费投入，落实各项财政支持政策，构建学前教育公共服务体系等方面的情况。要求将学前教育经费列入财政预算，切实加大学前教育投入力度，向边远贫困地区和少数民族地区倾斜；新增教育经费要向学前教育倾斜；财政性学前教育经费在同级财政性教育经费中要占合理比例，并在三年内有明显提高；确保发展学前教育工程（项目）投入。建立政府投入、社会举办者投入、家庭合理负担的投入机制；研究制定公办幼儿园生均经费标准和生均财政拨款标准，并能及时拨付到位。制定支持学前教育的优惠政策，鼓励社会力量办园和捐资助园；建立学前教育资助制度，发展残疾儿童学前康复教育；国家支持学前教育发展的项目经费使用规范、合理。

园所建设方面，主要评估多种形式扩大学前教育资源，大力发展公办幼儿园，积极扶持民办幼儿园，扩大普惠性学前教育资源等方面的情况。要求地方政府研究制定城镇小区配套幼儿园的规划，建设、接收、使用与管理细则，并有效落实，确保布局合理，方便就近；农村乡镇建设公办中心幼儿园，大村独立建园，小村设分园或联合办园，人口分散地区开展学前教育巡回支教等，构建县、乡、村学前教育网络；设施设备配备达标，满足幼儿活动和发展的需要。

队伍建设方面，主要评估加强幼儿教师队伍建设，要求地方政府合理确定幼儿教师生师比，核定公办幼儿园教职工编制，配足、配齐教职工；健全幼儿教师准入制度，严把入口关；多渠道保证师资供给，满足学前教育发展需求；完善学前教育师资培养培训体系，扩大幼儿教师的培养规模，加大幼儿教师的培训力度，增强培训的针对性，提高教师专业素质；依法落实幼儿教师地位和待遇，切实维护幼儿教师合法权益。

规范管理方面，主要评估加强和规范学前教育管理，要求地方政府严格执行幼儿园准入制度，制定各种类型幼儿园的办园标准，实行幼儿园审批登记和年检制度；对无证办园进行全面排查登记，实行分类治理，妥善解决无证办园问题；完善幼儿园收费管理机制，制定幼儿园收费标准，规范幼儿园收费工作；重视幼儿园安全保障和卫生健康工作，健全各项安全管理、卫生保健、饮食与健康工作制度和安全责任制；落实《纲要》，加强对幼儿园保教工作的指导，建立幼儿园保教质量评估监管体系和机制，开展保教质量监测评估工作，有效解决"小学化"的倾向和问题。

发展水平方面，主要评估学前教育发展水平提高的效果，具体要求"毛入园率"明显提高，"入园难"问题得到有效缓解；城镇和农村公办幼儿园所占比例、广覆盖程度明显提高；学前教育财政投入所占比例明显提高；取得幼儿教育资格证的教师数占幼儿教师总数的比例明显提高；保教质量明显提高；社会对当地提供的学前教育的满意度明显提高。

三、学前教育督导评估的原则与方法

为了保证学前教育的健康发展，切实督促地方政府科学、有效地履行发展学前教育的职责，要求在督导评估中必须坚持以下四项原则。

（一）发展性原则

要运用发展性教育评估的思想，对学前教育发展状况实施动态督导监测和评估，主要关注学前教育在原有基础上的发展幅度及增值的大小。

（二）激励性原则

坚持以评促建、以评促改，切实调动地方人民政府落实学前教育三年行动计划的积极性、主动性和创造性。将学前教育发展作为评价地方政府工作成效的重要内容及表彰学前教育成绩突出地区的重要依据。

（三）客观性原则

坚持教育督导评估的科学性和客观性，教育督导评估和监测结果必须真实反映学前教育发展的真实情况和努力程度，做到公开、公正、公平，突出教育督导评估的针对性和实效性。

（四）实效性原则

坚持从实际出发，重在看各省级政府发展学前教育的努力程度，职责到位情况，工作落实成效及学前教育发展的实际效果。

学前教育督导评估在方法上强调"三个结合"，即坚持规范性评估与发展性评估相结合、定性评估与定量评估相结合、自我评估与督导评估相结合。具体要求有以下四项：

第一，省级要建立自我评估领导小组和工作机制，每年开展自我评估，撰写学前教育督导评估自评报告单，填写学前教育发展状况监测统计表，报送教育部教育督导团办公室。

第二，省级教育督导机构要依据本省制定的学前教育督导评估实施方案，组织对地（市）、县级政府落实学前教育三年行动计划的职责和任务等情况进行督导评估。督导评估结果要报送教育部教育督导团办公室。

第三，国家教育督导团每年依据各省上报的学前教育督导评估自评报告单和学前教育督导监测统计表，进行综合分析，提出年度发展情况督导监测报告，对各省学前教育发展状况进行动态督导监测。

第四，国家教育督导团每年选择部分省份进行督导检查，结合每年督导监测结果，对各省学前教育发展状况进行综合分析，撰写学前教育督导评估报告。

四、学前教育督导评估结果的应用

根据《学前教育督导评估暂行办法》规定，学前教育督导评估的结果将在以下四个方面得到应用：

第一，建立省级政府学前教育工作的表彰奖励与问责机制，把学前教育督导评估和监测结果作为评价地方政府教育工作成效、实施表彰奖励的一项重要内容；

第二，建立学前教育督导结果报告制度，及时向政府决策部门报送督导评估结果，为教育决策提供有效信息、重要依据；

第三，建立学前教育督导评估的宣传交流机制，通过工作简报、现场会等方式向社会宣传、推广、交流地方发展学前教育的有效举措和典型经验；

第四，建立学前教育督导结果通报和公布制度，向各省级政府通报督导评估结果，并向社会公布。

第六节 《托儿所幼儿园卫生保健工作规范》

一、《托儿所幼儿园卫生保健工作规范》概述

为贯彻落实《托儿所幼儿园卫生保健管理办法》（卫生部教育部令2010年第76号，以下简称《管理办法》），加强托儿所、幼儿园卫生保健工作，切实提高托幼机构卫生保健工作质量。原卫生部组织专家对1985年印发的《托儿所幼儿园卫生保健制度》进行了修订，形成了《托儿所幼儿园卫生保健工作规范》，并于2012年5月正式印发（卫妇社发〔2012〕35号，以下简称《规范》）。《规范》的制定是以《管理办法》为指导思想，以《托儿所幼儿园卫生保健制度》的基本内容为依据，包括卫生保健工作职责、卫生保健工作内容与要求、新设立托幼机构招生前卫生评价、附件四个部分。

二、《规范》的主要内容

《规范》颁布的目的是更好地适应现阶段托幼机构卫生保健工作的开展，规范全国托幼机构卫生保健技术服务和管理工作，使卫生保健工作更加科学化、制度化，提高各级妇幼保健机构对托幼机构卫生保健工作的指导水平，保障儿童的身心健康。《规范》的主要内容包括五方面。

（一）托幼机构卫生保健的主要任务与原则

《规范》指出："托幼机构卫生保健工作的主要任务是贯彻预防为主、保教结合的工作方针，为集体儿童创造良好的生活环境，预防控制传染病，降低常见病的发病率，培养健康的生活习惯，保障儿童的身心健康。"

（二）卫生保健工作职责分工

托儿所幼儿园的卫生保健工作需要托幼机构、妇幼保健机构及疾病预防控制机构等相关机构共同承担。《规范》第一部分对有关各机构的工作职责进行了明确划分。托幼机构的卫生保健工作主要包括按规定设立保健室或卫生室，按照幼儿人数配置保健工作人员、制定卫生保健制度及工作计划等十项职责；妇幼保健机构主要职责包括受卫生行政部门委托，对取得办园（所）资格的托幼机构每3年进行1次卫生保健工作综合评估、对托幼机构卫生保健人员进行培训、对托幼机构卫生保健工作进行指导等八项内容。同时，有关疾病预防控制机构、卫生监督执法机构、食品药品监督管理机构、乡镇卫生院、村卫生室和社区卫生服务中心（站）也要加强与托幼机构的联系，履行咨询、指导、监督职能，共同做好儿童的健康管理。

（三）卫生保健工作内容与要求

《规范》第二部分指出，托幼机构的卫生保健工作包括一日生活安排、儿童膳食、体格锻炼、健康检查、卫生与消毒、传染病预防与控制、常见病预防与管理、伤害的预防、健康教育、卫生保健信息收集十项内容。

1. 一日生活安排

托幼机构应当根据各年龄段儿童的生理、心理特点，结合本地区的季节变化和本托幼机构的实际情况，制订合理的生活制度。合理安排儿童作息时间和睡眠、进餐、大小便、活动、游戏等各个生活环节的时间、顺序和次数，注意动静结合、集体活动与自由活动结合、室内活动与室外活动结合，不同形式的活动交替进行。保证儿童每日充足的户外活动时间。全日制儿童每日不少于2

小时，寄宿制儿童不少于 3 小时，寒冷、炎热季节可酌情调整。根据儿童年龄特点和托幼机构服务形式合理安排每日进餐和睡眠时间。制订餐、点数，儿童正餐间隔时间 3.5～4 小时，进餐时间 20～30 分钟／餐，餐后安静活动或散步 10～15 分钟。3～6 岁儿童午睡时间根据季节以 2～2.5 小时／日为宜，3 岁以下儿童日间睡眠时间可适当延长。托幼机构要严格执行一日生活制度，卫生保健人员应当每日巡视，观察班级执行情况，发现问题及时予以纠正，以保证儿童在托幼机构内生活的规律性和稳定性。

2. 儿童膳食

儿童膳食包括膳食管理和膳食营养两部分。

（1）膳食管理。

①依法管理。儿童膳食管理要依据《食品安全法》《食品安全法实施条例》《学校食堂与学生集体用餐卫生管理规定》等法律文件，托幼机构食堂要取得《餐饮许可证》。

②建立健全各项食品安全管理规章制度。儿童膳食专人负责，家长代表参与膳食委员会，专款专用，账目每月公布，每学期收支盈亏不超过 2%。

③食堂卫生。食品进货必须索证索票，验收记录，保证新鲜。食堂应每日清扫消毒。食品加工用具需生熟标识明确、分开使用、定位存放。餐饮具清洗消毒，保洁存放。禁止加工变质、有毒、不洁和过期食品。不制作冷荤凉菜。在主副食选料、洗涤、切配、烹调时，方法科学合理，减少营养素损失，口味清淡，达到营养要求。注意食物的色、香、味、形。库存食品应分类保存，注明标识和保质日期。留样食品按品种（≥100g）盛放于消毒后的密闭容器内，在冷藏条件下存放 48 小时以上。

④卫生、整洁、舒适的进餐环境。进餐时给予关心、爱护、帮助，不批评、训斥；适当的进餐速度，过快易引起消化不良，或呛噎等，过慢（特别是冬天）则易致胃部不适，消化不良；进餐时不嬉笑打闹；不强迫儿童进食。

⑤良好的饮食行为和习惯。餐前、便后要洗手；规律进食，定时定量定位；细嚼慢咽，不剩饭，不洒饭；注意饮食卫生和就餐礼貌；不挑食，不偏食；不多吃糖及甜食，控制零食；不吃不洁的食物，少吃生冷的食物；瓜果应洗净才吃，动物性食品应彻底煮熟、煮透。

（2）膳食营养。

①合理的膳食制度。饮食次数：三餐一点；两餐间隔时间：3.5 ～ 4 小时；食物能量的分配：早餐 30%、中餐 40%（午点 10%）、晚餐 30% ；正餐进餐时间不超过 30 分钟。

②儿童膳食计划应以《中国国民膳食指南》为指导。食物多样，谷类为主；多吃蔬菜、水果和薯类；经常吃适量的鱼、禽、蛋、瘦肉；每天吃奶类、豆类和豆类制品；食量与体力活动要平衡；吃清淡少盐的膳食；吃清洁、卫生、不变质的食物。

③儿童膳食计划的制订原则。符合儿童的营养需要，选择营养丰富食物（蛋白质、钙、铁、维生素 A）；食物营养素的比例要适当；食物的质、量、烹调方法适合儿童的消化能力，并促进幼儿食欲；符合卫生要求。

④每天足量饮水，少喝含糖高的饮料。饮水量：1 ～ 3 岁儿童，50 ～ 100 毫升 / 次；3 ～ 6 岁儿童，100 ～ 150 毫升 / 次。次数：上午 1 ～ 2 次，下午 1 ～ 2 次。

⑤膳食调查与营养评估。托幼机构至少每季度进行 1 次膳食调查和营养评估。

⑥营养性疾病的特殊膳食。为贫血、营养不良、食物过敏儿童提供特殊膳食。

⑦不提供正餐的托幼机构，每日至少提供 1 次点心。

3. 体格锻炼

体格锻炼可以提高儿童的身体健康水平，能促进儿童身体器官的生长发育；促进儿童肢体均衡、对称地生长，使他们体态健美、协调地发展；激发儿童良好的情绪和心理状态，为一日的生活和学习，以及性格培养做好准备；使儿童养成良好的合作意识，形成初步的自我控制能力，培养他们的集体观念。《规范》中与体格锻炼相关的内容如下。

（1）职责。托幼机构应制订适合儿童年龄、生理和心理特点的体格锻炼计划，每日有组织地开展各种形式的体格锻炼；保证室内外运动场地和运动器械的清洁卫生、安全，做好场地布置和运动器械准备；定期进行室内外安全隐患排查；体育运动使用运动器械的大小、重量要符合其身体发育特点。

（2）儿童体格锻炼的内容。空气浴、日光浴、水浴、体操和体育活动。

（3）体格锻炼的要求。运动强度适宜，保证运动量；做好准备活动：运动前，加强保护，避免运动损伤；运动中，注意观察儿童的面色、精神状态、呼吸、出汗量和对锻炼的反应；运动后，注意观察儿童锻炼后的身体反应，并询问儿童锻炼后的自我感受，以锻炼后精神状态良好、没有疲劳积累、没有不良感觉（头晕、恶心、食欲下降、睡眠不好等）为宜。

4. 健康检查

健康检查包括儿童健康检查和工作人员健康检查。前者包括入园（所）健康检查、定期健康检查、晨检及全日健康观察；后者包括上岗前健康检查、定期健康检查、日常健康管理。《规范》对于健康检查的内容、频次、要求及处理做了详细的规定。

5. 卫生与消毒

《规范》从环境和物品卫生、个人卫生（包括幼儿个人卫生与工作人员个人卫生）、预防性消毒三个方面提出了具体的卫生（消毒）要求。以预防性消毒为例，《规范》规定，儿童活动室、卧室应当经常开窗通风，保持室内空气清新。每日至少开窗通风2次，每次至少10～15分钟。在不适宜开窗通风时，每日应当采取其他方法对室内空气消毒2次。餐桌每餐使用前消毒。水杯每日清洗消毒，用水杯喝豆浆、牛奶等易附着于杯壁的饮品后，应当及时清洗消毒。反复使用的餐巾每次使用后消毒。擦手毛巾每日消毒1次。门把手、水龙头、床围栏等儿童易触摸的物体表面每日消毒1次。坐便器每次使用后及时冲洗，接触皮肤部位及时消毒。使用符合国家标准或规定的消毒器械和消毒剂。

6. 其他

《规范》对于传染病预防与控制、常见病预防与管理、伤害的预防、健康教育、卫生保健信息收集内容也做了详细规定。

（四）新设立托幼机构招生前卫生评价

《规范》第三部分对新设立的托幼机构招生前的卫生评价流程与标准做了规定。评价的标准涉及环境卫生、个人卫生、食堂卫生、保健室或卫生室设置、卫生保健人员的配备、工作人员的健康检查、卫生保健制度七个方面。凡卫生评价为"合格"的托幼机构，才可向教育部门申请注册，注册成功才能招生。

（五）托幼机构卫生保健工作的制式表格等

《规范》第四部分以附件的形式对托幼机构保健工作的制式表格及工作要求进行了规范，包括《儿童入园（所）健康检查表》《托幼机构工作人员健康检查表》《托幼机构环境和物品预防性消毒方法》《卫生保健工作记录（登记）表》《卫生保健资料统计表》《托幼机构卫生评价申请书》《新设立托幼机构招生前卫生评价表》《托幼机构卫生评价报告》八项内容。

第七节 《幼儿园办园行为督导评估办法》

2017年4月，教育部发布《幼儿园办园行为督导评估办法》（以下简称《办法》）。这是我国第一部有关幼儿园督导评估的教育法规，是建立和完善幼儿园督导评估制度、贯彻落实《规程》、回应人民群众对学前教育事业发展的关切与期盼的重要举措，也是提高学前教育整体质量、满足人民群众对优质学前教育需求的一项重要制度安排。《办法》的颁布对于指导各地加强对幼儿园的科学管理，提高依法治教水平，促进幼儿园规范办园行为，维护幼儿合法权益，保障幼儿身心健康成长具有重要现实意义。

一、《办法》制定出台的背景

《国家中长期教育改革和发展规划纲要（2010—2020年）》明确提出，要"基本普及学前教育""加强学前教育管理，规范办园行为"。《规程》规定："幼儿园应当依法接受教育督导部门的督导。"《纲要》颁布实施以来，我国学前教育取得了跨越式发展，学前教育规模迅速增加，普及程度快速提高。但在学前教育规模快速扩张的同时，办园条件差，教师队伍不稳定，办园行为不规范等问题在全国还不同程度地存在。涉及幼儿的一些恶性事件时有发生，社会影响恶劣，亟需采取有力措施加以防控和督促解决。因此，制定科学的督导评估标准和办法，全面开展幼儿园督导评估，督促和引导幼儿园规范办园，提高保育和教育质量十分必要和紧迫。

世界发达国家，如英国、美国、德国、澳大利亚、新加坡等国都建立了各具特色的幼儿园评估制度，有力促进了本国学前教育的发展，也为我们提供了有益的借鉴。近年来，我国大部分省（市、区）都制定了幼儿园分级分类评估标准或示范园评估标准，并开展了卓有成效的评估工作，为进一步在全国开展幼儿园办园行为督导评估积累了经验。

二、《办法》形成的过程

《办法》的研究起草工作主要经历了四个阶段。

第一阶段：基础研究。系统梳理了国家有关幼儿园的政策法律文件和相关标准、发达国家和地区幼儿园的评估指标和评估标准、各省已经开展的相关工作和评估指标、专家学者对学前教育和幼儿园评估的理论研究成果和主要建议。这为研究制定幼儿园办园行为督导评估办法奠定了理论基础，提供了政策依据。

第二阶段：实地调研。课题组先后赴多个省市对不同举办者、不同规模、不同类型、不同办园水平的幼儿园进行了实地考察和深度访谈。认真听取了当地教育行政部门、学前教研员、幼儿园园长和幼儿园教师的意见和建议。这为研究制定幼儿园办园行为督导评估办法进一步理清了思路。

第三阶段：研制督导评估指标体系。在开展基础研究和实地调研的基础上，组织专家拟定了幼儿园办园行为督导评估指标体系。召开专题研讨会，听取了部分省、市、县三级教育督导部门负责同志、学前教育专家及幼儿园园长的意见。经过反复论证，形成幼儿园办园行为督导评估要点。

第四阶段：起草督导评估办法。组织专家对开展幼儿园办园行为督导评估工作的方式、程序、制度和各级教育督导部门的职责进行了总体设计和规定，形成《办法》初稿。反复征求各省（自治区、直辖市）教育督导部门、教育行政部门相关处室、幼儿园园长的意见，并修改完善。提交国务院教育督导委员会第四次会议讨论，根据会议精神进行修改，形成本《办法》。

三、《办法》的主要内容

《办法》共五章十七条，对幼儿园办园行为督导评估的目的、原则、范围、周期、内容、组织实施和结果运用等做了具体规定。

第一章主要对督导评估的目的、原则、范围和周期进行了规定；第二章明确了督导评估的内容；第三章明确了各级教育督导部门在幼儿园办园行为督导评估工作中的职责和督导评估工作程序；第四章强调了督导评估结果的运用；第五章为附则。

（一）督导评估的目的

开展幼儿园办园行为督导评估的目的有两点：一是推动各地加强对幼儿园的分类指导和监督管理，实现依法治教；二是引导幼儿园遵循幼儿身心发展的特点和规律，不断规范办园行为，提高保教质量，保障幼儿身心健康，快乐成长。

（二）督导评估的内容

《办法》规定的督导评估内容包括办园条件、安全卫生、保育教育、教职工队伍和内部管理五个方面。具体涉及幼儿园的办园资质、园舍场地、设备设施、玩教具材料配备情况，膳食营养、卫生消毒、健康检查、疾病防控情况，教育理念、教育内容、活动组织实施、师幼关系情况，教职工配备、师德师风建设、专业成长和权益保障情况，制度建设、组织机构、管理机制、经费投入及使用和管理情况等。

从督导评估内容来看，《办法》有三大特色：

1. 对标政策法规要求

督导评估要点紧扣现有学前教育相关政策法规文件（如《规程》《纲要》《规范》《托儿所、幼儿园建筑设计规范》《幼儿园教职工配备标准（暂行）》等）的具体要求，旨在通过充分发挥教育督导的作用，推动这些政策文件的贯彻落实，促进学前教育事业持续、健康发展。

2. 坚持保教并重，软硬齐抓

督导评估要点涵盖了幼儿园办园的主要方面，体现了保育与教育并重，既有卫生与安全方面的要求，也有教育教学方面的要求；硬件与软件并重，既有园舍场地、玩教具、设施设备方面的要求，也有教职工队伍、园务管理方面的要求。

3. 聚焦热点问题

评估内容还把防止学前教育"小学化"、幼小衔接、校车安全等广受关注的热点问题，以及注重个体差异，因人施教，为有特殊需要的幼儿提供帮助和指导等新的理念和要求纳入其中。

四、督导评估工作的新特点

与以往的幼儿园评估规范相比，此次督导评估办法在评估范围、评估周期、评估内容和评估结果运用等方面都有较大的不同，表现出以下五个新特点。

（一）评估范围"全覆盖"

《办法》规定对"面向 3 ~ 6 岁儿童提供保育教育服务的幼儿园（班、点）"实施督导评估，无论是大规模的幼儿园还是小规模的幼教点，无论是优质幼儿园还是薄弱幼儿园，都必须接受督导评估，未取得办园许可的幼儿园也被纳入评估范围。通过督导评估，各地可以全面、准确地掌握无证园的情况，根据督导评估结果加强对无证园的分类治理和监督指导，鼓励、引导达到相关标准的无证园，申请办园许可；监督、指导不合格的无证园改善办园条件，规范办园行为，出台政策帮助其解决办园中的困难和问题；坚决取缔经过整改后仍不能保障幼儿基本安全、健康的无证园。疏堵结合、高效务实，妥善解决引起社会广泛关注的无证办园问题。

（二）评估时间的"周期性"

《办法》规定：3 ~ 5 年为一个评估周期。各省根据实际省情可以自行确定评估周期。人口密集、幼儿园数量较多的省，可以考虑把评估周期设定为 5 年，幼儿园数量较少的省，评估周期可设定为 3 年。在首轮评估中办园行为非常规范的幼儿园，下一轮评估可在 5 年后进行。办园行为基本规范的幼儿园，下一轮评估可在 3 年后进行。对于督导评估中发现的办园行为不规范的幼儿园，教育督导机构在督导其整改的过程中可进行复查评估。

（三）评估内容聚焦办园行为

在我国普惠性学前教育资源不足的情况下，为了集中力量解决突出问题，更好地保障幼儿健康、快乐地成长学习，督导评估的使命定位于兜底线、保基本、抓规范、促发展，督导评估的内容聚焦于幼儿园的办园行为。

（四）督导行为的强制性

《办法》规定，"在一个周期内，县级教育督导机构按属地原则对辖区内幼儿园（班、点）至少进行一次督导评估"，就是说所有幼儿园无论是否愿意，都必须参加办园行为的督导评估，体现了督导行为的强制性。

（五）结果运用的实效性

强调既要发现问题，又要督促整改，通过评估既为政府决策提供依据，又为幼儿园办园提供指导和帮助，不再单纯把评估工作作为判断幼儿园优劣、对幼儿园进行分类定级的标准，充分发挥督导评估工作应有的监督、指导、激励和导向作用。《办法》明确规定，幼儿园办园行为督导评估结果应作为幼儿园年检、确定级类和园长评优评先的重要依据；整改后仍未达到保障幼儿安全、健康等基本要求的幼儿园，由当地政府依法予以取缔。各地要对督导评估为办园行为规范的幼儿园，特别是普惠性民办园给予更多的政策优惠和扶持。地方各级教育督导部门报送本级人民政府的督导评估报告，要作为制定学前教育政策、加强幼儿园管理的依据。

五、督导评估的组织实施

《办法》规定，督导评估工作由教育督导部门组织实施。督导评估的方式包括现场观察、问卷调查、座谈访谈、资料查阅和数据统计等。

督导评估工作由各省级督导部门负责制定本省《幼儿园办园行为督导评估实施方案》，县级教育督导部门遵循属地原则负责具体实施。省、市两级教育督导部门负责对县级督导评估工作情况进行监督和指导。国务院教育督导委员会办公室采取"双随机"方式对各地督导评估工作进行专项督导，结合省级督导评估报告和相关数据信息形成国家督导评估报告。《办法》要求，各级教育督导机构的督导评估报告应向社会发布，接受社会监督。

为了使幼儿园办园行为督导评估能够发挥最大效用，《办法》还规定：地方各级教育督导机构要形成评估报告，报上级教育督导部门，有助于上级教育督导部门加强对这项工作的监督、指导，保障评估工作的有序推进；督导评估报告要报送本级人民政府，作为制定学前教育政策、加强幼儿园监管的依据，有利于有关部门及时研究解决幼儿园办园中存在的困难和问题；督导评估结果向社会公布，有助于引导家长为孩子选择办园更规范的幼儿园，实现幼儿园的优胜劣汰，也促进幼儿园自觉规范办园行为，提高保教质量。

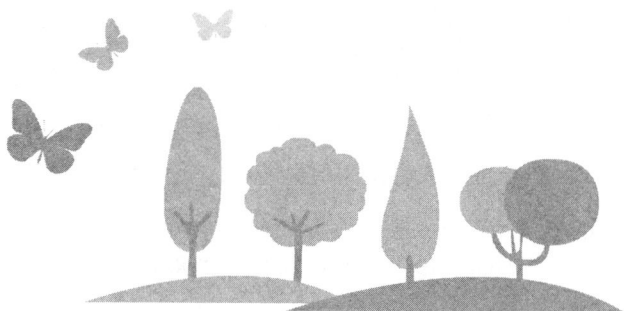

第五章
学前教育质量的评价工具

第一节　发达国家学前教育质量的主要评价方法与工具

在教育质量评价研究中，评价方法与工具越来越被业界人士重视。没有切实可行的评价方法与工具，教育质量的评价就无从谈起。发达国家教育界人士普遍认为，从理论上讲，教育，是一个从设定教育目标，到实施教育过程，再到评价分析教育效果的完整体系。科学系统的评价方法能较客观、准确地反映教育目标是否达到，揭示教育手段的优势与不足，重新界定教育目标，改善教育过程，有效地发现和解决所存在的问题，继而进行总结和再评价。如此循环反复，教育目标才会不断得以修正，教育手段也会有的放矢、逐步完善，教育质量才会更加提高，整个教育过程才会更加科学化和人性化，教育工作才会卓有成效。

一、发达国家教育质量评价方法的现状及趋势

纵观发达国家教育质量评价方法的主要理论流派，我们发现，美国和加拿大的文化及教育理念极为相似，其教育理论不再只强调学生的智力发展，更注重全面培养学生认知、情感、表达、社交、运动等不同心智的综合技能与完善。他们不仅评价和检测当下受教育者的发育和发展，也跟踪预测他们成年后的学习成绩、学习行为、就业、犯罪等，从而总结归纳出现行教育教学的优势及不足。

既然教育目标是全面培养学生的认知、心理素质及运动平衡，那么影响学生成长发育的，诸如学校、老师、课程设置、活动安排、社区、家庭、父母、同龄伙伴等诸多因素就显得尤为重要。根据文献，我们可以看出，北美的教育质量评价研究趋于系统和独立，定性和定量研究方法都很规范和成熟。

受实证主义哲学影响，定量研究在北美仍占主导地位。定量研究有非常严谨的结构性，倾向大规模的取样，侧重数据分析，依靠大样本测评来寻找教育教学规律。相对简单的实验研究方法已不再流行，各种较为复杂的数理统计运算方式应运而生，例如，元分析／荟萃分析方法（对以往的研究结果进行系统的定量分析）、横向数据分析、纵向数据分析、聚类分析等。皮亚杰的"结构／建构主义理论"也认为，知识不是通过教师传授得到，而是学习者在一定的情境即社会文化背景下，借助其他人（包括教师和学习伙伴）的帮助，利用必要的学习资料，通过意义建构的方式而获得的。研究者们要观察记录这些难以量化的人的内心因素时，定量的数据分析方法显然不合适。所以定性分析方法在北美教育研究中的地位日趋显著，运用越来越普遍。定性分析通过观察、访谈、问卷调查和个案分析等形式，对现象进行深入细致的研究，其目的是再现其本质，为处于类似情形的人和事提供参考。北美学术界在尊重结构主义的同时，也强调解释学和现象学在教育研究中的理论地位。

目前，欧洲的教育研究方法精彩纷呈。以英国、德国、西班牙、斯诺维尼亚和冰岛的教育研究文献为例，其既有保守的适应自然的实验方法，也有用理论评估检测教学模式的归纳—演绎方法，更有较新的以视觉空间认知功能为背景的马赛克视频检测方法，可谓传统与现代的完美结合。实验方法虽然简单，但尊重和强调了事物的规律和共性，在大量取样调查的前提下，其研究结果有大范围推广的可靠性和有效性。在欧洲的教育实践中，各国、各地区会依据自己现有的教育状况，制定许多切实可行的理论指导、教学模式、测试方案等。当这些指导、模式、方案和条例在实践中实施一段时间后，教育研究者就需要用相应的理论去评估这些条款的实效性，以便及时进行修改和补充。马赛克视频检测方法是利用当代先进的色彩技术，通过尊重和询问学生对图像的识别，来确定什么是最终的图像。这一研究方法是结构／建构主义的充分体现。另外，哲学、心理学、社会学等其他科学的有机介入，使得教育研究的人文化与科学化并举。这些研究方法体现了实证主义、后实证主义、现象学以及解释学的完美结合。

澳大利亚和新西兰的教育研究既有横向的拓展与比较，也有纵向的延伸与探索，即"宽度"和"长度"并存。他们重视拓宽学生的视野，培养健全的心智、准确的表达能力、有效的交际能力和平衡运动能力等。在澳洲人文主义色彩很浓的教育环境里，认知有着更为广泛的含义，包括数学、阅读、认字、IQ、学习习惯、社会、情感、行为、健康、父母养育、人生态度等。纵向研究不仅测试学生的当下成绩，而且注重测试长远的社会和经济回馈，包括学生成年后的家庭、就业、收入、犯罪等，用这些数据去验证学校教育的有效性和全面性。纵向研究主要使用定量研究方法，而横向研究采用定量和定性的综合方法。这种纵横交错的研究方法充分体现了实证主义哲学与建构主义理论在澳洲教育研究中的深远影响。

日本政府对教育十分重视，教育目标呈现多层次、多元化趋势，教育财政拨款非常充足。国家教育部门与文化、体育、科技、地方政府及学校利用财政经费，联手开展一系列教育研究，普通的公立学校或者幼儿园每隔几年都有机会参与这样的课题研究。由于受日本精细管理体系影响，教育研究模式也多采用"指定研究小组"(designated research team)的方法，去评估一个设定框架中的指标的变化。根据所观察的指标变化，推测出受教育者各方面技能的变化。这种研究方法是把管理科学与教育有机结合的典型，有科学的研究设计，准确系统的观察记录和分析，并收集可靠的资料数据。可见，日本的教育研究保留着较强的实证主义哲学色彩。

二、评价工具

（一）定性评价工具

定性研究起源于十九世纪，随着人类学和后实证主义哲学的发展，定性研究方法越来越受青睐。教育心理学家皮亚杰在 1965 年也提出"只进行数量上的研究不做质量上的分析是没有意义的"。直到 20 世纪 70 年代，定性研究方法才逐渐与定量研究方法并驾齐驱，被研究者们互相补充地使用着。

1. 定性研究的目的

定性研究的目的是突出研究者的观点，通过研究者的观点理解社会现象，关注具体的人对生活的感悟、洞察和理解，最终发现各种教育情境中人性的特征和倾向。其结论是从个体的现象到共性的归纳推理，通过相似情境中的人和事的认同而达到推广，起一种参照作用。

2. 定性研究的性质

定性研究者和被研究者的关系应该是在自然情境中观察和被观察的关系，它看重的是从研究者本人内在的观点去了解被研究对象所看到的世界，强调在自然情境中做非常自然的探究，收集现场发生的事件的资料。通过在自然的情境中和被研究者交谈，观看他们的日常生活，自然地、直接地接触被研究对象的内心世界，由此获得被研究者在自然情境中的第一手研究资料。

3. 定性研究的方法

定性研究的方法包括观察、访谈、开放式问卷调查、个案研究、民族志、行为研究、文献法、叙事分析等。其中以观察和访谈最为普遍，因为研究者不仅能观察到被观察对象的行动，还能了解他们的态度、努力程度、行为决策依据等。有了观察和访谈的记录，研究者通过归纳法，使其结论由具体转向抽象，从而形成理论。

（二）定量评价工具

实证主义是一种强调感觉经验、排斥形而上学的西方哲学流派，它盛行于19世纪三四十年代的欧洲。基于实证主义的定量研究随之兴起，且备受推崇。一般认为，定量研究是一种对事物可以量化的部分进行测量和分析，以检验研究者自己关于事物的某些理论假设的研究方法。它通过为事实寻找理论支持，在假设的基础上，大量收集数据，以确保研究的真实性和有效性，继而进行实验研究，分析结果，从中推导出各种教育原则，用以指导实践，并接受实践的检验。由于其目的是对事物量的属性做出回答，故名定量研究。定量研究与科学实验研究密切相关。可以说，定量研究是伴随着实验法产生的。

在定量研究中，信息都是用数字来表示的。表示数字有四种尺度：名义尺度，顺序尺度，间距尺度和比例尺度。名义尺度所使用的数值，用于表现它是否属于同一个人或物。例如，1表示男人；2表示女人。顺序尺度所使用的数值的大小，是与研究对象的特定顺序相对应的。例如，从强烈不同意、同意、中立、同意，到强烈同意，分别用1，2，3，4，5或者5，4，3，2，1表示。间距尺度所使用的数值，不仅表示所具有的量的多少，还表示它们大小的程度即间隔大小。例如，0℃为绝对温度273K，华氏32F。名义尺度和顺序尺度的数值不能进行加减乘除，但间距尺度的数值可以进行加减运算，但无乘除。比例尺度的意义是绝对的，即它有着含义为"无"量的原点0。例如，5分钟与10分钟之间的差和 10 分钟与 15 分钟之间的差都是 5 分钟，10 分钟是 2 分钟的 5 倍。比例尺度可以进行加减乘除运算。

定量研究的方法主要有实验、拟实验、调查、方差分析（ANOVA）、多次回归／重回归（multiple regression）等。可靠性和有效性是定量研究的两大前提保证，缺一不可。定量研究一般是以理论为先导，以研究者的实验想法为开端，提出假设，通过收集资料和证据来评估或验证在研究之前预想的模型、假设或理论。这是一个"自上而下"的过程，通过演绎的方法来预见理论的正确与否。

定量研究的目标是通过对社会事实进行测量，从中发现教育规律，从而确定社会事实与教育规律之间的关系，继而解释变化的原因，再回过来指导教育实践。定量研究是对某一群人或某一类事物进行数据分析，其结果是为了推广普及到更广泛的类似人群或事物，给教育执行者提供一种从理论到实践的参考资源。

在教育定量研究中，数据分析常用的统计软件包括 Word, Excel, Access, SPSS, SAS 等。Word 虽然是一款文档编辑软件，但它的数据计算功能一点也不弱，其中有四种数据计算方法：域计算、"工具计算"按钮、表格计算和外部计算器。Excel 的数据分析功能也可以完成数据分析工作，其中包括描述性统计、相关系数、概率分布、均值推断、线性、非线性回归、多元回归分析、时间序列等内容。Access 数据库软件用户界面友好，操作简单，功能强大，适用性也非常广泛。SPSS（Statistical Package for Social Sciences）是目前公认的最优秀的统计分析软件工具之一，即"统计产品与服务解决方案"软件。它的统计功能囊括了《教育统计学》中所有的项目，包括常规的集中量数和差异量数、相关分析、回归分析等，也包括近期发展起来的多元统计技术，如元分析／荟萃分析方法、横向数据分析、纵向数据分析及聚类分析等，并能在屏幕（或打印机）上显示（打印）如正态分布图、直方图、散点图等各种统计图表。一般来说，只要计算机有足够大的内存，SPSS 可以处理任意大小的数据文件，无论文件中包含多少个变量，也不论数据中包含多少个案例。

（三）综合评价工具——质性评价与量化评价相结合

19 世纪 30～50 年代，以孔德为代表的实证哲学强调将科学方法规定为实证方法，拒斥形而上学。实证主义推崇计量，标榜客观性、标准型和可概括性。在实证主义的推动下，定量分析方法得以盛行，即通过提出假设，设计实验来验证这种假设，从而得出结论。这种结论要能在相似人群中加以推广普及，有一种

"放之四海而皆准"的普遍性。到了 20 世纪 30 ～ 50 年代，波普等人发起了后实证主义哲学，主张社会科学研究应该强调使用定性方法，认为科学研究不只是由统计程序或实验获得。它的突出特色是主张对人或事物要做深度描述和详尽记录，重点在于对具体人的生活、行为，以及组织运作、社会运动或人际关系进行研究和探索。定性研究结果的重点是判断存在什么事情，而不是存在多少这样的事情。这种研究方法得出的结论只对同类事物或相似的人群起到启发借鉴作用，它的不足之处是未能证实其结论的可靠性和有效性。

由此可见，这两种研究评价方法各有优势，也都存在欠缺。定量分析方法能发现一群人或者一类事物的共性，发现自然规律或存在于事实中的恒常关系，这些只有靠观察和经验才能得到。样品数据越大越理想，得出的结论越容易归纳出共性，也越容易推广和普及，从而真正起到科学研究对教育的指导和引领作用。但定量研究很难探究到具体人的具体想法及行为。定性研究方法着眼于关注某个具体的人或者人群的思维和活动，能详细深入理解人的内心世界和想法，准确把握在某个特定时间、特定场合、某个个体的人或人群的思想、行为、态度及倾向。通过定性所归纳出的结论只能对类似人或者事物起到借鉴作用，但又缺乏规律性和普遍性。为了使研究过程及研究结果更加科学、严密和人性化，综合性评价则强调定性方法应当与定量方法相结合。目前多数发达国家的教育研究都倾向于定性评价和定量评价的综合运用，各取所长，互补所短，融合分析。

西方学者高度重视评价理论与实践研究，研发了一系列科学的评估测量工具，有力推动了学前教育评价的科学化运动。在美国 QRIS 系统中，绝大多数正规的日托机构与中心都参加了当地的评估，印第安纳州和宾夕法尼亚州的参与率分别达到了 81% 和 67%。在评价过程中，美国学者开发了许多著名的质量评价工具，如北卡罗来纳大学的哈姆斯和克里福德等设计的《幼儿学习环境评量表》（ECERS-R）和皮阿塔等人开发的"幼儿园课堂教学观测工具"。这些评价量表已经得到了广泛的认可，并被澳大利亚、中国等几十个国家引进、修订和使用。随着艾斯纳等教育评价学者对泰勒的"基于目标的评价模式"的批判，质的评价受到了更多关注。澳大利亚的 E4Kids 项目就将多种研究方法有机结合，测量幼儿认知发展时借助于认知发展量表；在评价儿童社会性发展时，则主要依据叙事研究法；在评价教学质量时，则采用"幼儿园课堂教学观测工具"。正如"隐性课程"理论所指出的，影响教育的要素多种多样，学前教育机构中的文化、氛围、人际关系与互动质量等都会影响儿童的发展。对评价者而言，将质化评价与量化评价有机结合，有助于更加全面、细致地对学前教育机构质量做出科学的评判。

三、学前教育质量评价的视角、原则、方法与评价标准

（一）评价视角

关于学前教育机构质量的评价，美国学者凯兹（Katz，L.G.）曾把学前教育质量划分为五种不同的视角：由上至下的视角，主要是学前教育的管理者、政府部门由上至下的质量监测视角；由下至上的视角，指身处学前教育机构教育实践活动中儿童的质量感受；由外至内的视角，指家长对学前教育机构的质量认识；内部的视角，指学前教育机构内部保教人员的质量感受；外部的视角，是从社区或更大的社会范围来说，是学前教育所处社区的居民和民意代表的视角。这些不同视角下对学前教育质量的理解，反映了不同价值主体的质量评判标准，能够为质量评价体系的建立提供坚实的社会文化认知基础。正如丽莲·凯茨所述，不同视角的评价之间会有差异，甚至是矛盾的。

（二）一般原则

学前教育质量评价是质量监测的前提和基础，是质量管理和质量保障体系的核心组成部分。借鉴国内外质量管理的一般原则，对加强我国学前教育质量评价工作具有重要启示意义。

ISO9000：2008 版提出，质量评价和质量管理应当服从以下八项基本原则。

原则 1：以客户为中心（Customer focused）。组织依存于其客户，故应理解客户当前和未来的需要，满足客户的要求并努力超过客户的预期。也就是说，作为学前教育举办者、提供者的各级政府和各类托幼机构，应当理解家长和幼儿当前与未来的需要，努力满足其核心诉求。

原则 2：领导作用（Leadership）。领导为组织建立统一的目的及方向，建立和维护内部环境，使所有员工充分投入组织目标的达成中。学前教育质量的保障与评价应当重视对"领导作用"的检测。

原则 3：全员参与（Involvement of people）。人在任何层次上都是一个组织的根本，只有他们充分参与，才能使他们的才干为组织创造效益。这就是说，在保障学前教育质量方面，调动幼儿园内部工作人员和家长、社区参与幼儿教育的积极性至关重要。

原则 4：过程方法（Process approach）。将相关的资源和行动作为一个过程管理会更有效地达成期望的结果。过程是结果的源头与基础，必须高度重视幼儿园的保育课程实施、师幼互动等过程质量要素。

原则 5：系统管理方法（System approach to managements）。针对预定的目标去识别、理解和管理相互联系的过程构成的系统，将改善组织的效率和效果。系统管理方法将显著促进学前教育质量的有效提升。

原则 6：持续改进（Continual improvement）。持续的改进本身应成为组织的永久目标。学前教育质量没有最好，只有更好。学前教育质量评价的目标定位应当是促进政府、社区、幼儿园内部管理的持续改进。

原则 7：以事实做决策（Factual approach to decision making）。有效的决策基于对数据和信息资料的分析。学前教育质量评价必须高度重视数据收集与监测信息分析，必须依据一套科学系统的评价指标体系。

原则 8：互利的供需关系（Mutually beneficial supplier relationships）。一个组织与其供方之间的关系是相互依存、互惠互利的关系，这种关系提高了双方创造价值的能力。

学前教育质量标准体系应以《纲要》《指南》为依据，进行的评价应客观、公正、公平。

（三）一般方法

目前，幼儿园质量评价的方法和工具一般有问卷调查、等级量表、核查表、档案记录、观察等。针对评价所涉及的结构性要素和过程性要素两大类质量要素，可将评价方法分为结构与环境评测、保教过程评测、结构与过程综合评测。结构与环境评测中所涉及的要素如班额、师幼比、空间、环境设施、教职员资历等，可作为幼儿园的硬件水平，一般与当地的法规和行政执业标准紧密联系，这类要素稳定，有相对统一的标准进行观测和判断，通常由行政主管部门通过视察、填写问卷表格、核对清单等方式完成。过程评价中的要素如幼儿园的课程与教学、环境材料运用等，则不能简单地对照某一标准，以计量的方式判断好坏，需要专业评测人员运用专业测量工具来评价。

（四）评价标准

我国在 GB39.5.1《标准技术基本术语》中对标准作如下解释："标准是重复性事物或概念所做的统一规定，它以科学技术和实践经验的综合成果为基础，经有关方面协商一致，由主管部门批准，以特定形式发布，作为共同遵守的准则和依据。"评价标准则是衡量或判定评价对象价值程度的准则与尺度，是对评价对象质量要求的具体规定和评价原则的实际体现。

在幼儿教育质量评价标准方面，世界各国根据各自国情制定了不同的评价标准。在美国，NAEYC 制定的《幼儿教育机构质量标准与认证体系》（Early Childhood Program Standards and Accreditation Criteria）和早期教育环境等级量表（Early Childhood Environment Rating Scale-R）在学前教育质量评价中得到最广泛的应用。德国颁布了《儿童日托机构教育质量：国家标准集》作为托幼机构质量的主要评价标准，该标准涵盖儿童活动创设的基本时空结构、儿童日常生活常规的教育设计、教育工作质量、家园合作、领导五个维度，共 20 个评价事项；澳大利亚则以幼儿教育质量保障体系（CCQA）的认证制度为主，设有《家庭日间护理质量认证制度》《学校时间护理质量认证制度》《质量改善认可制度》三项认证制度，涵盖了师幼互动、家园合作、课程规划、儿童获得的经验和知识、健康与安全、质量管理等方面。日本以文部科学省颁布的《幼儿教育振兴行动纲领》《幼儿园评价指导方针》等文献为主要依据，形成了学前教育质量评价的法规体系。

在我国，关于幼儿教育质量评价的统一标准目前还在探索之中。自 20 世纪 80 年代实行幼儿园分类验收标准以来，我国各地在幼儿园质量评价方面积累了大量的实践经验。当前，绝大多数省份和城市都已颁布幼儿园等级标准，作为评价幼儿园质量的主要工具。幼儿园等级标准主要由教育主管部门制定，并由其组织实施评价。无论是评价标准制定的过程、评价指标构成要素的科学性和合理性、评价过程的规范性、评价指标的信度和效度都有待在实践检验中不断反思和改进。

欧美国家在制定托幼机构的质量评价标准时，考虑到儿童是受托幼机构质量影响的核心，故优先采纳自下而上的评价视角，并兼顾与幼儿成长有直接关系的家长和教师的感受，检视和吸纳政策制定者和社区民意代表的观点。而我国幼儿园等级标准的制定往往由教育行政管理部门主导操作。

国际上通用的学前教育专业评量工具中，有许多是针对过程性要素而设计的，如教学评估计分系统就有专门针对学前教学过程的量表，从情感支持、教学组织、教学指导服务共三个领域 11 个维度评价师幼互动过程。高瞻课程一体化的学前机构质量评估工具涵盖的质量要素更为全面，从七个领域 63 个维度评估学前机构质量的关键要素，并且细分为供班级个体使用和供整体机构使用两个量表：适用于班级个体的主要从学习环境、一日安排与常规、师幼互动、课程设计与评价四个领域进行评估，班级教师即可完成评估并进行自我监测；适用于机构整体的则包含了家庭参与、教职员资历与专业发展、机构管理三个领域，机构管理人员可据此进行自我评测。

被广泛应用的《幼儿学习环境评量表》（修订版），整合了结构与过程评价，形成七个子表（空间和设施、个人日常照顾、语言—推理、活动、互动、作息结构、家长与教师)43个条目的七点等级量表。我国台湾地区于2006年引进了《幼儿学习环境评量表（修订版）》的中文版本。量表中的每个条目都包括了结构与环境指标和行为性指标。这些专业的评量工具是在长期研究中形成的，信度、效度均经过检验，可以由经过培训的专业人士操作完成评价，也能用于学前机构教职人员进行自我评估；既能用于正规的评估，也能用于幼儿园进行自我检测与提升的非正式评估。

从评估人员组成来看，可将质量评价分为内部评价、外部评价和内外结合评价3种方式。内部评价即学前机构自我评价，相对易于执行且不需要大量动用公共成本，并且有利于幼儿园对自身进行质量监测和提升；但是，完全采用自评的方式难以保证评测数据的真实性及结果的客观性。外部评价主要是由学前机构主管部门或专业机构组织人员从园外人员的角度给出专业评价，同时通过入园调查可核查幼儿园的自评结果，减少幼儿园自评可能出现的主观性和瞒报情况，如西班牙就是通过专业部门和人员对学前机构进行质量评价。但外部评价往往需要专业人员入园进行较长时间的跟踪观察，纯粹的外部评估并不易操作，各国广泛使用的是内外结合互补型评价方式。比如，澳大利亚的质量监测就是采取学前机构教职工和管理层自我评估与当地教育主管部门入园视察观测并行的方式，评测周期不固定，一般根据监测对象以往的评测结果有所调整。在自评和外评中信度高且表现良好的学前机构，对其评测的周期可拉长，以减少组织评价所需的人力、物力成本。

第二节　《全球指导性评估量表》简介

科学评价幼儿园（班）教育活动的质量，研发有效测评工具是革新学前教育方式、扩大学前教育规模和实现学前教育公平的重要评价依据，已成为当前学前教育开发与研究的一个热点问题，引起了国内外研究者和一线教育工作者的高度关注。在众多的幼儿教育质量评价工具中，国际儿童教育协会与世界学前教育组织开发出一种测量与评价幼儿园（班）教育质量的新型工具《国际儿童教育协会全球指导性评估量表》（ACEI Global Guidelines Assessment, ACEI GGA），简称《全球指导性评估量表》（第三版），因其具备扎实的理论基础、严格的编制过程、有效的操作程序、科学的评价标准、完备的测评指标、较高的信效度和跨文化应用一致性，成为当前国际幼儿园教育质量评价工具中最有影响力和实践应用性的第三方测评工具之一。

一、《全球指导性评估量表》的编制背景与发展历程

（一）思想孕育

《全球指导性评估量表》的诞生与学前教育思想的发展紧密关联。早期社会中，学前教育关注的焦点更多在幼儿的生存和健康，很少涉及幼儿教育质量评价。19世纪，学前教育关注焦点是满足幼儿的生存和健康需要；20世纪，人们开始注意到了幼儿园（班）的丰富内涵及教育意义，并扩展了身体保健视域，聚焦认知与情感等全面发展；进入21世纪后，学前教育学者们开始大力传播"革新的全面幼儿观"（"发展的幼儿观""政治经济的幼儿观""社会文化的幼儿观"和"人权的幼儿观"），开始重点关注学前教育评价创新，以努力实现每个幼儿都享有优质教育的美好理想，这也成为推动幼儿教育质量评价发展的动力源泉。

（二）量表初创

本着所有儿童皆应享有基本人权及在一个安全且尊重个别差异的环境中成长的机会的信念，1999年在国际儿童教育协会（ACEI）及世界幼儿教育联会（OMEP）共同筹组的研讨会中，由八十多位来自27个国家的专业人士共同讨论编制而成二十一世纪全球幼儿教育与保育指南。该指南于2000年面世，提出了幼儿教育质量的五大质量指标（环境与空间、课程内容与教学法、幼儿教师与保育人员、家庭及社区与儿童保教的伙伴关系和有特殊需要的幼儿），并先后在智利和美国（2000）以及尼日利亚、博茨瓦纳、美国和中国大陆（2001—2002）进行2次试验和修订。在此基础上，涵盖五大质量指标，由98个指标构成的《全球指导性评估量表》于2003年首次出版。

（三）演化发展

《全球指导性评估量表》出版后经多次大规模测试而不断修订与完善。专门研究小组于 2003 年后再次在肯尼亚、韩国、美国等地对其进行了可行性试验以取得反馈，并据此于 2006 年发行修订版（第二版），质量指标精简为 88 个项目。2007 年，研究小组又在危地马拉、美国、中国大陆和中国台湾地区，对指标进行了信效度检测，旨在检测该质量指标体系是否适宜在世界不同地区加以推广运用。结果显示，《全球指导性评估量表》在测量与评价各地的幼儿园（班）教育质量中，具有较高的跨文化一致性，是完全可以运用到全世界的可行方案。2010 至 2011 年，研究小组使用 Rasch Model 对资料做最后的分析，五大质量指标维持原样，删除了 12 个项目，另有七个项目得以重新阐述，定型为 76 个项目，形成《全球指导性评估量表》第三版。

二、《全球指导性评估量表》（第三版）的结构维度

测评指标结构维度的合理性和科学性是测评工作是否有效的重要保证。《全球指导性评估量表》（第二版）在大量理论分析与实证测验的基础上建构了环境与空间、课程内容与教学法、幼儿教师与保育人员、家庭及社区与儿童保教的伙伴关系和有特殊需要的幼儿五个结构维度，并确立了三级评价指标体系——领域、子类与项目。

（一）环境与空间

环境与空间领域强调幼儿的学习环境必须关注身体和心理两个方面的安全。身体安全主要是保护儿童远离抑制他们学习能力和发展的有害健康环境，心理安全则主要强调环境中的一切都能使儿童获得归属感和愉悦感。此外，环境和空间领域也主张在为所有不同人种、性别、民族或有特殊需要的儿童提供丰富的学习经验的同时，也认为环境资源应反映出幼儿所处的文化和传统。总之，安全环境应提供儿童探索、游戏和学习社会技能的机会。在子类和项目上，环境与空间领域包含了"环境与物理空间"和"激发儿童发展的环境"两个子类及其 17 个项目。其中，环境与物理空间子类包含"周围环境与空间没有不安全的设备、污染与暴力等危险因素"等六个项目，激发儿童发展的环境子类包含"提供儿童与同伴以及与成人之间频繁、积极的互动机会"等 11 个项目，具体项目参见表 5-1。

表 5-1 《全球指导性评估量表》环境与空间领域具体评定项目

子类	项目内容
环境与物理空间	周围环境与空间没有不安全的设备、污染与暴力等危险因素
	环境中具有基本的卫生设施、安全又有营养的食物、适于饮用的水和适当的通风设备
	保教人员营造一个有利于人际互动和情绪发展的宁静祥和的环境
	提倡良好的卫生习惯（例如个人卫生，包含洗手等）
	周围环境让儿童感觉良好，有归属感、安全感和无所恐惧的自由感
	保教人员常与儿童共享欢笑，共度愉悦时光
激发儿童发展的环境	提供儿童与同伴以及与成人之间频繁、积极的互动机会
	周围环境能激发儿童游戏、探索和发现
	提供儿童踊跃投入室内与户外游戏的机会
	均衡分配自由游戏和上课活动的时间
	备有丰富的材料，可以促进不同才能和天分的儿童提高问题解决能力、批判思考能力和创造力
	户外活动场地和游戏设备提供多种运动的可能性
	户外环境中具有能使游戏更具扩展性的机会，如园艺和可在自然生态中进行的活动
	空间经过有效的规划，儿童可以将各种材料运用于游戏或者艺术表达
	室内环境具有让儿童进行自行构造游戏玩具的材料
	户外环境具有儿童可进行自行构造游戏玩具的材料
	儿童能共同参与学习环境的规划与设计

（二）课程内容与教学法

课程内容与教学法领域认为儿童是课程的中心，所有的儿童都是有能力的。儿童学习必须植根于适合于他们发展等级以及文化背景的知识经验。幼儿课程内容包括每个儿童在团体中以及家庭关怀中的体验、常规活动以及互动交流，其课程计划应在反映了教育哲学的同时，也应给保教人员以及执行这个计划的成人与儿童提供指导方针。优质的幼儿课程应聚焦于儿童的整体发展，并考虑他们的生理、认知、语言、创造力和社会以及情感的发展。幼儿课程的终极目标就是培养出更有能力、更会关心别人和更具移情能力的世界公民。在子类和项目上，课程内容与教学法领域涉及了"课程""课程内容""教育方法""学习材料""儿童进步评估"和"教育活动评估"六个子类及其 15 个项目。其中，课程子类包含"教育机构具有促进儿童学习的课程计划"等两个项目，课程内容子类包含"课程提供儿童掌握信息和实践技能的机会以便其在社会生活中能有效地完成任务"等三个项目，教育方法子类包含"保教人员与幼儿谈话时使用积极肯定的正面语言"等三个项目,学习材料子类包含"保教人员运用当地材料作为教育资源"等两个项目,儿童进步评估子类包含"个人发展经历将会与家长及家庭分享"等三个项目,教育活动评估子类包含"以对儿童和社会是否有益为标准定期评估教育机构"等两个项目,具体项目参见表5-2。

表5-2《全球指导性评估量表》课程内容与教学法领域具体评定项目

子类	项目内容
课程	教育机构具有促进儿童学习的课程计划
	实施弹性和综合性相结合,又以儿童、家庭和文化背景为取向的课程计划
课程内容	课程提供儿童掌握信息和实践技能的机会以便其在社会生活中能有效地完成任务
	课程内容注重结合儿童现实社会的经验
	儿童在设计课程活动过程中提供建议
教育方法	保教人员与儿童之间维持一种支持鼓励和关怀爱护的保教关系
	保教人员与儿童谈话时使用积极肯定的正面语言
	保教人员对教学原则有基本了解
学习材料	保教人员运用当地材料作为教育资源
	为所有儿童提供的课程教材和设备,能够支持创造性学习经验(例如艺术和舞蹈)并保持文化的综合性
儿童进步评估	个人发展经历将会与家长及家庭分享
	儿童参与自我评估
	儿童个人学习经历以及成就将会被系统地观察
教育活动评估	以对儿童和社会是否有益为标准定期评估教育机构
	全面持续地评估教育机构,检验其是否达到当地、省市、全国和国际标准所要求的优秀水平

(三)幼儿教师与保育人员

幼儿教育和保育的保教人员责任重大、至关重要。幼儿教师与保育人员应具有适宜的个人特质来承担与儿童发展等级相关的责任,其职业发展规划的认知也应科学有效。在子类和项目上,幼儿教师与保育人员领域含有"知识与实践表现""个人与专业品格"和"道德伦理"三个子类及其11个项目。其中,知识与实践表现子类含有"保教人员在实践中表现出自己具备关于儿童成长、发展和学习的知识，并能活用这些知识"等五个项目，个人与专业品格子类含有"保教人员对他人表现出关怀、接纳、善解人意、移情和热情等性格"等四个项目，道德伦理子类含有"保教人员尊重儿童及其文化和家庭习俗"等两个项目，具体项目参见表5-3。

表5-3《全球指导性评估量表》幼儿教师与保育人员领域具体评定项目

子类	项目内容
知识与实践表现	保教人员在实践中表现出自己具备关于儿童成长、发展和学习的知识，并能活用这些知识
	保教人员能够有效地运用空间、材料以及时间来满足特殊需求儿童以及特殊机构
	保教人员能够与他人交流专业知识
	保教人员在工作上能通力合作，与他人建立伙伴关系
	保教人员能反思并适当地调整自己的教学方法
个人与专业品格	保教人员对他人表现出关怀、接纳、善解人意、移情和热情等性格
	保教人员在儿童有困难时能及时给予安慰和援助
	保教人员以尊重的态度对待儿童，鼓励他们自尊心的发展
	保教人员是儿童权益的倡导者
道德伦理	保教人员尊重儿童及其文化和家庭习俗
	保教人员能够体现他们在代表儿童以及在需要的时候为儿童辩护的勇气

（四）家庭及社区与儿童保教的伙伴关系

儿童的保育和教育是家庭、保教人员和社区的共同责任。家庭和社区内所有的参与者都承担着幼儿道德和伦理教育的责任，为儿童幸福创设最佳条件。对家庭及社区与儿童保教的伙伴关系的评价，《全球指导性评估量表》（第三版）设计了"机构规章""道德责任与行为""人才培训及资源""幼儿的入园适应"和"家庭和社区参与"五个子类及其19个项目。其中，机构规章子类含有"教育机构政策提倡与家庭和社区建立积极的、建设性的伙伴关系"等四个项目，道德责任与行为子类含有"教育机构有保护儿童免于危险或受虐的处理程序"等三个项目，人才培训及资源子类含有"为家长提供儿童发展和学习的信息"

等四个项目，幼儿的入园适应子类含有"幼儿及其家长可在未正式入园或入托前来机构参观"等三个项目，家庭和社区子类参与含有"为家长和社区代表提供参观机构活动的机会"等五个项目，具体项目参见表5-4。

表5-4 《全球指导性评估量表》家庭及社区与儿童保教的伙伴关系领域具体评定项目

子类	项目内容
机构规章	教育机构政策提倡与家庭和社区建立积极的、建设性的伙伴关系
	教育机构制定的政策能直接利用社区资源或间接地为家庭提供支持（如社区机构、专家和社区领袖）
	教育机构制定了家长参与机构事务的规章
	保教人员使用家长易于理解的语言，就儿童的发展过程或家长关心的话题经常与家长进行讨论和协商
道德责任与行为	教育机构有保护儿童免于危险或受虐的处理程序
	机构课程计划有助于培养所有儿童的自尊心和自信心
	课程中所涵盖的信仰、伦理道德能够反映并弘扬每个家庭的价值观
人才培训及资源	为家长提供儿童发展和学习的信息
	为家庭与社区提供儿童健康与营养的资源或信息
	为家庭提供适合社区、文化以及地理位置的教育材料和知识讲座
	教材和教学策略确保具有多元特质的家庭（如文化、语言、人种或社会经济阶层等）也能参与园所一切活动
幼儿的入园适应	幼儿及其家长可在未正式入园或入托前来机构参观
	向家长宣传机构对儿童行为和学业成就期望的相关信息
	鼓励并保持家庭与机构之间的联系
家庭和社区参与	为家长和社区代表提供参观机构活动的机会
	与家长和社区代表建立合作关系，共商机构的规划、管理和评估
	家庭和社区代表参与决策过程
	若有可能，为家长或者家庭志愿者提供机会，让他们来幼儿园义务服务，展示他们的特殊才能（如制作教具、领导活动）
	为有需要的家庭提供适当的支持

（五）有特殊需要的幼儿

特殊需要的概念具有社会性，每一个社会文化形态均有一个符合该社会特殊需要的概念，其范围可能包括从那些只需少量关注的儿童到那些需要更广泛的矫治或特殊服务的儿童。通常情况下，有特殊需要的儿童是指那些残疾、病弱、有发展迟缓风险的儿童或超常儿童等，他们在发展中需要获得比同龄儿童更多的支持性服务以有助于积极地、长远地改进现状，并减少特殊服务的需要。量表对有特殊需要的幼儿这一领域的评价由"服务的便捷性和公平性""共同的理念和目标""特教职员与服务人员"和"服务传递"四个子类及其14个项目构成。其中，服务的便捷性和公平性含有"低收入家庭的儿童可以得到与高收入家庭儿童同等的服务"等五个项目，共同的理念和目标含有"设有专人负责规划、协调和监督特殊服务的实施"等两个项目，特教职员与服务人员含有"每一个教育机构至少有一位教职员或特殊教育工作人员，具有辨认儿童的特殊需要的技能，或者能得到有此技能的专家的支持"等四个项目，服务传递含有"有特殊需求的儿童的家长参与服务传递的决策、规划、实施和评估"等三个项目，具体项目参见表5-5。

表5-5《全球指导性评估量表》有特殊需要的幼儿领域具体评定项目

子类	项目内容
服务的便捷性和公平性	男女儿童都能平等地得到相同类型和层次的保教机会
	低收入家庭的儿童可以得到与高收入家庭儿童同等的服务
	不论隶属何种宗教、民族、语言或文化团体都能得到平等的机会
	残障儿童以及其他有特殊需求的儿童拥有相同机会接受不同类型以及等级的机构服务
	向社会各团体宣传有关特殊服务方面的信息
共同的理念和目标	残障儿童的父母、保教人员和专业组织合作团体，共同关注儿童的特殊需要
	设有专人负责规划、协调和监督特殊服务的实施
特教职员与服务人员	每一个教育机构至少有一位教职员工或特殊教育工作人员，具有辨认儿童的特殊需要的技能，或者能得到有此技能的专家的支持
	保教人员或专家能根据儿童的个别需要适当地调整保教措施以配合儿童的个别保教需要
	保教人员在关注特殊的儿童时与家长或监护人建立持续的合作关系
	保教人员有机会向制定保教服务法规的政府官员提出建议
服务传递	服务传递、改造设备和教材以便使特殊儿童全面参与机构活动
	尽可能在融合的环境中为特殊和非特殊儿童提供服务
	有特殊需求儿童的家长参与服务传递的决策、规划、实施和评估

三、《全球指导性评估量表》的评价方式与施测程序

（一）评价方式

《全球指导性评估量表》强调教育质量评价应重在教育活动中的问题诊断与教育工作改进，并非是简单地做出一个等级评定。因而在其评价方式上，对每个项目均采用了质性评价与量化评价两种方法来同时进行测量和评价。具体而言，在量化评价方面，量表采用一个由"极差（从未观察到）"至"极好（永远可以观察到）"的五级等级评定；在质性评价方面要求评价者提供相应的支持评定等级量表的案例，通过提供实际例证，人们可据此了解和判断所填写的评估量表是否客观准确地测量和表现了所评园（班）在各个领域和各个项目上的质量状况。这种独具特色的评价方式保障了其评价结构结果的客观性、全面性、动态性，有助于发挥其"以评促改，以评促建"的价值功能。项目评价例题参见表5-6。

表5-6《全球指导性评估量表》具体项目的评定示意图

环境与空间领域 分类项目：环境与物理空间		
项目内容	评价等级	支持评定的案例
1. 周围环境与空间没有不安全的设备、污染与暴力等危险因素	☐ 极好 ☐ 好 ☐ 一般 ☐ 差 ☐ 极差	
2. 环境中具有基本的卫生设施、安全又有营养的食物、适于饮用的水和适当的通风设备	☐ 极好 ☐ 好 ☐ 一般 ☐ 差 ☐ 极差	
3.	......	......

（二）施测程序

《全球指导性评估量表》在具体施测中需按以下六个基本步骤进行。

第一步，选择幼儿园及班级样本。幼儿园及班级样本的代表性是客观、公允地评价某一地区幼儿教育质量的重要前提，为确保这一点，可按照统计抽样的基本方法，如随机抽样、分层抽样、整体抽样等进行抽样。

第二步，确立知情同意原则，得到园长或老师使用量表对本园（班）进行评价的许可。

第三步，请园长或负责人填写量表的园（所）基本情况资料表，主要包括国家地区、填报时间、填表人职称、园（所）性质类别及所在区域、园（所）资金来源、幼儿家庭收入、幼儿数量、分班方式等15个项目及评语。

第四步，根据量表指南完成量表的填写工作：选择两名评估实施者（如园长、老师或家长）；组织评估实施者一起认真阅读评估手册和评估量表，并讨论项目表达有无不清楚或不理解的地方，如果有任何修正需记录在各自的表格里；组织评估实施者一起观察活动室和室外游戏场所，并顺着量表所列，在规定时间内（一个半小时之内完成或分两次每次45分钟）逐类逐项对园（所）教育质量做各方面的大概评估；对每个项目进行等级选定，并提供和写出相应园（所）及其课室里的实际例子和评语。

第五步，将完成的《全球指导性评估量表》和园（所）资料表汇总，寄送给国际儿童教育协会或发电子邮件（Email：bjhardin@uncg.edu）。

第六步，获得国际儿童教育协会对评价数据的统计分析，并结合实际撰写一份"评估反馈报告"，向所评园（所）的有关各方提供评估数据、结果分析和结论建议。

四、启示

《全球指导性评估量表》是当前国际幼儿教育质量评价中较为权威的测评工具，已被许多国家采用，作为第三方评价工具，并取得了较高的跨文化一致性。正如《全球指导性评估量表》所描述的："即使《全球指导评估量表》包括了一个普遍的量表（极好到极差），教育者仍需要自己评定其测量指标达成，选择与其国家政策及社区实务相关的测量方法。国际儿童教育协会鼓励教育者使用这些资源，可以用来设计新的幼教机构或改善现有教育机构的质量。"可以从以下三个方面借鉴《全球指导性评估量表》的研发工作，推进我国学前教育质量评价研究工作。

第一，继续积极参与《全球指导性评估量表》今后的修订完善工作，积极汲取和借鉴国际儿童教育协会对幼儿教育质量评价的先进思想。首先，可以通过参与量表的修订工作熟知国际幼儿教育评价规则，建立对话交流渠道。其次，通过量表在中国的运用，帮助我们找到教育工作中存在的不足，提升幼儿教育质量。此外，通过幼儿教育质量评价的中西方跨文化比较，寻找我国文化形态对教育质量评价的关注点，以利于国际间对话交流，并获取话语权。最后，学习其先进测评方法与统计技术手段，了解其不足之处，为我国建设自己的评价测评体系服务。

第二，建构我国学前教育质量评价的理论基础并积极探索多元评价方法，增强文化自信和理论自信，在加强西方学前教育质量评价理论学习借鉴的基础上，加强我国学前教育质量评价的理论与元理论的研究工作，建构具有中国特色的学前教育质量评价理论，为发展科学幼儿教育质量评价体系奠定理论基础。目前，《指南》正是当前我国幼儿教育质量评价的重要理论依据，需要认真解读，并在此基础之上探索建构符合我国实际、科学有效、应用性强的学前教育质量评定量表，丰富、规范、创新我目前学前教育质量评价方法。

第三，自觉将学前教育质量评价研究与我国学前教育整体事业发展相统一，引导我国学前教育事业健康、科学发展。不能孤立、片面地研究学前教育质量评价问题，单纯追求质量评价工具的开发，必须将其根植于整个学前教育事业发展，才能发挥其功能，推动其发展，实现其价值。同时，学前教育事业的发展也必将为学前教育质量评价研究提供更为扎实的理论，更为广阔的应用需求和实践舞台。

第三节　上海市幼儿园保教质量评价标准与操作指南简介

上海市幼儿园保教质量评价标准与操作指南主要由"课程评价"和"幼儿发展评价"两部分构成，其内容要点明确，评价标准详细具体，信息采集方法合理，易于操作实施，值得借鉴。

一、上海市幼儿园保教质量评价标准与操作指南（课程部分）

表5-7　上海市幼儿园保教质量评价标准与操作指南（课程部分）

评价内容	评价要点	评价标准				信息采集
		优秀	良好	合格	不合格	
课程实施方案	方案编制	依据学前课程的要求，管理层与教师共同研究课程，逐步形成切合本园实际的操作性强的课程实施方案 课程实施方案对引领和指导幼儿园课程实施作用明显 在实施过程中有不断改进与完善课程方案的机制		幼儿园初步形成课程实施方案 教师了解本园课程实施方案，依照幼儿园课程实施方案，形成切实可行的班级教育计划		查阅幼儿园课程实施方案 抽样查阅教师的保教工作计划与相关记录 与部分教师、园长等交流与访谈
	方案内容	能符合儿童的年龄特点、发展需要、能力、兴趣及经验，做综合设计，关注多领域经验的平衡与连贯 能充分体现国家与地方相应法规文件的精神，与国家倡导的理念、人才培养目标相一致 课程设置合理，有本幼儿园的特色 课程和儿童发展评价能与目标相呼应		课程目标能体现国家与地方相应法规文件的精神 课程的编排与设计，能基本保证四类活动，顾及幼儿的多种经验和能力，难易适度		查阅幼儿园课程实施方案，重点看课程设置、内容及评价部分 查阅教师保教工作计划（包括学期、月、周日等），以及现场考察，验证方案内容的实际实施情况
	时间安排	根据幼儿年龄段特点和发展需求，结合季节、地域等因素，设计和安排适宜的一日活动时间 充分满足儿童游戏和运动的需要，保证每个幼儿有自由活动和自主选择活动的机会 保证每个幼儿有丰富的多样化活动的经历与体验 能根据实际情况和个别差异适当地调整活动安排等		有合理的一日安排，不过于琐碎和急促 运动和游戏的时间安排符合基本规定 一日活动安排能遵循动静交替、室内与室外、全班、小组与个别活动相结合的原则		查阅幼儿园一日活动安排表、各类活动的时间表等 现场考察班级的保教活动 与园长、教师会谈

续表 5-7

评价内容	评价要点	评价标准				信息采集
		优秀	良好	合格	不合格	
课程实施方案	资源支持	幼儿园有课程资源建设与利用的意识，形成了开放的课程资源支持机制及丰富的课程资源 建立合理的使用与完善的管理制度，使用率高		有符合要求的幼儿活动资源，包括玩具、材料、图书等 提供必须、质优的教育教学资源 合理利用媒体、课件等资源，以支持课程的运行		现场察看、登记幼儿园课程资源配备等 查阅相关的文本资料 访谈分管业务的园长或大教研组长
环境创设和利用	园所环境	根据课程要求，整体设计幼儿园的环境，包括专用活动室、户外运动场地、廊道、绿化等； 能提供、配置丰富、多元、合适的设备与材料，空间利用率高，方便不同年龄段幼儿进行各类活动		注重幼儿园环境设计与利用 经常使用的设施、设备和材料，能符合幼儿的发展需要		观察幼儿园的环境与专用活动室 查看幼儿园作息安排制度、专业活动室使用的记录 实地观察不同年龄段幼儿在专用活动室的活动
	班级环境	师生关系民主、融洽和愉快，幼儿自主地与环境互动 环境创设科学合理，有利于幼儿良好生活习惯的养成 能运用多样化的玩教具、材料，创设一个能引起幼儿游戏、学习与活动兴趣以及具有不同功能的挑战性活动环境		班级环境布局合理，灯光照明到位 设施、设备安全，符合幼儿需要，便于幼儿使用 班级的玩教具、材料、场地，与幼儿当前的能力、需要基本匹配		观察班级氛围 观察各个班级墙面、区角活动以及各种材料的投放与呈现 观察幼儿的游戏等个别活动 与教师讨论与交谈 查阅教师提供的班级资料等
生活活动	安全与保育	为幼儿创设安全、卫生、温馨、自主的班级生活环境 环境中有幼儿易于识别的安全、健康、生活等规则提示 能让幼儿自主、有序、愉快地进餐、盥洗及睡眠		经常检查和及时消除幼儿生活中的不安全因素，有安全检查制度 卫生设施与措施健全、规范 及时清洁厕所污物，环境无异味 环境色彩协调，符合幼儿特点；注意幼儿睡眠中的安全		考察现场活动 查阅教师保教工作的计划、记录 与园长、教师交流与会谈

评价内容	评价要点	评 价 标 准			不合格	信息采集
		优秀	良好	合格		
生活活动	行为观察	能顾及每个孩子在生活上的不同需求与差异，注意观察一日生活中幼儿的语言、行为、情绪等变化，给予有效的回应；能与家长、其他工作人员及时沟通 对幼儿行为有记录、有分析		能根据天气变化、运动情况和个体需要，及时提醒幼儿穿脱衣服、饮水、擦汗等		考察现场活动 查阅教师保教工作的计划、记录 与园长、教师交流与会谈
	自我服务	充分利用自主盥洗、整理玩具、分发碗筷、照顾自然角等生活实践机会，让幼儿获得亲身体验，给幼儿练习、锻炼和表现的机会 教师有要求，有指导		保育员与教师互相配合，不干涉、不替代幼儿的生活 能帮助、指导幼儿形成喝水、用餐、盥洗、穿脱衣服等基本的生活能力		
	交往机会	能提供有助于幼儿积累共同生活经验的机会，如分享、协商、沟通、合作 让幼儿学习情感体验与表达，适应集体生活		能在一日生活中实施符合幼儿年龄特点的交往活动，方法合适，让幼儿在与同伴的自然交往中，适应集体生活		
运动	运动时间与运动量	能根据幼儿年龄特点安排个别锻炼和集体运动性游戏 在运动中根据幼儿脸色、出汗、心跳等情况及时调节内容和运动量		确保每天有两小时户外活动时间，其中一小时运动时间能分段进行		
	器械与材料	根据年龄特点、运动特点及幼儿动作发展水平合理安排运动器械 材料丰富、功能多并具有一定的挑战性，满足幼儿自由选择和创造性运动的需要		能提供符合年龄特点、数量基本满足需要的运动材料和器械，让幼儿进行较充分的运动		
	资源利用	积极开发园内外运动资源，结合季节特点，充分利用各种自然条件开展富有野趣的活动和民间运动		能利用现有的园内外运动资源，根据季节特点进行运动，所开展的活动符合不同年龄特点的幼儿		
	运动保护	运动中有安全意识和保育意识，保证幼儿安全、快乐地运动；根据季节、天气情况适当调整户外运动的时间和场地 注意幼儿自我保护能力和规则意识的培养		能关注场地、设施、器械的安全性及幼儿服饰的适宜性，及时处置异常情况和突发问题 提醒幼儿在运动中及时穿脱衣服		

评价内容	评价要点	评价标准				信息采集
		优秀	良好	合格	不合格	
游戏活动	条件提供	游戏材料投放数量充足，种类丰富，能满足每个幼儿的自主选择 能利用生活中的自然、废旧、半成品等环保材料，诱发幼儿的多种经验 游戏环境能体现幼儿的兴趣点		保证幼儿每天有不少于1小时的自主游戏和自由活动时间 游戏材料数量较多，幼儿在游戏中无等待、争抢行为（由玩具材料缺乏而引发的），能进行共同的游戏活动		
	游戏观察	能关注幼儿与环境材料、与同伴互动的过程，不仅能了解幼儿的游戏动态，还能根据幼儿的言行了解、分析其发展水平		能认真观察幼儿的游戏过程，了解幼儿的游戏喜好和需求		
	游戏的支持	能对幼儿的游戏行为做出合理的价值判断 能恰当地介入游戏并予以支持、帮助和回应 适时、适宜、适度地推进游戏情节的发展		能根据游戏开展的情况，适当地调整游戏材料，及时处理意外情况		
学习活动	目标的价值	目标定位能兼顾认知经验、方法能力、情感态度等方面全面发展 符合幼儿的年龄特征和发展需要 活动目标能突出重点，表述清晰		活动目标有价值，符合幼儿发展的基本要求 目标的制定能反映不同年龄段幼儿的学习特点，表述明了		
	内容的选择	内容的选择能体现既尊重幼儿的已有经验，又具有发展的挑战性 个别学习的材料与内容，要有利于幼儿自主选择与自主探索，并具有层次性、多功能性和情趣性		能选择生动形象、有趣的，有利于幼儿动手、动脑，并符合年龄特点的学习内容		考察现场活动 查阅教师保教工作的计划、记录 与园长、教师交流与会谈
	方法的运用	能合理选择和运用集体、小组、个别等多种方式开展学习活动 教学方法恰当、灵活、多样，充分体现幼儿自主性的原则 有效地运用现代化教育手段		能以游戏的方式组织和开展学习活动 根据幼儿的兴趣和不同年龄段幼儿的学习特点来选择和运用合适的教学方法		
学习活动	师幼的互动	能在教育现场关注来自幼儿的信息和生成问题，进行价值判断，并做出适时、适宜、适度的回应 教师的回应，能发挥推动幼儿发展的作用		注重师幼及幼儿与幼儿间的互动 在师幼互动中，能尊重、理解幼儿，关注个体差异		考察现场活动 查阅教师保教工作的计划、记录 与园长、教师交流与会谈

评价内容	评价要点	评价标准				信息采集
		优秀	良好	合格	不合格	
保健与特殊照料	卫生保健	保健老师与班级保教人员联系密切，全日观察记录一致 及时向家长宣传预防保健知识，五官保健矫治率高 按年龄特点和平衡营养的要求，科学烹饪，保证饭菜色、香、味俱全 对体弱、肥胖儿等矫治措施针对性强，有个案记录，及时向家长反馈，有实效 保健资料齐全，专题研究措施落实，针对性强		幼儿体检、晨检100%，全日观察落实，发现异常及时处理 环境清洁，预防性消毒常规工作符合要求，消毒液配制使用正确，放置得当 食品验收、操作规范，食具及环境物品表面细菌检测符合卫生标准 传染病报告及时，肠道传染病率低于2%，无续发病例，无责任事故，一般事故发生率低于0.5% 平衡膳食，定期做营养分析 对体弱、肥胖儿、五官保健管理措施落实 三大员操作规范		查阅保健资料 察看操作过程 访谈保教人员（重点三员） 家长问卷中设题 访谈家委会人员 访谈体弱、肥胖儿的家长
	特殊保育	对有特殊需要的幼儿设立个案，有计划、有措施、有改善 创设良好的观察室环境，给临时须观察隔离的幼儿以温馨合理的照料		患儿服药及时到位 对有特殊需要的幼儿与家长合作进行协助保育 让临时发病的幼儿进入观察室，进行及时照顾或就医		查阅保育资料 观察有关活动 访谈有关家长及保教人员
与家庭、社区互动	家园共育	重视家园共育的宣传，让家长了解幼儿园办学理念、教育活动内容 了解不同家长的需要，采取不同的沟通方式，分层分类进行沟通 鼓励家长通过多种途经积极参与各类活动，并支持幼儿园工作 能够针对不同需要的幼儿制订个别化的教育方案并能与家长共同实施 与家长共同建立幼儿成长档案		有家访、家长会等家园联系制度，让家长了解幼儿园教育 定期向家长开放活动，组织家长参与活动		家长访谈 家长调查问卷 社区、居民及有关单位访谈 社区有关单位调查问卷 教师访谈 查阅幼儿园/班级各种联络资料 查阅家委会活动资料

评价内容	评价要点	评价标准				信息采集
		优秀	良好	合格	不合格	
	资源开发和共享	主动收集家长和社区的意见和建议，有计划、分阶段地对意见做出妥善有效的跟进，并能留存各种相关资料 向家长和社区开放园内各种资源，提高家长和社区居民的育儿水平		定期征求家长、社区意见，改进工作并有记录 能够利用家长、社区等物质和人文资源		家长访谈 家长调查问卷 社区有关单位访谈 社区有关单位调查问卷 教师访谈 查阅幼儿园 / 班级各种联络资料 查阅幼儿园 / 班级活动资料 查阅幼儿园 / 班级资源网络资料

二、上海市幼儿园保教质量评价标准（幼儿发展部分）

表5-8　上海市幼儿园保教质量评价标准（幼儿发展部分）

评价内容	评价标准（合格）	表现举例	信息采集
体能	生长发育	身高、体重、血色素标准参照2005年《上海市儿童保健所条例》所规定的要求		定期由幼儿园保健教师组织测试
	运动兴趣	喜欢参加体育活动；乐于尝试不同的运动器械，充分活动身体	来到运动场地或看到运动器材时，能迅速投入体育活动而不是旁观 活动时投入，运动一会儿，出汗了、气喘，或舍不得休息，或说"好累，休息一会儿"，但看到同伴在运动，又会站起来马上投入活动中 自由活动中愿意主动带来有运动因素的玩具并自发进行锻炼 喜欢独自尝试或在成人的帮助下尝试玩不同的运动设备和运动器材，能做出走、跑、跳、踢、攀、爬等较多的身体动作 喜欢带有挑战性的运动项目	运动（包括室内外）；户外活动、自由活动家长调查问卷，了解家庭运动情况
	动作协调与平衡	运动时，动作协调，平衡性好 能做精细动作，手眼协调	自然地两脚交替换步上下楼梯 向上攀爬时能手脚协调地进行 跳跃时能以双手配合 能依据音乐节奏走、跑、跳等 能拍球、抛接球、跳绳 左右脚都能单脚跳 能在不平坦或不稳定的地面（软的垫子、沙子）等行走自如 能手拿水杯平衡行走 能熟练地使用搓、团、压、捏、挤等动作进行造型 能使用筷子吃饭，自己穿衣扣纽扣、系鞋带 能拼较复杂的图形 能剪出直线或简单图形，能沿边对折纸	运动、户外活动区角活动、自由活动的大肌肉活动和小肌肉操作活动家长调查问卷主题活动中的相关作品

续表 5-8

评价内容	评价标准（合格）	表现举例	信息采集
习惯 / 生活习惯	餐饮习惯卫生作息睡眠有规律爱清洁，有健康的盥洗与排泄习惯保护五官，用眼卫生	嘴里有水、食物不说笑 不吃不洁食物；不多吃糖果、冷饮 按照需要自主饮水 按时睡眠，睡觉不蒙头 饭前便后洗手、外出之后洗手，洗手后认真擦手 用纸巾或手帕擦嘴或鼻涕，不拖鼻涕 不是吃的东西不碰嘴巴 早晚刷牙 不吃手指，不咬指甲，提醒成人帮助剪指甲 有规律大便，女孩小便后用便纸 不过分用力挖鼻孔、耳朵 看书时坐直，不把书本靠眼睛太近，看电视、电脑时眼睛不靠得太近	生活活动家长问卷提示：需多渠道搜集信息，判断幼儿行为的"一贯性"，表明确实形成"习惯"
习惯 / 学习习惯	对学习有兴趣，好问认真观察和倾听，喜欢尝试，做事专注、坚持，对学习成果有满足感爱惜玩具、文具、书籍等各种学习用具和材料	对不了解的事物问个究竟，并想摆弄，对没做过的事愿意尝试，或主动地寻求帮助 有注意力集中的时段，针对一个目的做一件事，活动时眼神和身体姿势集中于要做的事（集体教学或个别游戏活动） 能在成人鼓励或帮助（提示）下，独立将事情做出一定效果，不是频繁更换活动、漫不经心、轻易放弃一件事，想追求一个成果 在做成一件事后，能从表情上看出对自己的成果很满意、高兴 或在未取得自己想要的活动成果时，能再次重复或寻求帮助来满足自己的活动需要或好奇心 不故意损坏学习用具和材料（应与有目的地利用和拆装造成的无意损坏区分开来），并对自己或他人不小心损坏表现惋惜，甚至尝试修补	学习活动、运动游戏活动、生活活动中幼儿的探索行为
习惯 / 文明习惯	行为举止文明主动与人打招呼，懂得运用礼貌用语；理解幼儿园集体生活的常规，并能遵守遵守公共卫生规范，爱护公物	经常保持良好的站姿和坐姿 咳嗽、打喷嚏时，能捂嘴 懂得谦让比自己幼小和体弱的孩子 能主动和老师、小朋友及其他熟悉的人打招呼或问好，态度大方 对别人的招呼也能应答 犯错了经成人提醒能说对不起 请求别人帮助时会说"请" 得到别人帮助时会道谢 会用集体规则来约束自己的行为：教室里不吵闹，走廊等公共区域不狂奔 按秩序喝水、用厕等 手上有污物不随处乱抹、乱擦；不乱涂墙壁、桌椅、地板，不乱扔垃圾，不随地吐痰 不乱扔玩具，使用玩具时能轻拿轻放，并知道放回原处 爱护图书，不乱折，有序摆放 搬动桌椅时轻拿轻放 不采摘幼儿园或公园等公共场所的花草	游戏活动、自由活动、生活活动集体教学活动，做操环节外出活动家长调查问卷、家长谈话

评价内容		评价标准（合格）	表现举例	信息采集
自我意识与自理	自我概念	认识自我，并接纳自我	对自己的身体和性别有基本认识（包括接纳自己身体和相貌上的缺陷），不做可能伤害自己的事 "我戴眼镜是因为我的眼睛看不清楚，医生说如果坚持戴，就会矫正好，和别人一样看得清楚！" 知道自己的喜好，如"我喜欢绿色的，不喜欢黑色的""我喜欢听故事"，拿到自己喜欢的玩具、到喜欢的活动区、得到自己喜欢的装扮角色会表现得很高兴	
自我意识与自理	自我概念	能进行自我评价，有自信心有规则意识，能自我约束，会适当调整自己的需求和行为以适应所处的环境	在与他人的关系中觉得受重视、有安全感，"××喜欢我"，或有信心地进入一个群体与人交往，认为自己会被接受，能说出自己好朋友的名字 知道自己有能力做什么 对自己的作品和完成自己重视的任务感到自豪 主动发起活动，知道自己想要做什么并努力自己做，不需要老师过多指示安排 愿意挑战自我，尝试新的或有一定冒险性的活动（或请求协助）："老师，我想试试爬得更高些，你能不能在下面接着我？"主动提出要求，"老师，我还没完成，你慢点讲评" 不轻易接受同伴的观点，有自己的看法："你怎么知道的？""我觉得好像不是这样，我们去问问老师吧！" 试图使自己变得更好、更强："我得好好吃饭，才能长高个子。"或"我得多跳几次，才能跳得更好" 在活动不顺利时，寻求帮助的同时，还争着要自己做，在较长一段时间内还继续尝试 能适当地调整和控制自己的需求或愿意延迟满足：在轮流玩的规则下，即使很想玩，也能耐心排队等待。在集体教学中能控制自己不随意插嘴 想玩新的材料时，还是能控制自己先把手头的材料收拾好	幼儿在生活和各种活动的自然情境中的一般情绪与行为表现，如表现得坚持自己的意愿，有主意、甚至适度的倔强，而不是依赖、等、靠、要 游戏的总结和评价环节集体教学活动 提示：以观察幼儿的行为为主，幼儿"我很能干""我很棒"等话语只能作为评价的辅助
自我意识与自理	情感表达	能向成人或同伴表达自己的需求、感受，在遇到表达困难时能寻求帮助 能学习用恰当的方式排解自己的消极情绪	能用语言或适当的行为表达自己的感受（而不是用过激的行为）："我想和你一起玩，好吗？""真是太好了！""真烦人！""我气死了！""我不想这样玩！"想要什么时不是直接抢，而是说"我想玩…"，想跟别人一起玩时，会用对方能接受的方式来表达自己的愿望 极少用大哭大闹或攻击性的方式来表达自己的不愉快、不满，即使哭泣也能较快地平息并说出原因 难过、生气、不满时会找人抱怨，老师安慰过后，说"不哭了""别生气了"，会逐渐平息激烈的情绪，愿将注意力转移到其他事上 遭遇失望、挫折和失败时，在老师说"还有明天，明天再试试看"后，能平静面对，而不是摔东西发脾气	一日生活的各种自然情境

续表 5-8

评价内容	评价标准（合格）	表现举例	信息采集
自我意识与自理 — 自理与自立	愿意自己的事情自己做，尝试不依赖他人照料自己 整理和保管好自己的衣物和玩具等 知道自我保护的相关常识	自然而然地做该自理的事，不依赖或要求别人替自己做 能自己吃饭喝水、穿脱衣裤鞋袜、如厕及清洁身体和手、擦鼻涕、擦汗、盖被子和整理被子等 注意把自己的衣物和暂不玩的玩具放在自己的置物袋或箱中，并能整理自己的置物袋 在上下楼梯或户外攀登等可能有危险的场景中，小心谨慎地行事或寻求成人协助 能安全使用物品、避开危险； 若受伤立即告知成人	生活环节（餐点、午睡、如厕、洗手） 活动结束后的整理环节
认知 — 观察与探索	对周围事物好奇，会用多种感官从多种角度观察、探索事物，把握事物的特征 能用自己的方式记录探索的过程，辅助持续探索 能联想旧有的经验，对已掌握的办法或工具加以调整或组合，尝试解决新问题 以独特的方式利用某些物品或寻找替代物 尝试利用多种途径和媒介获取信息	对新事物好奇，想去摸摸、看看，甚至用放大镜看；敲敲打打或拆开重新组装 这个东西硬硬的、很光滑，一定是鹅卵石，"绿叶子怎么变成红色的了"；喜欢问"为什么" 通过画画、图表和序列卡片等记录观察现象，并在交流展示时利用这些记录，或在进一步探索前回顾一下前面的记录 没有绿色，用黄和蓝颜料配 把插塑积木插成长棍，作为工具取出用手够不到的东西 用积木、铅笔等作为测量工具来比较物体的长度或高度 在实地参观、访问和调查、查阅图书、报纸、观看电视和上网等多种方法中选择最恰当的搜寻自己需要的相关信息	来园活动 区角探索活动 自主游戏 项目（方案）活动 讨论新玩具和活动材料的使用； 外出活动

评价内容		评价标准（合格）	表现举例	信息采集
认知	概念与关系	能把握一个事物、现象的典型特征，并比较异同、分类、归类，逐步形成基本概念 在探索和发现的过程中，逐步形成数、量、形状及表示时间、空间关系的基本概念 按一定的标准对事物进行排序、配对 对事物之间的表面联系和因果关系提出问题、假设，并运用已有的经验进行分析和推理 能围绕目标、遵照一定程序解决问题	从比较写实的图片上认出一个事物；"×× 同 ×× 很像的，都是……的"或者"虽然 ×× 同 ×× 看上去有点不一样，但它们都……的，所以可能它也是苹果"。"基本概念"包括儿童生活中常接触的自然物、自然现象、社会事物（工具、设施）及职业等有关的概念（可以参照《上海市学前教育课程指南》中的"关键经验"），"形成概念"意味着能把握一类事物的共同特征，通过衡量是否符合关键特征对新事物进行归类 量的概念涉及轻重、面积、体积或容量上的大小；时间概念涉及今天、明天、晚上、早晨、上下午、现在、钟点、星期等 空间概念涉及方位概念（里外、进出、上下、前后、左右、中间等）、距离概念（远近）、速度概念（快慢），在老师问"昨天星期天，你在家里做什么"时，能说出在家里做的事 按特征（颜色、形状、大小、长短、轻重）、用途、习性等某一标准对事物排列顺序或组合，或变换标准重新对事物进行排序或组合 "球是圆的所以能滚，积木是方的所以不能滚"。"这个东西很重，可能会沉到水里去"，不能把杯子放在桌边，掉在地上会打碎（把易碎的东西放在不易碰及的地方） "如果给小树浇果汁，它会长得更快吗？"（如果…，会…吗？）这两块拼图形状好像能合在一起 用磁铁吸各种东西，看哪些能吸起来 "爱惜东西和再利用就能让我们的环境更美好" 有条理地（如间隔多少天、每天在哪个时间）观察和记录（设计记录表单）天气在一段时间中的变化，尝试预测或决定出游时间	一日活动的有关场景 探索活动 与教师和同伴的日常交谈 提示：除了从幼儿的语言回答中搜集信息之外，还要注意幼儿无法用语言表达但行动中表现出形成某一概念的情况，如别人说"快点"，他就加快速度，从数概念形成的评价也可看幼儿能否借助实物解决数量问题（10以内）
语言能力	倾听	注意倾听别人讲话并了解意思 喜欢听故事、散文等文学作品，能理解作品内容 能听清指令和要求，顺利完成任务	聆听时能保持安静，注意力较集中，让别人把话讲完再回应 当同伴吵闹时，能主动提醒 了解教师对全班所说的话，而不需再次问教师要自己做什么 在团体讨论中，以肢体语言（如身体向前倾）或面部表情（如皱眉或微笑）来表达理解 听故事等文学作品时保持安静，了解故事等所传达的信息 对他人提出的指令，能做出相应的动作反应或用语言回答"我知道""我来说""我来做，是这样的"；对听不懂的或没听清的地方，能主动提问	集体教学活动 区角活动的语言角 日常生活谈话活动

评价内容	评价标准（合格）	表现举例	信息采集
语言能力	**表达** 乐意与成人和同伴交谈，清楚表达自己的需求和想法 能围绕一个话题有条理地叙述一件事，或描述物体特征，以及表述自己的体会	成人或同伴与之谈话时能回应或接话："是的，那你呢？" 能主动发起与同伴的交谈："你看，我做的是什么？""你昨天看电视了吗？" 能用语言清晰描述自己的需要和想法："我要…""我想…" 针对其他儿童所报告的事件能提出相关的问题："你为什么喜欢——" 能较有顺序地围绕中心叙述自己的想法或经历过的事："我觉得我们的城市很美…""我早晨看见了…""我昨天去了××地方，那儿可真好玩，有……"	日常生活谈话活动； 语言教学活动； 生活中与幼儿随机交流； 家长调查问卷； 提示：观察了解幼儿的自然情景语言是评价的重要方法。
	前阅读与前书写 喜欢阅读，能自发选择图书，自行或与朋友一起阅读 关注书中的图像和文字，能边指边读 掌握阅读的基本方法 关注生活中常见的符号、标志和文字，并能用自己理解的符号表达	会在自由游戏时间看书 能较长时间独自安静阅读，或与朋友一起合作阅读 听故事磁带并同步翻阅该故事书 喜欢图书，会向老师要书看或让家长购买图书："我让妈妈买这本书的""我喜欢看这本书" 看到自己读过、看过的书会兴奋："这本书我家有的""这本书我看过的" 关注书中的图像或文字，能边指边读："这个字我认识，读…" 看书以找出某一种恐龙的名称 阅读时，能一页一页从前往后翻着读 视线由上至下、从左到右按顺序地来阅读 看到同伴不正确的阅读习惯，会提醒别人"书多翻了一页"，"先从这里看"；看图片预测故事的下一步，看一本书的封面，猜测书的内容是什么 能从教室的名单中找到自己的名字，也可以认出朋友的名字 开始认得最喜欢书里某些熟悉的字词 询问教室内所使用符号的意义，如老师贴在鱼缸上的"鱼"字 对周围的符号、标志和文字等敏感，发现后会留心观察和议论，会抄写教室四周的标记，"我来画画这个标记" 写一些像字的符号来试验书写符号或表达一种想法 会在作品上写上自己的名字，表示是自己做的	区角阅读活动或自由活动、来园活动、午睡休息前 外出活动中自然观察幼儿对沿途符号、标志和文字的反应情况 幼儿的绘画、书写作品 家长谈话、家长问卷

评价内容	评价标准（合格）	表现举例	信息采集
社会性	交往合作	愿意与同伴一起玩，分享玩具和材料，与同伴友好相处能与同伴商量合作做事，与同伴发生矛盾时学习协商解决	能要求与朋友一起活动，"我们一起玩好吗？"或主动加入同伴群体中一起游戏，不游离 同伴请求时愿意将玩具借给别人玩或交换玩："好吧，玩具可以借给你""好吧，我们交换玩" 能与同伴一起共用幼儿园的玩具和材料，如一瓶胶水，一盒蜡笔等："你先用，用完给我用""放在当中我们一起用" 与同伴有冲突时，会尝试用大人建议的话语去解决冲突以协商、说出自己的权利及考虑另一位儿童的需求等方式来解决与同伴的争议："我用浆糊粘完这两张纸就给你" 具有维持与同伴良好关系的简单技能，如轮流玩而不推挤、等待轮到自己 能与同伴一起搬桌子或一起为集体做事："你搬前面，我搬后面"。能顺从同伴的建议进行游戏，如听了一位同伴的建议，决定以空心积木来搭建火车站 能与同伴一起合作搭积木或完成一件任务："你搭花草，我搭围墙""你来问，我来记"	游戏活动、自由活动、小组活动教学活动、区角活动及其他生活环节 家长问卷调查
	责任感	有初步的任务意识，能完成教师交代的任务 犯错时不推卸责任或指责他人 乐意为集体做事，做值日生态度积极	牢记老师的任务，能回家告诉父母老师布置的任务，提醒父母共同完成："妈妈，帮我准备一个空书包，老师说明天要用""妈妈，老师要求明天带空瓶子" 当天未完成的建构或绘画作品等，第二天会继续完成 犯错误时不推卸责任或指责别人，"这是我吃的"，"对不起，我错了"，"对不起，这是我敲破的" 知道自己值日生的时间，态度积极，"今天是我值日，我要早点去幼儿园浇花""我来做""老师，我今天是值日生""我是值日生，我来搬东西"，"应该我来，今天是我值日，不是你值日" 能尽力做好值日生工作，如搬桌椅、分发碗筷、整理玩具等	生活活动，特别是值日生环节 自由活动集体教学活动、游戏活动等 家长谈话、家长问卷
	同情与关爱	爱家人和老师，关心、帮助同伴关心和同情弱小的动物、同伴及残疾人等能接纳来自不同地区、民族的人	尊敬父母、老师，听大人的话 别人不高兴时，能意识到，并会关心："你怎么了？""你怎么不高兴了？"当同伴跌倒受伤时，会很关心且想去帮助他 当同伴的积木建筑物倒塌时，会试着帮忙 帮助同伴捡起撒落一地的蜡笔 帮助正在解决某问题的同伴，如帮同伴拉外套的拉链或系鞋带，协助同伴寻找不见了的玩具 不戏弄和伤害动物，同伴喂自然角的小鱼时会提醒同伴"别喂食物了，小鱼会死的" 不嘲笑他人的缺陷，不学别人口吃、跛腿走路等的样子，当别人犯错误或小便在身时，不取笑起哄。 不歧视外来儿童，与来自不同地区和民族的儿童共处："你家在哪里？"	游戏活动来园离园活动 区角活动、自由活动、运动及其他日常活动 收集幼儿的作品 偶发事件 家长谈话、家长问卷

评价内容		评价标准（合格）	表现举例	信息采集
美感与表达	感受与体验	对生活中美的事物表现出兴趣和喜爱 愿意参与美术、音乐、故事表演等艺术欣赏活动，能感受和体验自然物、建筑、美术、音乐、戏剧作品或角色游戏中表现的内容	她笑起来很好看，那棵树真漂亮，那个红房子很好看，今天嘟嘟穿这件衣服像海军一样，很帅、很精神 对艺术作品注意聆听或观赏，会说"真漂亮""真好听"，或者用惊叹、欣喜等表情表达出自己的感受 对艺术欣赏活动表现出兴致 "那座房子像一只大鸟要飞起来，很特别""声音慢慢的、重重的，像只熊在走路，而且他不太开心"，"（画上）这个小妹妹不高兴了，你看她的嘴和眼睛" 跟随欢快的音乐做动物欢快的动作 能理解道具刻画的场景以及别人的象征行为，并在角色游戏中做出相应的回应	语言、艺术欣赏或创作活动 散步、郊游等其他在大自然中的活动 在城市中的观光活动 看图画书 谈话
	表达表现	尝试用多种方式、用多种工具和材料进行各种创作活动，表达自己对事物的认识和情感 运用一定的技能（语气、表情、肢体动作、线条、图形、色彩、节奏、音高等），帮助表达自己的想象与创造	用语言、唱歌、器乐、表情、动作、符号、图画、手工制作和雕塑等不同方式，用各种笔、手工剪刀、模具、印章、金属丝、连接或黏合材料、各种质地的纸、各种性质的颜料、黏土或积木等塑形材料、不同的乐器、取自自然的材料或生活中的一些用品等不同工具和材料创作作品，表达自己的想象 或者制作物品，在游戏中加以利用，如用橡皮泥等做各种饼干，然后邀请小朋友来吃 能用不同的语气、语调和动作表现不同的故事角色；或在角色游戏中绘声绘色地扮演爸爸、妈妈或警察等；能用细而规则的线条表示声音很好听等	角色游戏、语言和艺术创作活动（不是临摹性的绘画或手工制作活动） 音乐或戏剧表演 作品分析 提示：评定的主要目的是发现幼儿喜爱的表达表现方法，幼儿想用什么方法表现但还不能达到，以便理解幼儿的作品，而不是盲目从教师自己的口味来否定幼儿的创作，当然也可以对表现技法做有针对性的指导

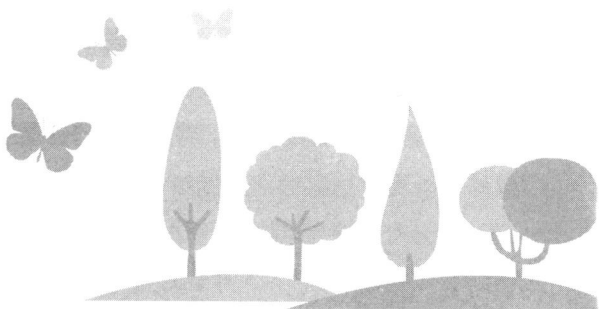

第六章
学前教育质量评价的国内实践

第一节 北京市示范幼儿园评价标准及其实施

一、《北京市示范幼儿园标准》

（一）办园条件、规模及形式

（1）办园条件。要保证达到《北京市托幼园所分级分类验收标准及细则（试行草案）》（1994 年修订）中规定的一级标准。

（2）办园规模。要保证 6 个班以上，并设有大、中、小三个年龄班。能招收三岁以下幼儿。各年龄班的幼儿人数不超过《规程》中规定的班额数，即小班 25 人，中班 30 人，大班 35 人，混合班 30 人。三岁以下班随年龄递减。

（3）办园形式。要灵活多样，有面向社区散居学前儿童的多种形式的教育组织，如双休日班、亲子俱乐部、游戏小组等。

（二）行政管理

在达到《北京市托幼园所分级分类验收标准及细则（试行草案）》中规定的一级一类标准的基础上做到以下要求。

（1）办园方向。要思想端正，认真贯彻保育与教育相结合的原则，对幼儿实施体、智、德、美全面发展的教育，促进全体幼儿身心和谐发展；能为家长提供便利条件，有具体服务措施；有改革意识和不断进取的精神，在办园模式、内部管理及保教工作等方面勇于探索、改革和创新，并取得较好效果；认真贯彻国家、市颁布的幼教政策、法规、规章，模范执行上级教育行政部门的规定及要求。

（2）领导班子建设。要使领导班子人员结构合理，整体素质较高，能够团结协作，实行民主管理，能够调动保教职工的积极性，并注意后备干部的培养；园长应具有较强的组织管理能力和较高的专业水平，有敬业精神，公正廉洁，以身作则，勤奋好学，勇于开拓，群众威信较高；园长（含业务园长）应具有学前教育专业大专以上学历，取得岗位培训合格证书，具有小学高级教师职称，幼教实践经验丰富。

（3）保教队伍建设。要重视教职工队伍的全面建设，并已形成团结、进取、善学、创新的良好园风；教师队伍整体政治、业务素质好，能遵守《北京市幼儿园教职工职业道德规范》，受到幼儿的喜爱和家长的欢迎；全体教师需具备《教师法》规定的合格学历，其中 50% 以上达到学前教育专业大专以上学历，有一定数量的教科研骨干和兼职教研员保育员能积极配合教师开展保教工作，保教意识较强，并能在日常生活中对幼儿进行随机教育；全体保育员经过专业培训，并获得培训合格证书，保证有一定数量的具有高级技术等级的保育员。

（三）保教工作

在达到《北京市托幼园所分级分类验收标准及细则（试行草案）》中规定的一类标准的基础上做到以下要求。

（1）教育思想。重视教育理论学习，认真贯彻执行《规程》和《北京市幼儿园教育指导纲要》，不断更新教育观念，并体现在教育实践中；保教人员尊重幼儿的人格尊严和合法权利，热爱幼儿，能够贯彻积极鼓励、启发诱导的正面教育。

（2）师生关系。建立平等、和谐的师生关系，营造一种宽松、接纳、理解、支持的精神环境，使幼儿有安全感、愉悦感和被信任感；教师能够积极鼓励、支持幼儿参与各项活动，使幼儿在活动中得到主动发展。

（3）教育环境的创设与利用。教师能根据幼儿年龄特点和实际发展水平、兴趣，围绕教育目标，有目的、有计划地创设教育环境，并根据每个阶段幼儿的发展需要和教育内容的要求不断更换或调整，能积极引导幼儿参与环境创设。创设教育环境能够因地制宜，从实际出发，勤俭节约，充分利用现有条件和资源，突出自身特点。

（4）一日生活的组织与安排。保教人员能正确贯彻幼儿园教育工作的各项原则；能以游戏为基本活动，根据幼儿的兴趣、需要组织一日生活，内容丰富有趣、和谐有序，适宜幼儿的发展水平；保教人员注意观察幼儿，并能根据幼儿的不同水平给予适宜的指导，能抓住有效时机进行随机教育。

（四）与家庭、社区的合作

根据家长及社区的实际需要，制定并实施为家长、社区服务的措施，取得较好的社会效益，使家长满意率保持在90%以上；重视家园合作教育，并将其纳入整体教育工作中；建立与家长联系制度，并取得合作教育的实际效果；能够有效地利用社区教育资源，开展教育活动；能够主动参与社区文化建设，为社区居民提供科学育儿等方面的指导、咨询服务，能够向社区内散居儿童提供受教育的机会。

（五）示范作用的发挥

（1）保教工作示范基地。要达到《北京市托幼园所分级分类验收标准及细则（试行草案）》中规定的一类标准和本标准第三条要求；能出色地做好各项保教工作；能定期对本区县或全市幼儿园开放；能与1～2所农村园或基础薄弱园合作开展"手拉手"活动，并取得较好的效果。

（2）教改科研基地。要能够结合本园实际，有目的、有计划地开展教育改革和教科研工作，能够承担市或区县及有关部门教育科研课题或教改试点任务，并能通过教改科研活动有效地促进保教质量和教师业务水平的提高；保证每两年内有质量较高的教改经验总结、调研报告，研究论文在市、区县级以上会议交流，或在公开发行的省级以上刊物上发表，或园内有业务专著公开发行，并产生较好的影响。

（3）社区学前教育基地。保证有专人负责社区学前教育工作，能定期向社区内散居学前儿童开放，面向社区开展科学育儿家教咨询活动，并能带动其他幼儿园开展社区学前教育活动。

（4）幼教人才培养基地。保证能接待幼教师资培训部门的实习、见习观摩任务，能承担为其他园所代培师资的任务，能为其他园所或幼教管理及教研部门输送干部或骨干教师。

二、北京市托幼园所分级验收标准

北京市 1989 年颁布的《北京市托幼园所分级分类验收标准及细则（试行草案）》（1994 年修订）共包括两个部分：第一部分"分级验收标准"中包括了环境及设备条件、人员条件两大类，共 10 个项目，每个项目标明了一级、二级、三级、四级四个级别的评价标准。第二部分"分类验收标准"中包括了行政管理工作标准、教育教养工作标准、卫生保健工作标准、幼儿发展水平标准四大类，共 26 个项目，每个项目标明了一类、二类、三类三个级别的评价标准。

《北京市托幼园所分级分类验收标准及细则》主要包括六大类、共 36 个项目，其具体内容及评价标准如下。

（一）环境及设备条件标准

（1）环境的要求／面积。环境是否清洁、安全、无污染、无噪音影响；幼儿占地面积是否合适（幼儿人均为 10 平方米以上，托儿人均为 8 平方米以上）；绿化用地是否合适（托幼儿人均 1.5 平方米以上）；是否有美化、绿化，布局是否合理，是否有儿童情趣和教育意义。

（2）活动场地的要求／面积。活动场地是否安全、有序，是否便于幼儿活动、游戏；幼儿人均活动场地的面积是否合适（幼儿人均 4 平方米以上，托儿人均 2 平方米以上）。

（3）房舍的要求／建筑面积／用房。房屋建筑是否科学、安全，使用是否合理，室内是否通风向阳；建筑面积是否合适（幼儿人均为 8 平方米以上，托儿人均为 6 平方米以上）；幼儿生活、活动用房安排是否合理，使用面积是否合适（幼儿人均 2.5 平方米以上，托儿人均 2 平方米以上）；是否有辅助用房，如音体室、浴室、幼儿厨房、保健室、隔离室等。

（4）设备（幼儿用和成人用的）。婴幼儿生活、学习、卫生等设备是否齐全，是否符合要求；是否有成人用的冰箱或冰柜、消毒设备、洗衣机等。

（5）大型器械和玩教具。是否配备有各种体育活动和游戏的器械，器械是否安全、适用，摆放是否合理；是否配备有玩教具，玩教具种类是否齐全、数量是否充足，是否有较多的自制玩教具和物质材料，幼儿取放是否方便。

（6）图书资料（幼儿用和成人用的）。是否有适合婴幼儿阅读的图书资料，数量是否充足（人均 4 册以上）；是否有成人所用的各种专业理论书刊、教材图片、录音带、幻灯片等教学资料。

（二）人员条件标准

（1）园所长水平。是否有一定的学历、职称及托幼专业知识，是否有一定的工作年限。

（2）教师水平。是否有中专学历；有中专学历的教师人数是否充足（95％以上的带班教师）。

（3）保育员水平。是否都是初中毕业水平；大多数是否受过专业培训。

（4）医务保健人员要求。是否有专职的医务保健人员，是否有学历或职称，是否经过托幼卫生保健工作的培训。

（三）行政管理工作标准

（1）办园方向。是否明确幼儿园所的性质和双重任务，能否在工作中贯彻执行；是否认真贯彻保育和教育相结合的原则；是否有改革意识、改革措施、改革成效。

（2）目标。是否有切合本园所实际的全园和各年龄班教育目标，目标是否全面、可行可检、科学合理；管理目标是否切合本园所实际，是否明确具体，能否在各部门工作中贯彻落实、协调一致。

（3）队伍建设。领导班子成员及教职工队伍素质是否高，事业心、责任心是否强，工作自觉性是否高；领导班子分工是否明确，是否团结合作、作风民主，干群关系是否好；是否重视教职工队伍全面建设，是否有提高教职工队伍的规划、计划，是否有成效；是否重视园所建设，是否形成良好的园所风和职业道德。

（4）组织管理机构。组织管理机构的设置是否与领导体制相适应，能否发挥各个组织管理机构的职能作用，能否调动全园所工作人员的积极性；是否实行层次管理，是否做到管理渠道畅通，工作有序，效率高。

（5）管理制度。是否有各项管理制度，内容是否全面、明确，是否切合本园实际，能否严格执行。

（6）计划总结。是否有各种工作计划总结和与之相对应的总结，构成计划体系；各种计划方向性、科学性、可行性、连续性是否强，措施是否具体，方法是否得当。

（7）检查指导。园所领导能否经常深入实际检查指导工作，不断促进工作质量和教职工业务水平的提高。

（8）文书档案。是否重视文书档案的建设与管理，是否有人专管或兼管，能否发挥作用。

（9）事故。是否曾经有责任事故和意外事故。

（10）总务工作。总务工作为保育教育工作服务、为教职工生活服务和勤俭办园的思想是否明确，效果是否好；是否有切合本园实际的总务工作管理常规；能否有目的、有计划地改善办园条件，经费使用是否合理。

（四）教育教养工作标准

（1）教育工作管理。是否重视教育理论学习，不断更新教育观念，能否结合教育改革，指导教育实践；是否建立了合理的保教工作管理常规，能否严格执行；能否针对本园保教工作的实际情况，制定明确具体的质量要求，不断促进工作水平的提高；教研工作能否促进保教质量和教师业务水平的提高。

（2）对幼儿的观察分析。是否对全体幼儿进行有计划、有目的的观察、记录、分析，是否了解幼儿的发展情况，采取相应的教育措施。

（3）班教育目标和教育工作计划。学期目标是否明确、具体、符合幼儿年龄特点，是否切合本班幼儿实际发展水平，能否注意幼儿身心和谐发展；是否有目的明确、切实可行的学期工作计划，是否有月重点、全面的周安排和每日教育工作计划，能否及时分析教育工作效果。

（4）教育环境的创设和利用。能否创设与教育目标、教育内容相适应的良好教育环境，是否为幼儿提供充分活动的机会与条件，幼儿是否积极参与，是否注意因地制宜；教师教态是否亲切和蔼，是否了解尊重幼儿，师生间、幼儿间及成人间关系是否和谐，气氛是否活跃等。

（5）班幼儿各项活动的实施。各项活动是否目的性强、计划组织周密；能否正确贯彻幼儿园教育工作的各项原则；各项活动是否内容丰富、和谐有趣、切合幼儿实际水平；教师能否灵活运用多种形式，正确引导幼儿积极主动活动，注意发挥教育机智，掌握较熟练的教育技能，促进每个幼儿在不同水平上发展。

（6）家长工作。能否有目的、有计划地采取多种形式和方法，主动与幼儿家庭配合，并取得配合教育的实际效果。

（五）卫生保健工作标准

（1）计划保健制度。是否有年或半年的卫生保健工作计划、总结；10项保健制度是否健全、明确落实、符合托幼保健工作要求并切实可行。

（2）登记统计表簿。10项记录是否齐全、文字是否清楚、数据是否准确；各项统计是否概念清楚、方法科学、数据准确。

（3）卫生防病。是否严格贯彻预防为主的方针，做好经常性的疾病预防工作，积极采取措施降低发病率；是否及时了解病情，发现传染病立即隔离，控制续发，传染病的年发病率是否不超过全园幼儿的10%；保健室是否设备齐全、适用；隔离室设施是否齐全、适用、专用；是否按年龄及季节完成预防接种工作；室内外环境是否清洁、整齐；个人卫生是否合乎要求；是否严格做好消毒隔离工作。

（4）健康检查。是否严格做好儿童入园体检工作，体检率是否达标；幼儿定期体检率和缺点矫治率是否达标；幼儿体格发育年增长率是否达标；幼儿体格发育年增长合格率、体重、身高是否达标；工作人员上岗前体检合格率是否达标；是否认真做好晨、午检及全日健康检查。

（5）营养管理。是否成立伙委会，能否充分发挥职能作用，不断改进提高伙食质量；是否精打细算计划开支，每月结算，并公开账目；是否按儿童不同年龄科学地制定食谱，并严格实行；伙食管理是否达级；炊事员个人卫生是否好；厨房是否严格执行五四制和集体食堂卫生八项要求；是否做好儿童进餐护理工作。

（六）幼儿发展水平标准

（1）身体健康水平。幼儿生长发育是否正常，幼儿体格发育年增长率、身高、体重是否达标；幼儿是否动作协调、姿势正确、机能良好，是否达到年龄段儿童发展水平；幼儿适应环境、抵抗疾病能力是否强；幼儿是否有简单的生活、卫生常识、独立生活能力和个人、公共卫生习惯，是否达到本年龄段儿童发展水平。

（2）智力发展水平。幼儿智力发展是否达到本年龄段儿童发展水平；幼儿语言发展是否达到本年龄段儿童发展水平；幼儿数概念和自然概念的发展是否达到本年龄段儿童发展水平；幼儿是否有良好的学习习惯和操作能力。

（3）品德行为水平。幼儿是否品德行为良好，是否达到本年龄段儿童发展水平；幼儿爱周围的人、爱集体、爱家乡、爱祖国的情感以及分辨是非的能力是否达到本年龄段儿童发展水平。

（4）审美水平。幼儿是否有感受美、表现美的情趣和基本能力，是否积极参加有关活动。

（5）个性发展水平。幼儿是否兴趣广泛，是否有较强的求知欲；幼儿的意志品质是否达到了本年龄段儿童发展水平，幼儿是否有良好的性格。

第二节　上海市《幼儿园保教质量评价指南》和《上海市学前教育课程指南》实施概述

一、制定、实施《幼儿园保教质量评价指南》的目标、背景与意义

制定、试行《幼儿园保教质量评价指南》（以下简称《质量评价指南》）的目标是：全面推进幼儿园深化课程改革，切实提高幼儿园的保教质量，促进幼儿全面、健康、和谐的发展。

试行《质量评价指南》是推进幼儿园课程改革的需要。

上海市幼儿园实施的二期课改，在《上海市学前教育纲要》、《上海市学前教育课程指南》（以下简称《课程指南》）精神指引下，加强了幼儿园课程与幼儿发展的联系，倡导幼儿主动参与各种活动，注重幼儿的潜能开发、创新精神和各种良好习惯的培养；加强了幼儿园课程与家庭教育、社会生活的联系，加强了幼儿园课程园本化实施的力度，为幼儿园的个性发展与幼儿园文化的建设提供了更为广阔的空间和发展平台。为了全面推进深化课程改革，依据《课程指南》的评价原则要求，汲取各区县、幼儿园对幼儿园保教质量评价的实践经验，构建了与新课程相适应的保教质量评价体系。通过试行《质量评价指南》，进一步建立并完善保教质量评价系统，形成幼儿园课程质量监控与评价的机制，以全面推进和深化幼儿园的课程改革。

《质量评价指南》从全面反映素质教育的要求出发，分别从幼儿园课程和幼儿发展两大部分提出了具体的评价指标与标准，努力将新的教育观念、理论和《课程指南》的要求具体化，并渗透在各项评价指标中。《质量评价指南》的试行，可以进一步强化质量意识，凸显素质教育的要求与导向，为幼教工作者从观念到行为的转变提供操作性的"指南"，为教育教学诊断和质量提高提供依据，保证每一所幼儿园保教质量达到基本的水准。

二、《质量评价指南》试行的基本要求

（一）以幼儿园自评为主

制定《质量评价指南》，不仅能为幼儿教师保教工作提供专业指导和支持，也能为幼儿园保教质量评价与监控提供参考和帮助。运用《质量评价指南》，通过幼儿教师对自身保教工作进行自评，或以诊断和改进工作为目的，组织园内教师间、管理层与教师间，姐妹园同行之间开展互评或他评。借助保育质量评价实践与反思，建立健全"自我认识、自我监测、自我发展"的长效机制，使评价实践和反思成为促进幼儿园保教质量不断提高的有效措施。

（二）充实评价方法，积累质量评价的经验

幼儿园保教质量评价指标分幼儿发展与幼儿园课程两个部分。

"幼儿发展"评价指标包括"体能""习惯""自我意识与自理""认知""语言能力""社会性""美感与表达"七个方面，每个方面又有若干个评价重点与标准。幼儿发展的评价标准是指大班幼儿的合格标准，为便于教师理解，还提供了表现实例。

"幼儿园课程"评价指标包括"课程实施方案""环境创设与利用""生活活动""运动""游戏活动""学习活动""保健和特殊照料""与社区家长的互动"八个方面，每个方面又有若干个评价重点与评价标准，标准又分"合格标准"与"优秀标准"。"合格标准"是每一所幼儿园必须达到的基本要求，"优秀标准"则是较高层次的要求，幼儿园要在符合"合格标准"的基础上再以"优秀标准"来衡量与评价。为便于使用，还对信息采集的途径与方法给予了提示。

幼儿园在使用评价指标评估幼儿发展和幼儿园课程时，还须注意将幼儿园课程部分的评价与幼儿发展部分的评价有机结合。通过持续观察、访谈、检视作品和阅读资料等，并综合教师、保育员、家长的意见，全面了解幼儿发展情况，来检视幼儿园课程实施的成效，并不断进行自我改进和完善，同时，又要根据幼儿发展的实际需要，提供合适的课程支持。

三、《课程指南》实施概述

《课程指南》于2008年5月正式发布，这标志着上海市成为全国学前教育质量评价标准和幼儿园保教质量监控体系建设的先行者。《课程指南》提出了学前教育课程的"质量标准"，并为落实课程理念明确了实施途径，体现了政

府对学前教育课程的基本要求，是贯彻落实《纲要》的规范性、指导性文件。《课程指南》突出了课程整合、师生共建与教育个别化的要求，是幼儿园教师进行保育教育活动的基本依据，更是课程评价的重要依据。

《课程指南》的主要内容包括课程理念、课程结构、课程目标、课程内容、课程实施、课程管理、课程评价及相关附件等。

（一）幼儿园课程的基本理念

要求确立学前教育的大课程观——强调幼儿园的一切活动都是课程，课程改革要引导全员参与、整体互动，每一位幼儿教师都是课程改革的主体。坚持学前教育课程要"以幼儿发展为本"，让课程适应每一个学生的发展，充分尊重幼儿发展的自主性和能动性，尊重孩子发展的规律、程序、个性特点，注重早期幼儿潜能的开发，承认差异、发现差异、实施有差异的教育，促进人的可持续发展、终身发展。强调以素质"启蒙"为核心，重视兴趣、情感、态度、习惯、个性、能力的可持续发展，重点培养对幼儿后续学习和终身发展有用的良好习惯。构建以整合、开放为特点的课程内容，将其整合为共同生活、探索世界、表达表现三大领域，突出以活动、体验为特点的课程实施，强调活动的过程体验和教育价值，提倡集体、小组、个别学习的方式相结合，教师要抓住最佳教育时机，适应幼儿的个体差异。实行以民主为原则的课程管理，赋予幼儿园和教师选择和创编课程的自主权，倡导弹性的课程管理，强调发挥教师的能动性。强调发挥课程评价的反馈调节功能，主张实施以发展为导向的课程评价，通过课程评价促进幼儿、教师和幼儿园三个方面的健康、和谐、可持续发展。

（二）课程目标

1. 总目标

通过课程的实施，促进幼儿情感、态度、认知能力、技能等各方面的发展，使幼儿成为健康活泼、好奇探究、文明乐群、爱护环境、勇敢自信、有初步责任感的儿童。总目标突出了幼儿身心全面、和谐的发展。

2. 具体目标

（1）初步了解并遵守共同生活所必需的规则，体验并认识人与人相互关爱与协作的重要和快乐。

（2）初步形成文明卫生的生活态度和习惯，独立自信地做力所能及的事，有初步的责任感。

（3）积极活动，增强体质，提高运动能力和行动的安全性。

（4）亲近自然，接触社会，初步了解人与环境的依存关系，有认识和探索的兴趣。

（5）初步接触多元文化，能发现和感受生活中的美，萌发审美情趣。

（6）积极地尝试运用语言及其他非语言方式表达和表现生活，具有一定的想象力和创造性。

（三）课程内容

幼儿园课程内容是构成幼儿园课程的基本要素，是实现课程目标的载体。课程内容主要从活动的经验指向角度进行表述，包括：生活活动、运动、学习活动等以活动的基本经验为核心要求，并辅之以相关的内容示例，游戏活动从游戏的特性以及教师要关注的方面进行阐述。

《课程指南》中的基本经验是站在幼儿角度所描述的教育目标。既是站在幼儿角度上对课程总目标进行分解，又明示了课程内容所指向的要求，是课程内容选择的标准和依据。

表6-1 幼儿园课程内容相关基本经验及内容示例

课程内容	基本经验	内容示例
生活活动	1.有规律地作息，积累文明生活的经验	（1）良好习惯：日常的起居、进餐、盥洗、使用及整理物品 （2）遵守规则：集体生活常规、公共卫生规范 （3）文明礼仪：礼貌招呼、大方应答、行为举止文明
	2.学习保护自己，体验健康安全生活的重要 需求表达：生理需要、情感需要	（1）安全常识：安全使用物品、避开危险、简单的求救与自助方法 （2）健康常识：饮食饮水、营养睡眠、排泄 （3）卫生常识：个人卫生、疾病预防
	3.适应集体生活，感受共同生活的乐趣 交往技能：分享、协商、合作、沟通	（1）情感体验与表达：家庭亲情、师生情、同伴友爱 （2）自我意识：认同自己、认同他人，合理的情绪宣泄
	4.学做自己的事情，积累自理生活的经验	（1）个人生活自理：自己进餐、穿脱、盥洗、如厕，自主有序地处理自己个人的事情 （2）简单劳动：扫除、帮厨、种植、饲养、整理物品、值日

课程内容	基本经验	内容示例
运动	1. 用动作模仿周围事物的形态和动作特征，感知运动节律的变化	（1）动作模仿 （2）操：徒手操、轻器械操 （3）各种变化的动作节律
	2. 大胆进行各种身体运动，体验各种肢体动作的可能性	基本动作：走、跑、跳、踢、转、抛接、投、拍、推拉、悬、团身、滚动、钻、攀爬、平衡
	3. 借助各种材料和器械进行活动，尝试新的内容和玩法，获得身体运动的经验	（1）物品：桌椅、梯子、纸盒、布袋、管道、轮胎、橡筋、棍棒、稻草、竹节 （2）体育器械：球、绳、圈、积木、毽子、陀螺；童车、滑板、平衡台、羊角球、滑梯、秋千等大型运动器具
	4. 对信号能做出反应	动作反应：开始、停止、动作变化、方位变化、速度变化
	5. 体验运动的方向，根据运动中对象的空间位置和距离，调整自己的动作	（1）方位：上下、前后、左右 （2）距离：远近
	6. 在大自然中锻炼，尝试新奇、有野趣的活动	活动：远足、负重、爬山、游泳、溜冰、玩沙、玩水、玩冰、玩雪
	7. 对危险的事情能及时做出反应，控制自己的动作和行为，有一定的安全意识	安全：野外活动时不远离成人、身体运动时学习自我保护的方法
学习活动	1. 用各种感官主动感知周围事物的特征，比较事物的异同，发现事物之间的关系	（1）感知特征：物体的轻重、大小、形状、色彩、高矮、软硬、轻响、甜酸 （2）发现关系：发现沉与浮、斜坡与速度、空气与燃烧、植物与阳光、水与温度的关系 （3）分类排序：按物体的特征、功用等进行分类，按一定规律排序
	2. 尝试多途径收集信息、物品与材料，乐于交流和分享	（1）方式：咨询、访问、参观、调查 （2）媒体：海报、照片、图书、广告、报纸、刊物、录像、电视、广播、网络 （3）物品与材料：日常用品、玩具、废旧材料
	3. 了解自己的身体特征及生长中的变化和需要，比较自身与他人的不同，体验成长的快乐	（1）外形外貌特征 （2）五官四肢功能 （3）性别差异 （4）生长变化：身高、体重、高矮、胖瘦、年龄、换牙 （5）个人喜好：喜爱的东西、爱做的事、自己的长处

续表6-1

课程内容	基本经验	内容示例
学习活动	4. 亲近大自然，有观察、探索周围事物与现象变化与发展的兴趣，初步了解人与自然的关系	（1）自然物：沙、石、水、泥、土、木、稻草、竹子 （2）自然现象：风、雨、云、雷、闪电、太阳、月亮、星星、彩虹及季节、天气的变化 （3）生物体变化：蚕宝宝、蝌蚪、果树等动植物的变化 （4）相关活动：种植园地、自然角、小动物的照料、收集种子、拾落叶活动 （5）环保实践：垃圾分类安放，节约用水、用纸，废品回收及利用，美化环境
	5. 对周围环境中的数、量、形、时间、空间等现象敏感，运用已有经验和简单的数学方法解决生活和游戏中的问题	（1）数认知：唱数，点数物体，认数，默数，认识时钟、货币面值 （2）数运用：测量长度，比较高矮，统计数量，数量守恒，买卖游戏 （3）各种规则和不规则的形状 （4）空间：上下、前后、左右、里外、中间 （5）时间：上午、下午，白天、晚上，现在、昨天、今天、明天，日、星期、月、四季、年
	6. 接触、了解周围生活环境中的人、事、物，感受身边熟悉的科技成果对生活的影响，理解并遵守社会生活中基本的行为规范	（1）周围的人：家庭成员、幼儿园工作人员、同伴、社区中相关职业的人 （2）物品：玩具、食品、工具、家具、生活用品、电子和电器产品 （3）设施：幼儿园环境设施，社区中超市、医院、健身区、自助银行、博物馆、自助售货亭 （4）交通设施与工具：地铁、隧道、高架、火车、飞机、轮船、磁悬浮列车、各种车辆 （5）标志：与生活有关的指示标志、警示标志、禁止标志； （6）规则：公共场所中的交通规则、交往规则、爱护公物和公共环境的规则
	7. 欣赏、感受祖国文化的丰富性，有初步的爱家乡、爱祖国的情感，了解一些接触到的多元文化	（1）民间习俗：参与民间节日活动，玩民间游戏 （2）民族文化：多种民族、传统艺术、发明创造 （3）人文景观：本地、本市及全国的著名景观、特产 （4）国家标志：国旗、国歌、国徽、国庆节 （5）多元文化：国际节日以及世界上一些国家和不同人种、语言以及标志性建筑

课程内容	基本经验	内容示例
	8. 学说普通话，大胆用语言与人交流，注意倾听，理解日常用语，爱看图书，对经常出现的文字感兴趣	（1）图书：童话故事书、科学常识书、生活故事书 （2）讲述：故事、儿歌、新闻、生活小事，自己的探索与发现，要求、意见与建议 （3）倾听：成人、同伴讲话，幼儿故事磁带、广播
	9. 接触各种富有情趣的作品，大胆想象，用自己喜欢的方式表达感受和体验，理解他人的表达方式	（1）感受：儿童文学作品，不同类型的音乐和美术作品，日常生活与环境中美的人、事、物 （2）表达：用唱歌、动作、绘画、制作、乐器、语言、符号等进行表达
游戏活动	1. 积极的情感体验	让幼儿在自由感、安全感、成功感的体验中，获得愉悦、乐观和自信
	2. 主动的认知表现	让幼儿在多样化探索、多途径表现过程中，进行发现、想象和创造
	3. 鼓励同伴交往	让幼儿在玩伴关系中认识自己和他人，逐步产生合作意识、规则意识
	4. 自发的动作练习	让幼儿在环境诱发的身体运动和双手操作中，实现动作协调和灵活

基本经验强调在幼儿与环境互动的过程中建构知识，注重幼儿直接体验的过程，基本经验的提法，本身就是尊重幼儿的个体差异，引导教师客观地评价幼儿，不用统一的标准去规范每一个孩子，注重幼儿在原有基础上的主动发展。

基本经验反映了"以幼儿发展为本"的课程价值观和"促进幼儿和谐发展"的课程目标观。20条基本经验概括了三大板块（共同生活、探索世界，表达与表现）的内容，体现了交叉性、渗透性和整合性，有利于我们"课程就是教材"的片面性认识，确立正确的课程观，避免选择课程内容时的盲目性、随意性和无系统性，将引导教师从关注文本走向关注幼儿，把课程内容视为幼儿的学习经验。

（四）课程结构

构建体现双重功能的课程类型如下：

共同性课程——保底的功能，指向各类幼儿园、全体幼儿。选择性课程——因园而异、因人而异，体现拓展、提高的功能。鼓励一定程度的不平衡和个性化，克服一刀切、齐步走。强调构建以活动为出发点的课程项目（生活、运动、学习、游戏），坚持目标取向与过程取向相结合的原则，倡导"教师预设和幼儿生成"相结合的课程生成方式。强调教师在"预设"活动中积极引导幼儿的主动活动。

同时，为幼儿创设良好的物质环境和心理环境，支持、引导幼儿主动探索和交往，让幼儿根据自己的兴趣、经验和需要，大胆地自主探究，满足幼儿学习与发展的需要。

（五）课程评价

课程评价包括幼儿园课程评价、教育活动评价和幼儿发展评价三个部分，重点指向课程适宜性和幼儿的发展水平。

1. 课程适宜性评价

评价模式方面，要改变过去过于统一的评价模式，构建多元的课程评价体系，如共同性课程评价体系、选择性课程评价体系等。课程评价要考虑目标的全面达成。另外，课程评价要伴随课程开发、实施的整个过程，克服以往终结性评价的形式。

评价内容方面，既评价课程目标、内容、组织实施，也评价环境创设、教师态度、师生互动等；既要评价教师预设的课程，也要评价幼儿生成、教师支持发展的课程。

2. 幼儿发展水平评价

倡导评价主体的多元化，将家长、教师和幼儿都列为幼儿发展评价的主体。强调评价观念的变革，提倡用加德纳的多元智能理论指导评价，以发展的眼光看待每一个孩子，鼓励他们积极、自主地发展。《课程指南》强调评价内容的全面性，提出了12项幼儿发展评价内容，每一项内容分成五个层次，关注孩子发展的差异性，体现了对幼儿个性的尊重。重视在日常生活中、在自然状态下进行评价，运用动态的、综合的评价方式，如观察、记录、交谈、幼儿作品分析，与家长及与幼儿有关的人员交流孩子的发展情况等，对幼儿做出全面客观的合理评价，使每个幼儿都得到充分的发展。

在评价理念与原则方面，强调发展性评价、全面评价和过程性评价，强调评价既要了解幼儿的现有水平，更要关注其成长过程、发展潜力和发展方向；既要重视幼儿全面发展，又要承认个体差异，以发展的眼光看待每一个幼儿。倡导评价方法的多样化、科学化，主张定性评价和定量评价相结合，鼓励评价方法的创新。

在课程管理方面，《课程指南》强调实行国家、地方、园所三级课程管理，鼓励区县、幼儿园组织开展园本课程开发与应用。

第三节　江苏省优质幼儿园评估标准及操作实践

为加强幼儿园创建指导，规范学前教育事业，2007年4月江苏省教育厅颁发了《江苏省优质幼儿园评估实施方案》（以下简称《评估实施方案》）及《江苏省优质幼儿园评估标准》，适应了江苏省教育现代化对学前教育发展和幼儿园保教质量提升的新要求。

一、江苏省优质幼儿园评估指标体系

江苏省教育厅颁发的省级优质幼儿园评估标准是一个发展性评估体系，分保教队伍、办园条件、安全卫生、保教水平和管理绩效五个方面。它以《幼儿园管理条例》《规程》和《纲要》为指导，借鉴了江苏省示范园、优质园多年的建设经验，吸收了国内外幼教理论研究的优秀成果，突出了优质幼儿园的基础发展性、主体骨干性和区域可比性。根据《评估实施方案》的要求，评估工作由江苏省教育厅所属专门评估机构——江苏省教育评估院负责实施。

江苏省优质幼儿园的评估标准及指标体系如下。

（一）保教队伍

（1）正、副园长具备学前教育专业大专以上学历，符合《幼儿园园长任职资格》要求和园长"岗位能力要求"。

（2）保教人员配备保证两教一保，满足工作需要。

（3）专任教师均具备幼儿教师资格，50%以上达到大专学历。

（4）保健教师具有中等卫生学校及以上学历，保育员受过幼儿保育专业培训。

（5）注重园本教研和学历提高，制订并实施教师专业发展规划；幼儿园保教人员业务档案健全。

（6）教师具有较强的教科研意识，人人参加教科研活动，教科研活动效益高。

（7）实行园长负责制、教师聘用制、岗位责任制，教职工具有良好的职业道德、保教技能和团队精神。

（二）办园条件

（1）幼儿人均用地、建筑、绿化面积分别达到 $15m^2$、$9m^2$、$2m^2$；户外幼儿活动场地生均 $6m^2$ 以上。

（2）各班活动室、寝室、卫生间、储藏室配套，专用活动室面积能满足幼儿活动需求。

（3）有草坪、沙池，有足够的软地，有饲养场（角）、种植园地（角）；各类场地的比例、布局合理，安全卫生，使用率较高。

（4）有满足幼儿开展各类体育活动需要的大型玩具和体育运动器械、器具；有保证幼儿在阴雨天活动的场地或设备。

（5）班班有符合幼儿身高、配套的桌椅；有开放式玩具橱、图书架、钢琴、电视机等；有良好的照明、通风、消防、防寒、降温设备。

（6）玩具数量足够，能满足幼儿一日活动需要；有必要的教具，有摄像、摄影、投影等现代化教学设备。

（7）幼儿图书（不含课程用书）生均 10 册以上，教工图书（含各类教育、教学参考书）人均 20 本以上，订有 5 种以上省级学前教育报刊。

（8）幼儿园有稳定的经费来源和基本满足日常保教需要的流动资金。

（三）安全卫生

（1）严格健康检查、卫生消毒及隔离、预防疾病、卫生保健登记、统计等制度，认真做好入园检查、定期体检、晨检及全日健康观察；各类账册、资料、档案齐全、规范。

（2）幼儿园有保健室和常用设备、器械、药品；班班有齐备的生活用品及消毒设备；各类设施、设备安全、卫生，方便幼儿使用，使用率高。

（3）厨房设施齐全，适应全园教师、幼儿用餐需要，符合卫生部门要求。

（4）安全工作责任到人，检查制度健全；密切关注幼儿的安全，及时消除事故隐患；安全工作档案健全。

（5）园内各种建筑、设施设备均有安全防护措施，教育活动所提供的场地、材料、教玩具等均能确保安全，无事故隐患。

（6）有计划地对幼儿进行安全教育；帮助幼儿掌握必要的自我防护知识和方法，提高幼儿自我保护的意识与能力。

（四）保教水平

（1）保教工作有特色，游戏活动能充分满足幼儿游戏的意愿，体育活动张弛有度，强度密度合理，学习活动有序、有层次，有利于启发幼儿思维。

（2）生活作息安排符合幼儿身心特点、季节特点，两餐间隔时间不少于三个半小时，幼儿户外活动（常态下）时间 2 小时以上，户外体育活动时间 1 小时以上，游戏时间 3 小时以上。

（3）活动目标明确具体，符合幼儿的年龄特点和班级实际水平，有层次、可操作；合理利用本地区自然、社会、文化等教育资源和幼儿生活中的教育因素。

（4）幼儿走、跑、跳、投、钻、攀爬等基本动作正确、协调；能熟练、规范使用常用的学习、劳动工具及各种材料，具有与年龄相适应的操作技能；具有基本的生活自理技能。

（5）能听懂和理解简单的语意，愿意与他人交谈，并能清楚地表达自己的意愿；喜欢阅读，能初步理解图画、符号的意思，有良好的阅读习惯；能初步感受自然、生活和艺术中的美。

（6）有良好的进餐、睡眠、如厕、盥洗和保持个人整洁的卫生习惯；坐、行、读、写姿势正确；活动中有规则意识和任务意识，活动后能及时整理物品。

（7）日常生活中愉悦、轻松、满足，情绪稳定；喜欢和信任教师、保育员，接纳和亲近同伴；喜欢参加群体活动，在活动中懂得与他人相处的方法和礼仪，乐意与同伴合作。

（五）管理绩效

（1）认真贯彻《幼儿园管理条例》《规程》和《纲要》，形成明确的办园宗旨和鲜明的办园特色。

（2）严格按照幼儿教育规律办园，无超班额现象，无小学化教学倾向，无早期定向培养现象，无体罚和变相体罚幼儿的现象。

（3）严格执行《托儿所、幼儿园卫生、保健制度》，措施到位，近三年未发生重大饮食卫生和园内安全等责任事故。

（4）保教工作体现体、智、德、美、全面发展的要求，幼儿发展水平良好；定期对幼儿进行发展水平测评，幼儿个体发展档案健全。

（5）教科研理论与实践相结合，人员、经费有保障。

（6）幼儿园与社会、家庭密切联系的有效机制初步建立，形成有利于幼儿成长的良好环境，社会和家长对幼儿园保教质量满意。

（7）严格执行《江苏省幼儿园收费管理暂行办法》，财务实行预决算制度，专款专用；各类账目清楚规范，保教工作正常支出有保障。

二、江苏省优质幼儿园评估操作实践

表6-2　江苏省优质幼儿园评估标准及评估细则（修订稿）

评估标准		评价细则	
		A	C
一 保教队伍	1. 正、副园长具备学前教育专业大专以上学历，符合《幼儿园园长任职资格》要求和园长"岗位能力要求"	（1）正、副园长具备学前教育专业大专以上学历。具有幼儿园教师资格，有三年以上幼儿园工作经历和一定的组织管理能力 （2）有省属部门颁发的幼儿园园长岗位培训证书，能履行《规程》规定的幼儿园园长岗位职责	（1）园长无幼儿教师资格 （2）园长工作能力较弱不能履行园长岗位职责
	2. 保教人员配备保证两教一保，满足工作需要	保教人员配备达到两教一保（规模6班及以上幼儿园，其兼课园长、保健教师均不计为专任教师）	保教人员配备低于两教半保
	3. 专任教师均具备幼儿教师资格，50%以上达大专学历	（1）专任教师全部具备幼儿园教师资格 （2）50%以上专任教师达到大专学历	40%专任教师无幼儿园教师资格证书（中小学教师资格证书）
	4. 保健教师具有中等卫生学校及以上学历，保育员受过幼儿保育专业培训	（1）配有专职保健教师（卫生医疗系统聘用的必须全日制在岗，且相对稳定，至少一年一聘），具有卫生专业合格学历，且定期参加专业培训 （2）保育员均为高中以上学历，并全部接受过县级以上有关部门组织的专业培训	（1）6班以上幼儿园无专职保健教师 （2）40%以上的保育员未接受过县级以上有关部门组织的专业培训
	5. 注重园本教研和学历提高，制订并实施教师专业发展规划；幼儿园保教人员业务档案健全	（1）幼儿园和教师均制订实施教师专业发展规划，学历提高计划完成情况良好 （2）保教人员业务档案建立健全	教师无专业发展规划，近三年学历达标率未提高
	6. 教师具有较强的教科研意识，人人参加教科研活动，教科研活动效益高	（1）坚持开展园本教研活动，有计划、有过程性记录、有总结，形式多样，成效明显 （2）教师人人有观察笔记，有教科研活动实录 （3）80%以上教师有自主性研究专题，过程性资料翔实	（1）教师教科研意识不强，40%以上的教师无观察记录和教科研活动实录 （2）观察记录和活动实录质量较差
	7. 实行园长负责制、教师聘用制、岗位责任制，教职工具有良好的职业道德、保教技能和团队精神	（1）园长独立负责幼儿园管理，建立教职工聘任制度，岗位职责明确 （2）教职工有良好的职业道德和必备的保教专业能力，未发生违法违规行为和责任事故，保教队伍及其他人员工作协调，家长满意度达到80%及以上	（1）园长负责制和教师聘用制未得到落实 （2）家长对保教队伍满意度低于80%

续表 6-2

评估标准		评价细则	
		A	C
二、办园条件	1. 幼儿人均用地、建筑、绿化面积分别达到 15m2、9m2、2m2；户外幼儿活动场地生均 6m2 以上	（1）幼儿人均占地面积达到 15 平方米； （2）人均建筑面积达到 9 平方米，不含临时自建用房和临时借用房屋 （3）人均绿化面积达到 2 平方米 （4）人均户外活动场地面积达到 6 平方米	（1）人均占地面积达不到规定标准 （2）建筑面积达不到规定标准 （3）户外活动场地面积达不到规定标准
	2. 各班活动室、寝室、卫生间、储藏室配套，专用活动室面积能满足幼儿活动需求	（1）各班用房配套 （2）活动室与寝室合并使用的，面积不少于 90 平方米，单一活动室面积不小于 54 平方米 （3）有满足幼儿美工创意、科学发现、图书阅览等专用活动室，或多个公共活动区域 （4）鼓励设立具有园本特色的专用活动室	（1）单一班级活动室面积普遍低于 54 平方米，或活动室与寝室合并使用的，面积普遍低于 90 平方米 （2）3 个以上班级共用卫生间 （3）幼儿园无满足大多数幼儿午睡和午餐条件
	3. 有草坪、沙池，有足够的软地，有饲养场（角）、种植园地（角）；各类场地的比例、布局合理，安全卫生，使用率较高	（1）各类场地齐全并有效使用，并有防护措施，无安全隐患 （2）软质地占户外活动场地面积不少于 50% （3）因地制宜建设饲养场（角）、种植园地（角），小区幼儿园可就近共享种植资源	无软质地面
	4. 有满足幼儿开展各类体育活动需要的大型玩具和体育运动器械、器具；有保证幼儿在阴雨天活动的场地或设备	（1）按照《江苏省幼儿园教育技术装配标准》配备大型玩具、运动器械，品种丰富、数量充足，能满足幼儿开展各类体育活动的需要 （2）有满足一个班以上开展活动的阴雨天活动场地和设备	（1）大型玩具、运动器械配备达不到标准的 80% （2）大型玩具、运动器械配备质量较差，存在安全隐患 （3）无阴雨天活动场地和设备
	5. 班班有符合幼儿身高、配套的桌椅；有开放式玩具橱、图书架、钢琴、电视机等；有良好的照明、通风、消防、防寒、降温设备	班级活动室相关设施设备数量、质量均按照《江苏省幼儿园教育技术装配标准》配置、更新，符合幼儿年龄特征和使用要求，能有效使用各类设施设备	（1）30% 以上班级设施设备不符合规定要求 （2）班级设施设备配备普遍不足或不能正常有效使用 （3）无规范的消防设施

续表 6-2

评估标准	评价细则		
		A	C
二、办园条件	6.玩具数量足够，能满足幼儿一日活动需要；有必要的教具，有摄像、摄影、投影等现代化教学设备	（1）玩具配备种类齐全、数量充足，符合《江苏省幼儿园教育技术装配标准》班级玩具目录 （2）教育城域网网络接口到班 （3）幼儿园有摄像、摄影、投影、计算机等现代化教学设备	（1）30%以上的班级玩具数量、种类配备达不到标准 （2）30%以上的班级玩具配备不符合幼儿年龄特点 （3）网络教育资源严重不足，现代化教学设备使用率低
	7.幼儿图书（不含课程用书）生均10册以上，教工图书（含各类教育、教学参考书）人均20本以上，订有5种以上省级学前教育报刊	（1）幼儿图书数量达标、品种丰富（幼儿自带图书不包括在内），复本不超过3本 （2）图书符合幼儿年龄特点 （3）班级图书投放充足，更新、轮换及时 （4）图书阅览室使用率高 （5）有正常购书制度，单轨幼儿园年均购幼儿图书金额不少于2000元，两轨以上幼儿园不少于5000元 （6）教工图书人均20本以上，年人均购书不少于1册，省级学前教育报刊订阅不少于5种	（1）每年购书金额低于标准的80% （2）图书质量陈旧，品质较差 （3）班级图书数量平均少于60册
	8.幼儿园有稳定的经费来源和基本满足日常保教需要的流动资金	（1）公办园享有财政全额经费保障，民办园收入按章程规定的比例留用，日常保教需要的资金有保障 （2）举办方（主管部门）不占用或挪用保教收入、财政拨款 （3）幼儿园教职工收入有保障，社会保险按规定办理、足额缴纳	（1）公办园未享有财政全额经费保障，民办园按低于章程规定的比例留用保教经费 （2）教职工未依法享受社会保障
三、安全卫生	1.严格健康检查、卫生消毒及隔离、预防疾病、卫生保健登记、统计等制度，认真做好入园检查、定期体检、晨检及全日健康观察；各类账册、资料、档案齐全、规范	（1）认真制定符合上级要求和本园实际的幼儿健康检查制度，卫生消毒、隔离、预防、卫生保健制度等，制度齐全并按要求严格执行 （2）认真做好入园检查、定期体检、晨检及全日健康观察 （3）过程性原始资料规范、完整	未严格执行卫生消毒、晨检、全日健康观察等制度，过程管理不规范

续表 6-2

评估标准		评价细则	
		A	C
三 安全卫生	2.幼儿园有保健室和常用设备、器械、药品；班班有齐备的生活用品及消毒设备；各类设施、设备安全、卫生，方便幼儿使用，使用率高	（1）按《江苏省幼儿园教育技术装配标准》设有保健室，配齐设施设备，并建立管理与使用制度（2）班级生活设施、设备齐全、安全、卫生，方便幼儿使用，使用率高	无符合标准的保健室
	3.厨房设施齐全，适应全园教师、幼儿用餐需要，符合卫生部门要求	（1）厨房布局合理、设施齐全，达到省定装配标准和县级部门管理要求（2）师生伙食分开，单独核算，信息公开（3）相关工作人员均有健康证，并实行健康状况动态监控	（1）未按省定装配标准和县级部门管理要求配套厨房（2）工作人员无健康证（3）师生伙食未分开核算
	4.安全工作责任到人，检查制度健全；密切关注幼儿的安全，及时消除事故隐患；安全工作档案健全	（1）安全制度健全，责任到人，记录齐全，防护措施到位（2）外伤发生率每学期低于5%	（1）制度不全、责任不清，安全隐患未能及时消除（2）外伤发生率每学期高于8%
	5.园内各种建筑、设施设备均有安全防护措施，教育活动所提供的场地、材料、教玩具等均能确保安全，无事故隐患	（1）有独立、安全的园所（2）园内各种建筑、设施设备安全防护措施完备、有效，场地、材料、教玩具符合安全卫生要求，无安全隐患	（1）发现不同类安全隐患超过5处（2）幼儿玩具、课桌、睡床质量差，不环保
	6.有计划地对幼儿进行安全教育；帮助幼儿掌握必要的自我防护知识和方法，提高幼儿自我保护的意识与能力	（1）有安全教育计划并纳入课程内容，经常开展安全教育活动（2）幼儿掌握基本的自我防护知识和方法，师幼安全意识与能力强	（1）无安全教育计划和具体的安全教育活动（2）师幼安全和自我保护意识淡薄
四 保教水平	1.保教工作有特色，游戏活动能充分满足幼儿游戏的意愿，体育活动张弛有度，强度密度合理，学习活动有序、有层次，有利于启发幼儿思维	（1）幼儿园发展规划和年度计划均注重落实《条例》对保教工作的要求，游戏活动、体育活动、学习活动的组织及环境创设符合评估标准，各类活动协调开展（2）保教质量评价管理机制健全并有效运行（3）教育活动优良率达到80%以上	（1）幼儿园工作指导思想未能体现以游戏为基本活动的幼儿园课程要求（2）满足幼儿自主游戏的条件严重不足。（3）教育活动优良率低于60%

续表 6-2

评估标准	评价细则	
	A	C
2. 生活作息安排符合幼儿身心特点、季节特点，两餐间隔时间不少于三小时半，幼儿户外活动（常态下）时间两小时以上，户外体育活动时间一小时以上，游戏时间三小时以上	（1）有符合季节特点的作息时间表，生活作息安排符合幼儿身心特点、季节特点 （2）两餐间隔时间不少于三小时半 （3）保障幼儿户外活动（常态下）时间两小时以上，户外体育活动时间一小时以上，游戏时间三小时以上 （4）阴雨天或污染天气有活动预案和场所	（1）户外活动不达要求 （2）户外体育活动不达要求 （3）游戏活动时间不达要求
3. 活动目标明确具体，符合幼儿的年龄特点和班级实际水平，有层次、可操作；合理利用本地区自然、社会、文化等教育资源和幼儿生活中的教育因素	（1）各班均有符合《条例》精神和幼儿园课程规范要求的一日活动方案，活动目标明确具体，符合幼儿的年龄特点和班级实际水平，有层次、可操作 （2）挖掘本地区自然、社会、文化等教育资源，通过多种形式对幼儿实施教育	大多数班级一日活动方案不符合《纲要》和《条例》精神，不符合幼儿年龄特点和以游戏活动为主的教育要求
4. 幼儿走、跑、跳、投、钻、攀、爬等基本动作正确、协调，能熟练、规范使用常用的学习、劳动工具及各种材料，具有与年龄相适应的操作技能；具有基本的生活自理技能	（1）重视幼儿运动和操作训练，三项目标均列入教育计划和幼儿发展水平评价标准 （2）80%以上的幼儿达本年龄段的每项规定要求	（1）40%以上的幼儿未达本年龄段的各项规定要求 （2）抽样调查幼儿的实际水平与档案记录不符
5. 能听懂和理解简单的语意，愿意与他人交谈，并能清楚地表达自己的意愿；喜欢阅读，能初步理解图画、符号的意思，有良好的阅读习惯；能初步感受自然、生活和艺术中的美	（1）重视幼儿听说、阅读和感知等能力培养，三项目标均列入教育计划和幼儿发展水平评价标准 （2）80%以上的幼儿达本年龄段的每项规定要求	40%以上的幼儿未达本年龄段的各项规定要求；抽样调查幼儿的实际水平与档案记录不符
6. 有良好的进餐、睡眠、如厕、盥洗和保持个人整洁的卫生习惯；坐、行、读、写姿势正确；活动中有规则意识和任务意识，活动后能及时整理物品	（1）重视幼儿生活能力与习惯的培养，三项目标均列入教育计划和幼儿发展水平评价标准 （2）80%以上的幼儿达本年龄段的每项规定要求	（1）幼儿生活能力与习惯培养未列入教育计划和幼儿发展水平评价标准 （2）40%以上的幼儿未达本年龄段的各项规定要求

（"四 保教水平" 跨第4、5、6行）

评估标准		评价细则	
		A	C
四 保教水平	7.日常生活中愉悦、轻松、满足,情绪稳定;喜欢和信任教师、保育员,接纳和亲近同伴;喜欢参加群体活动,在活动中懂得与他人相处的方法和礼仪,乐意与同伴合作	(1)重视幼儿心理健康教育和与人交往、伙伴群处习惯的培养,三项目标均列入教育计划和幼儿发展水平评价标准 (2)80%以上的幼儿达本年龄段的每项规定要求	幼儿健康心理和谐相处习惯的培养未列入教育计划和幼儿发展水平评价标准
五 管理绩效	1.认真贯彻《幼儿园管理条例》《规程》和《纲要》,形成明确的办园宗旨和鲜明的办园特色	(1)认真贯彻《条例》《幼儿园管理条例》《规程》和《纲要》,办园宗旨明确,制订并实施幼儿园发展规划 (2)总结提炼办园经验,特色建设方向明确,落实措施,并初步取得成效	(1)未能深入学习、宣传、贯彻《条例》,大部分保教人员、幼儿家长对省《条例》不了解 (2)办园特色偏离《纲要》《条例》精神; (3)幼儿园无发展规划
	2.严格按照幼儿教育规律办园,无超班额现象,无小学化教学倾向,无早期定向培养现象,无体罚和变相体罚幼儿的现象	(1)严格控制班额,人数上限小班30、中班35、大班40(村园和地理位置特殊的单轨幼儿园适当放宽) (2)未以集中授课方式实施汉语拼音以及汉字读写训练、数字书写运算训练、外语认读拼写训练 (3)未举办兴趣班、特长班和实验班,进行各种提前学习和强化训练活动 (4)没有给幼儿布置家庭作业现象 (5)教师、保育员与幼儿关系友善、亲近,无体罚和变相体罚现象	(1)平均班额超5人以上 (2)有小学化倾向、早期定向培养现象 (3)有严重的体罚和变相体罚现象,造成社会影响
	3.严格执行《托儿所、幼儿园卫生、保健制度》,措施到位,近三年未发生重大饮食卫生和园内安全等责任事故	(1)严格执行《托儿所幼儿园卫生保健管理办法》(2010年3月1日卫生部、教育部颁发,以下简称《办法》),各项制度的制定符合《办法》要求和本园实际,执行情况良好,近三年无责任事故发生	(1)卫生、安全制度不健全或不符合《办法》要求和本园实际 (2)近三年发生重大饮食安全责任事故,受到县级以上部门处理
	4.保教工作体现体、智、德、美全面发展的要求,幼儿发展水平良好;定期对幼儿进行发展水平测评,幼儿个体发展档案健全	(1)常规测评与现场考察显示幼儿综合发展水平良好(0~4至4~7幼儿发展水平达标率均高于80%的幼儿 (2)建立幼儿发展水平测评体系,按要求定期进行测评,有健全的个体发展档案	(1)未建立幼儿发展水平测评体系 (2)未正常进行幼儿发展水平测评 (3)有30%以上的幼儿达不到发展水平测评标准

续表 6-2

评估标准		评价细则	
		A	C
五 管 理 绩 效	5. 教科研理论与实践相结合，人员、经费有保障	（1）制订幼儿园教科研工作规划，并落实到年度、学期计划中，基于园本发展的应用性研究有计划、有课题（专题）、有实效（2）参与人员覆盖面较广（3）研究交流形式多样（4）研究工作经费和奖励经费有保障	（1）教科研工作未正常开展（2）教科研未能结合本园和本人实际进行，流于形式
	6. 幼儿园与社会、家庭密切联系的有效机制初步建立，形成有利于幼儿成长的良好环境，社会和家长对幼儿园保教质量满意	（1）建立幼儿园发展指导委员会、家长委员会，定期开展活动，有效解决幼儿园创建和发展中的问题（2）幼儿园建立满意度调查制度，定期进行调查，社会、家长对幼儿园的满意度达80% 以上	（1）未建立家长委员会，与社会和家庭联系不密切（2）社会、家长对幼儿园的满意度低于70%
	7. 严格执行《江苏省幼儿园收费管理暂行办法》，财务实行预决算制度，专款专用；各类账目清楚规范，保教工作正常支出有保障	（1）财务制度健全，管理严格（2）独立法人幼儿园有独立账户，附属幼儿园分户记账，实行预决算制度（3）收费规范，专款专用，日常支出有保障	（1）独立法人幼儿园无独立账户，附属幼儿园未分户记账（2）未实行预决算制度，或未做到专款专用（3）保教工作正常支出无保障

注 :1. 单项达标程度分达标（A）、未完全达标（B）、不达标（C）三级。凡达到 A 级细则各要求的为达标，不完全符合 A 级要求又非 C 级细则所列情况的为未完全达标（B 级），符合 C 级细则所列现象的任一条为不达标。

2. 本表所述的《纲要》为《幼儿园教育指导纲要（试行）》，《条例》为《江苏省学前教育条例》，《江苏省幼儿园教育技术装备标准》为 2011 年版。

3. 参评幼儿园同一法人下有分部、分园应合并考察，据实评估。

三、江苏省优质幼儿园的复审

江苏省优质幼儿园复审工作按照江苏省教育评估院制定的《江苏省优质幼儿园复审工作规程》执行，确保复审工作严格规范、公平公正和可持续健康发展。复审实施的有关要求如下。

（1）幼儿园自评。各县（市、区）教育局组织辖区内符合复审条件的幼儿园对照《江苏省优质幼儿园复审重点指标及评价细则（修订）》进行自评，并如实认真填写《自评表》。

（2）组织复审。各县（市、区）教育局将各复审幼儿园的《自评表》上报市教育局。由各设区市教育局依据省定标准和规范要求组织实施材料评审、现场考察、提出建议结论等环节工作，并将今年复审材料评审和现场考察评估的工作计划安排及时告知省教育评估院。省教育评估院将以适当方式对各地复审工作进行抽查。对复审幼儿园进入现场考察的数量占比一般控制在40%左右。各设区市要严格按照要求组建专家组，组长应由外市的省优质幼儿园评估专家担任，组员为当地省优质幼儿园评估专家或任三年以上省优质幼儿园园长的人员。各地在组织实施评估中如遇专家聘请等实际困难，由省教育评估院负责做好相关联络协调、业务咨询等服务工作。

（3）结果认定。各省辖市应于11月15日前将当年度复审工作实施情况及辖区内省优质幼儿园复审结论（《江苏省优质幼儿园复审工作报告》）报至省教育评估院。经汇总分析后由省教育评估院与厅基教处会商复审结果，于年底前发文公布"通过"复审的省优质幼儿园名单。对存在达标程度低、保教质量下滑严重等重大问题的省优质幼儿园，限期半年整改。到期仍整改不到位和复审"不通过"的幼儿园将取消其省优质幼儿园资格。

表6-3　江苏省优质幼儿园复审重点指标及评价细则（修订）

	指标内容	A级评价细则	C级评价细则
1	贯彻教育部《指南》，以游戏为基本活动，合理安排一日课程，无小学化现象	（1）认真学习、贯彻教育部《指南》，并落实到办园指导思想和日常管理中 （2）一日活动以游戏为基本活动，课程实施综合化、游戏化程度较高 （3）幼儿自主活动时间、空间和物质条件有保障，活动丰富多彩 （4）严格执行《江苏省学前教育条例》，无小学化现象	以集体教学方式进行汉语拼音以及汉字读写训练、外语认读拼写训练、数字书写运算训练

	指标内容	A级评价细则	C级评价细则
2	幼儿发展水平良好，评价和改进机制健全	（1）保教人员关注每一个幼儿的生活、学习与发展，既关注幼儿发展的整体水平，又尊重幼儿发展的个体差异，能比较准确、全面地了解每一个幼儿的发展状态 （2）科学实施幼儿发展水平评价，在幼儿活动中进行观察、记录、分析，进而不断改进保教工作，促进幼儿发展水平在原有基础上的逐步提升 （3）运用多种形式建立幼儿成长档案，能真实、全面并个性化地反映幼儿生活、学习与发展情况	未科学实施幼儿发展水平评价
3	保教人员配备达到规定资质和数量要求	（1）正、副园长取得专科学历、幼儿教师资格证书，参加省级园长岗位培训 （2）专任教师均取得幼儿教师资格（转岗教师须有中小学教师资格）并完成规定的培训任务；保育员均应具备相应资质并接受岗位专业培训；保健教师具有中等专业学历或专业进修合格证书 （3）每班均配备两教一保；150人以上的幼儿园至少配备1名专职保健人员	（1）专任教师取得幼儿教师资格的比例低于70% （2）教学班专任教师低于2人
4	各类人员均有专业发展规划，师德师风师能良好	（1）幼儿园和教师均制订并实施专业发展规划，年度目标任务完成情况良好，有县级及以上骨干教师，数量逐步增加 （2）有明确的师德、师风、师能建设要求和评价方案、工作总结，家长、社会满意度达85%以上 （3）重视教科研工作，教师人人有研究专题、有观察记录习惯、有实践成果	家长、社会对幼儿园保教人员满意度低于70%
5	办园规模适度，班额符合规定，占地、用房、户外活动场地等生均资源达到规定标准	（1）幼儿园事业规模基本稳定在2-6轨（村办园、村联办园和特殊地理位置的乡镇中心幼儿园除外） （2）严格控制班额，小班不超过30人，中班不超过35人，大班不超过40人 （3）生均占地面积不少于15平方米；生均户外活动面积不少于6平方米，有阴雨天幼儿集体活动场所；生均建筑面积不少于9平方米；生均绿化面积不低于2平方米 （4）班级活动室和其他保教用房均按规定配置，游戏区角满足幼儿自主活动需要	（1）幼儿园规模超过10轨 （2）平均班额超过现有标准的10% （3）占地面积、建筑面积、户外活动场地面积生均资源任一项低于规定标准10%且两年内不能整改达标

续表 6-3

	指标内容	A 级评价细则	C 级评价细则
6	保教设施设备和各类玩教具达到装备标准并充分利用	（1）保教设施设备和玩具、教具、图书配备均达到《江苏省幼儿园技术装备标准（试行）》的Ⅰ类标准，并有一定数量的自制教玩具 （2）建立保教设施设备和教具玩具图书使用、管理、更新制度，年更新经费生均达到200元 （3）保教设施设备和教具、玩具、图书管理规范，使用效率高	各类玩具配备低于《江苏省幼儿园技术装备标准（试行）》Ⅱ类标准
7	幼儿安全、卫生、保健、营养配餐等制度健全并有效落实，无责任事故发生	（1）幼儿安全、卫生、保健管理制度执行有力，不断完善，营养配餐及膳食管理严格、规范 （2）卫生消毒设备齐全，运动设施安全，食堂设施齐全、设置合理，工作人员身心健康 （3）安全卫生监督检查、考核奖惩机制运行有效、规范合理，近两年未发生安全、卫生等责任事故	（1）安全卫生监督检查、考核奖惩机制不健全 （2）近两年发生安全、卫生责任事故，受到县级以上部门处理
8	幼儿园信息化管理规范，各类数据采集准确、及时	（1）幼儿园宽带接入互联网，节点到达每个班级活动室和其他教育用房，网速满足保教工作需要 （2）管理人员和保教人员熟练掌握教育信息化基础技术，信息技术在园务管理、教育活动中能合理运用 （3）幼儿园网页内容丰富、更新及时，成为课程实施、家园互动、保教管理的有效平台 （4）及时、准确报送幼儿园管理信息	（1）幼儿管理信息弄虚作假 （2）信息技术未能在园务管理、教育活动中得到有效运用
9	幼儿园具有独立法人资格，有稳定、充足的办学经费来源，教职工享有规定的社会保障	（1）幼儿园具有独立法人资格（暂未取得法人资格的应具有独立的经费管理、教工管理、保教管理等权限） （2）幼儿园有独立账户（紧密型集团或中心下属幼儿园须分户记账）。实行预决算制度，公办园、普惠性质民办园享有财政相关经费并拨付到位。公办园和普惠性民办园财政生均公用经费达到小学生均公用经费标准的50%以上。民办园按《章程》规定的比例留用发展资金，日常保教运转资金有保障 （3）教职工工资不低于当地城镇职工平均工资收入水平，社会保险按规定足额缴纳	（1）公办园和普惠性民办园未足额享有财政生均公用经费 （2）未按规定足额缴纳社会保险

	指标内容	A 级评价细则	C 级评价细则
10	积极参与共建帮扶活动，有相对固定的帮扶对象，发挥优质资源的辐射作用，社会满意度高	（1）幼儿园形成具有一定个性的园所文化，在本地区有一定社会影响并发挥辐射作用 （2）积极参与共建帮扶活动，有相对固定的帮扶对象，有具体的帮扶计划，工作成效明显 （3）热情承担对外交流和培训活动，有计划地开展送教支教活动；为其他幼儿园输送或培训管理干部和骨干教师 （4）建立家园沟通机制和满意度调查制度，家长和社会满意度达到 85%	家长和社会满意度在 70% 以下

第七章

学前教育质量评价的国际经验

第一节　美国学前教育质量评价的经验与启示

一、美国 NAEYC《幼儿教育机构质量标准与认证体系》

"全美幼教协会"（National Association for the Education of Young Children，以下简称 NAEYC）创立于 1926 年，目前在不同国家和地区设有三百多个分支机构，会员近八万人，是世界上最大规模的代表幼儿利益的组织。其致力于 0～8 岁幼儿的教育工作，认证体系内容全面、设计科学，成为高质量评价的标志。NAEYC 于 1984 年发布了早期教育机构认证制度，1999 年开始重新构建认证体系，2006 年正式运行了《幼儿教育机构质量标准与认证体系》（Early Childhood Program Standards and Accreditation Criteria）。体系发布之后 NAEYC 定期发布相关"指南"（Guidance），以诠释澄清，并于 2012 年整合形成一套完整的《评价实施细则》，服务于早期教育机构质量认证，促进了美国幼儿教育机构质量的提高。

2015 年 4 月，NAEYC 公布了《幼教机构评价认证标准与指南》（ Early Childhood Program Standards and Accreditation Criteria ＆ Guidance for Assessment）。其理念主要体现在六个方面：一是幼儿童年时期发展的独特性，强调儿童是质量认证体系的最终受益人；二是幼儿与家庭的互动关系对于幼儿学习与发展的重要作用；三是从出生到幼儿园阶段的支持，明显有助于幼儿智力、语言、情绪与社会化发展；四是家长与社区应发挥重要作用；五是可靠的课程方案是高质量幼儿保育的基础；六是强调幼儿现今生活的重要性，而非只是为了未来。此六大理念也是美国幼儿教育协会的核心价值，借以确保幼儿能持续获得高品质保育和积极的学习与发展。

在实际操作中，NAEYC 的认证标准体系由两部分组成：一是高质量托幼机构标准，具体阐述在 NAEYC 的教育理念指导下制定的一整套可以获取证据的操作要领，作为相对统一的高质量机构的期望性标尺，以衡量早期儿童教育机构的运作状况；二是托幼机构认证标准，是基于证据的有关机构认证的具体操作要领和工作表格。托幼机构标准体系包含了适合于各年龄段的十个领域的标准（图 7-1）。

其中，儿童视角由人际关系、课程、教学、健康、对儿童进步的评定五个领域标准组成；教工视角主要从教师专业角度设定标准；伙伴关系视角主要从家庭、社区关系两个领域设定标准；管理视角由物质环境、行政管理两个领域标准组成。获得 NAEYC 认证是高质量美国幼托机构的标志。

图 7-1　NAEYC 托幼机构认证标准体系示意图

该体系包含一系列明确的标准，以用于评价招收 0～6 岁儿童的早期教育机构的质量，每条标准都有证据支撑，与高质量的学前教育实践相一致。经过多年实践，该体系受到全球广泛认可，其在评价标准的内容确立上，在标准条目的表述上，在证据收集方法上具有显著的专业性、指导性和实用性，值得我国借鉴。

NAEYC《幼儿教育机构质量标准与认证体系》的基本特征如下：

1. 评价内容系统全面

美国 NAEYC 在研发新版《幼儿教育机构质量标准与认证体系》时，以"发展适宜性"理论为依据，在认证标准的具体研究实践中，处处体现以儿童为中心的思想，将原有认证体系中不同的关注点进行了整合和归类，分成了儿童、教师员工、行政管理和家园合作四个领域，并将这四个领域扩充为十条标准，关注到评价的系统性与全面性。美国教育专家莉莲·凯茨指出，托幼机构的质量评价可能有五个视角，即自上而下的视角（评价主体为机构的举办人或政府机构）、自下而上的视角（评价主体为幼儿）、外部—内部的视角（评价主体为机构所服务的家长）、内部视角（评价主体为机构内的工作人员）以及外部视角（评价主体为机构所处的社区及社会大众）。依赖任何单一视角，都不可能对机构做出全面、客观的评价。

例如，"关系"（relationship）评价标准旨在促进儿童和成人积极关系的建立，鼓励儿童形成个人价值和对社区的归属感，努力成为负责任的社区成员。其基本理念是，温暖、敏感的互动关系能使儿童对自身有积极、安全的认识，能使儿童尊重他人并与之合作，感到自身是社区的一部分。"关系"由"在教师和家庭之间建立起积极的关系""在教师和儿童之间建立起积极的关系""帮助儿童结交朋友""创设一个可预见的和始终如一并且和睦融洽的教室""处理儿童的挑衅性行为"和"增进儿童的自我调节能力"六个部分组成，每部分又设有具体的标准或相应指标，突出反映出了 NAEYC 的观念：儿童生活在关系之中，积极的关系是儿童社会性发展不可或缺的前提条件。只有感受到一种安全、温暖、被接纳、有回应的积极关系，儿童才有可能学习和发展，才有可能去探索更广阔的世界。积极的关系能促进儿童的学习与发展，而促进儿童的学习和发展是高质量学前教育机构的核心特征。

2. "以儿童为中心"的评价理念

NAEYC 评价体系的核心理念是"适宜发展的教育"，其宗旨是保证从出生到幼儿园（小学前一年）的幼儿在机构内的日常生活经验的质量，力求获取幼儿发展的最佳结果。正是基于上述理念，在美国 NAEYC 认证标准中，无论是教师与幼儿互动、课程、教师的日常工作，还是在幼儿评价方面，都强调以儿童为中心。

链接 . NAEYC 认证标准的部分内容

（1）教师通过尊重幼儿，培养幼儿情感的发展。创造出一个经常有对话、经常有笑声和感染力的环境。

（2）教师通过身体动作、眼神交流、温和的声音和微笑来传递热情与温暖。

（3）教师能够始终如一地、按时地亲自照顾幼儿，温和亲切地关爱幼儿。

（4）教师组织幼儿进行活动并且使幼儿在活动中获得成就感。

（5）教师作为安全的保障，应尽快回应幼儿的消极情绪、害怕和伤害的感觉，以舒适的方式支持和帮助幼儿。

（6）教师鼓励幼儿运用适当的方式表达自己的情感，包括积极的（欢乐、快乐、激动）与消极的情感（生气、挫败、悲伤）。

（7）教师对不同的个体需求采用不同的回应方式，根据幼儿性格、气质、兴趣、活动水平、认知能力，以及成长发育水平的不同，适当调整和转换自己回应的方式。

（8）教师鼓励幼儿独立运用教玩具、材料进行探索活动。

（9）教师从无辱骂、殴打、强迫、侮辱幼儿的体罚行为。

（10）教师从不用威胁或贬低幼儿的语言。教师不能以"不许吃饭"作为惩罚。

"儿童中心"的评价理念反映在年龄段划分方面。该体系分为十个方面，每个方面含有若干层次的标准细目，在必要时对不同的年龄阶段分别进行描述。这 5 个年龄阶段是：U=0 ～ 6 岁，包括 4 个年龄：I= 婴儿阶段 , 0 ～ 15 个月；T= 学步阶段 , 12 ～ 36 个月；P= 学前阶段 , 2.5 ～ 5 岁；K= 幼儿园阶段 , 5 ～ 6 岁。

"儿童中心"的评价理念体现在尊重幼儿个体差异上。NAEYC 标准中体现的个体差异，与传统对能力的认识有着质的差别，他们反对将幼儿能力的大小分成不同的类别。他们认为，幼儿的能力不存在大小的差异，只存在发展速度的快慢。有些人的某些能力发展较早，在年轻、甚至小的时候就表现出突出的能力，这是"少年早熟"，但是有些人在年纪很大，甚至年老时才表现出某方面的突出才能，即"大器晚成"。所以 NAEYC 认证制度注重个体的差异，并且强调教师要了解幼儿发展的各方面信息，融合这些背景信息并给予幼儿正确的指导。

3 . 强调"发展性评价"标准

发展性评价，即评价标准在发展过程中执行，具有"为了发展而评价""在发展中评价"等特征，以促进评价者和被评价者在工作和评价过程中得到发展和提高。直接表现为标准条目对于评价标准的使用者和被评价者而言，简单易懂、易于操作，并能促进和指导工作实践。

2012年版的《评价实施细则》收入标准378条，其中337条均可适用于幼托机构，标准详尽具体、结构清晰、重点突出，对各项概念的解释深入浅出，在各项标准和要求后列举实现和开展该项工作的方式和建议等详细说明，列举具体案例作为参考借鉴，以提供操作指导。如标准3"教学"中"创设能够增进儿童学习的环境"的第五条"教师通过开展一些工作来预防儿童的挑衅性或破坏性行为"，列举了教师可以开展的四类工作，并且具体解释了"挑衅性或破坏性行为"的界定。

4．多样化的信息源和较强的可操作性

评价是依据一定的标准，通过对信息和标准的比较做出的价值判断，即是一种基于证据的推理过程。在NAEYC评估中，评估人员可以借助现场观察、机构档案、班级档案、教师调查和家庭调查这五种方式来收集证据，每一条标准的评估都尽可能多方面收集信息，以确保评估的信效度，如在"评估与家长工作结合"中指出，家长有机会在家中进行持续的观察，共同确认观察的结果，以协助评估过程的完成。家长至少一个季度被提供一些口头的或者书面的关于幼儿发展和学习的信息，一年之内至少获得两次书面报告；教师为幼儿与家长提供共同参与教室活动的机会。

此外，评价信息还具有较强的针对性，每一个标准条目所使用的证据收集方式则既与该标准、指标的特征相一致，也与NAEYC为其做出的解释相一致。每一个标准条目自成一体、逻辑严密、相互印证，显著地提高了评估效率和质量。例如，"评价儿童的进步"标准分为"制订评估计划""使用适宜的评估工具""分辨儿童的兴趣、需要，描述儿童所取得的进步""调整课程，为幼儿提供个性化的教学，并为整个项目的评估提供信息"四个维度，每一个维度包含若干条细则，有针对性地提出了表现期望、学习机会、评价建议等，保证了标准的可操作性。同时，每一条细则都有适宜年龄段的规定，便于工作于不同年龄段儿童早教机构的专业人员采用适宜的工作方式。

NAEYC评估体系中每一项评估指标会具体到每一个动作、要求，具有较强的操作性。如教师提供的户外活动区域被栅栏或是自然隔挡物隔开，这样可以避免幼儿走到路上或发生其他危险，如避开深洞、井、水等危险物；在用奶瓶给婴

儿喂食时，要把婴儿斜抱在怀中，婴儿的奶瓶不用东西来支撑，教师主要通过视线来监管幼儿等。早教机构或教师可以根据评估的标准，具体实施日常保教行为，具有很强的指导性。特定物件表面（如桌子表面）不能用来安放其他东西，包括临时放置其他物体，尤其是食物。装置脏尿布的容器，应该有一个方便开和关的盖子，这个容器是免手提的（如用脚就可以打开）。教师换了尿布或使用厕所以后，容器要保持盖住的状态；不允许手上有疮的幼儿参与水上公共游戏活动，等等。

5.严谨的认证程序

NAEYC机构认证系统要求机构完成以下步骤，以保证评估认证的质量和可靠性：

阶段1：报名与自评。机构只要愿意利用自我检测工具改进工作，即便不打算继续完成其他步骤，都可以登记注册。注册后将收到 NAEYC 的自我评价工具包和实施操作指南，学前教育机构据此进行自我评价并进行必要的自我改进。

阶段2：提交申请／自我评价。机构完成自我评价并自信基本达到标准后，可以申请认证。

阶段3：实地检测。成功取得候选资格后，NAEYC 在受理申请后开始安排进场实地检测评价。

阶段4：达到标准／获得认证。认证小组通知机构到达的大致时间，并在到达前一天明确通知。在访问期间，评价委员会将对所有班级进行实地考察，分析员工及家长调查结果，并与园所负责人会晤面谈。所获取的资料要送交NAEYC 认证总部进行评分。

阶段5：后续阶段（自批准认证之日起五年）。NAEYC 认证在五年内有效。获得认证的机构要持续保持达到 NAEYC 的十条标准，并且每年提交年度报告。在获得认证的五年内都有可能接受 NAEYC 随机的不予通知的现场访查。

从评估程序中我们可以看出，NAEYC 的评估注重机构的自我改进，注重发挥机构的主体性。在评估过程中，长时间的现场访问能最大限度地保证资料的客观性。不予通知的现场访查能督促机构持续不断地改进工作，始终达到评价的 10 条标准，从而保证儿童能够从这些高质量机构中获得优质的保育教育。

二、美国学前教育《项目质量评价》（PQA）

由高宽课程研究基金会（High-scope Research Foundation）开发的学前教育项目质量评价法（Program Quality Assessment，简称 PQA）被认为是体现了学前教育专业性的广受青睐的一种评价工具。其评价内容包含幼儿园的班级评价和机构评价两个维度，共包括七个领域63个子条目，其中班级维度的A表内容包括四个领域，机构维度的B表内容包括三个领域（如表7-1所示）。

表7-1　PQA评价内容总表

班级维度（A表）	机构维度（B表）
学习环境（9个子条目）	家庭参与和家庭服务（10个子条目）
一日常规（12个子条目） 师幼互动（13个子条目） 课程计划与评价（5个子条目）	员工资质和培训（7个子条目） 项目管理（7个子条目）

该评价工具的重要特点是：重视构建科学、严谨、实用的评价工具与评价标准，坚持以引导教育质量提升为宗旨，鼓励多元化利益相关者作为评价主体平等参与，强调过程质量的持续改进，强调多元主体参与，倡导质性评价与量性评价相结合、观察和访谈相结合的评价方法。

在学前教育实践中，过程变量对儿童发展的影响比结构变量更大，因而它是托幼机构质量评价中最为重要的部分。项目质量评价工具PQA不仅关注学前教育机构的结构质量，而且强调关注过程质量，进行综合性评价。以往许多机构教育质量评价只关注到了结构质量，如环境的安全性、材料的多样性，而没有给予过程质量以更多的关注，如教师和幼儿的互动过程、一日生活、教师教学过程的评价等。PQA则从班级维度和机构维度，同时关注项目的结构质量和过程质量。PQA量表不仅重视过程性要素，更重视过程质量。这表现在PQA的评价内容不仅重视学习环境、材料配备等结构性要素，更关注师幼互动、一日流程、课程计划与指导等过程性要素，而且指向过程质量的评估子条目数量远远超过结构质量的评估子条目数量。这些精细化的评价内容可以作为教师培训的工具，引领教师关注幼儿园的质量提升，并为政府提供有效的监管工具，为学前教育政策的制定提供依据。

项目质量评价要运用观察法、访谈法等多种评价方法，需要实现质性评价与量化评价相结合。为了客观真实地评价教育质量，评价者需要深入学前教育机构的现场，在自然真实的场景中评价儿童参与教学过程的质量和效果，需要对教育现场中的环境与教育情况进行公正的评价。项目质量评价在评价标准和方法上采用多元的价值取向，实施基于教育现场的真实评价。在运用观察法时，评价者要将有用的数据和相关轶事记录写入每行指标的最后一个空白中，得出一个较为直观的量化分数。在访谈时，评价者要向教师或幼儿园管理者提一些标准化问题，如"当儿童弄湿或者弄脏衣服时你会怎么做""儿童生病或受伤时你会怎么做"等。为了确保评价的信度和效度，PQA 的多数指标都在行为指标描述外配有典型案例，并附有严格的操作使用和计分标准规则的说明。PQA 的评价是一个连续的五分量表，得到的是比较准确的信息，这有别于以往只可用"是"或"否"进行评分的简单做法，因而既有严格的量化计分程序保证评价的一致性和标准化，又允许评价者在旁边的空格里记录轶事观察内容和访谈内容，从而保证评价的全面性、真实性、可比性。这种质性与量化相结合的评价方法有助于客观全面地搜集信息，得出更加公正的评价结论。

三、美国高宽课程的教育理念、评价工具与主要启示

美国的学前教育在 20 世纪六七十年代得到前所未有的重视。学前教育高宽课程（High Scope Preschool Curriculum）由美国儿童心理学家戴维·韦卡特（David P. Weikart）于 1970 年创立。高宽课程最初关注的是处境不利的儿童群体，经过不断的修改完善，逐渐适用于所有儿童。高宽课程鼓励儿童主动学习，倡导"互动参与式"学习方法，强调儿童根据自己的选择，遵循"计划—实施—回顾"的模式开展日常课程学习，主张教师为儿童提供场地、材料和相应的指导，尊重儿童的选择和个性特点，鼓励儿童进行自发的、独立的创造性学习活动。在课程实施中，教师应充当儿童学习的支持者、协助者和引导者。

（一）评价工具——"学前儿童观察记录系统"

美国学前教育高宽课程以儿童主动学习为核心教育理念，以全面的、结构化的"关键发展性指标"（key developmental indicators，简称 KDIS）为课程的基本架构，以学前儿童观察记录系统（COR-Child Observation Record）和项目质量评价（PQA-Project Quality Assessment）为评价工具。

"关键发展性指标"既是课程内容框架，又是观察和评价学前儿童发展的基本内容，具体包括主动性（initiative）、社会关系（social relations）、创造性表征（creative representation）、音乐和运动（music and movement）、语言与读写（language and literacy）、数学和科学（mathematics and science）六大内容、32 个

观察点（见表 7-2），它与高宽课程各年龄段的"关键发展性指标"相互衔接、有机融合，共同服务于儿童身心的全面发展。

表 7-2　学前儿童观察记录系统的评价内容与观察项目

1. 主动性	（1）做出选择和计划 （2）用材料解决问题 （3）主动游戏 （4）关注个人需要
2. 社会关系	（5）与成人交往 （6）与其他儿童交往 （7）解决人际冲突 （8）理解和表达感受
3. 创造性表征	（9）制作和搭建模型 （10）绘画或涂色 （11）扮演
4. 音乐和运动	（12）不同方式的运动 （13）携带物品的运动 （14）感受和表达出稳定的节拍 （15）随着音乐运动 （16）唱歌
5. 语言和读写	（17）倾听和理解语言 （18）运用词汇 （19）运用复杂的句型和词语 （20）表现出对拟声词的理解 （21）讲述书中的知识 （22）运用字母的名称和发音 （23）阅读 （24）书写
6. 数学和科学	（25）对物体分类 （26）识别模式 （27）比较属性 （28）计数 （29）识别位置和方向 （30）识别序列、变化和因果关系 （31）识别材料和属性 （32）识别自然和生物

学前儿童观察记录系统的实施方法分为以下四个步骤。

1. 观察

观察是"学前儿童观察记录系统"的基础方法，要求评价者形成一种"积极观察"的习惯，在与儿童的日常互动中观察儿童的每日活动和具体行为，而不只是监视儿童。教师通过对幼儿一日生活的观察，获得关于幼儿成长的有效信息，以便为幼儿制订有意义的课程计划，支持他们在不同阶段的发展。积极观察使教师通过亲眼所见的真实事例，了解儿童学习与发展的过程，在此基础上进行课程设计的反思与调整。"学前儿童观察记录系统"包含六大领域、32个观察项目，构成系统化的观察过程。对观察时间、观察对象与观察指标的选择，取决于观察者的评价需求和运用该系统的熟练程度。为了使所有儿童均能得到关注和帮助，教师可提前制订观察计划，轮流关注不同儿童。为了获取准确详细的观察实录，教师需要重点观察特定活动区角。

2. 记录

记录是用文字和其他形式将观察所捕捉到的客观事实和信息用简短的笔记保留下来，形成关于儿童重要行为和活动的轶事（anecdotes）记录及成长档案（portfolio items）。轶事记录的要素包括时间、地点、人物、活动和特定细节。儿童成长档案则应包含儿童涂鸦、作画、书写的作品和活动时的影像资料，作为儿童成长的证据。

3. 评分

在记录儿童行为中的重大事件信息之后，评价者需要按照学前儿童观察记录的类别、观察项目和等级水平对其进行打分评价，以判断每个儿童的发展水平。为了提高项目判断的有效性，每个观察项目下均包含五个不同的发展水平，即从简单（水平 1）到复杂（水平 5）五个等级，其中每个等级下又包含了至少两个典型行为的实例，具体解释描述了儿童在该观察项目中的发展水平等级。各项目的发展水平和儿童的年龄之间没有必然的关联，五个水平遵循每个项目的发展阶段。评价者在轶事记录基础上，依据最能代表该儿童行为特点最高水平的陈述，选择最匹配的项目，确定发展水平等级进行打分评价。教师在评价之初，需做大量的练习来掌握"学前儿童观察记录系统"中的观察项目和评分操作。熟悉之后应当更多地专注于细致观察和准确记录。

4. 形成报告

运用"学前儿童观察记录系统"是教师每日工作计划中的一部分。教师在全天看护儿童的同时，观察他们所做的事情，并在观察的基础上做轶事笔记，收集其他支持性材料。之后，为轶事笔记或支持性档案资料分配一个观察项目（字母），并确定相应的发展等级（数字），以此来反映每个儿童当前的发展水平。

"学前儿童观察记录系统"的运用是一个连续性的过程。根据不同的评估需要和特定的项目要求，周期性地汇集回顾轶事笔记，寻找丢失的材料，并在任何需要的时候对以上信息进行总结，为特定儿童或所有儿童填写《儿童信息和发展总结》（Child Information and Developmental Summary）表格，遵循说明计算平均数并合成分数。当要同父母分享信息的时候，汇集某一名儿童全部的轶事笔记，以此为家长准备《家庭报告》（Family Report）。若要为班级整体儿童进行评估，即汇总所有儿童的《儿童信息和发展总结》，遵循小组表格中的说明计算出平均数和小组增长分数，从而获得《小组总结》（Group Summary）。可以看出，区别于过于专业、抽象、理想化的操作指南，"学前儿童观察记录系统"聚焦于儿童生活的各个环节，重视真实性观察和轶事记录，将儿童观察、记录、评价变为可操作、有实效的一项常规工作。通过客观、全面、连续地记录儿童的日常生活，可真实且清晰地呈现出儿童发展的趋势脉络，同时完整保留儿童发展变化的所有过程性特点。

（二）经验与启示

1. 领会高宽课程的精髓

高宽课程的两个英文单词"High"和"Scope"是这个课程理论的精髓，分别译为"高"和"宽"，体现出这个课程理论对幼儿在学习过程中的期望和状态。前者寓意着幼儿在学习过程中应该有着高度的热情和激情，在和幼儿教师的互动中应该一直保持在较兴奋的状态。后者则强调幼儿应该有宽泛的学习兴趣、充足的游戏和丰富的学习生活。我国的学前教育工作者及幼儿教师应该充分意识到幼儿认知的发展特点，要正面激发他们对新鲜事物的热情和兴趣，想方设法为他们提供充足的娱乐场地和游戏活动，让他们在玩耍中学习，在学习中玩耍，还幼儿一个真正单纯而快乐的童年。

2. 尊重和欣赏每一位幼儿

高宽课程鼓励每一位幼儿参与到"计划—行动—反思"的教学活动中，他们组成团队，根据兴趣提出方案，实施，再进行回顾总结。整个过程要求每一位幼儿主动参与，教师尊重每一位幼儿的性格特点、优势与不足，合理搭配团队，充分发挥每位幼儿的主观能动性，使他们的潜能得到最大限度的发挥。中共中央总书记习近平在北京师范大学与师生代表座谈暨2014年教师节的讲话中也强调这一点。他指出，"好老师一定要平等对待每一个学生，尊重学生的个性，理解学生的情感，包容学生的缺点和不足，善于发现每一个学生的长处和闪光点，让所有学生都成长为有用之才。好老师应该把自己的温暖和情感倾注到每一个学生身上，用欣赏增强学生的信心，用信任树立学生的自尊，让每一个学生都健康成长，让每一个学生都享受成功的喜悦"。

3. 支持幼儿主动学习

高宽课程的宗旨是鼓励幼儿主动学习，努力摆脱教师的说教式教学，教师起着支持作用而不是主导作用。主动式学习强调幼儿根据自己的兴趣开展学习内容，以幼儿自身的兴趣和内在动机为契机，让幼儿亲自动手操作物体获得直接经验，并通过与他人的互动对所学的知识产生新的理解和认识。主动学习并不只是一种学习方法，也是一种态度和精神，目的是让幼儿获得认识问题和解决问题的能力。我国目前的学前教育有着班级大、幼儿人数多等特点，"灌输与注入"成了主要的、甚至是唯一的课程组织模式，加上对"教育结果"的片面追求，容易忽视幼儿的个性、兴趣、需要、权利等因素。幼儿的主体性未得到充分发挥和发展，师生双边活动成了教师单独活动，课堂缺乏师生间的互动，缺乏"活力"。可见，我们应该多鼓励幼儿主动学习，教师要逐渐淡出说教式的主导地位，尝试让幼儿以自己的兴趣主动开展学习，保障幼儿在学习过程中应有的热情、激情及宽泛的兴趣。

4. 强调幼儿的综合素质

高宽课程的最突出特点是摆脱了以认知为目标的单一课程趋向，开始走向综合化，即非常注重幼儿社会性和情感的发展。我国目前的学前教育只强调学生认知的发展，仅用传统的考试成绩来评价幼儿的进步和发展，目标过于单一。优质的学前教育不但要开发幼儿的智力，更要注重培养他们的表达、社交、欣赏、自主、创新、平衡、运动等综合素质和能力，使他们成长为心智健全、全面发展的有用人才。

5. 制定有效的评估体系

高宽课程有系统的评估体系，从八大领域教育目标，到58个具体的关键发展指标，还有相应的五个等级标准，每一项都有详细观察叙述和记录说明。教师通过观察记录幼儿的语言、行动、社交等活动，依据标准做出评价。这样的评价也突出幼儿成长的连续性和发展性。因此，我们也要细化具体的、适合幼儿特征的发展性指标，要特别考虑社交能力、语言表达、情感因素、肢体运动平衡等幼儿发展的各方面因素，改变目前仅用考试成绩来评估幼儿进步与发展的单一评价方式。

6. 增强家长的参与意识

高宽课程中的幼儿观察记录有专门给家长的指南和书面报告，要求家长定期参加培训和讨论，认真填写观察表格，接受教师的家访，建立教师和家长之间的互动联系方式。家长可以记录幼儿在家和在幼儿园以外的环境中的任何轶事活动，与教师分享，实际上也是对教师观察的补充，使教师对幼儿的认识和理解更加全面。这给我们的启示是，不仅要让家长参与到幼儿在幼儿园的活动中，还要善于观察幼儿在家或者幼儿园以外的环境中的言谈举止；不仅要口头和教师进行交流，还要有书面记录和交流互动。

四、美国师幼互动质量评价工具：课堂互动评估系统（CLASS）

课堂互动评估系统是由美国弗吉尼亚大学教育学院院长、教学高级研究中心主任皮亚塔教授经过对质量评估项目的不断尝试与调整，于 2008 年正式出版的一套评估体系。该系统适用于幼儿至高中阶段的课堂师生互动质量的评估。

（一）课堂互动评估系统的评估对象

该系统主要针对教室环境中师生互动质量进行评估，因此课堂互动评估系统与其他"课堂评估"的评估对象有所区别。前者的评估对象是师生互动，是针对发生在教室物理环境下的师生互动质量，而后者的评估对象一般是学生，是教师对于学生课堂学习状况所开展的即时性评价，是对学生学得如何的考查。在课堂互动评估系统的评估范围内，课堂是一个物理环境的界定，课堂互动评估系统评估的课堂互动不单单是指教学课堂上的师生互动，也包括在教学时段以外，发生在教室环境中的师生互动。如在幼儿园中发生的师生互动，即师幼互动的评定中，课堂互动评估系统不仅评估了学习活动时间的师幼互动，也包括了常规活动、餐点时间、自由活动时间的师幼互动。

（二）课堂互动评估系统的基本内容和框架

该系统建立了一个师生互动质量的多层次评估框架，包括领域—维度—指标三级内容。每个领域中包含若干维度，每个维度下包含若干行为指标。该系统的领域由情感支持（Emotional Support）、班级组织（Classroom Organization）、教学支持（Instructional Support）组成。在每一个领域下，都有一些特定的维度，不同的版本因学生年龄特点和教育目标的不同而有所区别。本研究使用的是 CLASS 的幼儿版（Pre-KCLASS）。其多层次的评估框架如图 7-2 所示。

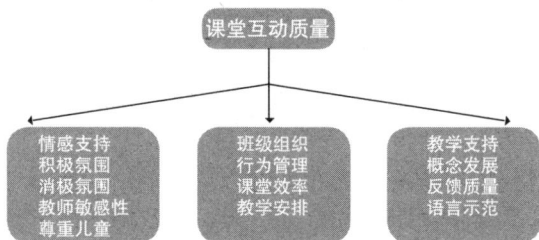

图 7-2　课堂互动质量评估指标体系示意图

每个维度都包含 4 ～ 5 个行为指标，如在积极氛围维度下有以下行为指标：关系、积极情感、积极交流、尊重。十个维度下共有 42 个行为指标，这些行为指标可以帮助观察者准确地把握每个维度的评估内容。在每个行为指标下还有若干个具体的行为标记，帮助观察者在观察中准确地捕获反应指标的具体行为，避免遗漏。

（三）课堂互动评估系统的实施

该系统的评分以 20 分钟为一个观察周期，按照维度记录活动现场的情况，并按七点积分制给出分数。为了更真实地反映课堂的互动水平，该系统要求观察四个周期，并计算每个维度的平均分，以此来反映教师的课堂互动水平。

（四）课堂互动评估系统的应用价值

1. 提供了课堂师生互动的观察指标

课堂是一个复杂的环境，在这个复杂环境中，师生间的互动包括了多项内容。如何准确地观察师生互动情况，通过掌握关键的信息，评估师生互动质量，是课堂观察中的难点。课堂互动评估系统的研发，在众多师生互动的细节中，聚焦于那些能促进儿童学习的核心互动，在此基础上，搭建了一个较为全面的观察师生互动的框架，从而为系统评估、研究课堂内的师生互动质量提供了可能。课堂互动评估系统从研发至今，被广泛使用在美国各大国家级的研究项目中，如美国开端计划（Head Start），质量评定与推进系统（QRIS）等。此外，澳大利亚、芬兰、泰国等国家教育质量的研究项目也在使用课堂互动评估系统工具。

2.促进了师生互动质量，提高了教育质量

该系统描述了与儿童的学业能力和社会发展有着重要关系的师生互动的多个维度，旨在重点关注师生互动中教与学的过程，因此其提供的评估师生互动质量的框架，同时也是提升师生互动质量的关键。研究发现，根据该系统的评估框架，为教师开展关于师生互动培训及相关的课程指导，师生互动质量乃至教育质量提升效果显著。究其原因，该系统聚焦的师生互动中的核心内容，也是教与学过程中的关键。师生互动质量的提高，带动了教育质量的提升。

3.在美国的实际应用

基于以上两种应用价值，该系统培训研发团队开发了课堂互动评估系统的四大应用项目，分别是CLASS的观察培训，旨在培训一批合格的、具有高信度的评估者，至今已有4000多名来自世界各地的相关人员接受了课堂互动评估系统使用的相关培训；培训者的培训，旨在培训一批能够胜任该系统培训的培训师；提升课堂师生互动质量项目（Making the most Classroom Interaction，简称MMCI），旨在通过培训让教师更全面、深入地理解CLASS，从而提高教师的师生互动质量；我的教学好伙伴（My Teaching Partner，简称MTP），旨在通过对教师进行一对一、为期十个月的训练，根据该系统的评估框架，对教师的课堂师生互动录像进行分析，并提出个别化的建议，提升教师的师生互动质量。由于课堂互动评估系统涵盖了师生互动的主要框架及核心互动内容，CLASS或将成为全世界研究师生互动质量、课堂教学质量，乃至教育质量的一个重要工具。

五、美国学前教育质量评价经验对我国的启示
（一）建立健全学前教育质量的认证评价体系

美国的学前教育质量认证体系启发我们更加关注学前教育质量评估的全面性、发展性，强化质量评估的支持环境建设，以此推动我国学前教育质量的提升。

1.要建立发展性的学前教育质量认证体系

在评价目标上，我国当前对学前教育质量的评价主要是一种以奖惩为目的的评价，相关行政部门用预先制定的"尺子"测量幼儿园是否达标，进而根据测量结果对幼儿园赋以"示范园""一级园""明星园"等标签，这种终结性的评价体系强调的是评价的鉴定、选拔功能。虽然在一定程度上也能促进学前

教育的改革与发展，但由于这种评价的动力是自上而下的，评价的改进功能发挥不足。而 NAEYC 的认证体系则更强调评价过程的形成性，在评价过程的四个阶段中，前三个阶段都强调参与认证机构的学习与参与，它没有将认证作为奖惩机制，强调通过认证来促进幼教项目的发展。因此，我国的幼儿园评价应该在继续完善幼儿园准入机制和基本评价标准的基础上，推动学前教育质量认证的多元发展，在现有的评价体系外建立一种发展性的评价体系。评价目的应由侧重鉴别和选拔转向侧重发展；评价内容要从简单的指标符合转向办学理念与目标、办学条件、领导管理、课程教学、教师队伍建设等全面质量的提高；评价方法要强调多样化，重视自评的作用，强调评价对象的参与性。

2. 要扩宽学前教育质量评价的范围

在评估对象上，我国当前的学前教育质量评价对早教中心、日托机构的关注较少。NAEYC 的认证体系虽将认证的对象分为"婴儿阶段、幼儿阶段、学前阶段和幼儿园阶段"，但它更强调认证的全面性，虽然不同年龄段的幼教项目在具体评价指标上有所区别，但总体上是统一的，该认证体系可以普遍用于婴儿、幼儿、学前等各阶段幼教项目的评价。我们可以借鉴 NAEYC 的经验，扩大评估范围，将幼儿园之前的早教项目也纳入学前教育质量评价的范畴。

3. 建立健全学前教育质量评价的支持性服务体系

学前教育质量评价是一种专业性、技术性很强的实践活动，学前教育机构要通过评价促进自身发展，并顺利"达标"获得认证，往往需要专业机构的支持。基于 NAEYC 认证体系的实践经验，我国有必要建立健全质量评价的支持性服务体系，帮助参评的幼儿园改善自己的教育实践。通过建设一批独立于评价部门的第三方专业机构的指导与服务机构，为参评幼儿园提供配套的工具和资源，并进行必要的培训，使参评幼儿园明确评价的标准、评价内容及其达标详细规定、方法和路径。

（二）注重托幼机构质量评价标准的科学性和系统性

1. 从主体本位出发，重视过程性指标

由于过程性指标不易量化，长期以来我国幼托机构评价标准以结构性指标评价为主，即过多地关注幼儿园场地、环境、设备、教师资格等硬件，但此类标准无法真实地衡量幼托机构的质量。全美幼教协会早教机构评估标准和认证指标共有10项，每一项都由一系列具体的指标构成，标准对不同的年龄段做出了不同的评估要求，其中最核心的领域为"儿童"，包含有"师幼关系""课程""教学""健康""儿童评价"五项指标，占到质量评价体系的1/2。从幼儿的角度去关注他们在机构中的感受、体验和经历。这是因为幼儿是早期教育最核心的受益人，他们的感受、体验和经历决定了他们每日生活的质量。因此，这类针对幼儿的标准才是幼儿园质量最真实的衡量标尺。

幼儿教师作为幼托机构的另一主体，其专业素养在幼儿教育机构质量评估中占有重要地位。NAEYC认为早期教育专业人员应当具有专业知识、专业能力和专业的情感态度这三个维度的素养。"评估标准和认证指标"中促进教师专业发展的相关标准，内容除涵盖教师应具有的专业知识、专业技能的准备之外，对教师的情感态度、道德方面也提出了要求。例如，教师在开展保育教育工作时，应具备若干能力，如良好的互动能力，不对学生实施体罚或心理伤害；保护幼儿免于危险的能力等。在正式工作之前，新教师应主动熟悉机构运作的各项基础条件。所有教师应接受专业技能发展的训练或课程，取得一定的学历；所有教师通过反思以及管理者、同事、家长的反馈对自我做出评价，以求不断进步；教师应当注重积累知识，提高将知识运用于实践的能力等。

2. 立足发展性评价，构建系统化指标

幼托机构评价标准是保障和促进幼儿学前教育质量的重要手段，而不仅仅是用以评价和监督的"打分工具"。评价标准的设立不以划分等级为目的，而应着眼于幼托机构质量提升，以发展为目的，结合国家和地方的实际，以更广阔的视野来思考评价的目标定位、内容选择和程序设计，构建一套结构严谨、依据充实、条目清晰、详细具体，能够帮助使用者有效地提高工作质量和效率，服务于幼托机构质量提升的评价标准。系统化的评价标准，可以提高评价的可操作性和评价的客观性、公平性，更加符合儿童发展规律，更具科学性和实践指导意义。

3. 提供充实的例证，提高标准的信效度

幼儿园质量评价是一个复杂的过程，评价的实地性、现场性决定了整个评价过程是无法复制、还原的，这对评价结果的客观性、时效性和公平性来说是一个极大的挑战。因此，提高幼托机构质量评价标准的信效度是基本要求。我国的标准评价文本中，常见如"玩具数量足够，能够满足幼儿一日生活需要""班级生活设施设备齐全、安全、卫生，方便幼儿使用，使用率高"等标准条目，显得过于宽泛、笼统和含糊，主观性太强，让评价者无法客观判断，从而直接影响了评价质量。

NAEYC《幼儿教育机构质量标准与认证体系》的设计包含三大"实招"：一是标准细化、详尽具体、没有歧义；二是开拓多种信息收集渠道，为每一条标准确定一种或几种相对有效收集信息的方式；三是充分列举现场观察的案例或证据，作为评判的辅助指标。这样，就可以在一定程度上确保评价人员在实地评价的较短时间之内收集到尽可能全面且有针对性的证据，既方便了评价人员的使用，还是评价实现"发展"功能的重要手段，对被评价者具有很强的指导价值。基于这些证据对幼儿园教育质量做出的评价，才是科学的、高质量的和经得起考验的。

（三）注重幼儿发展评价中的儿童本位与发展适宜性

幼儿发展是学前教育质量的核心目标与检验标尺，幼儿发展评价作为幼儿园教育评价的重要组成部分，是掌握幼儿发展状况，检测保育教育工作成效，促进幼儿教育质量提升，实现幼儿身心健康发展的重要手段。美国的三种幼儿发展评价都强调在真实情境下，进行过程性、发展性、持续性的评价。这些评价系统没有终点，始终是将评价过程融入教师教学与幼儿学习的过程中，让教师和儿童在自然的、真实的、持续性的教学和学习情境中评价和被评价，从而能够真实、全面、动态地反映教师教学和儿童学习的情况。美国幼儿发展评价取向经历了从儿童福利、智力发展、兼顾个体差异和智力发展，到强调教育质量提升、关注儿童连续性发展的演进过程，其先行经验对我国建立健全幼儿发展评价体系具有重要启示意义。

1. 突出幼儿发展的整体性评价

当前，我国的幼儿发展评价普遍侧重于幼儿认知与智力发展评价。从培养全面和谐发展的学前教育目标来看，幼儿发展评价的指标体系应涵盖幼儿发展的各领域、各方面。美国幼儿发展评价指标已拓展到"身体与健康、情感与社会性、学习品质、逻辑与推理、语言、读写、数学、科学、创造性艺术、社会研究、英语语言"11个领域、37个方面。借鉴美国幼儿发展评价取向的演进历程，我国应该在健康、科学、语言、社会、艺术五大领域的框架下，拓展非智力核心素养的评价内容，实现幼儿发展评价内容的多元化、全面化。高宽课程的宗旨是鼓励幼儿主动学习，努力摆脱教师的说教式教学，教师起着支持作用而不是主导作用。主动式学习强调幼儿根据自己的兴趣开展学习内容，以幼儿自身的兴趣和内在动机为契机，让幼儿亲自动手操作物体获得直接经验，并通过与他人的互动对所学的知识产生新的理解和认识，保障幼儿在学习过程中具备应有的热情、激情及宽泛的兴趣。

2. 要细化幼儿发展评价指标和评判标准

我国教育部颁布的《指南》从健康、语言、社会、科学、艺术五个领域，对幼儿的发展提出了评价框架、期望要求和教育建议。借鉴美国经验，我们可依据幼儿年龄特征和发展阶段，进一步细化评价指标，合理构建评价操作指南，丰富情景量化评分的依据与典型案例，使其更具可操作性。

3. 制定有效的幼儿发展估价体系

教师通过观察记录幼儿的语言、行动、社交等活动，依据标准做出评价，从而突出了幼儿成长的连续性和发展性。同时，可以通过对比分析，为幼儿调整活动内容或者形式，继续观察记录，为幼儿进行综合性的评价。

4. 加强以师幼互动质量为主的学前教育过程质量评价

我国在学前教育质量评价中，较多地关注结构质量，而缺少对过程质量和师幼互动质量的关注。师幼互动质量是学前教育过程质量的主体，且在结构质量影响托幼机构教育质量中扮演着重要的中介作用。因此，在对幼儿园教育质量的评价中，应加强以师幼互动质量为主的学前教育过程质量评价，这样才能建立科学、全面的学前教育质量评价体系。教育相关部门应加大对师幼互动质量评价工具的研发力度，加强对师幼互动质量评价人员的培训，加大对以师幼互动质量为主的学前教育过程质量评价的人力、物力和财力投入。通过本土化师幼互动质量评价工具的研发，加强师幼互动质量升的课程和培训体系建设，更好地促进教师的专业化发展。

5. 构建全覆盖的学前教育质量监控评价体系

建立针对各类托幼机构的教育质量监控体系，是提高学前教育质量和兼顾公平的有效措施。既能通过设定明确的质量目标与最低标准保障学前教育基本质量，保障每个儿童享有公平的教育机会；又能通过评估的投入和产出来激发机构提高教育质量和表现的动力，促进其追求更高质量。应将学前教育质量的监控放在国家学前教育宏观系统内考虑，统筹考虑学前教育公平与质量问题与质量监控之间的关系，要将建立学前教育质量监控体系提上日程。质量监控体系的建立要系统考虑不同利益群体对质量的理解和诉求，加快建立一体化、全覆盖的国家学前教育质量监控评价体系。

第二节　日本幼儿园教育质量评价的指标体系与实践经验

一、日本幼儿园教育质量评价体系的演进

根据日本《教育基本法》，幼儿园是"奠定人格终身发展基础的重要阶段"，在教育体系中拥有最基础的地位。日本积极制定、实施幼儿园教育质量评价的基本政策，积累了丰富的评价实践经验。

第二次世界大战后，日本政府颁布了《幼儿园设置基准》，奠定了以"设置认证标准"为核心的幼儿园教育质量评价体系的基础。1952 年，文部省出台《幼儿园基准》，对幼儿园的设施、设备、编制等提出了门槛条件；1956 年，文部省发布了《幼儿园教育要领》，对幼儿园的教育目标、教育课程、教育方法做出具体规定，成为幼儿园教育活动的指南。政府依据设置基准，对幼儿园进行准入评估把关，以保障新设幼儿园的条件达标。

1990 年以来，日本幼儿园逐步开展自我评价，奠定了幼儿园教育质量评价体系进化的实践基础。进入 21 世纪后，日本政府高度重视学前教育质量，先后修订了《幼儿园设置基准》《教育基本法》《学校教育法》《幼儿园评价指导方针》等评价法规和政策，在各幼教专业团体的推动下，幼儿园教育质量评价工作得以全面展开。

2002 年 3 月，文部省为了进一步提高学前教育质量，对《幼儿园设置基准》进行了第三次修订，规定幼儿园有义务对各项教育活动和运营状况进行自我评价，并向社会公布评价结果。2005 年，中央教育审议会提出：为了提高幼儿园教育水平，保障儿童健康成长，有必要在幼儿园自我评价的基础上，引入相关者及第三方评价，建立地方公立、私立幼儿园评议员制度。2006 年，文部省颁布的《幼儿教育振兴行动纲领》明确提出，要以幼儿园质量评价作为提高幼儿教育质量的重要措施。2011 年，为了全面推行幼儿园质量评价，文部省在原有基础上增加第三方评价的相关规定，出台了《幼儿园评价指导方针（2011 年修订版）》。

二、日本《幼儿园评价指导方针》的特点

《幼儿园评价指导方针》（以下简称《指导方针》）是文部省在多年大规模调查基础上制定的，是众多教育专家的智慧结晶和日本各地幼儿园评价实践经验的汇集，《指导方针》具有以下三个特点。

1. 明确的评价理念与开放的评价系统

随着日本教育改革从中央集权转变为地方分权，教育行政管理体制转型成为重要课题。1998年，中央教育审议会咨询报告《今后地方教育行政应有状态》提出"自律学校"的构想，主张创建自主、自律的开放型、参与型学校。《指导方针》是面向全国、通过大量的调查实践而形成的，其评价理念是促进幼儿园的自主自律和持续改善与发展。《指导方针》是为了规范幼儿园教育质量评价、提高幼儿园评价质量而制定的，它给各幼儿园、各地方自治体提供了一个参考体系，各幼儿园可结合实际情况灵活运用，并允许对其提出修改意见。《指导方针》构建了一个开放的幼儿园教育质量评价系统，既保障了各幼儿园评价理念的一致性，也为发挥各幼儿园在评价中的主体性、创造性留出了空间。

2. 多样的评价形式与灵活的评价方法

日本幼儿园教育质量评价政策构建了内部评价、外部评价结合的教育质量评价体系，《指导方针》提出了自我评价、外部评价和第三方评价的评价形式，并且建立相应评价制度，详细阐述了基本操作程序与注意事项，规定了自我评价的法律义务，外部评价具有法律上的"努力实施"义务，第三方评价则具有可选性。评价方法允许单独使用，也可结合使用，使相关政策同时具有了灵活性与可操作性，保证了评价理念在实践层面上的可行性。

3. 多元的评价主体与弹性的评价指标

日本幼儿园教育质量评价体系中的不同评价形式由不同的评价主体进行，自我评价由各幼儿园教师进行；外部评价由幼儿家长及幼儿园相关人员进行；第三方评价则由同行、外部专家或第三方评价机构进行。参与评价的主体由不同利益群体代表、不同知识与经验背景的人员组成，体现了评价主体多元性的特点，可以确保公开、透明的幼儿园评价过程，有利于形成客观、科学、有效的评价结果。同时，能够提升家长、社会对幼儿园的信任，加深多方的相互理解。评价本身可以看成幼儿园、家庭、社区、社会的交流工具，通过参与幼儿园管理运营，立足于共通与理解之上，促进信任型、开放型校园环境的创建。

日本主要通过《指导方针》构建了开放的幼儿园教育质量评价体系，规定了不同评价形式的实施办法，为幼儿园教育质量评价的实际运作提供了参考，在提出评价项目与二级评价指标的基础上，以举例的方式对二级指标中的评价项目进行了解释说明，为各幼儿园在评价中根据各园与地方的实际情况发挥主体性与创造性留出了弹性空间。这在某种程度上可以确保评价灵活、全面而又重点突出，真正落实"促进学校的自律、持续的改善与发展"的评价理念。

三、日本《指导方针》的内容与指标体系

《指导方针》规定了日本幼儿园教育质量的自我评价、外部评价和第三方评价的指标体系和实施办法。新版《指导方针》强调，幼儿园自我评价是在园长的领导下，全园教职工共同参与、参照既定目标和具体计划，对教育目标达成状况和为取得教育效果所采取措施的适切性等进行的评价活动。《指导方针》将自我评价分为 12 个评价项目，每个评价项目都包含了若干二级评价指标。具体内容如下。

（一）教育课程与指导

教育课程与指导主要围绕幼儿园的教育课程和教师指导进行评价，主要包括 11 个二级指标。

（1）在办学精神和教育目标基础上的幼儿园运营状况。

（2）基于幼儿园状况的教育目标等的设定情况。

（3）教职员间对幼儿园教育课程构成与实施方面的共识。

（4）幼儿园行政管理、实施体制情况。

（5）教育周数、一日教育时间的情况。

（6）年指导计划和周计划的完成情况。

（7）幼小衔接情况。

（8）教玩具的灵活运用情况。

（9）集体保育中教师合作指导的情况。

（10）是否配备与幼儿园相符的环境创设等班级建设的情况。

（11）依照《幼儿园教育要领》内容对幼儿发展指导的情况。①环境育人；②建立师幼间的信赖关系；③尊重幼儿的主体性；④游戏化的综合指导情况；⑤针对幼儿的个性化指导情况等。

（二）组织运营

组织运营主要对幼儿园的管理运营方面进行评价，包括八个二级指标：

（1）园长等管理层的领导及教职员对其信赖的情况；

（2）管理运营、责任体制的建立情况（包括园务分工、主任制等）；

（3）教工会议等的运营情况；

（4）幼儿园财务管理及其公开情况（包括年度资金预算、执行、决算、审计等）；

（5）工作时间管理状况，服务监督情况；

（6）各类公文和个人信息等信息管理情况，及教职员的信息传递情况；

（7）幼儿园管理运营信息化的情况；

（8）学校保健安全法、劳动基准法等各法律法规的遵守情况。

（三）研修（教师资质提高措施）

研修（教师资质提高措施）包括六个二级指标：

（1）持续开展保育研究的情况；

（2）园内研修体制的建立、实施情况；

（3）园内研修、园外研修的实施与参与情况；

（4）临时聘请教师、非专职教师等非正规聘用教师的资质保证、资历提高所采取措施的情况；

（5）对指导不恰当的教师状况的把握和对应情况；

（6）一级资格证及其他资格证的获取情况。

（四）保健管理

保健管理具体包括三个二级指标：

（1）与家庭及社区内保健、医疗机构等的合作情况；

（2）法定幼儿园保健计划的制订及实施情况，幼儿园环境卫生的管理情况；

（3）日常的健康观察、疾病预防、健康诊断的实施等情况。

（五）安全管理

安全管理包括五个二级指标：

（1）事故等紧急情况发生时的应对情况；

（2）与家庭、社区内相关机构团体的合作情况；

（3）法定幼儿园安全方案、幼儿园防灾方案等的制订和实施情况；

（4）危机管理指导手册的制作与运用情况；

（5）安全检查情况（包括上学路段的安全检查），提高教职员、幼儿安全应对能力的措施的情况。

（六）教育目标设定与自我评价实施情况

教育目标设定与自我评价实施情况具体包括三大项目、17个二级指标：

（1）教育目标设定情况与自我评价实施情况。①幼儿园整体目标设定情况（基于幼儿和幼儿园的实况、家长和社区居民的意见、建议等）；②基于幼儿园情况的重点短（中）期发展目标的设定情况；③基于发展目标等的自我评价指标的设定情况；④一年期内定期进行自我评价的实施情况；⑤改善下一年度目标时，自我评价结果的运用情况；⑥自我评价的体制情况（包括全体教职员）；⑦外部调查等的实施情况，自我评价的运用情况；⑧向主管部门汇报自我评价结果的情况；⑨幼儿园的教育目标、教育计划等情况。

（2）外部评价实施情况。①一年进行一次以上，家长及其他相关人士评价的情况；②外部评价是否以自我评价结果为依据的情况；③外部评价的组织（包含外部评价委员会、学校评议员和学校运营协议会等组织）构成等情况；④外部评价的评价者的构成情况（是否包括家长等）；⑤外部评价结果对改善下一年度目标的运用情况，向主管部门汇报外部评价结果的情况。

（3）家长对幼儿园的意见、建议等情况。①对家长满意度的把握；②教育商讨体制建立，对家长意见、建议的把握和应对。

（七）特别支援教育（残障儿童指导）

特别支援教育（残障儿童指导）具体包括五个二级指标：

（1）与特别支援学校的幼儿等的交流情况；

（2）与医疗、福利等相关机构的合作情况；

（3）园内特别支援体制的建立情况（包括园内委员会的设置、特别支援教育负责人的提名、园内外研修的实施等）；

（4）个别指导方案和个别教育支援方案的制定情况；

（5）与（残障儿童）家庭的合作情况。

（八）育儿支援

育儿支援包括三个二级指标：

（1）幼儿园育儿支援的情况（依据社区、家长的实际情况和要求）；

（2）教师对园内辅导的理解及提出建议的能力情况；

（3）与其他相关机构的合作情况。

（九）幼儿园保育

幼儿园保育具体包括三个二级指标：

（1）幼儿园保育实施的情况（依据社区、家长的实际情况和要求）；

（2）幼儿园及教师对幼儿的接纳体制情况；

（3）对幼儿园保育与幼儿园的目的、教育课程间的关联、幼儿的负担、与家庭的合作等的关注。

（十）教育环境创设

教育环境创设具体包括两大项目、六个二级指标：

（1）设施设备。①设施设备的运用情况（包括富余教室等的有效利用等）；②设施设备检查的情况（安全、保养管理等）；③设施设备配备的情况（抗震度、耐热度）；④幼儿园教育信息化的情况。

（2）教玩具、图书配备。①教玩具、图书等的配备情况；②学习、生活环境的充实情况。

（十一）信息公开

信息公开具体包括六个二级指标：

（1）与幼儿园相关的各项信息提供情况；

（2）幼儿园事项公开的实施情况；

（3）幼儿个人信息的保护情况；

（4）幼儿园评价（自我评价、外部评价等）结果的公布情况；

（5）一日以家长为主的信息公开情况（幼儿园信件、班级信件发行等）；

（6）以广泛方式进行信息公开的情况（如利用幼儿园主页等信息提供方法）。

（十二）家、园、社区合作

家、园、社区合作具体包括七个二级指标：

（1）家长、社区居民参与幼儿园管理运营的情况；

（2）来自社区居民的具体意见、建议的把握和应对情况；

（3）与学校评议员、"家长教师联合会"（PTA）等的座谈情况，学校运营协议会的运营情况；

（4）"家长教师联合会"（PTA）和地方团体的联络情况；

（5）地方的自然、文化、传统节日等教育资源的有效利用情况；

（6）外部人才的有效利用情况（本地区人才利用）；

（7）对家长、社区居民的调查结果。

四、日本幼儿园教育质量的第三方评价

2011 年文部省颁布的《指导方针》规定，幼儿园及主管部门是第三方评价的实施者，评价者则是以与学校运营相关的外部专家为中心，他们基于自我评价和外部评价的实施情况，从专业的角度对幼儿园教育活动及其整体管理运营状况进行评价。第三方评价的宗旨是改善幼儿园的管理，提高保育教育质量和水平，根据评价结果，发现幼儿园的优点和不足，提出今后的努力方向。

（一）第三方评价指标

《指导方针》中为幼儿园第三方评价指标提供了参考，并将自我评价指标的 12 个项目整合为四个部分，每个部分包含了相关的评价项目及下设的二级指标。在实际评价中，根据幼儿园自身情况和自我评价指标，择取重点评价项目、设置评价标准，每一评价项目的二级指标具体如下。

1. 组织运营

组织运营部分包括幼儿园组织运营、幼儿园与主管部门的协作、目标设定、自我评价与外部评价四个项目，具体如下：

（1）园长等管理层是否发挥应有的领导能力，并得到教职员的信赖；

（2）园务分管和主任制度是否发挥效用，园内是否建立有序的管理运营责任体制；

（3）在幼儿园管理运营中员工会议是否发挥效用；

（4）工作时间管理等方面的服务与监督是否到位；

（5）用于管理园所的资金等方面的财务管理是否适当；

（6）幼儿园财务管理运营情况是否公开；

（7）危机管理、风险管理、信息管理等是否有相关人员；

（8）是否遵守《学校保健安全法》《劳动基准法》等法律。

2. 幼儿园与主管部门的协作

（1）主管部门是否明确指出教育方针，并基于教育方针对幼儿园的教育活动及运营做出指导；

（2）幼儿园是否根据教育方针设定教育目标，开展教育活动和进行管理运营；

（3）主管部门是否给予幼儿园自理自律、自主发展的权利；

（4）幼儿园与主管部门是否共有幼儿（发展等）情况和安全管理（可疑人员信息）等相关信息；

（5）在面临的问题等方面，幼儿园是否谋求与主管部门达成共识；

（6）幼儿园与主管部门在设施设备的配备及利用等方面协作是否恰当；

（7）幼儿园与主管部门在教玩具和图书配备、幼儿园教育信息化等方面的协作是否恰当。

3. 目标设定及自我评价

（1）幼儿园是否根据幼儿和幼儿园的实情、家长和社会的意见建议等设定教育目标；

（2）是否基于幼儿园具体情况制定幼儿园重点发展的中、短期目标；

（3）自我评价目标是否根据幼儿园重点目标设定；

（4）在幼儿园运营改善上，是否有效利用自我评价结果；

（5）是否有组织地进行自我评价；

（6）问卷调查等是否成为自我评价的参考，是否保障家长的个人隐私。

4. 外部评价

（1）外部评价是否在自我评价结果的基础上进行；

（2）外部评价体制是否适切；

（3）在幼儿园运营改善上，是否有效利用外部评价。

幼儿园教育指导对于幼儿园教育质量提高与保障具有决定性作用。指导部分包括教育课程及指导情况、特别支援教育情况、教职员的研修情况 3 个项目，每一项目的二级指标具体如下。

5. 教育课程及指导

（1）是否基于办学精神和教育目标进行幼儿园运营。

（2）是否基于幼儿园具体情况设定教育目标。

（3）是否依据教育目标编制并实行幼儿园教育课程，园内教师是否形成共同教育理念。

（4）幼儿园活动是否按照管理体制进行。

（5）是否保证恰当的教育周数和一日教育时间。

（6）是否完成年指导计划和周计划。

（7）是否实施幼小衔接相关措施。

（8）是否灵活运用教玩具。

（9）对集中保育中教师合作的指导是否合理。

（10）是否创设适宜幼儿发展的环境，班级管理建设情况是否合理。

（11）依照《幼儿园教育要领》对幼儿发展的指导是否合适，如：①是否做到环境育人；②是否建立有师幼信赖关系；③是否尊重幼儿主体性；④对玩中学的指导是否合理；⑤是否合理发展幼儿的个性化等。

6. 特别支援教育

（1）是否建立园内特别支援教育体制（包括园内委员会项目的设置、特别支援教育负责人的提名、园内外研修的开展等）；

（2）针对需要特别支援教育的幼儿制订的个别指导计划和个别教育支援计划是否恰当；

（3）与特别支援学校的幼儿的交流是否合理；

（4）针对需要特别支援教育的幼儿，幼儿园是否与家庭、医疗、福利机构等建立合作。

7. 教职员研修情况

（1）是否进行全园参与的保育研究，并通过持续开展保育研究改善幼儿园教育指导；

（2）是否合理、恰当地确立园内研修课题；

（3）教师是否积极参与园内外研修活动；

（4）在临时聘请、非专职教师等非正规聘用教师的资质保证、资历提高方面，是否严格遵循规定；

（5）是否掌握教师指导状况，对指导不当的教师采取的对策是否恰当；

（6）园长等管理人员是否定期进行保育观察，对教师提出建议；

（7）是否采取措施推动园内教师获取一级资格证及其他资格证。

8. 保健管理

（1）是否制订和实施法定保健计划；

（2）是否合理实施日常健康观察、疾病预防、健康诊断保健；

（3）是否在家庭、社区保健医疗机构的协助下开展保健指导工作。

9. 安全管理

（1）是否针对紧急情况和突发事件制定危机应对措施；

（2）是否依法制定和实施幼儿园安全预案、幼儿园防灾安全管理；

（3）是否定期进行（园内、上学路段等）安全检查，提高全园师生安全应对能力；

（4）是否联合家庭、社区内相关机构团体采取相应措施保障幼儿安全。

10. 家长对幼儿园的意见建议

（1）幼儿园是否采取措施掌握家长对幼儿园的满意度与建议；

（2）幼儿园是否对家长的具体意见建议做出应对；

（3）在进行幼儿园评价时是否保护家长的隐私。

11. 信息公开

（1）幼儿园是否以通俗易懂的形式公开适当的信息；

（2）幼儿园是否做好幼儿个人信息保护和信息提供的合理匹配；

（3）以家长为主的信息（幼儿园信件、班级信件等）传达和公开是否合理；

（4）是否利用幼儿园主页等多种方式广泛提供相关信息；

（5）是否在幼儿园主页公布幼儿园基本信息（园长姓名、所在地、联络方式、班级数、幼儿数、教育课程等），并定期更新信息；

（6）是否借助多种媒体（如针对家长开展幼儿园教育活动说明会、在社区内发放幼儿园信件等）提供幼儿园相关信息。

12. 家长与社会的合作

（1）家长、社区居民是否积极参与幼儿园管理运营；

（2）幼儿园是否积极创设机会采纳家长、社区居民的意见，是否对家长、社区居民具体的意见和建议做出合理应对；

（3）幼儿园是否灵活运用地方的自然、文化、传统节日等教育资源；

（4）是否有效利用地方人才。

13. 育儿支援

（1）是否合理实施幼儿园养育的支援活动（依据社区、家长的实际情况和要求）；

（2）教职员是否能够理解园内辅导，并充分发挥幼儿园提出建议的功能；

（3）与其他相关机构的合作是否顺利。

14. 幼儿园保育

（1）幼儿园是否依据社区、家长的实际情况和要求实施保育；

（2）是否建立幼儿园及教职员的接纳体制；

（3）对幼儿园保育与幼儿园目的、教育课程间的关联、幼儿园的负担、家园间的合作等的考虑是否合理。

（二）第三方评价过程

1. 评价注意事项

幼儿园及主管部门是第三方评价的实施者，务必要在判断确有必要实施的情况下进行，在法律上并不强加实施义务。

具体的评价实施应根据地方和幼儿园的实际情况灵活采取以下措施：一是外部评价者中，可加上与幼儿园运营相关的外部专家，把外部评价和第三方评价二者的特点融合实施；二是同一片区的幼儿园应协同合作，各自选拔教职员工互相作为对方第三方评价的评价者；三是组建以外部专家为主的评价团队，实施第三方评价。

参与评价的外部专家应对幼儿园自我评价和外部评价发表中肯意见，以改善幼儿园评价的整体过程。在组建以外部专家为主的评价团队实施第三方评价时，要保证评价者的资质，并在充分得到被评园理解的基础上再行实施第三方评价。为了减轻负担，应当谋求广泛的合作，取得来自都道府县政府的支持。在评价团队中，要明确主要责任人在主导评价过程、归纳评价结果方面的职责与任务。幼儿园评价是改善幼儿园管理运营的重要手段，但实施第三方评价毕竟存在一定的开支负担，应当追求效益最大化。

2. 选择第三方评价者

评价实施者有选择合适的第三方评价者的责任。第三方评价应选择那些具有评价专业知识、经验和能力，充分了解幼儿教育特点的评价者。选择范围包括：教育学等专业的大学教授，资深园长、指导主任，教育委员会管理者、兄弟幼儿园的骨干教职员，民间研究机构专业人士等。

3. 实施第三方评价

（1）设定评价项目。

根据幼儿园的教育活动和管理运营状况，在掌握幼儿园、地方实情及自我评价、外部评价结果的基础上设定评价项目和具体指标。在设定具体评价项目和指标时，可参考《指导方针》的第三方评价标准。为减轻幼儿园的负担，可组织相邻幼儿园设定共同的评价项目，从中选择必要的重点评价项目。在推进管理运营改善的方面上，幼儿园与第三方评价者之间的协作至关重要，合作情况可设为评价内容之一。公立幼儿园的第三方评价可作为教育主管部门对自我评价结果进行再评价的依据。

（2）实施时间、日程。

在考虑预算和人事因素后，依据自我评价和外部评价的实施状况，确定实施评价的具体时间和日程安排。根据各园和地方的实际，可采取单年度评价，也可采取中长期评价。

（3）有效性策略。

要事先让第三方评价者深入了解被评价园的情况，从而在有限时间内实施有效的评价，评价者之间对重点评价项目应达成共识。为减轻幼儿园负担，有效地推进评价，应事先做好评价者和被评价园之间的充分商洽，尽可能有效地利用现有资料。具体评价时，要重视观察实际的教育活动、听取教师的意见，尽可能不干扰幼儿园教育的正常秩序，但幼儿园要积极协助做好与第三方评价相关的事务。

（三）幼儿园自我评价的实施

为了实现幼儿园的教育目标，幼儿园有必要根据自身的实际情况，对教育目标、教育计划等的实施状况开展自我评价，并公布评价结果，以便明确幼儿园对运营质量的责任，推进与家长、社区的直接协作。日本强调，幼儿园在教育活动和管理运营过程中，要遵循管理经营实践中的 PDCA 循环模式，力求持续不断地检查总结、改善提高。

为达到既定教育目标，幼儿园需要对教育目标达成状况和为取得教育效果所采取措施的适切性，因地制宜地进行评价。在设置自我评价项目标准时，各园所可参考《指导方针》选择适宜的自我评价项目和具体指标，并允许在恰当范围内对评价标准进行增补和修改。

实施自我评价时，要在园长的领导下全园教职工共同参与，必要时可设置评价委员会，监督、促进自我评价的实施。各园利用评价项目和具体指标，逐项检查教育目标的达成状况，根据评价结果，对现行教育活动和幼儿园经营的适切性进行评价，并据此探寻改善策略。

在自我评价的基础上，幼儿园需要有效利用家长等各方对幼儿园的意见、建议。

各地各园根据自身实际，允许自行安排自我评价的实施时间，但每年必须至少实施一次自我评价，并对本园的保育教育工作和运营管理提出相应的调整和改善措施。

评价结果汇总后，将形成各园的自我评价报告。自我评价报告的主要内容包括教育目标和重点计划、目标达成状况、采取措施的适切性等评价的结果分析及今后的改善方案。

五、评价结果的汇总与处理

（一）评价结果汇总

评价结果汇总由评价者完成，当评价者人数较多时，应由主要负责人主持汇总工作。评价结果应指明幼儿园的优点、缺点和今后的改进方向。为了使评价结果切实促进幼儿园管理运营的改善，第三方评价者应明确指出评价的事实根据，在整理评价结果时，要与被评园进行充分的协商与沟通，给予其确认有关评价结论的机会，使评价结果的准确性、公正性得到被评园的认可。最后，应区分幼儿园能够独立改进的问题、需要主管部门支持的问题、希望得到家长和社区协作的问题，明确提出幼儿园的整改任务与努力方向。

（二）评价结果处理

第三方评价结果报告书应向被评幼儿园、主管部门及人事部门提交，幼儿园也应将第三方评价结果以通俗易懂的形式积极向家长、社区居民进行信息公开。幼儿园主管部门应在评价结果的基础上与幼儿园共同协作，针对存在的问题探讨具体解决方法，给予幼儿园支持和指导。

六、日本幼儿园教育质量的外部评价

《指导方针》明确提出，幼儿园有努力实施外部评价的义务，虽然不强制实行，但为了保证评价的公平性与客观性，应尽可能在自我评价的基础上进行外部评价。外部评价是指家长、社区居民等幼儿园相关人士，对自我评价结果进行评价的活动。其目的在于提高自我评价的客观性、透明度，加深幼儿园、家庭、社区等对幼儿园现状和面临问题的理解，促进三方的联系与合作。

（一）外部评价项目

外部评价是由监护人、社区居民、教育评议员等构成评价委员会，通过对该园的教育活动的观察和意见的交换，对自我评价结果进行评价。评价项目以自我评价项目为主，具体维度包括自我评价结果的内容是否恰当；基于自我评价结果的改善方案是否合理；幼儿园重点解决问题是否有作为教育目标、教育计划、评价项目等；针对改善幼儿园管理运营的措施是否具有适切性。

（二）外部评价过程

各园可单独或联合设立由家长、社区居民等构成的外部评价委员会。外部评价由与幼儿园有直接关系的家长等担任评价者，并允许小学教师和大学研究人员担任外部评价的主体。家长能够通过外部评价，参与幼儿园的管理运营并推动其改善。

外部评价委员会投入工作前，应先参观教育活动、与幼儿园充分交换意见，通过考察、听课、座谈、参观、查阅资料、分析问卷等具体方式，在深入了解情况的基础上对幼儿园的自我评价结果进行评价。由外部评价委员会汇总评价结果，形成外部评价结果报告书，与幼儿园的自我评价报告装订在一起，向家长、社区居民等公布，并提交给学前教育主管部门。

第三节 澳大利亚学前教育质量评价体系的特点与启示

与世界上的其他国家相比，澳大利亚建国时间虽短，但其幼儿教育发展速度较快。1900 年澳大利亚独立，分为六个州和两个领地，联邦政府在 20 世纪 60 年代前后开始关注幼儿教育质量保障问题，协调地方，初步建立起一套幼儿教育质量评价与保障体系。1993 年，澳大利亚成立了国家幼儿教育认证委员会（NCAC），受联邦政府资助，专门负责幼儿教育的工作，具体任务是：建立儿童养育标准，进行教育质量监测评价；确定学前教育服务认证的程序；为联邦部长提供咨询和报告；持续改革发展计划，完善质量评价与保障系统；定期总结质量监测评价情况并向社会公布相关信息。NCAC 成立后，首先在全日制入托机构建立了质量促进和认证系统（QIAS）。

澳大利亚的幼托机构包括日托中心、家庭日托、幼儿园和学前学校、校外看护中心等。NCAC 通过颁发实践指南为幼儿教育机构提供具体指导，指南每年出版一次，提出幼儿教育机构应遵循的主要原则。从 2006 年开始，在以往的基础上经过归类和简化，提出了教师与儿童以及同伴之间的关系、与家庭的合作友谊关系、计划和评价制度、儿童的经验和学习、对儿童的保护和安全、健康与营养、支持和管理共七大领域的措施，每个领域又制定了一些具体的原则。质量认证主要根据这七大领域及其相关原则对幼教实践进行评价，具体的认证程序主要包括注册、自我研究和促进、访问核查、调整与指导四大步骤。2011年9月，澳大利亚"国家评估员培训项目"启动。澳大利亚学前教育质量保障体系的成功经验，可为我国学前教育质量保障体系的建立提供有益的借鉴。

一、评价标准——《早期儿童教养国家质量框架》

2012年1月，澳大利亚发布新的《早期儿童教养国家质量框架》（National Quality Framework for Eaely Childhood Education & Care）（以下简称《国家质量框架》）。其主要内容包括四部分，国家立法（包括《国家教育和保育法》和《国家教育和保育条例》）；《早期儿童教养国家质量标准》（以下简称《国家质量标准》）；评估程序与系统；专门的评估机构——"澳大利亚儿童教育与养护质量监督局"。该框架标志着国家层面的学前教育质量标准与评价体系的确立，其目的在于"提升全国范围内早期儿童教养质量，并促进早期服务体系的连贯性与持续改进"。"框架"将评价分为五个等级：需进行重大改进、有待改进、符合国家质量标准、超过国家质量标准、优秀；新质量标准包括"学前课程与教学""儿童健康与安全保障""幼儿园园舍环境""人员编制安排""幼师关系""与家庭、社区合作""领导与机构管理"七大领域；并启动了由政府主导、全国范围开展的学前教育质量评价活动，鼓励学术机构积极参与和开展育质量评价的研究工作，极大地推动了澳大利亚学前教育事业的发展。

二、澳大利亚学前教育质量保障体系的基本特点
（一）立法保障，国家统一管理

澳大利亚《国家教育和保育法》由维多利亚州颁布的本州《2010年教育和保育服务法》流变而来，其于2010年10月12日颁布，随后被澳大利亚其他州采用，旨在建立由各州政府通力合作的、全国统一的学前教育和保育服务质量管理与评估体系。至2012年1月，该法案经过两次修订，明确规定了《国家质量框架》的目的是确保和提升儿童保育服务机构质量，建立全国统一的国家质量框架管理系统；指导原则是儿童至上、体现公平、包容和多样性。《国家教育和保育条例》是2011年12月儿童发展和青年事务部部长理事会参照各州、各领地相关法规制

定的。该条例包括了早期保教服务机构的批准、服务认证和资质认证、质量评定量表制定、评价和评级服务程序和质量框架中七个领域的操作要求等。

澳大利亚实行分权式教育行政体制，幼儿保育和教育职责由联邦和州、领地政府分担，联邦政府主要负责为幼儿保教提供经费补充。从 1989 年开始，联邦政府收紧了对学前教育的管理权力。澳大利亚幼儿教育质量保障体系由国家幼儿教育认证委员会直接管理，主要负责三个系统：日托儿童教育机构质量保障、家庭日托机构质量保障、校外幼托机构质量保障。联邦政府对幼儿教育质量保障体系的发展起到了关键作用。近年来，随着社会逐步进入老龄化阶段，联邦政府意识到幼儿教育和保育质量对幼儿、家庭以及国家未来生产力具有重要影响，"幼儿教育是通过国家干预来推动社会发展的关键点"，因而强调了幼儿教育和保育在社会发展中的战略地位，加大了对幼儿教育和保育的监管力度。

（二）广泛的研究基础，严密的标准体系

2009 年颁发的澳大利亚《国家幼儿发展战略——投资儿童早期》列举了大量关于儿童早期发展的研究结果。一些国际组织的研究以及在幼儿、科学和经济学等领域的国际研究都表明，提高所有儿童的生活与教育质量是政府的职责所在。这些研究成果为澳大利亚国家保教政策改革奠定了基础，《国家质量标准》的制定借鉴了大量关于高质量早期教育和保育的研究成果。

澳大利亚《国家质量框架》囊括了早期保教机构质量管理的法律法规、质量标准、监管机构及质量评价过程，这些内容环环相扣，覆盖了早期保教机构质量提升的全过程。《国家教育和保育法》和《国家教育和保育条例》为早期保教质量提供了立法保障。《国家质量标准》《幼儿学习框架》与《学龄儿童保育框架》明确了包括儿童学习与发展的结果评定在内的早期保教机构质量评价与推进系统的重要内容。质量标准定义全面，七大质量领域涵盖了过程性质量和结构性质量两方面的指标。过程性指标即教养者与幼儿的互动、教养者利用环境对幼儿进行感情回应与生活照料、确保幼儿安全与健康的教育实践等直接影响幼儿早期发展的实际教养过程。结构性指标包括师幼比、机构中工作人员的专业资质等教养者及早期保教环境的特征。评价系统制定了质量监控的具体规范和明确要求，具有极强的操作性。Australian Children's Education and Care Quality Agency（以下简称 ACECQA）等监管机构的设立，不仅减少了保

教机构管理的行政层级，整合了以往较为零散的监督和管理机制，而且有助于质量监管的统一和质量监管效率的提高。

（三）严格的质量认证管理

质量认证是澳大利亚学前教育质量保障体系（The Child Care Quality Assurance systems, 简称CCQA）的主要组成部分，包括《家庭日间护理质量认证制度》（FDCQA）、《学校时间以外托儿质量认证制度》（OSHCQA）、《质量改善及认可制度》（QTAS）。CCQA在全国性、连贯性国家标准的基础上提供一种衡量、检验和改善学前教育质量实践的方法，由工作人员与幼儿的互动、与家庭的合作、规划和评估、幼儿所获经验和知识、提供的相关服务以及支持ISO质量管理六个要素构成，此标准为持续提升幼托机构的质量水准服务。

澳大利亚的法律对早期教育机构的认证申请采取自愿原则，只要相关机构符合办园的国家标准即可获准招生。事实上，机构获得认证资格不仅有助于获得社会和家长的认可，依据新税法，还有机会申请联邦政府的托儿福利补贴资格及相应的政府拨款支持。

NCAC既不从属于某些社会团体或个人，也不受控于政府部门，而是受政府资助的独立的、非营利性的认证机构。在认证程序上，重视幼教机构的自评报告、核查访问员的调查报告、随机抽查的情况记录，从各种因素来综合评价和确定教育质量。对于符合认证标准的会提出进一步发展提高的建议；对于不符合认证标准的，则提出要求和改革方案，促使其早日达到认证标准。认证一般具有两年半的有效期限，周期性的认证程序发挥着持续的监管和督导作用，促进幼托机构质量的提升。

（四）保教一体化管理

从历史脉络看，澳大利亚幼儿教育和保育体系呈现保教分离的双轨制特点，保教机构受到联邦和地方政府的双重管理。2008年前，在联邦层面保育和教育分属于社会福利部门和教育部门主管。在地方层面，托幼机构在各地由不同的机构管理，一些地区实施保教一体化管理，另一些地区将教育与保育（社区服务）分开管理。全国各地的学前保育和教育呈现多种模式、多种管理机构、地区发展不均衡等特点。2008年，澳大利亚成立了早期教育与儿童保育办公室（Office of Early Childhood Education and Child Care），是教育就业与劳资关系部（Department of Education, Employment and Workplace Relations）的下设二级组织，在联邦层面统一负责澳大利亚幼儿保教事务。

《国家质量框架》的制定和实施奠定了澳大利亚早期保教的一体化格局。首先，《国家质量框架》整合了保育和教育系统的质量保障机制，对 0 ～ 5 岁保教机构采用了相同的注册、质量评估标准要求，确保在不同类型保教机构中的所有儿童都能获得同样的、高质量的早期经验。其次，《国家质量框架》规定对保教机构的行政管理进行整合，由 ACECQA 统一监督《国家质量框架》在全国保教机构中的实施。再次，《幼儿学习框架》的颁布建立了 0 ～ 5 岁儿童学习、发展、保育的统一标准，消除了儿童早期教育和保育的法定界限，从制度上促进了保教一体化。由此可见，《国家质量框架》的实施使澳大利亚建立了从出生开始的统一、连续而灵活的早期保教系统，有利于儿童早期的全方位发展与学习，有助于改进所有儿童的生活质量，并使处境不利的儿童在高质量的保育和教育中受益更多。

（五）发挥政府主导职能，调动各方广泛参与

2012 年颁布的《国家质量框架》中，澳大利亚以政府为主导，调动全国范围的教育行政部门、学前教育机构、学术团体等进行学前教育质量评价的研究工作。如"学前教育有效性研究"由墨尔本大学与昆士兰科技大学联合开展，受到澳大利亚研究委员会、维多利亚教育与早期教育部和昆士兰教育培训部的资助，是澳大利亚历史上覆盖面最广、规模最大的由政府拨款、学者主持的学前教育质量评价研究。

NCAC 认为，幼儿家长是幼儿教育的最好见证人和评价者，幼儿的经验是教育质量衡量的重要体现。幼儿教育质量保障涉及家庭、教师和管理机构的共同合作和发展，是质量保障过程的有机组成部分。故应从教育观念、政策和程序方面，鼓励每个幼儿教育机构和家庭共同发展，共同形成儿童的经验，加强教师与家庭的互动，鼓励家庭和其社区成员参与幼教机构的活动。

（六）权威的网络信息平台

《国家质量框架》的实施，为全国幼儿保教系统制定了统一的质量标准、评级和评价系统，且评价结果会在 ACECQA 等网站上公布。提高早期保教机构质量信息的透明度，可以促进保教机构与幼儿家长之间的信息对称，强化幼教服务领域的市场选择功能。

澳大利亚政府特别重视幼儿教育网络资源建设，设有很多官方网站。如澳

大利亚幼儿教育质量系统网站（http://www.acecqa.gov.au/），提供各种幼儿教育方面的信息，包括儿童质量保障机构的介绍、质量保障认证步骤、自我研究报告的要求，以及表格填写、政策文件、质量保障人员的培训、各种幼教出版物和杂志等。此外，还有澳大利亚早期教育网（http://www.earlychildhoodaustralia.org.au/），儿童养育网（http://raisingchildren.net.au/），澳大利亚家庭日托养育（FDCA）网（http://www.familydaycare.com.au/）等。澳大利亚各个州和地区、拥有幼儿（或早期）教育系的大学和职业与继续教育学院、一些较大的幼教机构也都建有各自的网站，提供早期教养方面的研究和课程，发布权威的研究成果和信息。

三、对完善我国学前教育质量保障体系的启示

（一）建立健全学前教育质量保障的法律法规体系

目前，我国的《学前教育法》尚未出台，现有学前教育的相关法规存在层次较低、权威性不足的问题。学前教育是我国国民教育体系的重要组成部分，建立完善的学前教育质量保障体系、促进学前教育事业健康发展，是提高国家未来竞争力的重要保障。因此，我国需要从立法的高度，进一步明确和强调学前教育的重要地位；通过立法明确政府、社会和家庭的责任；保障托幼机构、幼儿教师、幼儿家长和幼儿的合法权利；支持学前教育机构的建设和质量提升；严格统一幼托机构等级评价；设立专门的监管部门，通过立法提高全社会对学前教育的重视和支持。

（二）鼓励和支持相关研究，构建完整的质量标准体系

我国目前的学前教育质量研究基础薄弱，缺乏高层次科研院所和学术机构。同时，我国学前教育现存问题较多，人民群众对优质学前教育的需求与学前教育发展不平衡、不充分的矛盾依然十分突出，如何平衡公办与民办幼儿园的资源配置，如何规范民办幼儿园评级制度；农村幼儿园数量庞大，教育质量普遍较低；幼儿园收费标准不一；师资差异较大；质量评级标准单一；质量监管薄弱；等等。因此，应当充分调动学术研究机构、高层次学术人才、一线工作者、教育行政部门，合力开展学前教育质量评价与保障体系研究，推动我国学前教育事业的持续健康发展。

虽然我国教育行政部门出台了学前教育质量评价制度，各大城市及地方都

颁布了相关质量评价标准和幼儿园评级制度，但由于没有形成一个从国家到地方的完整体系，在质量评价的实施力度明显不足，导致幼托机构乱象层出，"入园难、入园贵"和学前教育质量不高的问题并未得到根本解决。因此，建立一套以认证制度、认证机构、认证对象为要素，以认证程序、认证内容、认证等级为操作指南的一整套学前教育质量评价标准体系，已是我国的当务之急。

（三）建立专门的认证机构和完善的认证制度

学前教育质量保障的职责和权利在政府。一个相对公平、独立的认证机构和一套完善的认证制度是质量保障体系的重要组成部分。澳大利亚的学前教育质量监管部门是独立于政府的非营利性机构，有利于实现监管的全面、持续和公平、公正。NCAC 的认证体系不仅有较为全面的认证条例，还有一套严格的认证程序。

我国学前教育质量评估通常由政府教育行政部门组织，具有强制性。目前，我国对幼儿园的监管主体是各级教育行政部门，对办园质量的评价标准单一，缺乏多样化和发展性评价，评估人员主要是教育行政部门的工作人员。各幼托机构往往是以评级为目的，忽视持续的质量提升。因此，我国亟需建立专门的认证机构和一套完善的认证制度。

（四）健全评价机制，拓展评价主体

在澳大利亚学前教育质量保障体系中，儿童作为重要的评价主体之一，在整个评价体系中具有举足轻重的作用。家长能够通过权威网站发布的评价信息，结合 NCAC 提供的质量指标去考察幼儿园，家长可以填写认证的调查表，参与到对幼儿园质量的评价当中，甚至可以参与到相关标准和制度的修订中。当前我国学前教育质量的评价标准和评价主体比较单一，幼儿及其家长未能充分参与到现有评价程序之中，也无从获知评估内容、标准、程序及得分情况，只能盲从于幼儿园等级信息。所以，需要建立高水平的"评估专家库"，组建多元化的专业评价队伍，应吸纳包括学前教育领域的理论专家、园长和幼儿教师、权威人士、幼儿家长代表，并制定评价员遴选、认证制度，加强对评价人员的操作技能培训。

第四节　新西兰学习故事评价模式的内涵、启示与反思

目前，新西兰学前教育机构的类型主要有儿童教育与保育中心、幼儿园、家庭日托中心、医院日托中心、游戏中心等。新西兰政府通过设置各类学前教

育机构的开办标准，保障了每个儿童充分享受公平、优质的学前教育机会，保障了学前教育机构的质量，对新西兰学前教育的优质、均衡发展产生了重要影响。

新西兰政府规定，所有的学前教育机构必须通过教育部的审核并注册登记，只有经审查符合《幼儿教育服务条例》（Early Childhood Education Services Regulations）规定，才能取得合法经营执照，从事学前教育活动。教育部对注册的学前教育机构定期进行检查，鼓励幼儿家长、社会公众等对学前教育机构进行监督。

在新西兰各类托幼机构中，"学习故事"被广泛应用于帮助教师观察、理解、评价儿童的学习过程和发展水平。新西兰"学习故事"是一种叙事性评价，它通过对儿童在真实情景中的言行进行连续观察和记录，对儿童的学习与发展做出评价，其目标和宗旨是促进儿童的学习与发展。新西兰学习故事评价模式对世界各国托幼机构和中小学的教育评价有着广泛的影响。

一、学习故事评价的基本内容

学习故事作为一种形成性评价方式，并不在乎评判幼儿发展水平的高低快慢，而是强调促进儿童的进一步发展。在评价过程中，学习故事不以常模为参照，而是基于对幼儿个体的全面了解，捕捉体现幼儿个性化学习与发展的奇妙瞬间，再通过恰当的回应反馈，从而有效支持和拓展幼儿心智倾向与技能学习与发展。学习故事总是与课程相融合，师幼双方通过"注意—识别—反馈"的循环链积极互动共同建构，形成幼儿发展的有机整体。新西兰将早期教育课程定义为"在促进儿童学习与发展的专门机构中发生的所有直接与间接的经验、活动与事件的总和"，即一日生活、游戏皆是课程，认为幼儿在真实的复杂情境中能获得更有深度和广度的学习与发展。学习故事采用叙事记录的方式，注意幼儿真实、自然的兴趣、行为和思维，识别幼儿发展的心智与技能倾向。

新西兰的学习故事最初是为了评价早期教育环境中儿童经验的获得，其评价内容为儿童的学习倾向。后来，学习故事逐渐渗透到新西兰中小学教育的评价中，评价内容指向儿童的关键能力。学习倾向与关键能力具有内在的关联性。

新西兰国家幼教课程大纲明确认为"儿童是以有能力、有自信的学习者和沟通者的身份成长的，身体、心理、精神健康，有安全感和归属感，能为社会做出重要贡献"。新西兰幼教课程大纲指出，学习结果包括知识、技能和态度三个方面，体现为学习倾向（Learning Disposition），具体分为兴趣、积极参与、克服困难、与人交流、承担责任五个方面。其中，积极参与，是指在与人或物互动时能集中注意力，热情投入活动中；与人交流，是指儿童能够以语言、形体动作等方式，表达自己的观点或情绪；承担责任，是指儿童能够帮助别人，并为共同活动做出贡献。学习故事透过儿童展示的"感兴趣""在参与""会坚持""能表达""敢担当"的行为表现，揭示儿童的"归属感""健康""探索""沟通""贡献"的心智倾向，呼应了新西兰早期教育课程中的五大发展线索。

二、学习故事评价的原则

根据新西兰教育部要求，学习故事评价应当遵循四项原则：①赋权原则——要求学习故事评价能给儿童发展和学习的主动权；②历史发展原则——要求学习故事评价关注儿童的整体发展；③家庭和社区原则——要求家庭成员参与学习故事评价；④关系原则——要求学习故事注重人与人、人与事物、人与地方之间的关系，正如儿童的学习受关系的影响一样，评价也受儿童和成人之间关系的影响。

三、学习故事评价的过程

学习故事评价的过程，是对儿童学习倾向或者关键能力的描述、讨论、评价，并最终为促进儿童的发展而做出决定的过程。

学习故事是一种叙事性、解释性的评价方法，其评价过程遵循"4D法"，即描述（Describing）、讨论（Discussing）、记录（Documenting）、决定（Deciding）。描述是有计划、有目的地叙述，目标直接指向儿童的学习倾向或关键能力，描述关注的是儿童的积极经验与实际行为，而非他们现阶段还不具备的学习倾向或关键能力。讨论是指通过和其他教师、儿童、家庭成员谈话交流，使教师对儿童行为的解释和评价更加客观、真实、可靠。记录是指将儿童的学习行为用文本、图片、录音、录像等形式记录下来，其目的在于进一步认识儿童的学习行为，并做出合理解释。决定是指教师在描述、讨论和记录的基础上，对后续教学行动做出适当的安排，其目的是更好地回应儿童的表现，满足儿童的需求，促进儿童学习与发展。

学习故事评价的过程包括"注意—识别—回应"三个环节。教师需要通过观察，敏感地发现儿童学习和发展的线索，通过故事写作和照片等方式，详尽地记录学习活动。教师需要识别儿童的表现，并对学习活动进行细致、生动的分析和评价，尝试挖掘幼儿学习活动背后所表现出的能力和发展线索，反思如何进一步为幼儿提供学习支持，如何通过与幼儿互动来回应幼儿学习与发展的需要。

四、学习故事评价的特点

（1）学习故事以叙事的方式进行幼儿学习和发展的评价，教师需要以生动的语言和描述性的话语，记录真实发生的幼儿活动和学习事件。这种叙事性的记录不是单独学习事件的零星记录，而是在不同环境中连续地描述幼儿的学习。教师在评价中不仅作为一个记录者，还作为一名解读者，需要解释和评价幼儿学习活动背后表现出的有助于学习的心智倾向，更作为一名反思者，思考今后如何回应孩子。学习故事是在多元文化的社会背景下，以幼教课程为基础形成的，它从积极的角度来看待儿童，为改进儿童学习提供信息，而非对儿童发展水平进行定量描述或者进行筛选与评定。

（2）学习故事评价的内容具有连续性。幼儿的学习和发展表现为幼儿与周围环境不断互动的过程。教师不仅要记录幼儿的学习活动，还要有意识地对其学习事件进行追踪，使零碎的学习事件组合成具有连续性的学习故事，成为能够跨越时间和空间、富含重要信息的具体材料，将不同的儿童学习事件与其长期的发展进程串联起来，构成具有代表性的学习事件链。为了让儿童的学习和发展更加直观，学习故事不仅包括文字描述，还包括教师对儿童学习的分析和总结，家长的意见和留言，教师与幼儿的交谈记录、相关事件、照片、录像或录音等多媒体素材。随着现代信息技术的发展，教师要学会借助PPT、影像制作、数码照片等可视化、影像化方式来记录和保存幼儿的学习故事。

（3）学习故事评价的参与主体是多元的，包括教师、儿童和家庭成员。学习故事是儿童、教师和家长的共同故事，学习故事的重要功能体现在多个方面：与儿童分享，构建儿童的自我认知；与家长分享，了解孩子的成长力量；与教师分享，激发教师走进幼儿的热情；与幼儿园分享，丰富幼儿园的课程资源。学习故事评价要求教师重视与家长和幼儿一起分享和回顾孩子的学习故事。教师还可能邀请家长在教师已经写就的学习故事后写上自己的看法，使家长也发表自己对于学习故事的看法，或者分享幼儿在家发生的一些事件。与家长一起分享学习故事将帮助家长更加全面了解孩子的发展状况，了解孩子在幼儿园的活动，也从侧面了解了幼儿园的教育成效。融入了家人和家里发生事情的学习故事能把儿童多层面的形象汇集在一起。

（4）学习故事注重展现儿童学习过程中的惊喜时刻，即"魔法时刻"，是评价主体"抓拍"记录到的一系列精彩的儿童学习片段。因此，既能使儿童获得自我认同感、自我效能感，又能帮助教师自我反思，还能促进家长与幼儿园的沟通与交流，使家园教育协调一致。因此，学习故事是一个中介，既记录和支持着儿童的发展，也是家长了解孩子、理解认同幼儿园教育的良好途径，还可以促进儿童、教师、家长之间的互动互惠。

（5）学习故事评价对儿童的能力积极关注，旨在促进儿童学习与发展。被正式记录下来的一个个"学习故事"，不仅要呈现出儿童自然真实的学习状态，以及成人对儿童学习的解读，掌握他们的兴趣、目的、意图、动机、学习策略、学习品质、知识和技能等，真实记录儿童和周围环境（人、物、事件）之间的关系，刻画出一个独一无二、整体发展着的儿童，反映家庭和社区在儿童学习与发展中的作用，并通过评价激发儿童学习和发展的潜力，让儿童看到自己是有能力、有自信的学习者。

学习故事丰富了"学习"的内涵，重视在幼儿的日常表现中探讨幼儿学习的发生，发现幼儿的能力。即使在他人看来毫不起眼的一些举动，教师都可能通过将其记录成学习故事，在故事中发现幼儿在日常活动中能做什么，发现幼儿所表现出来的能力。因此，学习故事本身的记录和分析视角就是对幼儿的一种积极的关注，是"为了促进幼儿学习而评价"。教师对儿童的评价通常并非集中在知识和技能上，而是聚焦于儿童的学习品质（如注意力、好奇心、创意）。学习故事评价中的这一取向，意味着教师重视发掘儿童的优势，重视培养儿童的良好学习习惯，构建积极的学习者形象，为促进儿童的终身学习与发展服务。

五、 学习故事评价的优势

（一）学习故事建立了儿童学习和发展之间的对接

《新西兰早期教育课程框架》和学习故事评价体系的一个重要目标就是促进儿童发展其有助于学习的心智倾向，帮助儿童建构作为学习者的自我认知。

学习故事记录了儿童在一日活动中展现出来的各种精彩时刻以及在此期间产生的各种与学习相关的有意义的学习品质，如坚持性、合作性、创造性等。

学习故事改变了过去量化数据式的结果评测，更多从儿童学习本身、从儿童本体出发来关注其学习和发展的过程。学习故事这种"取长"式的评价体系将教育者对儿童的评价从以往重知识、技能的单一评价逐步走向知识、能力、情感的多元评价，特别是学习故事中有关心智倾向的深入解读，能让儿童在愉悦的心理环境中感到自己是一个有能力的学习者，促使儿童在不断探索和学习中扩展经验、挑战自我并获得自我效能感和成就感。

（二）学习故事建立了儿童、教师、家长之间的对接

学习故事不仅是写给教师看的，更是写给儿童及其所在家庭、社区看的。因而学习故事以第二人称的角度来撰写，发现儿童的闪光点和各种未来发展的可能性，支持儿童的主动学习。这些记录了积极体验的学习故事，不仅客观记录了儿童的一日活动，而且也记录了儿童在学习过程中所表现出来的兴趣、能力、学习策略、学习品质和情绪情感等信息。由于学习故事从以往的"找不足"转向了"寻优点"，因而更多儿童心情愉悦、充满期待地参与到评价过程中。家长也非常愿意以积极的心态来和教师一起见证孩子的成长经历，并且愿意一遍遍地反复阅读与分享。学习故事的读者是孩子和家长，因而是以孩子为中心的事件记录。

（三）学习故事建立了教师的学习与发展之间的对接

学习故事目的在于记录儿童成长的一些关键时刻、"魔法时刻"及有意义的时刻，它本质上是为儿童服务的。在某种程度上，学习故事强调和建构的是儿童日常活动中一些流畅的学习事件链，并在这些事件链中通过儿童的直接感知、实际操作、亲身体验来建构和整合其现有的学习经验，形成适宜儿童生长的学习反应链。学习故事流畅的学习反应链能让教师真实记录和鉴证儿童的个体发展，并在真实的记录中发现和展示儿童的闪光点，在适宜的回应中感受儿童成长的力量。儿童从中不断学习和发展，教师也能从儿童的学习和发展中了解自己工作的意义，不断建构和深化自己对教育的理解。因此，教师参与学习故事的过程，也是一个自身专业素养不断提升的过程。

六、学习故事评价对我国学前教育的启示

学习故事评价所包含的以儿童为中心的儿童观、教育观、课程观，及其促进学前教育健康发展的实践，对我国幼教同行有着多方面的深刻启示。

（一）关注儿童的心智成长

学习故事评价所崇尚的儿童观是"相信儿童是有能力、有自信的学习者和

沟通者"，这种先进的理念是"学习故事"的精髓所在，它跟《指南》所倡导的"尊重儿童，促进儿童主动、积极学习"的精神是一致的。《新西兰早期教育课程框架》强调，要让儿童以有能力、有自信的学习者和沟通者的身份成长，让他们自由追求身体、心理、精神健康，保证他们的安全感和归属感，使他们知道自己能为社会做出重要的贡献。在对儿童进行评价时，要让儿童认识到自己是"有能力、有自信的学习者和沟通者"。这就要求儿童学习评价的切入点从"找不足"转变成"发现优点和兴趣点"。

新西兰学习故事评价聚焦儿童的主动学习，通过"注意—识别—回应"的循环反应链来对儿童的学习与发展做出评价。所谓"注意"，就是教师描述整个事件的时间、地点、人物等关键要素，即发生了什么。所谓"识别"，是指在事件发生后，教师以教育者角度分析什么样的学习有可能发生，即分析儿童行为背后的深层原因，解释"为什么"的关键问题。比如，儿童在事件中学习到了什么，解决了什么问题，表现出了哪些优秀、可贵的品质等。所谓"回应"，是指如何支持儿童在这方面的学习。幼儿教师从观察一个个儿童、做出一点点改变，记录真实的点点滴滴开始，将观察视角聚焦儿童，关注其心智成长，培养儿童的兴趣、好奇心、独立和责任感等品质。

（二）打破以"教"为中心的记录书写视角

学习故事评价的参与者不应只是教师群体，而应该包含与儿童发生联系的相关人员如家长、社区人员等。以往，教师撰写学习故事往往聚焦于方法、技能、知识，更多以第三人称来书写，缺乏情感的支持和回应。学习故事是从第二人称的角度来撰写，从过去发现儿童的不足，逐步走向发现儿童的闪光点和各种未来发展的可能性，支持儿童的主动学习。打破以"教"为中心的记录书写视角，意味着记录者要去倾听、关注儿童，在观察中识别儿童的共同兴趣，支持儿童的需要。

教师逐步学会关注儿童在游戏和学习中表现出来的"能做的事情"，并从中挖掘儿童主动学习的能力，从以往"我让孩子怎么玩"的"教师本位"转变为"我看孩子怎么玩"的"儿童为本"。教师关注的重点不在于技能目标，而是寻找儿童发展的可能性，寻找儿童生活中的各种"魔法时刻"。

（三）回归儿童的有效回应

学习故事评价的主角是儿童。"学习故事"应该回归到儿童生活的原点，在互动中抓取关键信息进行积极、有效的回应，并在回应中赋予每个儿童学习和成长的力量。教师的回应要有效，首先需要解读儿童的行为，把握儿童活动中的一些关键经验。回应要因时、因人、因地进行，要基于每个儿童先期的经验、后期的发展有针对性地进行回应和评价。教师应重视儿童在活动过程中表现出来的"坚持""合作""专注"等学习品质。同时，教师在回应中还可以有意识地创造机会，让儿童展示这些良好的学习品质。

七、对我国幼儿发展评价工作的反思

《纲要》指出，对幼儿发展状况的评价目的是了解幼儿的发展需要，以便提供更加适宜的帮助和指导。评价的过程，是教师运用专业知识审视教育实践，发现、分析、研究、解决问题的过程，也是其自我成长的重要途径。

当前，我国儿童发展评价存在的问题主要表现在将评价的核心价值定位为记录儿童成长过程和促进家园沟通，偏离了评价的本体价值——儿童发展评价的本体价值应当是"了解儿童的发展需求，以便提供更加适宜的帮助和指导，最终促进儿童身心的更好发展"。评价过程虽然是工作任务，意味着一定的劳作和精力付出，实际上也是幼儿教师不断研究儿童和反思自身保育教育工作、加速自身专业成长的过程。教师在评价实践中可以逐步养成乐于观察和分析儿童、勤于反思保教工作成败得失的良好习惯，通过坚持不懈地观察儿童的学习，帮助、支持和促进儿童的学习，可以实现儿童学习发展与教师专业成长齐头并进、"一箭双雕"的目标。

要实现儿童发展评价本体功能的"回归"，幼儿教师必须改变以往"为评价而评价"的做法，切实摒弃"从实践中来，到柜子里去"的老套路，做到"一切为了儿童发展"，真正发挥评价的作用，使评价成为教师分析儿童、了解儿童、支持儿童学习和发展的依据，成为促进教师优化保教工作，从而实现提高保教质量的根本目标。

当前，我国的儿童评价实践大都以集中的方式进行，忽视了儿童发展是一个日积月累、持续变化的过程。为了纠正偏差，教师必须将评价融入儿童的日常保教过程，重视在日常情境中进行观察、记录和分析，使评价和保教工作相互渗透、相互促进。要重视将评价标准与课程目标相结合，根据对儿童学习的观察和分析结果及时调整自己的课程内容和计划，以期更好地支持和促进儿童进一步学习。教师还要关注儿童发展的需求，及时给予帮助，不断提高保教质量。要努力构建评价和儿童、课程、教学之间的有效联系，使评价真正融入幼儿园日常生活，不断促进儿童的发展。

八、学习故事评价的局限性

"学习故事评价"是针对幼儿教师开发的一种关于幼儿发展的评价方法。该方法从 2004 年以来在新西兰得到广泛应用，但学术界也不乏对学习故事评价的质疑与批判。反思与批判的焦点主要集中在以下几个方面。

（一）学习故事评价的目的和内容不明

教育评价的基本原理认为，评价目的和评价内容应当具体，而"学习故事"的倡导者认为"学习故事"要聚焦幼儿的学习倾向（dispositions for learning），但对学习倾向未做严格的界定，内涵模糊不清，使得"学习故事"无法为作为评价者的教师提供评价目的和内容方面的有用信息，也不能与幼儿主要的学习发展领域很好衔接。

（二）"学习故事评价"没有对教师的观察进行仔细的分类

"学习故事评价"倡导者虽然要求教师观察幼儿并撰写"学习故事"，但并未论述教师观察的类型和方法。事实上，教师的观察可分为预先设计的观察和现场临时的观察两大类型，幼儿教师主要实施的是临时的、短暂的现场观察。"学习故事"无法在观察现场写就，必须在日后另行写作和修改，必然会耗费教师大量的时间和精力。批评者还指出，学习故事评价倡导者将行为序列界定为"感兴趣—介入—坚持应对困难、挑战和不确定性—表达观点或情感—承担责任"，并强行让教师按照这一序列进行幼儿观察、记录，而不是客观真实地记录幼儿的行为。在实践中，"学习故事评价"给定的行为序列可能根本不符合幼儿行为的真实表现，依据该行为序列撰写的"学习故事"往往包含教师"主观臆想"或谬误的成分。

（三）"学习故事评价"的效率较低、时效性较差

教师撰写"学习故事"要花费大量时间成本，政府管理部门也没规定教师写作"学习故事"的频率。撰写"学习故事"需要较长时间，教师先观察记录，再按照三段式来写"学习故事"，等"学习故事"写出来的时候，幼儿的兴趣

和学习可能早就发生了变化，导致"学习故事评价"跟不上幼儿学习的节奏，其价值往往停留在理论层面上，效果也必然随之打折扣。

学习行为的分析解释是一个非常复杂的过程。在理解和解释过程中，自然会卷入教师的先见、成见和情绪等因素。如何对儿童的学习与发展做出准确的分析、判断和解释，是摆在广大幼儿教师面前不可回避的共同课题。客观地看，新西兰"学习故事评价"作为幼儿评价理论与实践的样本之一，虽然对我国学前教育工作者具有重要的启示意义和借鉴价值，但并不具有"放之四海而皆准"的神奇功力。无论它如何得到传播、推广，也不可能最终形成"一统天下"的局面。

一些幼儿园是在未能深刻理解"学习故事评价"的内涵、未能准确把握《指南》精神的前提下，尝试记录儿童的"学习故事"、改变一日生活常规、改变幼儿园管理方式。园长们经常听到老师"压力山大"的抱怨，遇到各方面的质疑和责备。园领导让教师每天拿着相机拍照、记录，而教师们不得不操心几十个孩子的安全，很难看到孩子们的"魔法时刻"，而汇报交流时大家又必谈"注意—识别—回应"三段式。

每个地区、每个幼儿园都有各自不同的情况，我们应当以科学的态度对待外国先进幼教理念。学习故事评价不是幼儿园工作的全部，而是幼儿教师不断学习、建构园本课程的一个阶段、一种幼儿教师专业成长的探索。任何学习和借鉴都只有和本地本园的实际相结合，才能使教师、儿童都真正受益。

第五节　新加坡学前教育认证体系的经验与启示

一、新加坡学前教育事业现状

新加坡的学前教育机构（preschools）从形式上分为约 2 岁至 7 岁以下的儿童提供学前教育的幼儿园（Kindergartens）和为 18 个月至 7 岁以下的儿童提供托儿服务和学前教育的"儿童看护中心"（childcare centres）。其中幼儿园又有国营的教育部幼儿园（MOE Kindergartens）和民营幼儿园两大类。

新加坡政府直接投资的教育部幼儿园由教育部直接管理，提供 4～6 岁的学前教育服务，包含半日制的课程和可选择的看护服务，有完整、统一、规范和结构化的两年制课程体系。教育部幼儿园条件好，水平高，是新加坡学前教育领域的标杆，但数量极少，覆盖较窄。据 2017 年 2 月新加坡教育部数据，新加坡全国的教育部幼儿园总共只有 18 所。不过，据新加坡教育部 2017 年 2 月 8 日宣布，新加坡将在 2019 年开始在部分地区试点对该地区所有幼儿保育中心登记在册的 4 岁儿童给予就近进入教育部幼儿园的权利。由此推测，新加坡的国营幼儿园数量很有可能在未来两年有所增加。目前，民营的幼儿园和儿童看护中心是新加坡学前教育领域的主流，过去需要在教育部注册并受社会与家庭发展部管理，提供 7 岁以下儿童的看护服务和教育服务，性质灵活，规模不等。2013 年新加坡成立新加坡儿童早期发展机构（The Early Childhood Development Agency，ECDA），作为一个由教育部（MOE）和社会与家庭发展部（MSF）联合监管的一个自治机构管理所有的学前教育机构。而据 ECDA 的数据推算，2016—2017 年间新加坡的学前教育机构数量保持在 2000 所左右的水平。

在政府直接投入有限的情况下，新加坡主要从两个方面推进学前教育质量建设，一方面，集中学前教育专家，研发高质量的 NEL（Nurturing Early Learners Curriculum）课程框架和电子资源（见图 7-3），向全国的学前教育机构推广。鼓励学前教育机构使用新修订的课程框架来评估和设计幼儿园的课程，同时鼓励教师运用框架中提出的教学方法来实践。

图 7-3　新加坡 NEL 课程 LOGO（资料来源：新加坡教育部官网）

另一方面，开展质量评估工具建设，以教育评估活动推动教育质量提升。2003 年，新加坡教育部出台了《追求卓越幼儿园计划》，为幼儿园提供了一个进行自我评估的工具。通过评估，幼儿园可以检查自己的教育教学方法是否科学，从而不断探索取得更高教育成果的有效方法。2006 年，新加坡教育部出台了《幼儿园标准》，进一步鼓励幼儿园进行自我评估，审视教育过程。2011 年，新加坡教育部又推出了新加坡学前教育认证框架（Singapore Preschool Accreditation Framework，SPARK）（见图 7-4），SPARK 是一个协助新加坡学前教育机构提高质量的质量保证框架，旨在为学前教育管理者提供帮助和支持，帮助他们改善教学、管理和管理流程，促进幼儿的全面发展。SPARK 主要是针对 4 ～ 6 岁的幼儿园教育，为幼儿园了解他们应该努力达到什么目标提供指导，并为幼儿园提供一个衡量目标的标准和展示成就的形式。SPARK 评估自 2011 年 1 月起实施，中间经历了多次修订，儿童看护中心和幼儿园都可以申请 SPARK 评估和认证。

图 7-4　SPARK 学前教育认证 LOGO

二、新加坡学前教育认证框架的体系构成

（一）SPARK 体系的基本框架

新加坡学前教育认证框架主要由四个层次的工作组成（见图 7-5）。

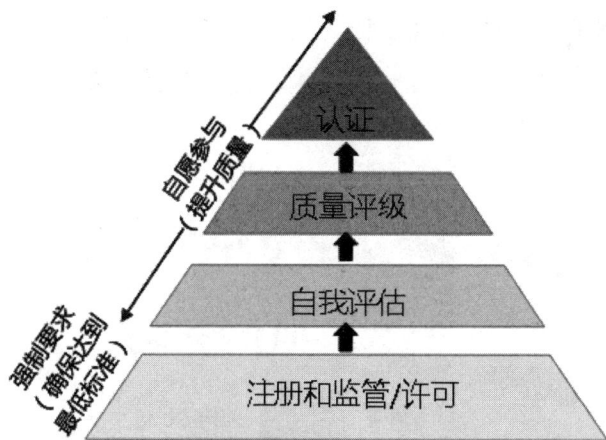

图 7-5　SPARK 体系框架（根据 ECDA 官网资料翻译制作）

第一层次是注册和监管 / 许可，这一层是该认证框架的基础，从强制注册

开始。在这个阶段，要求所有学前教育机构必须在 ECDA 强制注册，以确保最低限度的运作标准。

第二层次是学前教育机构的自我评估，在 ECDA 注册后，鼓励幼儿园每年进行自我评估。

第三层次是质量评级，一旦学前教育机构对自己的素质有了更好的理解，并且已经准备好进行自我评估验证，他们就可以进入第三层框架。这一层级涉及外部评估师对学前教育质量的评估。

第四层次是认证，提出申请后，ECDA 将组织评估，评估结果将决定质量等级，已经达到较高的质量等级幼儿园可申请相应的认证。

其中的第二层到第四层是一个持续的循环过程，SPARK 认证具体又可分为三个层次，分别是 SPARK 认证、SPARK 认证（教学进步）和 SPARK 认证（表彰）。根据 ECDA 数据，目前，新加坡有 789 所幼儿园获得 SPARK 认证。这些幼儿园已经达到了课程，教育学和健康，卫生与安全等领域的基准质量标准，约占所有学前教育机构的 40%。68 所幼儿园已经获得 SPARK 认证（表彰）。SPARK 认证（表彰）认可具有强大教学实践能力的学前教育机构，其中包括精心设计的综合课程和强大的教学方法，以支持儿童在有利于学习的环境中全面发展。

（二）SPARK 体系的核心价值观

SPARK 体系由五大核心价值观支撑，这五大核心价值观被整合到质量评估标准量表的七个标准中（见图 7-6）。

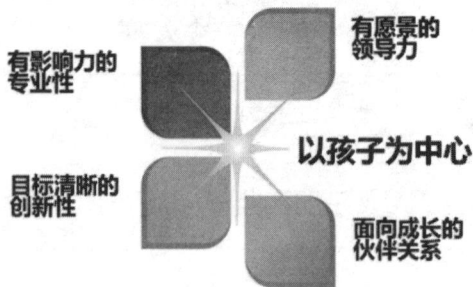

图 7-6 SPARK 体系的核心价值观（根据 ECDA 官网资料翻译制作）

1. 以儿童为中心

这一价值观是其他核心价值观的核心，儿童应当在一个安全和适合养育的环境中，获得经验性的和适合年龄的学习机会，获得最好的发展。每个孩子都有不同的能力、学习需求和兴趣。教师具有强大的教学能力和巧妙的教学技巧，可以培养每个孩子的潜力，为他们提供良好的教育开端。

2. 有愿景的领导力

幼儿园领导者为他们的幼儿园确定方向和基调。为了应对行业挑战性的要求，优秀的领导者需要在不断变化的教育环境中保持关注，掌握新的教育趋势和教学方法。他们的目标应该是激励和引导员工实现幼儿园的愿景。

3. 有影响力的专业性

教师塑造儿童的性格和生活，发现他们的潜力，培育他们成长。幼儿园需要具有强烈的使命感和教学能力的敬业教师，让孩子们有目的地学习。教师要不断反思实践，积极寻求专业成长的机会。

4. 目标清晰的创新性

培养早期学习者需要幼儿园去创新和接受变革。改变和改善应与幼儿园的愿景相一致。保持学前教育项目的相关性，并采取创新的教学方法，帮助儿童获得未来所需的知识，技能和性格。

5. 面向成长的伙伴关系

儿童的学习和发展受到与家庭成员和社区关系的强烈影响。幼儿园需要与家长和社区建立密切的合作关系，以促进儿童的全面发展。

（三）SPARK 体系的质量评估模型与量表

SPARK 体系的质量评估模型（Quality Rating Model，QRM）（见图 7-7）共有七个质量评估维度：领导力、计划和行政、员工管理、资源、课程、教学方法以及安全保健。其中领导力、计划和行政、员工管理、资源四个维度构成了体系中的结构性指标，课程、教学方法以及安全保健三个维度构成了体系中的过程性指标。该质量评估模型认为，以学前教育机构管理者的领导力为驱动力，可以有效规划管理和管理人员资源。而拥有有效的计划与行政管理、高水平的员工队伍、充足的教育资源的组织，将提升课程、教学方法以及安全保健三方面的有效性，促进一个安全和有保障的环境的形成。通过有效的教学方法可以提供有吸引力的课程。结构和过程要素使得学前教育的成果得以实现，促使幼儿获得整体发展，实现健康幸福。

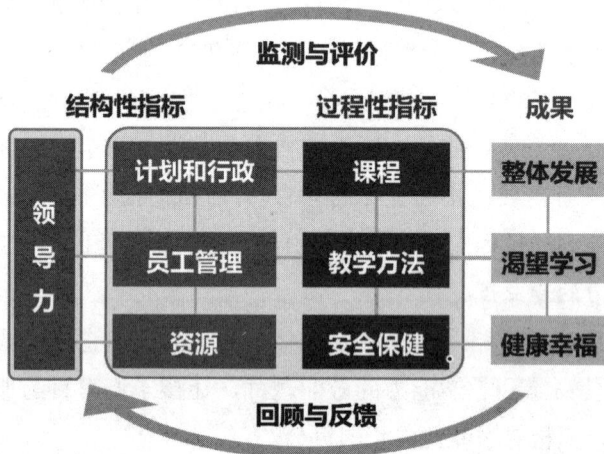

图 7-7　SPARK 体系的质量评估模型（根据 ECDA 官网资料翻译制作）

SPARK 体系的质量评估量表（Quality Rating Scale，QRS）是为了帮助学前教育机构提升质量所制定。这一量表可对幼儿园和儿童护理中心 4～6 岁儿童的学前教育计划进行评估。QRS 是 SPARK 体系的关键组成部分。

（四）SPARK 体系的咨询与指导服务

SPARK 体系制定过程非常细致，新加坡政府自 2008 年以来就有了建立 SPARK 质量评估框架的初步想法。开发过程中，新加坡教育部对不同国家的学前教育质量评价体系做了详细的调查，并对学前教育机构的所有者和学前教育专家做了大量访谈和咨询工作，以确保 SPARK 框架的合理、可靠。

在 SPARK 体系正式颁布之前，新加坡政府做了很多宣传，给了学前教育机构准备的时间。自 2010 年 9 月 23 日起，该计划正式启动，但直到 2011 年 11 月才接受认证申请，为学前教育机构预留了一年多的时间。

为了进一步帮助新加坡的学前教育机构通过 SPARK 质量评估框架的资格认定检验考核，在政策颁布的同时，由新加坡教育部与新加坡学前教育教师联合会（the Association of Early Childhood Educators Singapore）共同制定了一项幼儿园教育质量保障咨询计划（the Quality Assurance Consultancy scheme），简称 QA 计划。2013 年 ECDA 成立后，该计划由 ECDA 继续执行并不断修改，该计划包括 SPARK 资料包（Info Pack）、QRS 工作坊（Quality Rating Scale workshop）和质量保证培训（Quality Assurance Coaching，QAC）。SPARK 资料包包含一系列培训材料和卡片。QRS 工作坊是关于 QRS 应用的一套三期课程。质量保证培训是由 ECDA 派出经其培训的经验丰富的幼儿教育工作者作为 QA 教练，对学前教育机构遇到的 SPARK 认证问题进行单独指导。QA 教练负责支持和引导学前教育机构进行质量改进，解决他们的结构和过程中的质量差距问题，以达到 SPARK 所列的标准。

（五）SPARK 体系的运行模式

SPARK 项目并不是强制性，而是自愿参加的全国性资格认证体系。希望参加 SPARK 评估的学前教育机构必须符合所有的管理法规要求，并且应该至少运行一年方能提出申请。正式认证之前，学前教育机构需要经过 SPARK 资料包的初步自评，QRS 工作坊的三期学习改进与自评，质量保证培训的教练咨询评估之后再申请正式的认证。其中质量保证培训由新加坡政府补贴 80% 的费用，学前教育机构只负担 QA 教练的 250 美元劳务费。如果认证成功，最后申请认证的费用将会全额退还。

2011 年开始实施时，SPARK 的认证有效期为三年，每三年需要进行一次重新认证，以保证认证的有效性。从 2016 年开始，SPARK 认证有效期延长为六年，在 SPARK 认证的第三年或第四年，发展考察将作为 SPARK 认证学前教育机构的中期检查进行。大多数经 SPARK 认证的学前教育机构将接受发展考察，并随机选择一些学前教育机构进行全面评估。

在新加坡政府的宣传下，SPARK 项目逐步被社会认可，成为通行的学前教育机构的评估标准，许多家长为他们的孩子选择学前教育机构时都会考虑该机构是否通过了 SPARK 认证，学前教育机构也乐于通过申请 SPARK 认证来促进自身的质量提升和塑造良好形象。

目前，新加坡接受 SPARK 认证的学前教育机构以每年 100 ~ 200 所的速度增长，已经达到 40% 左右的覆盖率（截至 2017 年 11 月）。

三、新加坡学前教育认证体系的经验与启示

新加坡的学前教育无论学制还是机构类型，都与我国学前教育有一定的相似之处，由于其整体规模所限，学前教育的地域差异不明显，因此其制度更加适合省级甚至市级的教育行政部门作为参考，具体来说，新加坡的 SPARK 学前教育认证体系有以下经验可供借鉴。

（一）既借鉴国际先进经验又彰显本国特色与核心价值观

经过对新加坡的 SPARK 学前教育认证体系的研究不难发现，该体系的许多形式和细节与其他国家的一些学前教育评价工具有一定的相似性，并没有在细节上有意识地强调自身的新加坡特色，而是大胆借鉴了其他国家的成熟做法，没有为特色而求特色。

新加坡的 SPARK 学前教育认证体系的质量模型强调以领导力推动质量提升，并构建与家庭和社区的伙伴关系，凸显了领导力的核心作用。这与美国等国家的以高宽课程研究基金会（High-scope Research Foundation）开发的学前教育项目质量评价工具（Program Quality Assessment，PQA）为代表的美式评价工具有明显的不同，后者并无领导力量，而是强调家庭参与的教育机构民主管理，强调家长决策委员会对于教育质量提升的作用，从逻辑模型上看有着明显的不同。这种在大胆借鉴的同时坚持自身价值导向的做法值得我们学习。

（二）充分发挥质量认证评价对学前教育质量的促进与保障功能

一方面，新加坡的 SPARK 学前教育认证体系的目标和使命非常明确，就是一个协助新加坡学前教育机构提高质量的质量保证框架，旨在为学前教育管理者提供帮助和支持，帮助他们改善教学、管理和管理流程。因此，该体系始终围绕"质量"而非"评价"，始终关注过程而非结果，有意识地把问题聚焦在"如何提高质量"而不是"如何通过评价"，一定程度上避免了我国许多教育评价活动"为评价而评价"，把教育评价活动变成评估材料制造和糊弄专家的作秀。

另一方面，新加坡的 SPARK 学前教育认证体系被称为"框架"（Framework），其主体不在于质量模型或者具体的量表，而在于它的四级框架，而这个四级框架具体来说，其实是一个持续的行动过程，而这个过程，从注册到自我评价，再到外部专家评价，再到申请认证，其实是一个不断用评价活动去促进教育质量提升的过程，而其中的自我评价、外部专家评价和申请认证，又是一个循环的过程，可以通过这一过程的反复进行，提升学前教育机构的评价等级，而具

体到每一个评价环节，都有一个"评价—发现不足—实施改进—再评价"的循环，就在这样的反复循环之中，教育质量得到了有效的提升。

（三）充分发挥学前教育机构的自主性

新加坡的 SPARK 学前教育认证体系在执行中充分发挥了学前教育机构的自主性，这一自主性体现在以下两方面。

一方面是参与的自主性，SPARK 并不是一个强制认证，也不和财政拨款或者优惠政策挂钩，学前教育机构参加完全自愿，参加过程中还要负担一部分政府补贴之外的费用，在开始认证过程的学习和培训中也可以随时停止。看似没有政府的强制要求，推行速度也不能算很快，其实反而能把真正愿意提升质量的机构甄选出来，没有外部的政令压力，反而激发了内生的动力，比起很多"一刀切"的做法，反而更能切实地提升教育质量。

另一方面是评估活动的自主性，尽管其评估框架中的外部评价的环节更多，但其实新加坡的 SPARK 学前教育认证体系的核心还是学前教育机构的自我评价，无论是 SPARK 资料包的初步自评，QRS 工作坊的三期学习改进与自评还是质量保证培训的教练咨询评估，最主要的目的并不是代替学前教育机构发现问题或者告诉学前教育机构应该如何改进，而是帮助这些机构建立自我评价的能力，能够自己发现问题并试图解决。

（四）高度重视质量认证的宣传和培训工作

ECDA 非常重视 SPARK 学前教育认证体系的宣传和培训活动，为 SPARK 设计了官网和大量针对幼儿的宣传漫画和视频宣传材料，展开了宣传活动，尽最大可能让学前教育机构、幼儿家长了解 SPARK，认可 SPARK，参与 SPARK。

SPARK 对于培训的重视要远超过认证环节。在培训方面 SPARK 学前教育认证有着自身完善的培训体系，包含自学的电子资源和信息包、集中培训的工作坊、针对各机构实际情况现场培训的 QA 教练三种形式，针对初步的认证和持续的提升不同阶段，设计了相当完善的培训体系。

新加坡作为以华人为主体的多民族发达国家，其文化与价值观与我国有一定相似之处，新加坡的 SPARK 学前教育认证体系在借鉴国外经验的基础上，发展出了自己的特色，实施六年以来，也取得了许多成绩，其在促进学前教育质量提升中的作用也获得了实践检验，其中的经验值得我们借鉴。不过新加坡国土面积狭小，区域发展较为平衡，国际化程度高，经济较为发达，人民收入水平较高，城乡发展的二元对立问题不突出，政治体制和社会环境也与我国不完全一致，因此也不可能照搬该国经验解决我国问题。不过，作为一个高度国际化的城市国家，其拥有足够的制度自信，没有在学前教育评价领域选择全盘西化、照搬外国做法，而是一步一个脚印，走出了符合自身国情特色的评价体系建设之路，其经验值得我国学习、借鉴。

主要参考文献

[1] 郭良菁.德国研制《儿童日托机构的教育质量：国家标准集》——兼论我国制定质量评价标准体系的若干问题 [J].学前教育研究，2004(9):58-60.

[2] 刘俐敏.幼儿发展评价研究 [M].北京：人民教育出版社，2004.

[3] 单文鼎，袁爱玲.国际视野下的学前教育质量研究——兼谈对我国学前教育质量评价的思考 [J].福建教育，2014(03).

[4] 彭泽平，姚琳.香港学前教育质量保障体系的构架及其特征分析 [J].学前教育研究，2010(11).

[5] 傅瑜，胡方，周莹.学前教育质量监测与评价研究述评 [J].教育测量与评价，2014(06).

[6] 罗津.我国学前教育中的政府职责研究 [D].北京：中央民族大学，2013.

[7] 薛建男.幼儿园教育质量评价指标体系研究——以上海市为例 [D].上海：上海师范大学，2012.

[8] 贺红芳.幼儿园保教质量监测标准的研制——以湖南省为样本 [D].长沙：湖南师范大学，2016.

[9] 杜小凤.儿童视角的幼儿园教育质量评价研究 [D].成都：四川师范大学，2015.

[10] 李卓.国内外幼儿园办园标准与评估体系研究综述 [J].吉林省教育学院学报，2009(1).

[11] 吴钢.我国幼儿园教育质量评价研究的回顾与展望 [J].现代基础教育研究，2011(12).

[12] 高敬，项燕.上海市幼儿园教育质量评价的现状与分析 [J].早期教育，2013(11).

[13] 刘霞.幼儿园教育质量评价的功能及其实现 [J].早期教育，2014(06).

[14] 董素芳.澳大利亚《学前教育及儿童保育国家质量框架》的产生、内容与特点 [J].学前教育研究,2013(2):18.

[15] 刘昊，王芳，冯晓霞.美国学前教育质量评级与促进系统评介 [J].比较教育研究,2010(4):73-74.

[16] 杨锐.新西兰学前教育评估研究 [D].重庆:西南大学，2014.

[17] 史明洁.新加坡学前教育评审框架及启示 [J].幼儿教育(教育科学),2012(9):48.

[18] 李玉杰，肖晓雪.发达国家学前教育机构保教质量评价的特点及其启示 [J].教育探索,2014(12):142-144.

[19] 陈丽华，彭兵.欧美学前教育质量评价研究述评 [J].外国中小学教育，2013(11).

[20] 钱雨.澳大利亚学前教育质量评估研究的发展与启示 [J].外国教育研究，2012(9):4-5.

[21] 钱雨.世界学前教育质量监管体系的发展特点与趋势分析及其对我国的启示 [J].学前教育研究，2012(12).

[22] 黄晓婷，宋映泉.学前教育的质量与表现性评价——以幼儿园过程性质量评价为例 [J].北京大学教育评论，2013(11).

[23] 杨杨，蔡迎旗.学前教育质量评价的国际经验及其启示 [J].早期教育·教科研，2015(11).

[24] 罗娟.国际学前教育机构质量评价标准中的课程质量标准研究 [D].南京:南京师范大学,2016.

[25] 夏晨伶.幼儿园保育质量评价指标研究 [D].成都:四川师范大学,2012.

[26] 冯晓霞.多元智能理论与幼儿园教育评价改革——发展性教育评价的理念 [J].学前教育研究，2003(9).

[27] 马晶晶.我国近十年儿童发展评价文献综述 [J].基础教育研究.2014(6).

[28] 张莹，冯虹.基于核心素养的教育质量评价指标体系的构建与应用 [J].教育探索,2016(7):61-64.

[29] 牛亏环，丁念金.教育质量元评价初探 [J].河北师范大学学报(教育科学版),2013(6):7-11.

[30] 古贝，林肯.第四代评价 [M].秦霖，等，译.北京:中国人民大学出版社，2008.

[31] 李召存.探寻文化回应性的学前教育质量评价 [J].教育研究，2017(4).

[32] 潘月娟.国外学前教育质量评价与监测进展及启示 [J].中国教育学刊，2014(3):13-17.

[33] 张娜. 不同主体视野中的"好幼儿园"标准的比较研究 [D]. 武汉：华中师范大学，2010.

[34] 丁静. 家长视角下的幼儿园教育质量评价研究 [D]. 成都：四川师范大学，2012.

[35] 白爱宝. 幼儿发展评价手册 [M]. 北京：教育科学出版社，1999.

[36] 霍力岩，房阳洋，孙蔷蔷. 美国学前教育项目质量评价：内容、特点与启示 [J]，教育理论与实践，2016(13).

[37] 陈丽华，彭兵. 欧美学前教育质量评价研究述评 [J]. 外国中小学教育，2013(11).

[38] 王吉，王志军. 美国学前教育质量认证研究——以全美幼教协会早教项目标准及认证指标为例 [J]. 现代教育管理,2013(10).

[39] 霍力岩，陈雅川，周彬. 美国学前儿童观察记录系统的评价内容、实施方法与借鉴意义 [J]. 中国特殊教育，2015(1).

[40] 邓昌杰，胥兴春. 美国幼儿发展评价取向的演变历程及其对我国的启示 [J]. 教育探索，2016(1).

[41] ［日］文部科学省. 幼稚園における学校評価ガイドライン（平成23年改訂）［EB/OL］. www.mext.go.jp/bmenu/houdou/23/11/1313246.html.

[42] Australian Children's Education and Care Quality Authority. Guide to the National Quality Framework[R].2011.

[43] 彭丹. 新西兰学习故事及其对我国幼儿园评价工作的启示 [J]. 早期教育·教科研,2016(1).

[44] 王翠萍，黄进. 学习故事：新西兰儿童发展评价的优势及其启示 [J]. 教育导刊，2016(9).

后记

2011年9月，"全国学前教育三年行动计划现场推进会"在陕西西安召开。作为此次推进会的重要成果之一，陕西省人民政府主要领导在推进会上提出了"将陕西教育学院改制为服务学前教育师资培养的本科师范院校"等一系列加快学前教育发展的具体措施。2012年3月，经教育部和陕西省政府批准，全国唯一以"学前"冠名的地方性普通本科师范学院——"陕西学前师范学院"宣告成立。2017年6月，有44所高校代表参加的"全国地方高校学前教育专业学术协作联盟"在陕西学前师范学院宣告成立，这标志着我国地方高校学前教育专业学术协作平台建设已拉开帷幕。如今，联盟队伍已经扩大到近90所正在开办学前教育专业的地方高校。我们将按照十九大确定的"抓重点、补短板、强弱项"方针，致力于服务基层实践的应用型研究，其现实意义不言而喻。

党的十九大开启了学前教育发展新时代的序幕。习近平总书记明确指出："中国特色社会主义进入新时代，我国社会主要矛盾已经转化为人民日益增长的美好生活需要和不平衡不充分的发展之间的矛盾。"我国社会主要矛盾体现在教育领域，就是人民日益增长的对优质教育的需要与优质教育资源相对短缺、教育发展不平衡不充分之间的矛盾。

新时代高等教育正在呈现学习场景相互融通、学习方式灵活多元和教育管理更加智能化、人性化的新特征，大数据、云计算、智能化、海量优质课程资源使教育体系可以更加灵活有效地满足人们学习的需要。为了适应学前教育事业快速发展和质量提升的需要，我们组织陕西（高校）哲学社会科学重点研究基地——学前教育发展研究中心的中青年学术骨干，共同编写了《学前教育质量评价理论与实践》一书。

本书的编辑出版得到了有关领导的关心和无私支持：陕西学前师范学院**付建成**书记、**王志刚**老校长、**邵必林**校长直接领导和推动了本课题的研究工作，陕西省学前教育研究会理事长、原省教育厅副厅长**吕明凯**和**相艳**副校长给予了大力支持。

本书的成果基础是**文明**主持的陕西学前师范学院的校级重大招标课题——学前教育质量评价标准研究（2013），课题组成员有：**文明、孙媛、王怡、甄丽娜、王瑜、朱金卫、李明军、贺琳霞、杨春霞、贺燕丽、马杰、刘珊、刘煜、王秋云、贺娟、孙媛、刘静、齐颖、周姗、张正威、梅林晨、侯佳**。课题研究工作几乎从零起步，历时五年探索，过程异常艰难，终于在党的十九大胜利召开之际完成初稿，于 2018 年 5 月上旬定稿。

本书由文明同志负责整体策划、主编和统稿，具体分工如下：前言、导论、后记由 **文明** 执笔，第一章由 **文明、孙媛、王秋云、贺娟** 编写，第二章由 **文明、孙媛、刘静** 编写，第三章由 **文明、孙媛、贺琳霞、杨春霞、贺燕丽、甄丽娜、田方、鲁肖麟** 编写，第四章由 **孙媛、王怡、贺燕丽** 编写，第五章由 **孙媛、李明军、王秋云、贺娟** 编写，第六章由 **孙媛、贺娟、刘珊** 编写，第七章由 **文明、孙媛、梅林晨、侯佳** 编写。课题组其他成员曾为本书提供过初稿，但未在本书中直接采用，特此致谢。

陕西（高校）哲学社会科学重点研究基地——学前教育发展研究中心常务副主任**王瑜**、基地学术秘书**梅林晨**协助了出版协调和文稿整理工作，**侯佳**协助了部分章节的统稿。四川大学出版社社长王军先生和编室主任、责任编辑蒋姗姗女士对本书出版给予了鼎力支持。对他们的无私帮助和支持，不胜感激！

为了确保内容的权威性、专业性和前沿性，我们在编写过程中借鉴和引用了国内外学术界的大量相关著作、论文和权威机构的数据资料，并在参考文献清单中列出其代表作，与读者共享。在此，谨向所有原作者对学前教育事业发展所付出的智慧劳动和理论贡献，深表敬意和感谢！

庄子曰："初生之物，其形必丑。"作为一部学前教育专业基础课新教材，本书还有不少需要完善的地方，真诚欢迎各位同行、专家和读者朋友批评、指正，以便今后修订。让我们携起手来，共同为学前教育事业的春天增绿添彩！

文明 谨记

2018 年 6 月 12 日，于古都西安